야담국역총서 4

국역 동상기찬 東廂記纂

백두용 편저
김동욱 역

보고사

* 이 책은 2004학년도 상명대학교 교내 학술연구비 지원에 의하여 국역되었음.

동상기찬에 대하여

《동상기찬》은 백두용(白斗鏞)이 문양산인(汶陽散人)의 희곡 〈동상기(東廂記)〉에 전대 문헌에서 발췌한 야담 80편을 덧붙여 1918년 한남서림(翰南書林)에서 연활자본(鉛活字本)으로 간행한 책이다.

이 책을 엮어 지은 백두용은 자를 건칠(建七), 호를 심재(心齋)라고 하였으며, 본관은 한말의 도화서(圖畵署) 화원인 임당(林塘) 백은배(白殷培, 1820~?), 한말 최초의 군악대장을 지낸 백우용(白禹鏞, 1883~1930) 등을 배출한 가림(嘉林 : 충남 부여군 임천(林川)의 옛 이름)으로, 1910년대부터 1930년대까지 오세창(吳世昌, 1864~1953), 윤희구(尹喜求, 1867~1926) 등의 후원을 받던 한남서림의 사주로 있으면서 우리 고전의 간행에 심혈을 기울였던 것으로 보인다.

1917년에 《천군연의(天君衍義)》 1책, 《옥추보경주(玉樞寶經註)》 1책, 《전주사가시(箋註四家詩)》 4권1책 등을, 그 이듬해인 1918년에는 《동상기찬》 6권1책을 연활자본으로 간행한 것을 비롯하여, 3·1운동 이후인 1920년에는 《홍길동전》·《심청전》·《구운몽》·《백학선전》·《옥주호연》 각 1책과 《삼국지》 3권3책을 목판본으로 간행하였고, 1932년에는 《남훈태평가》·《소대성전》·《적성의전》·《양풍전》·《홍부전》

각 1책을 목판본으로 간행하였다.

1926년에는 《해동역대명가필보(海東歷代名家筆譜)》 6권6책을 석판 영인본으로 간행하기도 하였고, 1934년에는 목판 《금방울전》·《조웅전》 각 1책을, 1938년에는 정준동(鄭浚東)의 《현토 창선감의록(懸吐彰善感義錄)》을 연활자본으로 간행하는 등 일제강점기에도 꾸준히 고전을 다시 간행하는 사업을 해온 것으로 확인되고 있다.

《동상기찬》은 모두 6권1책으로 엮은 책으로, 내제(內題)를 열상노초의(洌上老艸衣)라는 서명(署名)으로 오세창이 예서체로 썼다. 편저자의 친구인 연파거사(蓮波居士)의 서문과 편저자의 자서(自序)에 이어 총목(總目)이 소개되어 있다. 수권(首卷)에는 〈김신부부전(金申夫婦傳)〉과 「김신사혼기제사(金申賜婚記題辭)」에 이어 이를 바탕으로 꾸민 희곡 〈동상기〉가 실려 있다.

제1권부터 제5권까지는 대부분 전대 문헌에서 가려 뽑은 야담을 주제별로 분류하여 수록하였다. 제1권에는 재현(才賢)이라는 제목 아래 25편의 이야기를, 제2권에는 덕혜(德慧)라는 제목으로 15편, 제3권에는 권택(眷澤)이라는 제목 아래 11편, 제4권에는 복연(福緣)이라는 제목으로 12편, 제5권은 보유편으로 17편 등 모두 80편의 야담을 수록하고 있다. 수록된 이야기가 전대 문헌과 관련된 양상은 다음과 같다.

1. 연세대 4권4책본 《기문총화(紀聞叢話)》(총46편)
   (권1) 제3·7·8·9·11·12·14·15·16·19·20·21·22·23·24화
   　　　-15편
   (권2) 제1·2·3·4·5·6·7·9·10·11·14·15화 - 2편
   (권3) 제2·3·4·6·7·9·10·11화 - 8편

(권4) 제1·4·5·9화 – 4편
   (권5) 제8·10·11·12·13·14·15화 – 7편

2. 버클리대 10권10책본 《청구야담(青邱野談)》(총30편)
   (권1) 제10·16·21·24화 – 4편
   (권2) 제8·10·11·13화 – 4편
   (권3) 제2·4·5·7·8·9·11화 – 7편
   (권4) 제4·5·6·7·8·9·10화 – 7편
   (권5) 제8·9·12·13·14·15·16·17화 – 8편

여기서 볼 수 있듯이, 《동상기찬》 소재 야담은 《기문총화》·《청구야담》과 매우 긴밀한 관계에 있다. 이 두 문헌과 전혀 관계가 없는 이야기는 22편에 불과하다. 연세대 4권4책본 《기문총화》의 이본인 서울대 2권2책본 《기문총화》에는 22편 가운데 1편의 이야기가 추가로 발견된다. 《동상기찬》 권3의 제1화가 그것이다. 이 이야기는 《계압만록(鷄鴨漫錄)》에도 수록되어 있다.

나머지 21편 가운데 여타 문헌에 관련된 이야기가 실려 있는 것은 다음과 같다.

3. 서울대 2권2책본 《계압만록》: 권4의 제3·12화
4. 국립중앙도서관 2권2책본 《금계필담(錦溪筆談)》: 권1의 제17화
5. 이육(李陸, 1438~1498), 《청파극담(青坡劇談)》: 권5의 제2·3·7화
6. 성현(成俔, 1439~1504), 《용재총화(慵齋叢話)》: 권5의 제1화
7. 허봉(許篈, 1551~1588), 《해동야언(海東野言)》: 권1의 제6화
8. 이수광(李睟光, 1563~1628), 《지봉유설(芝峯類說)》: 권1의 제4화

9. 이덕형(李德泂, 1566~1645), 《죽창한화(竹窓閑話)》: 권1의 제2화

그러나 다른 야담집과 관련이 있는 이야기도 자구(字句)의 출입이나 이동(異同)이 발견되는 정도에서부터 심지어는 주인공의 이름이 바뀌거나 이야기 줄거리 자체가 달라진 경우도 없지 않다. 이런 변화를 통해서 시대상이나 가치관의 변천, 야담의 구연자나 야담집 편저자가 지녔던 의식의 굴절 현상을 더듬어 가며 읽어보는 것도 좋은 독서 방법의 하나가 될 것이다.

알러두기

1. 이 책의 국역 대본은 백두용 편저 《동상기찬》(한남서림, 1918)이다.
2. 이 책에 국역한 것은 제1~5권까지의 야담 부분이다.
3. 국역은 직역을 위주로 하되, 직역으로 이해하기 어려운 곳은 의역하였다.
4. 원문의 제목은 직역하지 않고 적절하게 다시 붙였다.
5. 국역문은 가능한 한 평이하게 풀어쓰고 설명이 필요한 곳에는 역주(譯註)를 붙였으며, 매편 본문 끝에 [원주(原註)]를 국역하였다.
6. 국역문은 한글로만 쓰되, 부득이한 경우에는 ( ) 속에 한자(漢字)를 병기하였다.
7. 대화는 " "로 묶고, 생각이나 강조 부분은 ' '로 묶었다.

차 례

▮ 동상기찬에 대하여 / 3
▮ 일러두기 / 7
▮ 동상기찬서 / 13
▮ 자서 / 17

제1권 재주 있고 어진 사람들 … 21

제 1화 유창을 사위로 맞은 둔촌 이집 / 23
제 2화 효령대군의 손자사위가 된 청단 현석규 / 25
제 3화 권람의 사위가 된 남이 장군 / 28
제 4화 박원형의 사위가 된 추계당 윤효손 / 31
제 5화 박은을 사위로 삼은 이요정 신용개 / 34
제 6화 강태수를 사위로 삼은 모재 김안국 / 36
제 7화 이덕형을 사위로 맞은 아계 이산해 / 38
제 8화 정유길의 사위가 된 사미당 김극효 / 40
제 9화 김수항의 부인 나씨의 감식력 / 43
제10화 처남에게 업신여김을 당한 기천 홍명하 / 47
제11화 유척기를 손녀사위로 고른 신임 / 51
제12화 시를 짓게 하여 사위를 고른 백사 이항복 / 58

제13화 젊은 시절 병약하였던 지천 최명길 / 60
제14화 맹인이라고 소문난 약혼녀를 아내로 맞아들인 박서 / 62
제15화 민암을 사위로 삼은 김시진 / 63
제16화 충직한 종 언립 / 65
제17화 홍언필을 사위로 고른 송질 / 71
제18화 임식의 부인 유씨의 감식력 / 76
제19화 꾀를 써서 옥부향을 차지한 권경유 / 78
제20화 도적에게 잡힌 여인을 구해준 송당 박영 / 81
제21화 계집종의 원수를 갚아준 금호 임형수 / 83
제22화 정둔 기생을 다시 만난 제봉 고경명 / 88
제23화 예견력이 뛰어난 정충신의 소실 / 91
제24화 정익공 이완 / 96
제25화 전라어사 김 교리 / 101

제2권 덕성스럽고 슬기로운 사람들 … 105

제 1화 월사 이정구의 부인 권씨 / 107
제 2화 동원 김귀영 / 110
제 3화 재상 홍윤성 / 112
제 4화 안동의 강 녹사 / 115
제 5화 이기축 / 120
제 6화 감사 정언황 / 123
제 7화 소현세자 / 125
제 8화 완남군의 고손자 며느리 / 126
제 9화 서울에서 낙향한 유생 / 130
제10화 옥계 노진 / 136
제11화 일송 심희수 / 141

제12화 김안국 / 151
제13화 길정녀 / 170
제14화 유복자 확인서 / 178
제15화 범을 탄 신부 / 182

제3권 보살펴주고 은혜를 베푸는 사람들 … 185

제 1화 공주의 이 진사 / 187
제 2화 교리 이장곤 / 192
제 3화 화담 선생 서경덕 / 198
제 4화 서출로 태어난 양사언 / 202
제 5화 상국 김우항 / 213
제 6화 연원부원군 이광정 / 227
제 7화 영성군 박문수 / 233
제 8화 참판 여동식 / 238
제 9화 안동의 권 참봉 / 242
제10화 옥소선 / 250
제11화 김 역관 / 259

제4권 복을 타고난 사람들 … 267

제 1화 현령 이공린 / 269
제 2화 물재 손순효 / 271
제 3화 소재 노수신 / 275
제 4화 동악 이안눌 / 279
제 5화 해풍군 정효준 / 283
제 6화 얼룩 호랑이 / 291

제 7화 성 거사 / 298

제 8화 이의남 / 307

제 9화 염희도 / 317

제10화 서울의 선비 / 338

제11화 천한 사내 / 344

제12화 강릉의 선비 / 346

제5권   그 밖의 사람들 … 349

제 1화 바보 사위 / 351

제 2화 바뀔 뻔한 신랑 / 353

제 3화 경서로 함을 채워 보낸 유효통 / 355

제 4화 사위들의 별명을 지어 놀린 한준겸 / 357

제 5화 통제사 이현달의 처와 첩 / 360

제 6화 첩 얻기를 포기한 유언겸 / 362

제 7화 심효성의 익살 / 363

제 8화 질투가 심하였던 조태억의 부인 / 365

제 9화 계집종의 내조로 출세한 양산의 오생 / 370

제10화 사랑하는 여인과 결별한 조반 / 379

제11화 한주를 끝내 잊지 못한 장안 명기 관홍장 / 382

제12화 사랑하는 사람을 따르다 자결한 곡산 기생 매화 / 384

제13화 우하형을 출세시킨 수급비 / 389

제14화 두 번 수절한 강계 기생 무운 / 397

제15화 집안을 엄하게 다스린 권 진사 / 400

제16화 봉산의 무변 / 410

제17화 과부 딸을 몰래 재가시킨 재상 / 424

▮인명색인 / 427

동상기찬서

 책이란 능히 사람의 성정을 바꾸기도 하고 기질을 변화시키는 것이 북채처럼 민첩하게 응하며 우편같이 신속하게 전달하니, 학자는 신중하지 않을 수 없는 것이다. 그런 까닭에 〈수호전〉을 읽으면 통쾌한 호걸들을 생각하게 되고, 〈금병매〉를 읽으면 갖은 교태로 간들거리는 미인과 아양을 떠는 첩들을 생각하게 되는 것이다. 그리하여 기운이 격앙되기도 하고 넋이 둥둥 떠다니게도 되는 것이다. 그러나 그 실상을 따져보면, 〈수호전〉은 곧 도적에 대한 이야기일 뿐이요, 〈금병매〉는 음탕한 이야기일 따름이다.
 그런데 어찌하여 준엄하게 물리치지 못하고 도리어 부러워하고 그리워하는 것인가. 이런 종류의 책들을 뜻 있는 선비들은 생각하지도 않을 뿐더러 보지도 않고 입에 올리지도 않는 것이다. 가끔 적절히 헐뜯거나 찢고 불태워 그런 책들이 서가나 장서를 더럽히지 못하도록 하는 것이 옳다.
 그러나 어찌된 일인지 근자에는 외설적이고 음탕한 소설이 성행하여 서적계라고 일컫고 있으니, 이는 곧 이 사람 저 사람이 지은 것을 여기저기서 찍어내어 몇 년 되지 않는 사이에 만들어 낸 책이 거의 남산만

하게 쌓이게 되었다.

　저 한때에 글을 써서 먹고사는 자들이 비로소 쥐꼬리만한 이익을 내어 그것으로 호구지책을 삼으면서 마침내 붓끝에서 생겨나는 해가 수많은 사람들에게 미친다는 것을 헤아리지 못하고 있다. 이로 말미암아 문필은 더욱 쇠퇴하여 위축되고 풍속은 한층 오염되어 썩어문드러질 것이니, 애석하도다!

　심재 백두용 군은 저잣거리에 은둔한 사람이다. 집안의 장서가 수천 권이나 되어, 담소를 할 때는 반드시 그 책에서 화제를 삼고, 음식을 먹을 때도 반드시 그 책에 있는 대로 먹으며, 평상시의 생활이나 출입을 할 때도 반드시 그 책에 있는 대로 행하여 일찍이 잠시도 떨어지지 아니하였다. 비록 그가 글자를 모른다고 하더라도 남들은 필시 그를 일러 학자라고 할 것이다. 그런 까닭에 책을 모으는 데 많은 비용을 들이고 시간과 정력을 아끼지 않았다.

　나의 말을 믿어 간간이 성취한 비탕을 시험하더니 얼마 전에 그가 지은 《동상기찬》을 꺼내 보이며 교정을 청하는 것이었다. 처음에는 병들고 또한 눈이 어둡다는 핑계로 사양하였고, 그가 여러 차례 간절한 글을 보내왔음에도 거듭 그 뜻을 어기다가 오랜 뒤에야 억지로 교정을 보게 되었다.

　《동상기찬》을 펼쳐 겨우 수십 쪽을 보다가 곧 옷깃을 여미고 일어나 앉으며 말하기를, "내 평생에 남녀간의 사랑타령이나 하찮은 이야기 읽는 것을 알지 못하여 그저 그런 이야기를 듣기만 하여도 문득 이맛살을 찌푸렸었는데, 이제 이 《동상기찬》을 보니 나도 모르는 사이에 기분이 흐뭇해지는구나. 위로는 한 나라의 역사에 이르고 옆으로는 야담을 주워 모아 모두 확실한 근거를 확보하고 보기 편하게 지었으니,

심재가 고심하였음을 알 만하다. 책이 무릇 여섯 권인데 머리에 나열한 원래의 기록은 모두 앞사람들이 쓴 것이요, 그 다음에는 원래 기록의 목차를 나누어 넷으로 편찬하였다.

「재현」이라고 이른 것은 빼어나고 어진 신하들과 도덕을 갖춘 큰 선비를 말하는 것이요, 「덕혜」라고 이른 것은 성품과 행실이 곧고 맑으며 지혜와 식견이 밝고 민첩한 것을 말하는 것이다. 「권택」이라고 이른 것은 은혜를 베풀고 불쌍히 여기는 마음으로 사랑하며 일을 맡아 이루는 것을 말하는 것이요, 「복연」이라고 이른 것은 신이 신령스럽고 기이한 일이 일어나도록 도와주고 하늘이 하나로 모이도록 정해주는 것을 말하는 것이다. 책 끝에 붙인 「보유」는 대략 빠진 것이 많아서 미처 다 채집하지 못한 것들이다.

원래의 기록을 「동상」이라고 이름 붙인 것은 〈서상기〉의 「서상」을 본떠 지은 것이다. 그러나 아전들의 말투와 세간에 떠도는 상스러운 말들이 거칠게 뒤섞여 볼품이 없는지라 급작스럽게 보다 보면 명확하지 않았다. 이에 마디마디 토를 달고 붓을 움직여 일이 돌아가는 형편을 자세하고 간곡하게 해놓으니, 참으로 으뜸가는 재주꾼에 정신마저도 그려내는 문장의 법도로 솜씨가 바뀌었다. 사람들로 하여금 책상을 치며 놀라고 기이하게 여기게 만든 것이다. 만약 심재가 이를 편찬하지 않았다면 놀이마당의 문자로 되는 데 불과하여 더 볼 것이 없었을 것이다. 어찌 능히 말세의 어리석고 용렬한 남녀들을 깨우치고 권면하여 오륜을 돈독하게 하며 온갖 복을 모으게 하겠는가.

어떤 이가 이르기를, "체재가 같지 않으니 《동상기찬》이라 함은 적당하지 않고 마땅히 《김신부부전찬》이라고 해야 옳다." 하는데, 그 말도 또한 좋은 말이다. 다만 오늘에야 심재를 만나 비로소 간행·배포되어 풍속의 교화에 일익을 담당하게 되었으니, 어찌 동상기의 경사와 행운이 아니겠는가.

가령 "문양산인이 있었다면, 어찌 크게 한 차례 강제로 추렴을 하여 한남서림의 여러 벗들과 더불어 흠뻑 취하고 아울러 주인의 덕을 칭송하지 않았으랴?" 하니 심재는 껄껄 웃기만 하였다. 이에 서문을 써서 주었다.

때는 무오년(1918) 4월 초파일, 벗인 연파거사가 쓰노라.

자 서

무릇 서울은 온갖 인물이 다 모이는 곳이다. 서울의 동녘이 밝아오면 떠들썩한 소리가 물이 끓어오르는 듯하고 활기가 차 올라, 한낮이 되면 충만하였다가 어둠이 내리면 곧 잠잠해진다. 다음날도 그러하고, 또 그 다음날도 그러하며, 10년, 백년이 지나도 또한 그러할 것이다. 더러 몹시 춥거나 더울 때, 많은 비가 오거나 눈이 쌓여 있을 때 잠깐 그치기는 하나, 그 사이가 또한 짧은 시간에 지나지 않는다.

절골[寺洞]은 서울의 한가운데 자리하여 남북의 도로가 지나가므로 큰 저잣거리와 모든 시가지로 잇닿아 있어서 큰길을 따라 지나가는 사람들은 이곳이 서울의 전부라고 알게 된다. 내가 이곳에 한남서림을 연 것이 거의 십 년 가까이 되어가니 어떤 사람이 한남서림을 알고 찾아와도 그의 성명은 전혀 알지 못하고, 돌아보지 않고 지나치던 사람과 부딪쳐도 그 얼굴 모습은 눈에 많이 익었다. 이처럼 사람들을 겪으며 맞이하고 보낸 것을 이루 손꼽아 헤아릴 수 없을 정도다.

대개 부귀한 사람과 빈천한 사람, 늙은이와 젊은이, 부녀자와 어린아이, 건장하고 우락부락한 사람, 가냘프게 마르고 약한 사람, 우마차에 짐을 싣고 가는 사람, 짐을 메거나 지거나 이고 가는 사람들이 몇 십,

몇 천, 몇 만 명 이상이지만, 그 생긴 모습을 보면 한 사람도 닮은 사람이 없으니 그들의 마음도 같지 않음을 알 수 있다.

호화로운 구두에 돈피 갖옷을 입고 햇빛에 번뜩이는 은백색 말을 탄 멋쟁이나 뽀얗게 분바르고 파르스름하게 눈썹 그려 화장하고 바람결에 난초 사향 냄새를 풍기는 기생들을 보고 어리석은 사람들은 마음속으로 부러워하거나 자기도 모르게 넋이 녹아 내리고 만다. 이런 이들이 있는가 하면, 봉술과 재주를 뽐내고 팔거나 피리를 불며 돈을 구걸하는 사람들에 이르기까지 다양하다.

내 생각에는 아마도 진정과 신의를 갖춘, 흔치 않게 훌륭한 선비가 그들 가운데 재능을 숨기고 있지 않을까 하여 사람을 만날 때마다 문득 쫓아가 더불어 이야기를 나누며 그가 품고 있는 도덕과 경륜을 묻고 배우려고 하였다. 그러다가 깊이 생각해보니, 사람들은 명성을 찾는데 급급하고 이익을 꾀하는 데만 부지런히 힘쓰며 분주하게 돌아다니다가 명성이나 이익을 훔친 뒤에야 그만두는 것이었다. 심지어는 본심을 잃고 일을 잡치고서도 발길을 돌리지 않고 재앙의 그물을 건드리는 일을 쉴 때가 없으니, 진정과 신의를 갖춘 훌륭한 선비는 이곳에 없는 것이 틀림없었다. 비록 별처럼 빛나는 안목을 갖추고 있다 하더라도 어디서 그 비슷한 사람인들 만나볼 수 있겠는가.

슬프다! 공자께서 도가 행해지지 않는다고 뗏목을 타고 바다로 가시려한 뜻을 그리워하고, 세상이 어지러워 산에 들어가 은둔하려는 환산별곡의 곡조를 불러보아도 알 수가 없구나. 애오라지 동상기를 편찬하여 풀이하였는 바, 스스로 돌아봄에 학식이 얕아 감히 몸을 드러내 설법을 할 수는 없었다. 혹시라도 어지러운 때를 만나거든 이 책에 쌓인 먼지를 떨어내고 약쑥을 태운 뒤 손을 씻고 책을 펼쳐 한두 조목을 소리

내어 읽으면, 가령 김성탄을 다시 살려서 평을 하게 하더라도 틀림없이 "또한 유쾌하지 아니한가!" 할 것이다. 엎드려 바라옵건대, 이 책을 애독하시는 온 천하의 여러 군자들께서는 마땅히 이렇게 살펴보소서.

무오년(1918) 2월 상순, 복사꽃에 비 내리는 가운데 심재 백두용이 한남서림에서 쓰노라.

제1권

재주 있고 어진 사람들

제1화 유창을 사위로 맞은 둔촌 이집

둔촌 이집이 여러 딸 가운데 하나를 특히 사랑하여 목은 이색의 문하에서 사윗감을 고르려고 하니, 목은이 말하였다.
"제 문하에 사람이 여럿 있으나, 성품이 온순하고 기질이 우아한 사람으로 이 두 사람만한 이가 없습니다."
목은의 말은 대개 양촌 권근과 문희공 유창을 가리킨 것이었다. 둔촌은 드디어 유창을 사위로 삼았다.
유창이 일찍이 양촌을 지나가다가 권근의 부친상에 조문을 하였다. 그가 자리에 오래 앉아 있자, 권근이 아직 조반을 먹지 않았다며 자리를 떴는데 갑자기 창 밖에서 절구질하는 소리가 들리는 것이었다. 이는 곧 권근의 집안사람들이 쌀을 찧어 조반을 지어주려는 것이었다.
선조들이 찾아온 손님을 꺼리지 않음이 이와 같았다.

【원주】
둔촌 이공(遁村李公) : 이름은 집(集, 1314~1387), 자는 호연(浩然), 둔촌은 그의 호, 본관은 광주(廣州)로, 생원 당(唐)의 아들이다. 고려말에 문과에 급제하여 벼슬이 판전교시사(判典校寺事)에 이르렀다. 신돈(辛旽)의 문객을 거슬리게 하여 장차 일어날 화를 헤아릴 수 없으므로, 남모르게 아버지를 업고 같은 해 과거에 급제한 사간(司諫) 최원도(崔元道)의 영천(永川) 집으로 달아나 숨었다. 신돈이 죽은 뒤에 여주(驪州)로 돌아가 살면서 마침내 은 둔하여 벼슬하지 않았다.

목은(牧隱) : 성명은 이색(李穡, 1328~1396), 자는 영숙(永叔), 목은은 그의 호, 본관은 한산(韓山)으로, 가정(稼亭) 이곡(李穀)의 아들이다. 고려 충숙왕 때에 과거에 급제한 뒤 원나라에 들어가 한림지제고(翰林知制誥)를 지내고 벼슬이 문하시중(門下侍中)에 이르렀다. 조선조에서 한산백(韓山伯)에 봉하고, 시호를 문정(文靖)이라고 하였다. 문장과 절의가 동방에서 으뜸이었다.

양촌(陽村) : 성명은 권근(權近, 1352~1409), 자는 가원(可遠), 양촌은 그의 호, 본관은 안동(安東)으로, 좌정승(左政丞) 희(僖)의 아들, 성재(誠齋) 고(皐)의 손자이다. 고려말에 문과에 급제하여 첨서밀직(簽書密直)으로 조선조의 좌명공신(佐命功臣)이 되어 벼슬이 찬성(贊成)에 이르고 길창부원군(吉昌府院君)에 봉해졌으며, 시호를 문충(文忠)이라고 하였다.

유 문희공(劉文僖公) : 이름은 창(敞, ?~1421), 자는 맹의(孟儀), 본관은 강릉(江陵)으로, 천봉(天鳳)의 아들이다. 고려 공민왕 때에 과거에 급제하였고, 조선조에서는 개국공신으로 기록되었으며, 벼슬이 좌참찬(左參贊)에 이르고 옥천부원군(玉川府院君)에 봉해졌으며, 문희는 그의 시호다.

제2화 효령대군의 손자사위가 된 청단 현석규

세종[1]대왕이 대군으로 있을 때에 여러 대군, 왕자들과 더불어 제천정[2]에 모여 잔치를 벌였다. 때마침 과거가 열려 먼 고을의 선비들이 줄을 이어 강을 건너느라고 나루터에 가득하였다. 세종이 수많은 선비들 가운데 한 유생을 바라보다가 옆에 있는 사람에게 그를 가리켜 보이며 말하였다.

"옷 빛깔이 이러하고 모습이 이러한 저 사람을 네가 가서 불러오너라."

그 사람이 명을 받고 그 유생을 불러다가 알현시키니, 세종은 귀빈 대접을 하며 그 유생의 이름과 사는 곳을 물었다.

"현석규라고 합니다. 사는 곳은 영남에 있는 아무 고을입니다."

세종이 다정한 말로 대해주고 음식을 풍성하게 차려 먹이게 하였다. 현석규는 산을 넘고 물을 건너 먼 길을 온 터라 의관이 남루하고 모습이 수척하고 초췌하였으므로, 그 자리에 있던 사람들이 모두 괴이해 하

---

1) 세종(世宗) : 조선조 제4대 임금인 도(祹), 1397~1450. 재위 1418~1450. 자는 원정(元正). 태종의 셋째 아들로 어머니는 원경왕후(元敬王后) 민씨(閔氏), 비는 청천부원군(靑川府院君) 심온(沈溫)의 딸인 소헌왕후(昭憲王后). 능은 여주(驪州)에 있는 영릉(英陵), 시호는 장헌(莊憲).

2) 제천정(濟川亭) : 서울시 용산구 한남동 한강 가에 있었던 정자.

거나 의아해 하였다. 세종이 주위 사람들을 돌아보며 말하였다.
"여기에 마땅한 처녀가 있소?"
효령대군이 세종의 총명함을 믿는 터라 대답하였다.
"우리 아이 서원군3)에게 처녀 아이가 있어 지금 혼처를 구하고 있네."
세종이 말하였다.
"훌륭한 사위를 얻고자 하신다면 이 사람보다 나은 이는 없습니다."
그러자 효령대군이 말하였다.
"문벌이 서로 맞지 않는 듯하네."
세종은,
"자고로 영웅이나 호걸스러운 선비는 초야에서 많이 배출되었으니, 이런 선비 집안의 자손이면 정혼을 결정하시지요."
하였다. 나중에 서원군이 알아보니, 현석규는 곧 영남의 이름난 선비로 재주와 명성이 자자한 사람이었다. 그리하여 드디어 사위로 맞아들였다.

현석규는 그 뒤에 과거에 급제하여 청환직4)을 두루 역임하고, 당시의 이름난 재상이 되어 벼슬이 참찬5)에 이르렀다. 세종이 백 걸음 밖에서 우연히 바라보고 능히 크게 될 사람임을 알아보았으니, 위대한 성인의 식견이 여러 사람보다 월등하였던 것이다.

---

3) 서원군(瑞原君) : 효령대군의 차남인 재(宰, 1413~1475). 자는 사인(士仁), 시호는 이안(夷安).
4) 청환직(淸宦職) : 조선시대 학식이나 문벌이 높은 사람들이 하던 규장각(奎章閣)・홍문관(弘文館)・선전관청(宣傳官廳) 따위의 벼슬.
5) 참찬(參贊) : 조선시대 의정부(議政府)의 정2품 벼슬.

【 원주 】

현석규(玄錫圭, 1430~1480) : 자는 덕장(德璋), 호는 청단(淸湍)이며, 본관은 창원(昌原)이다. 세조 경진년(1460)에 등과하여 벼슬이 찬성에 이르렀고, 시호는 정경(貞景)이다.

효령대군(孝寧大君) : 이름은 보(補, 1396~1486), 자는 선숙(善叔), 태종의 둘째 아들이자 양녕대군(讓寧大君) 제(禔)의 아우다. 시호는 정효(靖孝)다. 서원군(瑞原君)의 이름은 재(宰)다.

제3화 권람의 사위가 된 남이 장군

　남이가 소년 시절 길거리에서 놀다가 나이 어린 계집종이 조그만 바구니를 싸 가지고 가는 것을 보았다. 그 보자기 위에 화장을 한 귀신이 붙어 앉아 있으므로 괴이하게 생각이 되어 그 뒤를 따라가 보니 어떤 재상집으로 들어가는 것이었다. 그러더니 그 집에서 아가씨가 갑자기 돌아가셨다고 하며 울부짖는 소리가 나는지라, 남이가 말하였다.
　"내가 들어가 보면 살릴 수 있을 것이오."
하며 그 집 문에 들어서자, 화장한 귀신이 낭자의 가슴 위에 앉아 있다가 남이를 보고는 즉시 달아났다. 그러자 낭자가 일어나 앉는 것이었다. 남이가 그 집에서 나가자 낭자가 다시 죽었다가, 남이가 다시 들어가니 되살아났다. 남이가 계집종에게 물었다.
　"작은 바구니에 있는 물건이 무엇이냐?"
　"홍시입니다. 아가씨가 아까 홍시를 드시다가 기절하셨습니다."
　남이가 그렇게 된 까닭을 낱낱이 설명하고 약으로 치료를 하자, 낭자가 그제야 소생하였다. 낭자는 곧 익평공 권람의 넷째 딸이었다.
　나중에 권람이 사위를 고를 때에 남이가 청혼을 하였다. 권람이 점쟁이에게 점괘를 내보라고 하니, 점쟁이가 말하였다.
　"이 사람은 필시 죄를 짓고 죽을 것이니, 사위를 삼으시면 안 됩니다."

그러자 권람이 자기 넷째 딸의 운명을 점쳐보라고 하니, 점쟁이가 말하였다.

"아가씨의 명운이 몹시 짧고 또 자식이 없을 것입니다만, 마땅히 타고난 복을 누리고 화는 당하지 않을 것이오니, 그 사람을 사위로 삼아도 좋겠습니다."

권람이 그 말을 따랐다.

남이는 17세의 나이에 무과에 장원급제하여 임금의 극진한 총애를 받다가 28세에 병조판서로서 죽음을 당하였는데, 그의 아내는 이미 몇 해 앞서 죽었던 것이다.

【 원주 】

남이(南怡, 1441~1468) : 본관은 의령(宜寧), 의산군(宜山君) 휘(暉)의 아들이자 구정(龜亭) 남재(南在)의 손자로, 태종의 외손이다. 날랜 용기가 남보다 빼어나서 북으로 이시애(李施愛)를 토벌하고 서쪽으로 건주위(建州衛)를 정벌할 때 모두 앞장서서 공을 세워 1등 적개공신(敵愾功臣)으로 기록되었다. 그가 회군할 때 지었다는 시는 다음과 같다.

백두산의 바위는 칼을 갈아 다 닳고,
두만강의 물결은 말이 마셔 다하였다
사나이가 나이 스물에 나라를 평안히 못한다면,
후세에 누가 대장부라고 하겠는가.
白頭山石磨刀盡(백두산석마도진)
豆滿江波飮馬無(두만강파음마무).
男兒二十未平國(남아이십미평국)
後世誰稱大丈夫(후세수칭대장부)

하였으니, 그의 남다름이 이와 같았다. 병조판서로 승진하니 당시 나이가 26세였다. 뒤에 유자광(柳子光)에게 역모를 꾸몄다는 모함을 받아 죽었다.

권 익평 람(權翼平擥, 1416~1465) : 자는 정경(正卿), 호는 소한당(所閒堂)으로, 우찬성(右贊成) 제(踶)의 아들이자 양촌(陽村) 근(近)의 손자다. 문종 경오년(1450)에 장원급제하였고, 정난좌익공신(靖難佐翼功臣)에 책록이 되고 세조 기묘년(1459)에 재상으로 승진하여 벼슬은 좌의정에 이르고 길창부원군(吉昌府院君)에 봉해졌다. 익평(翼平)은 그의 시호다.

제4화 박원형의 사위가 된 추계당 윤효손

윤효손은 자를 유경이라 하였고, 본관은 남원이다. 생원과[1]를 거쳐 문과[2]에 급제하고 중시[3]에도 급제하여 벼슬이 좌참찬에 이르렀고 시호를 문효공이라 하였다.

그가 젊은 시절에 그의 아버지는 의정부 녹사[4]로 있었는데, 새벽에 어느 대감 댁에 찾아가 뵙기를 청하였다. 문지기가 대감께서 주무신다며 거절하는 바람에 만나지를 못하였다. 해가 질 무렵에 피곤하고 허기가 져서 집으로 돌아와 아들에게 말하였다.

"나는 재주가 없어 이 지경이 되도록 모욕을 당하였으니, 너는 학업을 부지런히 하여 이 아비처럼 되지 말거라."

그 말을 들은 효손은 면회를 요청하는 쪽지 끝에 다음과 같은 시를 썼다.

---

1) 생원과(生員科) : 조선시대 과거의 하나로, 생원을 뽑는 시험. 사마시(司馬試). 감시(監試). 소과(小科).
2) 문과(文科) : 조선시대 문관(文官)을 뽑는 시험. 대과(大科).
3) 중시(重試) : 이미 과거에 급제한 사람에게 다시 보이는 시험. 이 시험에 급제한 사람은 정3품 당상관(堂上官)의 품계로 올려주었음.
4) 녹사(錄事) : 조선시대 의정부와 중추원(中樞院)에 속한 아전(衙前).

대감께서 단잠 주무시는 동안 해는 중천에 오르고,
문 앞에 들인 쪽지는 이미 펴서 너덜너덜해졌네.
꿈속에서 주공5)을 만나시거든,
그 당시 토악6)하시던 노고를 꼭 물어보소서.
相國甘眠日正高(상국감면일정고)
門前刺紙已生毛(문전자지이생모)
夢中若見周公聖(몽중약견주공성)
須問當年吐握勞(수문당년토악로)

그의 아버지는 읽어보지도 않은 채 다시 그 대감 댁을 찾아가 쪽지를 들여보냈다. 대감이 그 시를 읽어보고 즉시 들여보내라 하여 물었다.
"이걸 자네가 쓴 겐가?"
그의 아버지가 깜짝 놀라고 두려워 어찌할 바를 모르다가 그 글씨를 보니 곧 효손의 필체였다. 그는 사실대로 아뢰고 엎드려 죄를 청하였다. 대감이 효손을 불러오게 하여 보니, 나이는 바야흐로 10여 세에 똑똑하고 빼어나게 영리하였다. 당시 대감에게 딸이 있어 배필로 삼기로 마음먹고 안에 들어가 부인에게 말하였다.
"오늘 좋은 사윗감을 얻었소."
그러자 부인은 안 된다고 하며 말하였다.
"내 딸을 어떻게 녹사 집 아이와 짝을 맺어준단 말입니까?"
대감이 부인의 말을 듣지 않고 마침내 혼인을 시켰다. 그 대감은 곧

---

5) 주공(周公) : 중국 주(周)나라 무왕(武王)의 아우. 이름은 단(旦). 조카인 성왕(成王)을 도와 주 왕실의 기초를 튼튼히 다졌음.
6) 토악(吐握) : 토포착발(吐哺捉髮). 어진 선비를 우대한다는 뜻. 주공은 손님이 찾아오면 밥을 먹을 때는 밥을 뱉고, 머리를 감을 때는 젖은 머리를 움켜쥐고 나가서 손님을 맞아들였다고 함.

문헌공 박원형이었다.

【원주】

윤효손(尹孝孫, 1431~1503) : 호는 추계당(楸溪堂)으로, 처관(處寬)의 아들이자 벽송거사(碧松居士) 위(威)의 후손이다. 문종 경오년(1450)에 진사가 되었고, 단종 계유년(1453)에 문과에 급제하였다.

박 문헌 원형(朴文憲元亨, 1411~1469) : 자는 지구(之衢), 호는 만절당(晩節堂)이며, 본관은 죽산(竹山)으로, 규정(糾正) 고(翺)의 아들이다. 세종 임자년(1432)에 진사가 되었고, 갑인년(1434)에 문과에 급제하였다. 좌익공신(佐翼功臣)으로 책록이 되고 연성부원군(延城府院君)에 봉해졌다. 대제학과 호조판서를 겸하였다. 세조 병술년(1466)에 재상으로 승진하여 벼슬이 영의정에 이르렀다. 문헌(文憲)은 그의 시호다.

제5화 박은을 사위로 삼은 이요정 신용개

김려¹⁾는 성종 때 사람으로 운명을 점치는 데 정통하였다. 신용개가 읍취헌 박은을 사위로 삼고 싶어, 김려를 불러다가 점을 쳐보게 하였다. 김려가 말하기를,

"신랑은 좋습니다. 일찍이 문장으로 알려지겠군요. 허나 26세에 흉한 일을 당해 죽을 것이니 혼인을 시키면 안 되겠습니다."

하고는 처녀의 사주를 보자고 하더니 말하였다.

"혼인을 시켜도 되겠군요. 아기씨는 22세에 요절하실 텐데, 그때 신랑은 이조의 낭관²⁾이 되었을 겁니다. 상심하지 마십시오."

과연 두 사람은 혼인하였는데, 하나같이 김려의 말과 같이 되었다.

【 원주 】

신공 용개(申公用漑, 1463~1519) : 자는 개지(漑之), 호는 이요정(二樂亭)이며, 본관은 고령(高靈)으로, 감사(監司)의 면(沔)의 아들이자 보한재(保閒齋) 숙주(叔舟)의 손자다. 성종 계묘년(1483)에 진사가 되었고, 무신년(1488)에 문과에 급제하여 대제학을 지내고, 중종 병자년(1516)에 재상으로 승진하여

---

1) 김려(金麗) : 생몰 연대 및 자세한 행적 미상.
2) 낭관(郎官) : 조선시대 각 관아의 정3품 이하 당하관(堂下官)의 총칭.

벼슬이 좌의정에 이르렀다. 시호는 문경(文景)이다.

박 읍취헌 은(朴挹翠軒誾, 1479~1504) : 자는 중열(仲說), 호는 읍취헌(挹翠軒)이며, 본관은 고령(高靈)으로, 시정(寺正) 담손(聃孫)의 아들이다. 연산군 을묘년(1495)에 생원이 되었고, 병진년(1496)에 문과에 급제하였는데, 당시 나이가 18세였다. 26세에 화를 입었고, 벼슬은 교리(校理)에 그쳤다.

제6화 강태수를 사위로 삼은 모재 김안국

　　모재 김안국이 장원급제한 강태수를 사위로 삼으려고 미리 혼약을 맺었다. 나중에 자녀들이 모두 자라서 혼인을 하게 되었는데, 모재가 듣자니 강태수에게 병이 있다는 것이었다. 그러나 이미 한 혼약을 저버릴 수가 없어서 마침내 혼인을 시켰다. 사람들이 그렇게 하기는 어려운 일이라고들 하였다.

【 원주 】
김 모재(金慕齋, 1478~1543) : 이름은 안국(安國), 자는 국경(國卿), 모재는 그의 호다. 본관은 의성(義城)으로, 참봉(參奉) 연(璉)의 아들이다. 생원과 진사가 된 뒤, 연산군 계해년(1503)에 문과에 급제하여 대제학을 역임하고 벼슬이 좌찬성에 이르렀다. 시호는 문경(文敬)이다.
한훤당(寒暄堂) 김굉필(金宏弼)의 문인으로, 일찍이 젊은 시절 고양(高陽)의 시골집에 있을 때 공의 모습이 옥과 같았다. 이웃집 처녀가 달밤에 찾아오니 공이 꾸짖기를, "그대는 양반 집안의 딸로 밤에 남의 집에 왔으니 인륜에 죄를 지었소."하고 회초리로 매를 때려서 보냈다. 뒤에 그 처녀는 시집가서 재상의 부인이 되었다. 기묘사화가 일어나 공은 화를 면할 수 없게 되었는데 그 재상의 아들이 극력 공의 어짊을 말하여 화를 면하게 되었다. 대개 그의 어머니가 어릴 적 일을 이야기하며 "김 아무개는 군자로다."라고 하였기 때문이다. 그 부인은 자신의 허물을 감추지 않고 남의 좋은 점을 드러냈으니 어질다고 하겠다.

강 장원 태수(姜壯元台壽, 1479~?) : 자는 자삼(子三), 본관은 진주(晉州)로, 우의정 귀손(龜孫)의 아들이다. 연산군 신유년(1501)에 생원·진사과에 급제하였고, 중종 신미년(1511)에 문과에 급제하였다. 벼슬은 부사(府使)에 그쳤다.

제7화 이덕형을 사위로 맞은 아계 이산해

아계 이산해는 토정 이지함의 조카다. 그에게 딸 하나가 있었는데, 숙부인 토정이 사람을 보는 능력이 있으므로 사윗감을 골라 달라고 청하였다.

어느 날 토정이 말하였다.

"어제 우연히 길에서 한 사람을 만났는데 집안 살림살이를 싣고 가더구나. 어린아이를 짐 위에다 태우고 부모는 허름한 차림으로 그 뒤를 따라가는데, 그 아이의 관상을 보니 나라의 큰 그릇이 되겠어. 내 자네가 부탁한 것이 생각나서 그들이 가는 곳을 살펴보았더니 아무개 집으로 들어가더군. 아마도 양반이긴 한데 가난해서 고향에 살 수 없으니까 서울에 있는 친척집에 의지하러 온 것 같아."

그 말을 듣고 아계가 말하였다.

"비록 숙부님께서 말씀해주셨으나 반드시 제가 가보고 결정하겠습니다."

이튿날 아계가 그 집을 찾아가 물어보니, 주인이 말하였다.

"말씀하신 대로 시골에 살던 친척이 가난 때문에 저희 집에 와서 지금 사랑에 머물고 있습니다."

아계가 만나보기를 청하였다. 주인은 자기 옷 가운데 그 중 나은 것을 사랑채로 보냈다. 조금 뒤에 그들이 나왔는데, 시골의 가난한 선비가 남의 옷을 빌려 입어 잘 맞지도 않고 촌스러웠다. 아계가 말하였다.

"댁에게 아들이 있다던데 한번 봤으면 하오."

그의 아들이 그제야 나와서 인사를 하였다. 8~9세 정도 된 더벅머리였다. 옷차림은 초라하였으나 행동거지는 다소곳하였다. 아계는 한눈에 기특하게 여겨져 청혼을 하였다. 당시 아계는 이미 재상의 자리에 올라 있었으므로, 그는 황공해하며 당치 않다고 사양하였다.

아계가 돌아와 토정에게 아뢰었다.

"그 아이를 조금 전에 보고 왔는데, 참으로 숙부님께서 보신 대로더군요. 벼슬은 어디까지 할는지요?"

"자네가 재상이 된 나이보다 앞서서 재상이 될 걸세."

그 아이는 곧 한음 이덕형이었다. 과연 토정의 말대로 그 뒤 그는 38세에 재상이 되었으니, 아계가 재상이 된 나이보다 젊어서였다고 한다.

【 원주 】

이 아계 산해(李鵝溪山海, 1538~1609) : 자는 여수(汝受), 아계는 그의 호, 본관은 한산(韓山)으로, 성암(省菴) 지번(之蕃)의 아들이다. 명종 무오년(1558)에 진사가 되었고, 신유년(1561)에 문과에 급제하여 대제학을 지내고, 광국평난공신(光國平難功臣)에 책록되었으며, 벼슬은 영의정에 이르렀고, 아성부원군(鵝城府院君)에 봉해졌다. 토정(土亭)의 이름은 지함(之菡, 1517~1578), 자는 형중(馨仲), 천거에 의한 벼슬은 현감에 그쳤다.

한음 이 상공 덕형(漢陰李相公德馨, 1561~1613) : 자는 명보(明甫), 한음은 그의 호, 본관은 광주(廣州)로, 지사(知事) 민성(民聖)의 아들이다. 20세 (1580)에 문과에 급제하여 31세에 대제학이 되고 38세에 재상이 되었으며, 벼슬이 영의정에 이르렀다. 시호는 문익(文翼)이다.

제8화 정유길의 사위가 된 사미당 김극효

사미당 김극효는 서윤¹⁾ 벼슬을 한 김번²⁾의 손자다. 총각 때에 과거를 보러 서울에 올라갔다. 종이 파는 가게를 찾아가는데 길이 익숙하지 않아 길거리에서 방황할 즈음, 임당 정유길이 길에서 그를 보게 되었다. 한동안 뚫어지게 바라보다가 마침내 하인에게 그를 집으로 데려오게 하여 누구 집 아들인가를 물었다. 그리고는 부인에게,

"훌륭한 사윗감이 지금 와 있으니 몰래 창틈으로 한번 보시오."

하고는 정갈한 음식을 차려 잘 대접하라고 명하였다.

부인이 몰래 엿보니 옷차림이 초라하고 풍채도 보잘것없어 남편의 말이 두 가지 모두 어긋났으나 음식을 갖추어 극진히 대접하였다.

저녁때가 지나서 임당이 부인에게 물었다.

"신랑감이 과연 어떻습디까?"

"재상가의 아들이거나 손자인지요?"

"아니오."

"이름난 관리의 아우거나 조카라도 되는지요?"

---

1) 서윤(庶尹) : 조선시대 한성부(漢城府)와 평양부(平壤府)에 두었던 종4품 벼슬.
2) 김번(金璠, 1479~1544) : 조선조 중종 때의 문신. 자는 문서(文瑞), 본관은 안동(安東), 영수(永銖)의 아들.

"아니오. 그 아이는 곧 안동 김씨로 서윤을 지낸 사람의 손자라오."
"그렇다면 집안 살림이라도 넉넉하던가요?"
"아니오."
"재주가 있고 행동이 민첩하던가요?"
"아니오. 단지 뺨이 두둑하고 턱이 큼직한 데다가 걸음걸이가 신중하니, 장수하고 부유하며 아들을 많이 둘 징조요."
부인이 실망한 듯 말하였다.
"어둠 속에 앉아 새벽을 기다리는 부류로군요."
임당이 정혼을 하기로 결정하였다.

뒤에 그들 부부는 해로하여 아들 다섯을 두었는데, 선원 김상용과 청음 김상헌, 두 선생이 절의와 도덕으로 세상에 이름을 떨쳤고, 후세의 복록이 정씨 가문에 못지않았다.

아아! 임당의 선견지명이 그의 조부인 문익공 정광필[3]에 못지않았던 것이다.

【원주】

김 사미 극효(金四昧克孝) : 자는 희민(希閔), 사미당은 그의 호, 본관은 안동(安東)으로, 삼당(三塘) 영(瑛)의 종손이다. 21세에 세마(洗馬)가 되고, 뒤에 상사(上舍)에 올랐으며, 벼슬은 동돈령(同敦寧)에 그쳤다. 아들 다섯을 두었다. 상용(尙容1561~1637)의 호는 선원(仙源), 진사로 문과에 급제하여 선조 때에 벼슬이 우의정에 이르고, 정축년에 강화도에서 순절하였다. 시호는 문충(文忠)이다.

상관(尙寬)의 호는 금시재(今是齋), 부사(府使)를 지냈다. 상건(尙謇)의 호는 만사(晩沙)로, 참봉(參奉) 벼슬을 하였다. 상준(尙寯)은 일찍 죽었다. 상

---

[3] 정광필(鄭光弼, 1462~1538) : 조선조 중종 때의 문신. 자는 사훈(士勛), 호는 수천(守天), 본관은 동래(東萊), 난종(蘭宗)의 아들. 시호는 문익(文翼).

헌(尙憲, 1570~1652)의 호는 청음(淸陰), 진사로 문과에 급제하여 대제학을 지내고, 정축년(1637)에 청나라와의 강화를 반대하여 심양(瀋陽)에 3년간 억류되었다가 돌아왔다. 병술년(1646)에 재상으로 승진하여 벼슬이 좌의정에 이르렀고, 기로소(耆老所)에 들어갔으며, 청백리(淸白吏)로 뽑혔다. 84세에 타계하였고, 시호는 문정(文正)이다.

정 임당 유길(鄭林塘惟吉, 1515~1588) : 자는 길원(吉元), 임당은 그의 호, 본관은 동래(東萊)로, 문익공(文翼公) 광필(光弼)의 손자다. 중종 때에 생원(1531)이 되었고, 무술년(1538) 문과에 장원으로 급제하여 대제학을 지내고, 선조 때에 벼슬이 좌의정에 이르러 궤장(几杖)을 하사 받았다. 원계채(元繼蔡)의 사위다.

제9화 김수항의 부인 나씨의 감식력

　문곡 김수항의 부인 나씨는 명촌 나양좌[1]의 누이로, 사람을 알아보는 안목이 있었다. 사위를 고를 때 셋째 아들인 삼연 김창흡으로 하여금 민씨 집안의 젊은이들을 찾아가 보고 정혼을 하라고 하였다. 삼연이 다녀와서 아뢰길,
　"민씨 댁 자제들이 모두 기가 모자라고 또한 생김새가 시원치 않아 합당한 사람이 없습니다."
하자, 부인이 말하였다.
　"민씨 댁은 명문가니 후손들이 틀림없이 그렇지 않을 게다."
　그 뒤에 삼연이 이씨 집안의 자제와 정혼을 하고 와서 말하였다.
　"오늘에야 좋은 신랑감을 얻었습니다."
　그러자 부인은 그것이 누구며 풍채와 행동거지가 어떤가 물었다.
　"풍채가 좋고 거동이 아름다우며 재주가 빼어나니, 참으로 큰 그릇이 될 사람입니다."
　부인이,
　"그렇다면 좋구나."

---

1) 나양좌(羅良佐, 1638~1710) : 조선조 숙종 때의 문신. 자는 현도(顯道), 호는 명촌(明村), 본관은 안정(安定), 성두(星斗)의 아들.

하였는데, 혼례를 치르는 날이 되어 부인이 신랑을 보고 탄식하며 말하였다.
"셋째가 눈은 있되 눈동자가 없구나."
삼연이 괴이하게 생각하며 물으니, 부인이 말하였다.
"신랑이 좋기는 좋다마는 수명이 크게 모자라 기껏해야 서른 살을 넘기지 못할 것이니, 너는 무엇을 보고 정혼을 한 게냐?"
그리고는 신랑을 자세히 보다가 다시 탄식하며 말하는 것이었다.
"내 딸이 먼저 죽을 것이니, 이 또한 어찌할거나?"
하며 삼연을 책망해 마지않았다. 그러나 삼연은 끝내 그렇지 않다고 생각하였다.
어느 날, 지재 민진후와 단암 민진원 등 여러 사촌 형제들이 마침 일이 있어 찾아왔는데, 그들은 모두 스무 살 가량 되었다. 삼연이 안채에 들어가 아뢰었다.
"어머님께서는 매번 민씨 집안과 사돈을 맺지 못한 것을 한스럽게 여기셨지요. 지금 민씨 댁 젊은이들이 와 있으니, 어머님께서 창틈으로 슬쩍 엿보시면 틀림없이 제 말에 거짓이 없다는 걸 아시게 될 겁니다."
부인이 그 말대로 몰래 그들을 보고는 또 삼연을 책망하였다.
"네 눈에 과연 눈동자가 없나 보구나. 이 젊은이들은 모두가 귀한 사람들이다. 이름을 후세에 남길 큰 그릇들이지. 이들과 사돈을 맺지 못한 것이 애석하구나!"
그 뒤에 과연 그 말이 맞았다. 민씨 젊은이들은 모두 크게 현달하였는데, 이씨는 나이 겨우 서른을 넘겨서 참봉[2]으로 요절하였고, 부인의 딸은 그보다 한 해 앞서 죽었다.

---

2) 참봉(參奉) : 조선시대 능원(陵園), 종친부(宗親府) 등에 속하던 종9품 벼슬.

부인이 일찍이 비단 세 필을 짜서 그 가운데 한 필로 문곡의 관복을 짓고, 나머지 두 필은 깊숙이 간수해 두었다. 둘째 아들인 농암 김창협이 과거에 급제하였으나 그 비단으로 조복 짓는 것을 허락하지 않았다. 뒤에 몽와 김창집이 음관3)으로 과거에 급제하니 그제야 조복을 짓고, 나머지 한 필은 또 간수해 두는 것이었다. 그러다가 손자사위인 조문명이 과거에 급제하자 조복을 짓게 하였다. 이 세 사람의 벼슬이 모두 삼공4)의 자리에 이르렀다. 부인의 생각에 삼공의 벼슬까지 이르지 못할 사람에게는 비단 관복 짓는 것을 허락하지 않았던 것이다. 농암이 과거에 급제하고 들어가 보니, 부인은 미간을 찌푸리며 말하기를,

"어째서 산림처사 같은 모습이냐?"

하였다. 그 뒤에 몽와가 과거에 급제하고 들어가 뵈니 웃으며 말하기를,

"대신께서 납시었소?"

하였다고 한다.

【 원주 】

김 문곡 수항(金文谷壽恒, 1629~1689) : 자는 구지(久之), 문곡은 그의 호, 운수거사(雲水居士) 광찬(光燦)의 아들이자 청음(淸陰) 상헌(尙憲)의 손자다. 장인은 기주(碁洲) 나성두(羅星斗)로 본관은 안정(安定)이다. 18세에 생원시에 장원하고 23세에 알성문과에 장원으로 급제하였다. 34세에 대제학이 되고, 44세에 재상이 되었으니, 현종 임자년(1672)이었다. 벼슬이 영의정에 이르렀고, 기사년(1689)에 진도(珍島)에서 사사(賜死)되었다. 시호는 문충(文忠)이다.

3) 음관(蔭官) : 과거에 의하지 않고 부조(父祖)의 공으로 하는 벼슬. 음사(蔭仕). 음직(蔭職). 백골남행(白骨南行).

4) 삼공(三公) : 삼정승(三政丞). 영의정(領議政)·좌의정(左議政)·우의정(右議政)을 총칭하던 말.

아들 여섯을 두었다. 창집(昌集, 1648~1722)의 호는 몽와(夢窩), 숙종 갑자년(1684)에 음서(蔭敍)로 벼슬하여 영의정에 이르렀고, 경종 임인년(1722)에 화를 당하였다. 시호는 충헌(忠獻)이다. 창협(昌協, 1651~1708)의 호는 농암(農巖), 자는 중화(仲和), 진사로 숙종 임술년(1682)에 문과에 장원하여 대제학을 지내고 벼슬이 예조판서에 이르렀다. 시호는 문간(文簡)이다. 창흡(昌翕, 1653~1722)의 호는 삼연(三淵), 자는 자익(子益), 유일(遺逸)로 천거되어 벼슬은 진선(進善)에 그쳤다. 추증된 시호는 문강(文康)이다. 창업(昌業1658~1721)의 호는 노가재(老稼齋), 벼슬은 교관(敎官)을 지냈다. 창집(昌緝 1662~1713)의 호는 포음(圃陰), 직장(直長) 벼슬을 하였다. 창립(昌立)의 호는 택재(澤齋), 대군사부(大君師傅) 벼슬을 하였다. 이들을 세칭 육창(六昌)이라 한다.

민 지재 진후(閔趾齋鎭厚, 1659~1720) : 자는 정순(靜純), 지재는 그의 호, 본관은 여흥(驪興)으로, 둔촌(屯村) 유중(維重)의 아들이자 정관재(靜觀齋) 이단상(李端相)의 사위다. 생원시의 장원으로 문과에 급제하여 벼슬이 병조판서에 이르렀다. 시호는 충문(忠文)이다.

단암 진원(丹巖鎭遠, 1664~1736) : 자는 성유(聖猷), 단암은 그의 호, 지재의 아우, 두포(杜浦) 윤지선(尹趾善)의 사위다. 숙종 신미년(1691)에 문과에 급제하여 한림(翰林) 과 삼사사인(三司舍人)을 지내고, 영조 을사년(1725)에 재상이 되었고, 벼슬이 좌의정에 이르러 치사하였다. 시호는 문충(文忠)이다.

조문명(趙文命, 1680~1732) : 자는 숙장(叔章), 호는 학암(鶴巖)이며, 본관은 풍양(豊壤)으로, 백분당(白賁堂) 인수(仁壽)의 아들이자 택재(澤齋) 김창립(金昌立)의 사위다. 생원시의 장원으로 숙종 계사년(1713)에 문과에 급제하여 한림(翰林), 대제학, 오군문대장(五軍門大將)을 지내고, 진무공신(振武功臣)으로 책록되었다. 진종(眞宗)의 장인이 되었고, 벼슬은 좌의정에 이르렀으며, 풍릉부원군(豊陵府院君)에 봉해졌다. 시호는 문충(文忠)이다.

제10화 처남에게 업신여김을 당한 기천 홍명하

　재상을 지낸 기천 홍명하와 판서를 지낸 김좌명은 모두 동양위 신익성의 사위다. 김좌명은 일찍이 과거에 급제하여 명성이 자자하였고, 기천은 40대의 곤궁한 선비로 집안이 가난하여 처갓집에 데릴사위로 있었다. 그러다 보니 장모인 옹주를 비롯하여 그 아랫사람들도 모두 그를 박대하였다. 그의 처남인 신면도 일찍이 과거에 급제하였는데, 사람됨이 교만하여 기천에 대한 박대가 심해 마치 종처럼 대하였다.
　어느 날, 기천이 밥을 먹는데 마침 꿩 다리로 만든 반찬이 있었다. 신면이 그것을 집어 개에게 던져주며 말하였다.
　"가난한 선비의 밥상에 꿩 다리가 웬 말이냐?"
　그러나 기천은 다만 웃음을 띨 뿐 조금도 노하지 않았다. 동양위만 홀로 그가 늦게는 틀림없이 크게 될 것을 알고, 매번 아들을 나무라며 기천에게 한층 더 마음을 썼다.
　김좌명이 대제학이 되었을 때, 기천은 표문[1] 몇 편을 써서 그에게 보여주며 말하였다.
　"과거에 급제할 만한가?"

---

1) 표문(表文) : 한문 문체의 하나. 신하가 자신의 생각을 적어서 임금에게 올리는 글.

그러자 김좌명은 거들떠보지도 않은 채 부채로 밀쳐내며 말하였다.
"표라니? 표(豹:표범)를 말하는 거요, 표(彪:칡범)를 말하는 거요?"
기천은 웃으며 표문을 거두어 들였다.
하루는 동양위가 외출하였다가 늦어서 돌아오니, 작은 사랑채에서 풍악소리와 노랫소리가 들려오는 것이었다. 근처에 있는 사람에게 물으니,
"영감이 김 참판 영감, 그리고 다른 대감 몇 사람과 더불어 풍류를 잡히고 노시는 듯합니다."
하였다. 동양위는,
"홍생도 그 자리에 있느냐?"
하고 물으니,
"홍생은 아랫방에서 잡니다."
하는 것이었다. 동양위는 눈살을 찌푸리며 말하였다.
"아이들 노는 꼴이 해괴하구나."
그리고는 기천을 불러 물었다.
"자네는 저 아이들 노는 데 어째서 끼지 않았는가?"
"재상들 모임이니 유생이 낄 자리가 아니고, 더구나 불청객인 걸요."
"자네는 나하고 한바탕 노는 게 좋겠군."
하고는 풍악을 울리게 하여 마음껏 놀다가 마쳤다.
동양위가 병환으로 위독해지자 기천의 손을 잡고, 한 손으로 술잔을 들어 마시라고 하며 말하였다.
"내 자네에게 한 가지 부탁할 말이 있는데 이 잔을 비우고 내 마지막 말을 듣게."
기천이 사양하며,
"무슨 말씀을 하시려는지 모르겠으나 먼저 말씀을 들은 뒤에 이 술

을 마시겠습니다."

동양위가 계속,

"그 술을 마신 뒤에 내 마땅히 말하겠네."

하였으나, 기천은 끝내 따르지 않았다. 동양위는 네댓 차례 권하다가 끝내 듣지 않자 잔을 던져 버리고 눈물을 글썽이며,

"우리 집은 망했구나!"

하고는 숨을 거두었다. 아마도 아들을 부탁한다는 말을 하려고 한 듯하다.

그 뒤에 기천이 과거에 급제하여 10년 사이에 벼슬이 좌의정에 이르렀다. 숙종 때에 이르러 신면이 연루된 옥사2)가 일어나자, 임금이 기천에게 물었다.

"신면은 어떤 사람인가?"

기천은 모르겠다고 대답하였다. 그리하여 신면은 국법에 따라 처형되었다. 신면이 평소 행한 일에 기천이 감정을 품은 지 오래 되었던 것이다. 기왕에 동양위로부터는 인정을 받았으니 한마디 말로 신면을 구해주어서 동양위가 자신을 알아준 데 보답함이 옳은 일이다. 그런데 그렇게 하지 않았으니, 기천의 처신도 극히 개탄스러운 일이다.

기천이 재상으로 승진한 뒤에도 김좌명은 여전히 대제학으로 있었다. 중국에 보내는 글을 대제학이 지어서 올렸는데, 사륙문3)으로 지어 먼저 대신들에게 보인 뒤에 임금께 아뢰는 것이 관례였다. 김좌명이 손수 지은 표문을 대신에게 보이려고 드리니, 기천이 부채로 밀어내며

---

2) 옥사(獄事) : 1651년(효종2) 김자점(金自點)이 역모죄(逆謀罪)로 처형된 사건.
3) 사륙문(四六文) : 한문 문체의 한 가지. 대구법(對句法)과 압운(押韻)을 주로 하여 쓰는 것으로, 중국의 육조(六朝) 시대에 유행하였음.

말하였다.

"표(豹:표범)란 말인가, 표(彪:칡범)란 말인가?"

이 또한 기천의 도량이 좁은 것을 보여준 일이다.

【원주】

홍 기천 명하(洪沂川命夏, 1607~1668) : 자는 대이(大而), 기천은 그의 호, 본관은 남양(南陽)으로, 나재(懶齋) 명구(命耉)의 아우이자 목옹(木翁) 서익(瑞翼)의 아들이다. 인조 경오년(1630)에 진사가 되었고, 갑신년(1644)에 문과에 급제하여 승문원(承文院)·성균관(成均館)·교서관(校書館)에서 실무를 익히고, 현종 계묘년(1663)에 재상이 되어 벼슬이 영의정에 이르렀다. 시호는 문간(文簡)이다.

김 판서 좌명(金判書佐明, 1616~1671) : 자는 일정(一正), 호는 귀계(歸溪), 잠곡(潛谷) 육(堉)의 아들로, 본관은 청풍(淸風)이다. 인조 계유년(1633)에 진사가 되었고, 갑신년(1644)에 문과에 급제하여 벼슬이 행병조판서에 이르렀다. 시호는 충숙(忠肅)이다. 대제학 벼슬을 하지 못하였고, 문과에 급제한 것이 또한 기천보다 1년 늦으니 표를 만들어 보여주며 말하기를, "과거 급제에 관한 이야기가 온당하지 않소." 하였다. 기천이 정미생인데 갑신년 과거에 40세의 궁한 선비로 급제한 것은 혹 그렇다 치고, 귀계는 병진생인데 갑신년 과거에 급제하였으면 일찍이 등과하였다고 이를 수 있는 것이다.

동양위 신공(東陽尉申公) : 이름은 익성(翊聖, 1588~1644), 자는 군석(君奭), 호는 동회거사(東淮居士) 또는 낙전당(樂全堂)이며, 본관은 평산(平山)으로, 상촌(象村) 흠(欽)의 아들이다. 일찍이 선조의 딸 정숙옹주(貞淑翁主)와 혼인하여 동양위(東陽尉)가 되었다. 시호는 문충(文忠)이다. 문장이 빼어나고 절의가 있었다. 그의 아들 면(冕, 1607~1652)은 생원시(1624)의 장원으로 인조 정축년(1637)에 문과에 급제하였으나 벼슬은 부제학에 그쳤다.

제11화 유척기를 손녀사위로 고른 신임

판서 신임의 호는 한죽당인데, 그는 사람을 알아보는 안목이 있었다. 외아들은 잃었고, 아들이 남긴 유복녀가 있었는데 시집갈 나이가 되었다. 홀로 된 며느리가 매번 시아버지에게 청하기를,

"이 아이의 신랑감은 꼭 아버님께서 손수 관상을 보아 가려 주십시오."
하였다. 신임은,

"너는 어떤 신랑감을 찾느냐?"
하고 물었다.

"나이가 여든이 되도록 해로하고, 벼슬은 고관에 이르며, 부유하게 살면서 아들을 많이 낳을 수 있는 사람이면 다행이겠습니다."

신임은 웃으며,

"세상에 그렇게 다 갖춘 사람이 어디 있겠느냐? 네 소원에 맞추자면 갑자기 얻기는 어렵겠다."
하였다. 그 뒤로는 신임이 출타하였다가 귀가하기만 하면 반드시 신랑감으로 적합한 사람이 있더냐고 묻는 것이었다. 매번 그러하였다.

어느 날, 신임이 초헌[1]을 타고 장동[2]을 지나는데, 아이들이 장난치

---

1) 초헌(軺軒) : 조선시대 종2품 이상의 벼슬아치가 타던 수레.
2) 장동(壯洞) : 서울 종로구 효자동과 창성동 사이에 있던 옛 동네 이름.

며 놀고 있었다. 그 가운데 10여 세 가량 된 아이 하나가 있었는데, 쑥대처럼 뒤엉킨 더벅머리로 죽마를 타고 이리저리 껑충껑충 뛰어다니고 있었다. 신임이 초헌을 멈추게 하고 자세히 살펴보니, 입은 옷은 몸을 제대로 가리지 못하였으나 눈과 입이 크고 골격이 비범해 보였다.

한 하인에게 명하여 그 아이를 불러오라고 하니, 도리질을 치며 오려고 하지 않았다. 여러 하인들로 하여금 붙잡아오게 하니, 그 아이는 울부짖으며,

"어떤 관인이기에 공연히 나를 잡아간단 말이오? 내게 무슨 죄가 있다고 이러시오?"

여러 하인들이 그 아이를 끌어안아다가 초헌 앞에 대령하였을 때 신임이 물었다.

"너는 문벌이 어떤 사람인고?"

"문벌은 알아서 뭐하시려오? 나는 양반이오."

신임이 또 물었다.

"네 나이가 몇이고, 집은 어디 있으며, 네 성이 무엇이냐?"

"군정으로 뽑아 가려고 인상착의를 작성하려는 것이오? 뭐 하러 남의 이름과 나이와 사는 곳을 묻소? 내 성은 유가요, 나이는 열 셋이고, 우리 집은 저 건너 마을에 있소. 그런 건 뭐 하러 묻는 것이오? 빨리 나를 놓아주시오."

신임은 그 아이를 놓아 준 뒤 그 집을 찾아갔다. 그 아이가 사는 집은 비바람을 가릴 수 없는 오두막이었다. 그리고 가족이라고는 홀로 된 어머니뿐이었다.

신임이 계집종을 불러내어 전갈하라고 하였다.

"나는 아무 고을에 사는 신 아무개니라. 내게 손녀딸이 하나 있어서 지금 혼처를 구하다가 오늘 너의 댁 도령과 정혼을 하고 갔다고 전하

거라."
 신임은 하인들에게 집에 가서 함부로 말하지 말라고 당부하고는 다른 곳에 들렀다가 저물어서 귀가하니, 며느리는 또 신랑감에 대해 물었다. 그가 웃으며 말하였다.
 "너는 어떤 신랑감을 찾느냐?"
 "처음에 말씀드린 대로입니다."
 신임이 웃으며,
 "오늘 구하였느니라."
하자, 며느리가 흐뭇해하며 물었다.
 "어느 집 자제이며 집은 어디에 있답니까?"
 "그 집에 대해선 알 거 없다. 나중에 의당 알게 될 것이니라."
하고는 말을 하지 않았다. 함이 들어오는 날이 되어서야 비로소 말을 해주니, 안에서 급히 수완이 좋은 늙은 계집종 하나를 보내 그 집의 살림살이 형편과 신랑감의 인물을 보고 오라고 하였다. 계집종이 돌아와서 아뢰었다.
 "방도 몇 칸 안 되는 게딱지만한 집이 비바람도 가릴 수 없게 생겼어요. 부엌에는 이끼가 돋아 있고, 솥 안에는 거미줄이 쳐져 있더군요. 신랑감은 눈이 광주리만하고 머리칼은 흩어져 쑥대 같았답니다. 취할 것도 볼 것도 하나 없었어요. 우리 아가씨가 시집을 가게 되면 방아도 손수 찧으셔야 할 형편이랍니다. 꽃 같고 옥 같은 우리 아가씨는 비단에 싸여 곱게 자란 연약한 체질인데 어찌 이런 집에 보내실 수가 있습니까?"
 홀로 된 며느리는 그 말을 듣고 가슴이 철렁 내려앉고 넋이 나갔지만 함이 들어오는 날이니, 사태가 어찌할 수 없는 지경에 이르렀다. 울음을 삼키면서 신랑 맞을 준비를 하였다.

다음날 혼례를 치르러 온 신랑을 보니 과연 계집종의 말과 같이 가증스러운 사내였다. 마음이 찢어지는 듯하였으나 어쩔 수가 없었다.

사흘이 지난 뒤 신랑을 보냈는데, 갔던 신랑이 저녁 때 다시 왔다. 신임이 물었다.

"자네 어째서 다시 왔는가?"

"집에 돌아가 보니 저녁 끼니거리가 없었습니다. 돌아오는 사람과 말이 있기에 다시 왔습니다."

신임이 웃으며 그를 머무르게 하였다. 이로부터 계속 처가에 머물면서 날마다 안방에 들어가 잠을 잤다. 약질인 신부는 건장한 신랑에게 괴로움을 당해 거의 생병이 날 지경이었다. 신임은 걱정이 되어 그를 타일렀다.

"어째서 날마다 안방에서 잠을 자는가? 오늘은 나하고 함께 자는 게 좋겠네."

"삼가 말씀을 받들겠습니다."

밤에 신임이 잠자리에 들게 되자, 신랑은 그 앞에 이부자리를 깔았다. 신임이 자려고 눈을 감자, 신랑이 손으로 신임의 가슴을 내려쳤다. 신임이 놀라서 말하였다.

"이 무슨 짓인가?"

"제가 잠이 깊이 들지 않아 정신이 몽롱할 때면 매번 이런 일이 있었사옵니다."

"다시는 이러지 말게."

"예."

다시 잠이 든 지 얼마 되지 않아 발을 휙 던져 놓으니, 신임이 또 놀라 깨서는 신랑을 꾸짖었다. 그러나 그때뿐이오, 또 손과 발로 신임을 때리기도 하고 차기도 하였다. 신임이 그 고통을 견디다 못해,

"자네는 안방에 가서 자는 게 좋겠네. 자네하곤 함께 잘 수가 없구먼." 하였다. 신랑은 이부자리를 걷어 둘러메고 안방으로 갔다.

이때 마침 그 집에 찾아왔던 부녀자들이 신방에 머물다가 오밤중에 놀라 일어나 피하니, 신랑이 큰소리로 말하였다.

"여러 부인네들은 모두 빨리 피하시고, 유 서방 댁만 남는 게 좋겠소."

이런 까닭으로 처갓집의 어른이나 아이나 모두 그를 싫어하고 괴롭게 여겼다.

신임이 황해도 관찰사가 되었을 때 집안 식구들을 데려 가려고 유 서방더러 뒤따라오라고 하니, 며느리가 말하였다.

"유 서방은 데려가지 마십시오. 우선 여기 두어 딸아이를 잠시라도 쉬게 함이 좋을 듯합니다."

신임은 허락을 하지 않고 그를 데리고 부임하였다.

먹을 진상하게 되었을 때, 신임은 유 서방을 불러서 물었다.

"자네 먹이 필요한가?"

"예, 있으면 좋겠습니다."

신임은 먹을 가리키며 말하였다.

"자네 마음대로 골라 가지고 가게."

유 서방은 손수 골라 큰놈으로 100동을 따로 떼어놓았다. 그러자 감영에서 일하는 비장이 앞에 와서 아뢰었다.

"이러시다가 진상할 먹이 모자라지나 않을까 염려되옵니다."

"그러면 급히 먹을 더 만들게 하게."

유 서방은 책방에 돌아가서 하인들에게까지 하나도 남기지 않고 먹을 다 나누어주었다고 한다.

유 서방은 재상이 된 유척기이다. 여든 살까지 살면서 해로를 하였고, 벼슬은 영의정에 이르렀다. 아들 넷을 두었고, 집안 또한 부유하였으니, 과연 신임의 말과 부합하였다.

그 뒤 유척기가 황해도 관찰사가 되었을 때, 그의 사위인 홍익빈을 데리고 갔다. 먹을 진상할 때가 되어, 그도 또한 홍 서방을 불러서 마음대로 먹을 골라 가라고 하였다. 홍 서방은 큰 먹 2동, 중간 먹 3동, 작은 먹 5동을 따로 골라 놓는 것이었다. 그것을 보고 유척기가 말하였다.

"어째서 더 고르지 않는가?"

"물건은 모두 쓰이는 데에 한도가 있사옵니다. 제가 만약 다 골라 가진다면 진상은 어떻게 하실 것이며 서울에 계신 친지 분들께 인사는 어떻게 하시겠습니까? 저는 10동이면 넉넉히 쓸 수 있습니다."

유척기가 사위를 흘겨보다가 웃으며 말하였다.

"야무지기 짝이 없구먼. 그저 음관이나 할 재목이로다."

과연 그 말대로 되었다.

【원주】

신 판서 임(申判書銋, 1639~1725) : 자는 화중(華仲)이며, 본관은 평산(平山)으로, 묵재(黙齋) 명규(命圭)의 아들이자 화당(化堂) 민일(敏一)의 증손으로, 호를 죽리(竹里)라고도 하였다. 현종 정유년(1657)에 진사가 되었고, 숙종 병인년(1686)에 문과에 급제하여 벼슬이 예조판서 참찬(參贊)에 이르렀으며 기로소(耆老所)에 들어갔다. 신축년(1721) 사화에 나이가 이미 80여 세라 상소를 올린 뒤 가시방석을 깔고 앉아 자숙하다가 을사년(1725)에 풀려나 타계하였다. 시호는 충경(忠景)이다.

유 상국 척기(兪相國拓基, 1691~1767) : 자는 전보(展甫), 호는 지수재(知守齋), 본관은 기계(杞溪)로, 참봉(參奉) 명악(命岳)의 아들이자 취옹(醉翁) 철(橵)의 손자다. 숙종 갑오년(1714)에 문과에 급제하여 한림(翰林)·부제학(副提學)·이랑주사(吏郞籌司)를 지내고, 영조 기미년(1739)에 재상이 되었는데 당시 나이가 49세였다. 벼슬이 영의정에 이르러 치사하고 기로소(耆老所)에 들어가 77세에 타계하였다. 시호는 문익(文翼)이다. 판관(判官) 신사원(申思遠)의 사위로 아들 넷을 두었다. 언흠(彦欽)은 참봉(參奉) 벼슬을 하였고, 언현(彦鉉)은 음서(蔭敍)로 참판(參判)을 지냈으며, 언진(彦鉁)과 언수(彦銖)는 군수(郡守)를 지냈다.

홍익빈(洪益彬) : 본관은 남양(南陽)으로, 참봉(參奉) 제유(濟猷)의 아들이자 북곡(北谷) 치중(致中)의 손자다. 음서(蔭敍)로 벼슬이 부사(府使)에 그쳤다.

제12화 시를 짓게 하여 사위를 고른 백사 이항복

　백사 이항복에게 천첩에게서 낳은 딸이 있어서 사위를 고르게 되었다. 그는 석주 권필의 조카인 권칙을 불러 '삼색도'를 제목으로 하여 시를 짓게 하고 운을 불러주었다. 권칙은 즉시 다음과 같은 시를 지었다.

　어여쁘고 싱싱한 복사꽃이 성긴 울타리에 비쳤네.
　세 가지 빛 꽃이 어째서 한 가지에 피었을까.
　마치 미인이 세수하고 머리 빗은 뒤,
　온 얼굴에 분 바르고 고루 다듬기 전과 같네.
　夭桃灼灼暎疎籬(요도작작영소리)
　三色如何共一枝(삼색여하공일지)
　恰似美人梳洗了(흡사미인소세료)
　滿顔紅粉未均時(만안홍분미균시)

　권칙이 지은 시를 보고, 이항복은 그 자리에서 택일을 하라고 명하였다.
　당시 권칙의 나이는 13세였다.

【원주】

이 백사 항복(李白沙恒福, 1556~1618) : 자는 자상(子常)이고, 본관은 경주(慶州)이며, 백사는 그의 호다. 판서 몽량(夢亮)의 아들이자 판서 권율(權慄)의 사위다. 선조 경진년(1580)에 문과에 급제하여 대제학을 지내고, 평난호성공신(平難扈聖功臣)에 책록되었다. 무술년(1598)에 재상이 되어 벼슬이 영의정에 이르렀고, 오성부원군(鰲城府院君)에 봉해졌다. 시호는 문충(文忠)이다.

그가 새신랑일 때에 젊은 나이로 기상이 호탕하여 시중드는 계집종을 가까이 하니, 온 집안의 기대가 어그러졌다. 그는 강가에 있는 집에 나가 살다가 산사를 찾아 옮겨가서 오래도록 돌아오지 않았다. 그의 처가에서 여러 차례 사람을 보내 그를 맞아오자, 판서 이호민이 그가 돌아왔다는 소식을 듣고 다음과 같은 절구 한 수를 지어 부쳤다.

강가로 귀양 간 나그네가 가까이 옮기려 하니,
높은 고개 바람과 서리에 옷이 젖는 듯하네.
어젯밤 성안에 전하는 좋은 소식이,
옥문관 속에서 이생이 돌아옴을 허락했다지.
江潭逐客欲量移(강담축객욕량이)
長嶺風霜若濕衣(장령풍상약습의)
昨夜城中傳好語(작야성중전호어)
玉門關裡許生歸(옥문관리허생귀)

전하는 사람이 그 시를 이항복의 장인인 권율이 있는 곳으로 잘못 전하였다. 권율이 그 시를 보고 크게 웃으며 말하였다.
"이 서방의 친구들은 모두가 재주꾼들이로군."

권칙(權伏, 1599~?) : 자는 자경(子儆), 호는 국헌(菊軒)이며, 본관은 안동으로, 습재(習齋) 벽(擘)의 손자다. 진사로 문과에 급제(1641)하였고, 벼슬은 군수에 그쳤다.

제13화 젊은 시절 병약하였던 지천 최명길

재상을 지낸 지천 최명길은 젊은 시절에 자주 병을 앓아 몹시 수척하였다. 사람들이 모두 중병이 들었다고 하였으나, 현옹 신흠만은 그를 칭찬하며 말하였다.

"최 아무개가 비록 병약하나 나중에 틀림없이 큰그릇이 될 게다."

현옹은 지천을 사위로 삼으려고 하면서,

"그가 10년이나 고질병을 앓아서 자식을 두기가 어려울 듯하니 어찌할까?"

하였다.

지천은 과연 20세가 지나서 10여 년간 병석에 누워 있었고, 또한 대를 잇기가 어려웠다. 그러니 현옹은 남의 운명을 점치는 데 정통하였다고 하겠다.

【 원주 】

최상 지천 명길(崔相遲川鳴吉, 1586~1647) : 자는 자겸(子謙), 본관은 전주(全州), 지천은 그의 호이며, 창랑(滄浪)이라는 호도 있다. 선조 을사년(1605) 생원시에 장원하고, 같은 해 문과에 급제하여 이조좌랑(吏曹佐郞), 대제학을 지내고, 정사공신(靖社功臣)에 책록되었다. 인조 정축년(1637)에 재상이 되어 벼슬이 영의정에 이르렀고, 완성부원군(完城府院君)에 봉해졌다. 시호는 문충(文忠)이다.

아우인 참판 혜길(惠吉)의 아들인 후량(後亮)으로 후사를 삼은 뒤에 후상(後尙)을 낳아 둘째 아들로 하고, 후량을 맏아들로 하여 완릉군(完陵君)을 이어받게 하였다.

신 현옹 흠(申玄翁欽, 1566~1628) : 자는 경숙(敬叔), 현옹은 그의 호이며, 상촌(象村)이라는 호도 있다. 본관은 평산(平山)으로, 호조판서를 지낸 영(瑛)의 손자다. 선조 을유년(1585)에 진사가 되었고, 병술년(1586)에 문과에 급제하여 한림, 대제학을 지내고, 인조 계해년(1623)에 재상이 되었으며, 벼슬은 영의정에 이르렀다.

제14화 맹인이라고 소문난 약혼녀를 아내로 맞아들인 박서

판서 박서는 어렸을 때 어느 집에 약혼을 하였다. 혼례를 치르기 전에 신붓감인 처녀가 위중한 병을 앓았다. 사람들이 그 처녀의 두 눈이 멀었다고 말하자, 그의 형이 달리 혼처를 구하려고 하였다. 박서가 말하였다.

"병으로 눈 먼 것은 운명입니다. 맹인인 아내와는 함께 살 수 있으나, 사람이 신의가 없으면 올바로 설 수가 없습니다."

형은 그의 말이 기특하여 그대로 따랐다. 혼례를 치를 때 보니, 기실 그녀의 두 눈은 멀지 않았다. 그녀의 집과 원수진 집안에서 모함을 하였던 것이었다.

【 원주 】

박 판서 서(朴判書遾, 1602~1653) : 자는 상지(尙之), 호는 현계(玄溪)이며, 본관은 밀양(密陽)으로, 좌랑(佐郞) 효남(孝男)의 아들이다. 인조 갑자년(1624)에 진사가 되었고, 경오년(1630)에 문과에 급제하여 벼슬이 이조판서(吏曹判書)에 이르렀다.

제15화 민암을 사위로 삼은 김시진

참판 김시진은 사람을 알아보는 안목이 있었다.
일찍이 길을 가는데 어떤 아이 하나가 물동이를 이고 가는 여자아이를 만나 함께 장난을 치며 놀고 있었다. 그 아이의 용모가 아름답고 빼어난 것을 보고, 사람을 시켜 물어보니 곧 민암이었다. 김시진은 그가 반드시 크게 귀하게 될 것을 알고, 딸을 그에게 시집보낼 것을 허락하였다.
혼례를 치르는 날, 김시진이 민암을 보더니 홀연 안색이 좋지 않아 보였다. 손님이 그 까닭을 묻자, 그가 대답하였다.
"내 안목이 밝지 못한 것이 한스러울 따름이네. 저 아이가 비록 남의 신하로서는 최고의 자리에 오를 것이나 명대로 살지 못할 듯하니 어쩌지? 허나 내 딸이 그 즐거움을 함께 누리다가 저 아이가 잘못되는 것을 보지 못하고 앞서 죽는다면 또한 뭐가 한스럽겠는가?"
그 뒤에 과연 그의 말과 같이 되었다.

【 원주 】
김 참판 시진(金參判始振, 1618~1667) : 자는 백옥(伯玉), 호는 반고(盤皐)이며, 본관은 경주(慶州)로, 좌의정 명원(命元)의 증손이다. 인조 갑자년

(1624)에 문과에 급제하였다.

민암(閔黯, 1636~1694) : 자는 장유(長孺), 호는 차호(叉湖)이며, 본관은 여흥(驪興)으로, 참판 응협(應協)의 아들이다. 현종 무신년(1668)에 문과에 급제하여 이조(吏曹)의 낭관(郎官), 대제학을 지내고, 숙종 신미년(1691)에 재상이 되어 벼슬이 우의정에 이르렀다. 기사환국(己巳換局)을 일으킨 남인의 괴수로 지목되어 갑술년(1694)에 사사(賜死)되었다.

제16화 충직한 종 언립

상공 이시백의 처가에는 언립이라고 하는 종이 있었는데, 모질고 사납게 생긴 데다 기운이 빼어났다. 한 끼에 쌀 한 말을 먹고도 항상 모자라서 걱정이었다. 그는 처음에 먼 시골에서 왔는데, 일거리를 마련해 주어도 매번 배가 고프다며 게으름만 피우고 일을 하려고 하지 않았다. 그러다가 한 끼를 잘 먹여주면, 나가서 나무를 둥치째 뽑아 산더미같이 지고 오는 것이었다. 주인집이 가난하여 그의 배를 채워줄 수가 없고, 또한 그의 사나운 생김새가 두려워 제 가고 싶은 데로 보내려고 하였다. 그러나 언립은 가는 것을 기꺼워하지 않으며 말하였다.

"상전댁에 심부름 할 사람도 모자라고 일을 맡길 만한 사람도 없는데, 제가 어찌 가겠습니까?"

주인집에서는 걱정스러웠으나, 다시는 맡긴 일로 그를 책망하지 않았다.

그러고는 오래지 않아 그 집주인 아무개가 병으로 죽고 말았다. 홀로 된 과부와 딸 하나만이 방안에서 가슴을 치며 슬피 울부짖을 따름이었다. 달리 장례를 돌보아 줄 친척도 없었고, 장례에 필요한 물품을 마련할 방도도 없었다. 언립이 슬프게 통곡을 하고는 뜰 아래 나아가 엎드려 말하였다.

"마님, 비록 망극하시겠으나 믿을 만한 가까운 친척도 없으시니 큰일을 치르는 것이 한시가 급한데, 어찌 울고만 계십니까? 집안에 있는 살림살이 가운데 돈이 될 만한 게 있으면 이놈에게 주십시오. 그걸로 돈을 마련해 장례를 치르면, 아마도 때를 놓치지는 않을 겁니다."

안주인이 옷가지와 그릇 등을 다 내주자, 언립은 그 중에 돈이 될 만한 것을 가지고 곧장 시장에 가서 팔아 그 돈으로 염습에 필요한 물품을 사들였다. 또 관을 짤 재목으로 좋은 것을 사서 지고는 관 짜는 기술자를 불렀다. 기술자는 그가 큰 재목을 네 판이나 지고 있는 것을 보고는 몹시 두려워 즉시 따라가 정성을 다하여 관을 짰다. 또 그는 이웃집에서 여러 아낙네들을 불러 한꺼번에 수의와 상복 등을 지었다. 장례에 필요한 물품들을 하나하나 정성껏 가려 즉시 입관과 성복을 하였다.

언립은 또 이름난 지관을 찾아가 상가가 의지할 데 없이 외로워 불쌍함을 말하고 큰 술잔으로 술을 권한 뒤 가까운 곳에 묘 자리를 정하여 달라고 청하였다. 지관이 허락하자, 언립은 말 한 필을 내다가 지관을 태우고 그 자신이 고삐를 잡았다. 지관이 한 곳에 이르러 묘 자리를 정하고 칭찬을 하자, 언립은 왼쪽의 청룡에 해당하는 산세가 물가의 모래밭과 마주하는 흠이 있다고 지적하며 장지로 적합하지 않다고 나무랐다. 그의 말이 매우 분명하므로, 지관은 깜짝 놀라고 부끄러웠으며, 또한 그의 생김새가 사나운 것을 보고 욕을 볼까봐 두려워 평소에 남모르게 점찍어 두었던 곳으로 안내하였다. 그곳을 보고 언립이 말하였다.

"여기 정도면 그런 대로 쓸 만하군."

언립은 돌아가 안주인에게 알리고 길일을 택하여 발인을 하였다. 장례에 소용되는 모든 것은 다 그가 주관하여 조금도 서운한 데가 없도록 하였다. 안주인이 말하였다.

"앞으로 집안일은 언립이 하자는 대로 하자."

장례를 마친 뒤, 언립이 또 안주인에게 말하였다.

"주인댁에서 초상을 치르신 데다가 가난해서 더 이상 서울에 살 수 없습니다. 시골 농장으로 가서서 몇 년 동안 농사를 지어 차차 재산이 쌓이는 것을 기다려 다시 돌아옴이 좋을 듯합니다."

안주인이 말하였다.

"어찌 아니 좋겠는가?"

그들은 시골로 이사를 하여 내려갔다. 언립은 농사짓는 이치에 밝은 데다 힘써 농사일을 맡아 부지런히 일을 하여, 땅에서 거두어들인 것이 남들의 열 배는 되어 보였다. 또한 이웃에 사는 사람들이 모두들 그를 기이하게 여기며 아껴 주었다. 그들은 마치 도와줄 수 없지나 않을까 하고 걱정하는 듯이 달려와 거들어 주었다. 5, 6년 사이에, 마침내 주인집은 큰 부자가 되었다. 언립이 다시 안주인에게 말하였다.

"아기씨가 이제 벌써 장성하셨습니다. 마땅히 혼처를 찾으셔야 할 텐데, 혼처는 서울에서 찾으셔야지요. 아무 고을에 있는 아무개 댁은 바로 이 댁의 친척 아저씨뻘이 아니십니까? 소인이 전에 그 댁 영감마님을 뵈었었지요. 사윗감을 찾으신다는 편지 한 통을 써주시면 좋겠습니다."

안주인이 그의 말대로 편지를 써주고, 선물을 후하게 주었다.

언립은 상경하여 그 집주인을 뵙고 편지를 드리며 찾아온 까닭을 말하였다. 그 집주인은 바로 당대의 이름난 벼슬아치로, 정성을 다하여 찾아보겠다고 허락하였으나 아무리 돌아보아도 적합한 사람이 없었다. 그러자 언립은 품질이 좋은 배 한 짐을 사서 스스로 배 장수가 되어 양반 집에 두루 들어가 신랑감을 자세히 살펴보았다.

그가 서소문 밖에 있는 한 집에 이르렀는데, 대문과 담장이 허물어져 있는 것으로 보아 가난하다는 것을 알 수 있었다. 총각 선비 하나가 칼을 빼 배 껍질을 깎아 연달아 몇 개를 먹고는, 또 10여 개의 배를 소매 속에 넣으며 말하는 것이었다.
"배는 좋은데, 오늘은 내게 배 값이 없네. 뒷날 다시 오게."
언립이 그의 생김새를 보니, 기개가 매우 예사롭지 않았다.
"수재께서는 어느 댁 도령이시오?"
"이 집은 이 평산 댁이라네. 평산공은 내 아버님이시지."
언립은 그 이름난 벼슬아치 집으로 돌아가서 아뢰었다.
"서소문 밖에 있는 이 평산댁 신랑감이 매우 좋더군요. 소개하셔서 정혼하도록 해주십시오."
"이 평산은 나와 친한 사람이라네. 그의 아들이 나이는 들었으나 제멋대로 놀면서 학문을 익히지 않아 사람들이 모두 미워한다네. 그래서 아직도 정혼을 못한 게야. 그런 사람을 어디에 쓰겠는가?"
언립이 굳이 청하였으나 허락하지 않았다. 언립은 집으로 돌아와 안주인에게 다시 편지 한 통을 써달라고 하여 번거로운 말로 굳이 청하였다. 그러자 이름난 벼슬아치는 즉시 이 평산의 집으로 가서, 여자의 집이 부유하며 규수가 매우 현숙하다는 등의 말을 모두 해주었다.
이 평산은 마침 혼처가 나서지 않아 걱정하던 차라 그 말을 듣고는 크게 기뻐하며 즉시 날을 잡아 혼례를 행하였다. 그 수재가 바로 조암 이시백이었다. 이미 혼례를 치른 뒤에, 이시백은 젊은 나이로 얽매인 데 없이 재능이 뛰어나, 몸가짐을 단정하게 하지 못하고 방자하게 구는 일이 많았다. 언립만은 그를 매우 기특하게 여겨, 입에서 칭찬의 말이 떠나지를 않았다. 안주인도 매우 기뻐하며 사위를 잘 대해 주고, 사위가 찾는 것은 무엇이나 정성을 다하여 마련해 주었다.
광해조 계해년에 이귀와 김유 등 여러 사람들이 반정을 도모하고 있다가 언립이 대단한 기재라는 말을 듣고, 이귀로 하여금 그를 은밀한 방으로 불러 함께 일할 것과 일의 가부와 성패를 묻도록 하였다. 그러자 언립이 말하였다.

"신하로서 임금을 치는 것은 권하기가 참으로 어렵습니다만, 나라가 장차 망하는데 권하지 않기도 또한 어렵군요. 다만 함께 일을 하는 사람들의 됨됨이가 어떤지 모르겠습니다."

이귀는 언립을 그대로 있으라고 한 뒤, 함께 일을 도모하는 여러 사람들을 불러모아 그로 하여금 두루 살펴보게 하였다. 언립이 살펴본 뒤 이귀에게 말하였다.

"모두들 장군이나 재상감이니 일이 잘 될 것입니다만, 저는 참여하고 싶지 않습니다."

하고는 즉시 사양을 하고 가버렸다. 그가 떠난 뒤 달포 가량이 되었는데 어디로 갔는지 알 수 없었다. 이귀는 짐작조차 할 수 없어 마음속으로 깊이 걱정만 할 뿐이었다. 그러던 어느 날, 그가 찾아와서 말하는 것이었다.

"소인이 이번에 갔던 것은 일이 위태롭게 되었을 때를 염려해서였습니다. 그리되면 바다로 달아나도록 세상을 피할 만한 섬을 하나 찾아 두었습니다. 일이 순조롭지 않으면 저의 상전을 모시고 온 집안사람들이 그곳에 들어가 살려는 것이지요. 그리고 강에 배 한 척을 마련해 놓았으니, 만약 공께서 위태롭게 되시면 함께 나가시지요."

이귀는 그렇게 하겠다고 하였다.

반정을 일으켜 성공하자, 이귀의 삼부자는 한꺼번에 부원군 또는 군에 봉해졌다. 그 높은 지위와 영화로움을 비할 데가 없었다. 언립의 충성심과 밝은 식견은 더욱 위대하였다. 더 이상 그를 종으로 대할 수가 없어서, 주인집에서는 노비 문서를 없애고 속량해 주었다. 언립은 공주에 살았는데, 그 후손들이 꽤 많았다. 그밖에도 기이한 일이 매우 많았으나 이루 다 기록할 수가 없었다고 한다.

【 원주 】

연안 이 상공 시백(延安李相公時白, 1592~1660) : 자는 돈시(敦詩), 조암(釣巖)이 그의 호이며, 본관은 연안이다. 묵재(黙齋) 귀(貴)의 아들인데, 귀는 연평부원군(延平府院君)에 봉해졌다. 인조 계해년(1623)에 아버지와 아우인 시방(時昉)과 더불어 정사공신(靖社功臣)에 책록이 되었고, 효종 경인년(1650)에 재상이 되었는데 당시 나이가 60세였다. 벼슬은 영의정에 이르렀고, 연양부원군(延陽府院君)에 봉해졌다. 기로소(耆老所)에 들어가고 청백리(淸白吏)로 뽑혔다. 나이 70세에 타계하니, 충익(忠翼)이라는 시호를 내렸다. 그의 처가는 봉사(奉事) 윤진(尹軫)의 집인데, 본관은 남원(南原)이다.

제17화 홍언필을 사위로 고른 송질

정승인 송질의 부인은 질투가 심하였다. 송질이 세수를 하다가 한 계집종이 매우 예쁜 것을 보고 잠시 장난삼아 그녀의 손을 잡았다. 조반을 차려 왔을 때 밥그릇 뚜껑을 여니 밥그릇 속에 그 계집종의 손과 함께 붉은 피가 가득하였다.

송질은 딸을 셋 두었는데, 모두 어머니를 닮아 질투가 심하였다. 막내딸은 아직 시집을 가지 않았다. 어느 날, 송질은 먹물 세 접시를 세 딸에게 각기 한 접시씩 내려주며 말하였다.

"너희들은 질투가 심해서 여자다운 맛이 없으니 마땅히 이걸 마시고 죽어라."

두 딸은 잘못을 사죄하였으나, 막내딸은 그릇을 가져다 마시려고 하는 것이었다. 송질은 몹시 걱정하며 막내딸을 제압할 수 있는 사람을 얻어 사위로 삼으려고 하였다.

어느 날, 송질이 퇴궐하여 집에 돌아오니 머리가 큰 깃발만한 어떤 총각 하나가 사랑채에서 나오는 것이었다. 송질이 그를 꾸짖자 그는,

"저도 또한 양반 집안의 자손입니다. 마침 계집종 하나를 쫓아서 방에 들어가 좋은 일을 했는데 어찌 그리 심하게 꾸짖으십니까? 어른답지 못하십니다."

송질은 기특한 생각이 들어 물어보니 바로 홍 승지의 아들이었다. 송질이 물었다.

"자네 글공부를 어디까지 했는가?"

"《통감》 네 권을 읽었을 뿐입니다."

"자네는 나중에 마땅히 젊은 나이에 재상이 될 듯한데 어째서 자중자애하지 못하고 예에 어긋난 짓을 달갑게 여기며 어머님의 뜻을 돌아보지 않는가? 내게 딸 하나가 있어 자네에게 시집을 보내고자 하네. 이 사실을 남들이 알지 못하게 하게."

며칠 뒤, 송질은 무명과 베 각 한 동과 명주 수십 필을 홍 총각의 집에 보내 혼인 준비를 하도록 하였다. 홍 총각이 다시 찾아오자, 송질은 사람들을 물리치고 그에게 말하였다.

"우리 딸아이의 성품이 매우 억세고 사나우니, 모름지기 여차여차하게 해야만 나중에 제압하기 어려운 근심을 없앨 수 있을 걸세."

"삼가 가르치심을 받들겠습니다."

초례상에 기러기를 올려놓을 때, 남녀 종들이 쑥덕거렸다.

"계집종 아무개의 지아비로구먼!"

송질의 부인이 그 말을 듣고 급히 공을 보자고 하여 말하기를,

"어떻게 계집종의 서방으로 사위를 삼으십니까? 당장 혼수를 물리시고 내쫓으세요."

이러고 있는 사이에 이미 혼례를 치르고 신방에 들어갔다. 부인은 나와 앉아 소리를 지르다가 울다가 하면서 말하였다.

"대감께서는 어떻게 딸을 계집종 서방에게 버릴 수 있습니까? 내 딸은 맹세코 죽어도 이 사내에게는 시집을 안 갈 겁니다."

그러자 홍 총각이 종을 불러 말을 끌고 오라고 하였다. 송질은 여러 가지 방법으로 억지로 권하여 마침내 홍 총각은 마지못해 머물러 자게

되었다. 그러나 부인은 끝내 딸을 들여보내지 않아, 홍 총각은 혼자 신방을 지키다가 파루1)를 치자 돌아가겠다고 하였다. 송질은,

"잠시 기다렸다가 요기나 하고 가게."

"혼자 신방을 지킨 신랑이 어찌 조반 생각이 있겠습니까?"

하며 타고 갈 말을 청하여 마지않았다. 송질은 어쩔 수 없어 말을 내주었다.

홍 총각이 떠난 뒤에는 소식이 끊겼다.

어느 날, 부인은 화가 풀려 송질에게 말을 보내 사위를 맞아오자고 권하였다. 홍 총각은 맞으러 간 종에게 곤장을 쳐서 쫓아버렸다. 또 몇 달이 지난 뒤에 부인이 남모르게 말을 보냈는데, 홍 총각은 다시 쫓아버렸다. 이는 모두 송질의 지시에 따른 것이었다. 이때부터 부인과 막내딸은 눈물이 마를 새가 없었다. 송질이 때때로 가서 보았으나, 부인은 눈치를 채지 못하였다.

3년이라는 세월이 흐르는 동안, 홍 총각은 글공부에 힘써서 알성시2)에 장원으로 급제하였다. 송질이 넌지시 감탄하며 말하였다.

"홍 아무개가 장원으로 급제했으니 방이 나붙을 때 풍채가 갑절은 빼어났겠구먼. 그런데 부인 때문에 절로 남처럼 되었으니 아깝구나!"

그러자 부인은 더욱더 후회가 되어 눈물을 줄줄 흘렸다.

이튿날 홍 총각은 유가3)를 하면서 일부러 송질의 집 앞을 지나가니, 집안의 남녀 종들이 앞을 다투어 구경하고, 전날 눈이 맞았던 계집종은

---

1) 파루(罷漏) : 조선시대 도성 안의 통행금지 해제를 알리기 위해 5경 3점(五更三點)에 큰 쇠북을 33번 울리던 일.
2) 알성시(謁聖試) : 조선시대 임금이 문묘에 참배한 뒤 성균관에서 보이던 과거.
3) 유가(遊街) : 과거 급제자가 광대를 데리고 풍악을 잡히면서 거리를 돌며, 좌주(座主)·선진자(先進者)·친척들을 찾아보는 일.

눈물만 계속 훔치고 있었다.

  부인은 새로 급제한 홍 총각을 부르자고 간절히 빌었다. 송질은 재삼 미루고 거절하다가 끝내는 마지못한 척하며 홍 총각을 불렀다. 홍 총각이 마루에 올라오자, 부인이 마루로 나가 앉아 말하였다.

  "내 잘못은 굳이 말할 것이 없거니와, 그대는 학식이 있는 군자로 어찌 이토록 몹시 화를 내는가?"

  홍 총각이 옷을 떨치며 일어나려고 하니, 부인이 그의 소매를 잡고 울며 버리지 말아 달라고 사죄를 하였다. 송질 또한 누누이 간청을 하였다. 부인은 저녁상을 올리라고 재촉하고, 안으로 들기를 청한 뒤 신부더러 방에 들어가라고 하였다.

  며칠 뒤에 비로소 신부는 시집에 인사를 올렸다. 며느리는 시어머니를 효성으로 섬기고 지아비를 공손하게 섬겨서 세상에 드물게 어진 배우자가 되었다. 홍 총각의 이름은 언필이오, 호는 묵재라고 하였다. 벼슬이 영의정에 이르고, 섬이라는 아들을 두었는데 호는 인재다. 덕과 벼슬과 수명과 복록으로 조선조에서 견줄 만한 사람이 드물었다. 이는 모두 송질이 도왔기 때문이라고들 하였다.

【 원주 】

송 정승 질(宋政丞軼, 1454~1520) : 자는 가중(嘉仲), 호는 취춘당(醉春堂)이며, 본관은 여산(礪山)으로, 공손(恭孫)의 아들이자 전첨(典籤) 양원(梁瑗)의 사위이다. 임진년(1472)에 생원시에 급제하고, 성종 정유년(1477)에 문과에 급제하였으며, 진현시(進賢試)에도 급제하였다. 정국공신(靖國功臣)에 책록되고, 중종 임신년(1512)에 재상이 되어 벼슬이 영의정에 이르렀고, 여원부원군(礪原府院君)에 봉해졌다. 시호는 숙정(肅靖)이다.

홍공 언필(洪公彦弼, 1476~1549) : 자는 자미(子美)이며, 본관은 남양(南陽)

으로, 부제학 형(洞)의 아들로 병신생이다. 중종 정묘년(1507)에 문과에 급제하여 남상사인(南床舍人)을 지내고, 호당(湖堂)에 뽑혔다. 정유년(1537)에 재상이 되어 벼슬이 영의정에 이르렀고, 궤장(几杖)을 하사 받고 기로소(耆老所)에 들어가서 74세에 타계하였다. 시호는 문희(文僖)다.

아들인 섬(暹, 1504~1585)의 자는 퇴지(退之)이다. 생원시와 문과에 급제하여 대제학을 지내고, 선조 무진년(1568)에 재상이 되어 벼슬이 영의정에 이르렀고, 궤장을 하사 받고 기로소에 들어가서 82세에 타계하였다. 시호는 경헌(景憲)이다.

중종 때에 익성부원군(益城府院君) 홍언필의 부인은 아버지와 남편이 모두 영의정이 되었고 아들인 홍섬이 또한 영의정이 되었다. 부인의 나이가 90을 넘었고, 홍섬이 80세에 3년상을 마쳤으니, 부인의 수명과 복록이 예전에 없던 것이었다.

재상인 심수경(沈守慶)[4]은 홍섬이 궤장을 하사 받고 벌인 잔치에서 축하시를 지었는데, 그 한 대목은 다음과 같다.

  3종[5]이 정승 지위 벗어나지 않았으니,
  이런 일 이제사 처음 있게 되었네.
  三從不出相門闈(삼종불출상문위)
  此事於今始有之(차사어금시유지)

---

4) 허균(許筠)의 《성옹지소록(惺翁識小錄)》에는 노수신(盧守愼)이 지은 것으로 되어 있음.
5) 삼종(三從) : 친정아버지와 남편과 아들을 한꺼번에 가리키는 말.

제18화 임식의 부인 유씨의 감식력

구성 부사를 지낸 임식은 금호 임형수의 조카다. 그의 후실인 유씨는 재주가 많고 슬기로워 사람을 알아보는 안목이 있었다. 만년에는 과부가 되어 나주에서 살았는데, 집안이 매우 부유하였다. 딸이 시집갈 때가 되니 유씨가 말하기를,

"내 마땅히 손수 사윗감을 고를 것이니라."

하고는 마침내 서울에 올라가 번화한 큰 길거리 옆에 집을 얻었다. 그리고는 거문고를 뜯고 노래 부르는 계집종들로 하여금 오가는 양반 집 도령을 날마다 맞이하게 하였다. 어떤 사람은 돌아보지도 않고 가버렸고, 어떤 사람은 꾸짖으며 지나갔고, 어떤 사람은 마지못한 듯 잠시 들어갔다가 부끄러운 듯 돌아갔다. 모두들 들어갈 뜻이 없었던 것이다. 가장 나중에 열 네댓 살쯤 되어 보이는 동자 하나가 지나가는데 눈썹이 그린 듯하였다. 그는 조금도 난처해하는 기색이 없이 들어와 앉아 가득 따른 술을 몇 잔 마신 뒤에 거문고 가락에 맞추어 노래하고 춤을 추었다. 얼마쯤 있다가 소매를 떨치고 갔는데, 조금도 부끄러워하거나 의심하는 마음이 없었다. 그렇다고 미련을 두는 것 같지도 않았다.

유씨는 마음속으로 크게 칭찬하며 그 동자를 수소문하여 사위를 삼았는데, 그는 바로 임서였다. 임서는 일찍이 과거에 급제하여 벼슬이

감사에 이르렀다. 아들 둘을 두었는데 맏아들 연은 승지를 지냈고, 둘째 아들 담은 이조판서를 지냈다. 유씨의 사람을 보는 안목이 황상을 알아본 유씨에 못지않다.

【원주】
임 구성 식(林龜城植, 1539~1589) : 자는 숙무(叔茂), 호는 송파(松坡)이며, 본관은 평택(平澤)으로, 좌랑(佐郎) 정수(貞秀)의 아들이다. 선조 임신년(1572)에 문과에 급제하였으나 벼슬은 부사에 그쳤다. 부인 유씨는 필은(必殷)의 딸이다.

금호(錦湖) 형수(亨秀, 1504~1547)의 자는 사수(士遂), 무인으로 병마절도사를 지낸 준(畯)의 아들이다. 중종 신묘년(1531)에 진사가 되었고 을미년(1535)에 문과에 급제하여 한림(翰林), 이조(吏曹)의 낭관(郎官), 사인(舍人)을 역임하고 정미년(1547) 벽서사건에 연루되어 사사(賜死)되었다. 벼슬은 목사에 그쳤다.

임서(林㥠, 1570~1624) : 자는 자신(子愼), 호는 석촌(石村)이며, 본관은 나주(羅州)로, 풍암(楓巖) 복(復)의 아들이자 귀래정(歸來亭) 붕(鵬)의 손자다. 선조 경인년(1590)에 생원이 되었고, 기해년(1599)에 문과에 급제하여 벼슬이 황해도 관찰사에 이르렀다.
맏아들 연(㙉)의 자는 동야(東野), 호는 몽파(夢坡), 진사로 인조 계해년(1623)에 문과에 급제하였고, 둘째 아들 담(土覃, 1596~1652)의 자는 재숙(載叔), 호는 청구(淸癯)로, 인조 을해년(1635)에 생원으로 문과에 급제하여 사인, 직제학(直提學)을 역임하였고, 벼슬은 행이조판서(行吏曹判書)로 정승에 뽑혔으며, 시호는 충익(忠翼)이다.

제19화 꾀를 써서 옥부향을 차지한 권경유

권경유의 자는 군요이고, 유순정의 자는 지옹인데, 젊어서 재주가 많기로 명성이 있었다.

일찍이 산사에서 학문을 익히고 있었는데, 어떤 소년 한 사람도 또한 그 절의 승려에게 글자를 배우고 있었다. 권경유와 유순정이 그 소년에게 물었다.

"넌 누구냐? 네 얼굴을 보니 잘생겼구나. 누이도 있느냐?"

그 소년이 대답하였다.

"누이가 한 사람 있어요. 본래 나주 관아에 속한 기생으로 이름을 옥부향이라 한답니다. 어릴 때 이름은 해도였지요. 재주와 인물이 남쪽 고을에서 으뜸이었답니다. 지난해에 서울의 교방에 뽑혀 들어갔는데, 거기서도 재주가 있다고 소문이 났답니다."

그 말을 듣고, 두 사람은 옥부향에 대한 정을 스스로 억제하지 못하여 약속을 하였다.

"우리 두 사람 가운데 먼저 과거에 급제하는 사람이 옥부향을 차지하기로 하세."

그러고는 또 소년에게 나주 고향집이 있는 마을과 그곳에 있는 꽃·나무·시내·바위 따위에 대하여 물어서 마음속에 기억을 해두었다.

2, 3년이 지난 뒤에, 두 사람은 모두 과거에 급제하였다. 유순정은 함경도의 평사가 되었고, 권경유는 한림이 되었다.

권 한림이 잔치 자리에서 노래하는 기생들 가운데 있는 옥부향을 발견하고는 그녀에게 말하였다.

"자네 나를 알겠는가?"

옥부향이 대답하였다.

"기억이 나지 않사옵니다."

권경유는 즉시 속여서 말하였다.

"자네가 나주 관아에 있을 때, 내가 아직 벼슬하지 못한 선비로 나주에 들렀는데, 통판으로 있던 아무개가 자네를 내 잠자리 시중을 들게 해서 자네 집에 며칠 동안 묵고 떠나지 않았는가? 자네 어머니 이름이 아무개고, 자네 할머니 이름은 아무개요, 자네 형제들 이름이 아무개였지. 대문 앞에 있던 나무가 어떻고, 꽃이 어떻고, 냇물이 어떻고, 돌이 어떻고… 이런 걸 모두 잊지 않고 있다네. 그리고 자네가 나와 작별할 때 이렇게 말을 했었지.

'제가 다행히 서울 기생이 되고 낭군께서도 과거에 급제하시게 되면, 그때야말로 일생에 다시 만날 때지요.'

라고 해놓고는 자네 그 말을 잊었는가?"

옥부향은 한동안 이상히 여기며 그를 쳐다보다가 말하였다.

"한림의 말씀은 참으로 옳은 듯하옵니다. 비록 모습은 그때 보던 바와 다르긴 하오나, 꼭 그런 일이 있었던 것만은 분명하옵니다. 다만 저는 이 집 저 집 떠돌아다니고, 장 서방 이 서방 사이를 옮아 다니느라고 모조리 잊어버렸사옵니다."

하고는 흐느끼기를 멈추지 않았다.

이날 밤 평소의 약속이 이루어졌다. 사람들 사이에 이 이야기가 전해져 기이하게 여기지 않는 이가 없었다.

【 원주 】

권생 경유(權生景裕, ?~1498) : 자는 군요(君饒), 호는 치헌(痴軒)이며, 본관은 안동(安東)으로, 판관(判官) 질(耋)의 아들이자 일재(一齋) 한공(漢功)의 6세손이다. 성종 계묘년(1483)에 진사가 되었고, 을사년(1485)에 문과에 급제하여 한림과 이조의 낭관을 역임하였으며, 무오사화(戊午士禍) 때 점필재(佔畢齋)의 문하인으로 탁영(濯纓) 김일손(金馹孫)과 더불어 같은 날 화를 당하였다. 벼슬은 교리(校理)에 그쳤다.

유생 순정(柳生順汀, 1459~1512) : 본관은 진주(晉州), 판서 양(壤)의 아들이다. 성종 경자년(1480)에 생원·진사과에 급제하였고, 정미년(1487)에 문과에 급제하여 중종반정(中宗反正) 때 박원종(朴元宗), 성희안(成希顔)과 함께 정국공신(靖國功臣)으로 책록이 되었으며, 정묘년(1507)에 재상으로 승진하였는데 당시 나이가 49세였다. 벼슬은 영의정에 이르렀고, 청천부원군(菁川府院君)에 봉해졌다. 시호는 무안(武安)이었으나 뒤에 문성(文成)으로 고쳤다.

제20화 도적에게 잡힌 여인을 구해준 송당 박영

　송당 박영은 양녕대군의 외손으로, 타고난 자질이 빼어나고 집안 살림 또한 부유하였다. 그가 17세 때 친히 요동에 가서 비둘기를 사 가지고 돌아오자, 그 하는 일이 얽매는 데 없이 뜻이 크므로 성종이 불러다 타일렀다. 그 뒤에 무과에 급제하여 선전관이 되었다.
　어느 날, 그가 아름다운 옷차림으로 준마를 타고 남소문동 입구를 지나가는데, 자태가 아리따운 한 여인이 손짓하여 그를 부르는 것이었다. 그는 말에서 내려 하인더러 다음날 일찍 오라고 일러두고, 드디어 그 여인의 뒤를 따라갔다. 그녀의 집은 으슥하고 외딴 곳에 있었는데, 날은 이미 어두워지고 있었다. 그녀는 박영을 마주 대하더니 슬픈 듯이 눈물을 주르르 흘리는 것이었다. 박영이 그 까닭을 묻자, 그녀는 문득 손을 들어 제지하며 그의 귀에 대고 나직한 목소리로 말하였다.
　"공의 풍채를 뵈오니 틀림없이 예사로운 분이 아니신 것 같습니다만, 공께서는 저 때문에 잘못 죽게 되었습니다."
　박영이 깜짝 놀라 다시 물으니, 이렇게 말하는 것이었다.
　"도적들이 저를 미끼로 사람들을 꼬여 죽이고 그 옷가지와 말을 나누어 가진 지가 여러 해 되었습니다. 저는 날마다 탈출할 생각을 했지만 도적들이 매우 많아 죽을까 무서워 감히 달아나지 못했습니다. 공께서 능히 저를 살릴 수 있는지요?"

　박영은 즉시 칼을 빼들고 사방의 벽 위를 살피며 잠들지 않고 앉아 있었다. 한밤중에 방 위의 다락에서 여인을 부르더니 큰 밧줄을 내려주었다. 그는 몸을 날려 벽을 걷어차고는 급히 그녀를 업고 벽에 뚫린 구멍으로 나와 몇 개의 담을 훌쩍 뛰어 넘었다. 그 바람에 옷자락이 찢어진 채 달아나 죽음을 면하였다. 다음날로 그는 끝내 벼슬을 버리고 선산으로 돌아가서 학문을 닦아 기질을 변화시켜 온순한 선비가 되었고, 그 여인은 마침내 종신토록 공을 섬겼다. 공은 평생 자리 옆에 찢어진 옷을 놓아두고 자손들에게 경계하였다.

【 원주 】
박 송당 영(朴松堂英, 1471~1540) : 자는 자실(子實), 송당은 그의 호이며, 본관은 밀양(密陽)으로, 군수(郡守) 수종(壽宗)의 아들이자 나산경수(蘿山耕叟) 강생(剛生)의 현손이다. 신당(新堂) 정붕(鄭鵬)에게 사사하여 학문을 힘써 행하고 게을리 하지 않았다. 성리학에 침잠하여 많은 후진들을 이끌었다. 기묘사화(己卯士禍) 때 병조참판으로 배척당하였고, 나중에 경상도 병마절도사로 타계하였다. 추증된 시호는 문목(文穆)이다.

제21화 계집종의 원수를 갚아준 금호 임형수

호를 금호라고 한 교리 임형수는 젊은 시절에 성격이 활달하고 기개와 절개가 있었으며 호탕하여 작은 일에 얽매이지 않았다. 말달리고 활 쏘는 것을 익혔을 뿐만 아니라 글 읽는 것을 좋아하여 문장에도 능하였다.

어느 날 그는 친구 두 사람과 말머리를 나란히 하고 서울로 과거를 보러 올라가고 있었다. 도중에 그는 흰 장막을 친 가마 한 채가 뒤따라오는 것을 보았다.

가마 뒤에는 나이가 열여덟이나 아홉쯤 되어 보이는 계집종이 따라오는데 제법 인물과 자색이 있었다. 땋아 늘어뜨린 그녀의 머리채는 발꿈치에 닿아 걸음을 옮길 때마다 흔들거렸고 가는 허리는 버들가지처럼 간들거렸다.

가마를 따라 사뿐사뿐 걸어오던 그녀가 돌연 임형수가 탄 말 앞을 지나가면서 고개를 돌려 그를 보더니 한 마장쯤 가다가 또 한번 고개를 돌려 그를 바라보는 것이었다.

그러자 함께 가던 친구 두 사람이 그를 놀렸다.

"우리 세 사람이 함께 가고 있고, 자네 용모가 특출한 것도 아닌데 저 계집이 유독 자네만 몇 차례씩이나 돌아보니 어찌된 일인가?"

"낸들 알겠나?"

큰 마을 앞에 이르자 그 가마는 골목길로 꺾어 들어가는 것이었다. 그러자 임형수가 두 친구에게 말하기를,

"자네들은 앞에 있는 객점에 앞서가서 기다리게. 나는 내일 새벽에 뒤쫓아가겠네."

그러자 두 친구가 킥킥거리며 웃더니 핀잔을 주는 것이었다.

"사대부라는 자가 과거보러 가는 길에 계집 하나에게 반해서 동행하던 친구들을 버리고 도중에 다른 길로 새다니 세상에 어찌 이런 법이 있는가?"

임형수는 웃음을 띤 채 아무 대꾸도 없이 종에게 말을 몰아 따라잡으라고 재촉하였다.

구불구불한 골목길로 접어들어 보니 높다랗게 솟을대문을 한 집 한 채가 눈에 띄었다.

임형수는 그 집 대문 안으로 들어가 말에서 내려 말고삐를 행랑채 기둥에 매놓았다.

섬돌에 올라서 보니 방문에는 자물쇠가 채워져 있고, 마루에는 먼지가 잔뜩 앉아 있었다.

우선 들어가 앉으려고 하는데 그 계집종이 한 손에는 깔 자리를 들고 또 한 손에는 화로를 들고 안에서 나오는 것이었다.

행랑방에 자리를 깔고 그 앞에 화로를 갖다놓은 그녀는 그에게 방으로 들어오라고 청하였다.

임형수가 웃음을 띠며 묻기를,

"너는 어떻게 내가 반드시 너를 따라 오리라는 것을 알고 이런 것들을 준비하였느냐?"

하자 그녀도 방긋 웃으면서 대답하였다.

"제가 세 번이나 돌아보았는데 어찌 오시지 않을 리가 있겠습니까? 우선 담배라도 태우고 계시면 저녁상을 차려올 것이니 잠시만 기다려 주세요. 저녁 진지를 드시고 나면 제가 식기들을 설거지한 뒤에 나오겠습니다."

 잠시 후에 과연 저녁상을 차려왔고, 먹고 난 상을 가지고 들어가더니 조금 있다가 나와서 방 한쪽 구석에 앉아서는 갑자기 눈물을 줄줄 흘리면서 우는 것이었다.

 임형수가 괴이하게 여겨 그 까닭을 물으니, 그녀는 눈물을 거두고 대답하였다.

"저의 상전은 일가친척도 없이 외롭게 살아가다가 어느 해 아무개 집 딸에게 장가를 드셨습니다. 어느 날 새아씨가 친정에 갔다가 돌아오는 길에 갑자기 거센 바람이 불어 타고 있던 가마의 휘장을 말아 올렸지요. 때마침 못된 중 하나가 새아씨의 아름다운 얼굴을 보고 외람스럽게도 음탕한 욕심을 내어 가마를 따라와서는 완력으로 핍박하여 새아씨를 욕보이고 끝내는 저의 상전마저 죽였습니다. 그 후로는 뻔질나게 드나들고 있어요.

 제 마음에 너무나 슬프고 원통하고 분하였지만 한낱 여자의 몸으로 어찌 해볼 계책이 없더군요. 그래서 몰래 힘센 남자의 도움을 받아 복수를 하려고 했습니다만 그런 사람을 만나지 못했습니다. 남모르게 좋은 활과 굳센 화살을 구해 놓고 기다린 지가 오래되었습니다."

"그렇다면 함께 가던 세 사람 중에 무슨 까닭으로 나만을 돌아보았느냐?"

"나리의 모습을 뵈니 건장하셔서 족히 이 일을 해내실 수 있을 것 같아서입니다."

"그 중은 지금 어디에 있는가?"

"지금 방안에서 새아씨와 더불어 시시덕거리며 장난을 하고 있더군요."

임형수는 즉시 활줄에 화살을 먹이고 계집종더러 앞서서 길을 인도하라고 하였다. 그녀를 따라 중문 안으로 들어간 그는 어두운 곳에 몸을 숨기고 방안을 엿보았다.

방안에서는 중이 촛불을 밝혀놓고 술에 반쯤 취하여 옷을 걷어 가슴을 드러낸 채 벽에 기대앉아 있었다.

임형수가 활시위를 팽팽히 당겼다가 힘껏 쏘니 화살이 그 중의 가슴 팍 한 가운데 적중하였다. 그 중은 악! 소리를 한 마디 지르더니 털썩 바닥에 쓰러지고 말았다.

그가 다시 화살을 먹여 그 집 부인을 쏘려고 하니 계집종이 만류하였다.

"새아씨 소행이 비록 이렇긴 하지만 그래도 제 상전이니 제 손으로 죽일 수는 없습니다. 그리고 마땅히 스스로 죽을 것이니 그냥 두고 가는 게 좋을 듯합니다."

마침내 임형수는 활시위 당기던 것을 늦추고 계집종과 함께 나오는데, 그녀가 말하였다.

"소인은 나리를 따라가고자 합니다. 첩을 삼으시든 종으로 부리시든 그건 나리의 명대로 따르겠습니다."

하고는 바삐 행장을 수습해서는 문 밖으로 나서는 것이었다.

그가 그녀와 함께 말을 타고 얼마 가지 않았을 때 그녀가 말하기를,

"제가 잊고 온 일이 있습니다."

하고는 말에서 내려 집으로 다시 돌아가서는 불을 지르는 것이었다. 임형수는 말을 세운 채 기다렸다.

조금 뒤에 그 집의 사방에서 불빛이 일어나더니 연기와 불꽃이 하늘

을 덮었다.

계집종이 돌아오자 두 사람은 전처럼 나란히 말을 타고 앞에 있는 객점으로 달려갔다. 그곳에 이르렀을 때에는 날이 희붐히 밝아오고 있었다.

동행하던 친구 두 사람이 나와 맞이하다가 그가 웬 여자를 데려온 것을 보고는 또 놀리면서 핀잔을 주었다.

"지금 과거보러 가는 길인데 여자를 끼고 오다니 이보다 더 상서롭지 못한 일이 있겠는가?"

임형수는 아무 말 없이 웃기만 하였다.

마침내 그녀를 데리고 서울로 올라간 임형수는 여관에 묵으면서 그녀를 여관 안채에 머물게 하고 과거보는 데 필요한 물품들을 정리하였다.

그가 시험장에 들어가 과거를 보니 마침내 장원급제를 하였다. 사흘 동안 유가를 한 뒤에 그녀를 데리고 고향으로 돌아갔다.

그가 그녀를 부인에게 인사시키고 심부름꾼으로 부리자고 하니, 부인이 그간 있었던 일을 모두 듣고 크게 칭찬을 하였다.

그리고 계집종의 사람됨을 살펴보니 비천한 여자는 아닌 듯하였다. 마침내 부인은 그녀를 첩으로 삼으라고 권하였다.

그녀는 온순하고 공손하며 성품이 또한 총명하고 슬기로워 마침내 부인의 사랑을 흠뻑 받으며 화목하고 즐겁게 지내면서 평생을 마쳤다고 한다.

【원주】
금호 임 교리 형수(錦湖林校理亨秀) : 위에 이미 나왔음.

제22화 정든 기생을 다시 만난 제봉 고경명

　제봉 고경명은 어린 시절에 아버지의 임지인 공주에 따라가 있었는데, 그곳의 나이 어린 기생 하나와 정이 깊이 들었다.
　그 뒤, 정시[1]를 보러 갔다가 아버지의 병환 소식을 듣고는 방이 나는 것을 기다리지 않고 말을 달려 돌아갔다. 점심때에 그 기생을 찾아가니, 그 기생은 그 무렵 감사 아들의 눈에 들어 잠시도 외출이 허락되지 않는 것이었다. 제봉이 꾀를 내어 기생어미로 하여금 그녀를 불러내게 하였다. 그 기생은 나오게 되자 제봉의 옷을 붙잡고는 울면서 놓지 않는 것이었다. 그 기생의 애정이 제봉보다 깊었기 때문이리라.
　제봉은 갈 길이 바빠 억지로 그녀를 도로 들여보냈다. 때마침 감영에서는 잔치를 베풀고 있었는데, 그 기생을 매우 급히 찾고 있었다. 그러나 기생은 오히려 제봉을 억지로 잡아끌며 돌아가지 않는 것이었다. 제봉은 그녀의 붉은 치마 밑에다 율시 한 편을 써서 그녀를 돌려보냈다.
　감사가 노하여 형벌을 내리려고 하자, 그 기생은 울면서 그 사실을 하소연하였다. 그 시는 다음과 같았다.

---

1) 정시(庭試) : 나라에 경사가 있을 때 대궐 안에서 뵈는 과거.

강가에 말 세우고 짐짓 이별을 머뭇거리는데,
버드나무 꺾으려니 높은 가지가 얄밉구나.
가인과의 연분은 엷은데 새삼 예뻐만 보이고,
탕자는 정이 깊어 뒷날의 기약을 물어보네.
복사꽃 오얏꽃 떨어지고 한식은 다가오는데,
자고새는 석양 무렵에 날아가네.
강남에 비개니 봄 물결은 푸른데,
마름꽃 꺾어드니 님 생각이 나누나.2)

立馬沙頭別故遲(입마사두별고지)
生憎楊柳最高枝(생증양류최고지)
佳人緣薄含新態(가인연박함신태)
蕩子情深問後期(탕자정심문후기)
桃李落來寒食節(도리낙래한식절)
鷓鴣飛去夕陽時(자고비거석양시)
江南雨歇春波綠(강남우헐춘파록)
手折蘋花有所思(수절빈화유소사)

시를 보고 깜짝 놀란 감사가 급히 제봉을 찾았으나 이미 떠나고 없

---

2) 《제봉집(霽峯集)》 권1에 실려 있는 〈옛 운을 밟아 벗에게 지어 주어 석별의 뜻을 말하다(步古韻 贈友人以道惜別之意)〉라는 제목의 시는 약간 다르다.

立馬沙頭別意遲(입마사두별의지)	강가에 말 세우고 이별을 머뭇거리는데,
生憎楊柳最長枝(생증양류최장지)	버드나무 꺾으려니 긴 가지가 얄밉구나.
佳人緣薄多新態(가인연박다신태)	가인과의 연분은 엷은데 새삼 예쁘기만 하고,
蕩子情深問後期(탕자정심문후기)	탕자는 정이 깊어 뒷날의 기약을 물어보네.
桃李落來寒食節(도리낙래한식절)	복사꽃 오얏꽃 떨어지고 한식은 다가오는데,
鷓鴣飛去夕陽時(자고비거석양시)	자고새는 석양 무렵에 날아가네.
草芳南浦春波綠(초방남포춘파록)	풀내음 향기로운 남포에 봄 물결은 푸르고,
欲採蘋花有所思(욕채빈화유소사)	마름꽃 캘 때면 님 생각이 나겠지.

었다. 감사는 사람을 보내 그의 뒤를 쫓게 하였는데 효가리에 이르러서야 그를 붙잡아 끌고 왔다.

감사는,

"자네 아버님의 병환은 걱정할 만한 게 아니네. 그리고 내 지금 사람을 보내 이틀 안에 과거 결과를 탐지해올 것이니 자네는 잠시 머물게나."

하였다. 그때는 잔치가 아직 끝나기 전이라 매우 극진한 대접을 받았다.

한밤중에 사람이 와서 문을 두드리며 제봉을 찾았다. 과연 그가 장원으로 급제하였다는 것이었다.

감사가 즉시 창방3)에 응할 채비를 갖추어 보내주며, 부친의 병환이 완쾌하였다는 것도 이미 알다가 알려주는 것이었다.

감사는 그가 창방에 응하고 돌아오는 길에 다시 감영으로 청해 들여 크게 잔치를 베풀어주었고, 그 기생도 그에게 보내주었다.

【원주】
고 제봉 경명(高霽峯 敬命, 1533~1592) : 자는 이순(而順), 제봉(霽峯)은 그의 호이며, 본관은 장흥(長興)으로, 하천(霞川) 맹영(孟英)의 아들이다., 명종(明宗) 임자년(1552)의 진사로 무오년(1558)에 등과하니, 이때의 나이가 26세였다. 동래 부사(東萊府使)로 있을 때 김백균(金百勻)의 사위라는 이유로 파직되어 집에 있다가 임진년(1592)에 의병을 일으켜 금산(錦山) 싸움에서 순절하였다. 벼슬은 공조참의(工曹參議)에 그쳤는데 좌찬성(左贊成)에 추증되었고, 시호는 충렬(忠烈)이다.

---

3) 창방(唱榜) : 과거에 급제한 사람에게 증서를 주던 일.

제23화 예견력이 뛰어난 정충신의 소실

　　금남군 정충신은 처음에 선사포1) 첨사2)에 임명되었다. 재상들을 두루 찾아다니며 하직 인사를 하였는데, 한 늙은 재상이 은근히 반겨하며 말하였다.
　　"자네가 큰그릇이라 어디까지 출세를 할지 헤아릴 수 없다는 것을 내 알고 있네. 또한 자네가 아직 가정을 이루지 못하고 있다는 것도 알고 있다네. 내 소실에게서 낳은 딸이 하나 있는데 자네에게 줄 테니 첩으로 삼아 시중을 들게 하는 게 어떻겠는가?"
　　금남이 그 재상의 뜻에 감격하여 그리하겠다고 하니, 재상이 말하였다.
　　"그렇다면 남의 이목을 번거롭게 할 것 없이 자네가 출발하는 날 홍제교 앞에서 기다리도록 하겠네."
　　임지로 출발하는 날, 길을 나서 홍제교 앞에 이르니, 행장을 선명하게 차린 가마와 말이 나는 듯이 가볍게 다가와 선사포로 가는 행차냐고 물었다.
　　마침내 금남이 그 부인을 맞아 보니, 체격이 몹시 크고 말이 재미가

---

1) 선사포(宣沙浦) : 평안북도 선천군(宣川郡)에 있는 포구 이름.
2) 첨사(僉使) : 첨절제사(僉節制使). 조선시대 각 진영(鎭營)에 속하였던 종3품 무관 벼슬.

없었다. 금남은 속으로 '억지 혼인에 속았구나.'하고 생각하였다. 그러나 물리쳐 버리기도 어려워 마지못하여 데리고 갔다. 진영에 도착하자 그녀에게 주방의 일이나 맡아보라고 하고는, 돌볼 생각이 전연 없었다.

어느 날 저녁, 감영에서 비밀문서를 보내왔는데, 뜯어보니 다음과 같은 내용이 적혀 있었다.

'군사에 관한 일로 상의할 일이 있으니 잠시도 지체하지 말고 성화같이 달려 오라.'

금남은 저녁을 재촉하여 먹고 따로 있는 소실 방에 들어가니, 소실이 말하였다.

"영감께서는 지금 무슨 일 때문에 가시는지 알고 계십니까?"

"모르겠네."

"이런 난세에 거취를 결정할 때를 당하여 일이 돌아갈 기미를 미리 헤아리지 못한다면 어떻게 목숨을 건질 수 있겠습니까?"

금남은 그녀의 말이 기특하게 여겨져 무슨 말이냐고 물었다.

"만약 이러한 일이 있거든 여차 여차하게 대처하십시오."

하며 대처할 방안을 일러주고는 붉은 비단으로 만든 철릭[3]을 꺼내 입혀 주었다. 만든 옷의 품이 꼭 맞았다. 금남은 깜짝 놀라며 기이하게 여겼다.

말을 달려 감영에 이르니, 감사가 주변 사람들을 물리치고 말하였다.

"오늘 중국 사신이 돌아가는 길에 이 성에서 잠시 머물고 있는데, 은 만 냥을 달라고 하네. 만약 들어주지 않으면 감사인 나를 효수하겠다고 한다네. 어찌해야 좋을지 모르는 일이고 또한 만 냥이나 되는 은을 마련하기도 어려워 온갖 생각을 다하다가 자네가 아니면 대처할 수가

---

3) 철릭(*天翼) : 조선시대 무관들이 입던 관복으로, 당상관은 남색, 당하관은 홍색을 입었음.

없을 것 같아서 오라고 했네."
 감사의 이야기를 들어보니, 과연 떠나올 때 소실이 일러준 일이었다. 드디어 소실이 말하여준 대로 하리라 생각하고, 자신이 조처하겠다는 뜻을 큰 소리로 말하였다.
 그리고는 연광정⁴⁾에 나가 앉아 감영에 소속된 장교 가운데 영리한 사람 하나를 불러 그의 귀에다 대고 한동안 지시를 하였다.
 그 장교는 돌아가는 즉시 감영에 딸린 기생들 가운데 슬기롭고 영리한 네댓 명을 가려 연광정 마루에서 노래도 하고 거문고도 타게 하였다. 연광정에는 술자리가 낭자하게 벌어졌다.
 금남은 다시 그 장교를 불러 귀에다 대고 말하였다.
 "지금 은을 내놓지 않아서 생각건대 감사께선 죽음을 당하실 테고, 온 성 안이 어육이 될 게야. 자네들도 죽을 수밖에 없어. 자네는 성 안에 가서 집집마다 화약을 꽂아놓고 연광정 위에서 포 소리가 세 번 들리거든 거기다 불을 지르게."
 그 장교가 '예, 예.'하고는 물러가더니 지시대로 일을 마치고 들어와서 아뢰었다.
 "모두 꽂았사옵니다."
 그 순간 갑자기 첫 번째 포 소리가 들렸다.
 기생들이 곁에서 몰래 보고 있다가 몹시 두려워서 거짓으로 소변을 본다며 하나씩 나가 버렸다. 그 기생들이 각각 자기 집에 가서 그 말을 전하자, 삽시간에 온 성 안에서 모두 알고 아버지야, 엄마야 부르며 처자식을 이끌고 다투어 성 밖으로 빠져나갔다. 그 아우성치는 소리가 하늘에 울렸다.

---

 4) 연광정(練光亭) : 평양 대동강 가에 있는 정자.

중국 사신들이 처음에는 포 소리를 듣고 매우 의아하게 여기다가 사람들이 아우성치는 소리를 듣게 되자 깜짝 놀라 벌떡 일어나 캐물었다. 그러자 장교 한 사람이 대답을 하였다.

"선사포 첨사께서…"

이야기를 해주는 동안에 포 소리가 또 한 번 들렸다. 한 번만 더 울리면 살아 있던 목숨이 불타는 것이었다.

중국 사신들은 넋이 나가서 다급하여 신발도 신지 않은 채 연광정으로 달려갔다. 그들은 금남의 손을 잡고 남은 목숨을 살려 달라고 빌자, 금남이 사리를 들어 그들을 꾸짖었다.

"상국은 부모의 나라요, 사신이란 천자의 명을 알리러 오는 것이요. 길목마다 뒤따르는 신하들이 각별히 힘써 접대를 하였는데도 꾸짖으며 전례에 없는 은을 내놓으라고 하니, 굳이 그렇게 올바르지 못하게 다스린다면, 온 성 안의 백성들이 죽을 수밖에 없소. 그러니 모두 한꺼번에 불에 타 죽으려는 것이 아니겠소?"

중국 사신들이 말하였다.

"우리들의 목숨은 어르신네의 손에 달려 있소. 지금 말을 섬돌 앞에 세워 두었는데, 즉시 말에 올라 밤을 새우고 달려가면 사흘 안에 압록강에 이를 것입니다. 마지막 포 한 발만은 멈춰 주시기 바랍니다."

금남이,

"상국의 사신이 무례하여 나는 그 말을 믿을 수가 없소."

하고 포수를 부르니, 중국 사신들이 금남을 둘러싸고 천 번 만 번 애걸을 하며 울부짖고 따라 다녔다. 금남은 못 이기는 체하며 드디어 허락하고, 그들더러 말을 재촉하여 급히 떠나라고 하였다. 사신 일행은 끝없이 고맙다고 하며 일제히 말에 올라 바람과 번개처럼 달려나갔다. 뒤따라갔던 사람들이 돌아와 과연 사흘 안에 그들이 압록강을 건넜다는 보고를 하였다.

　감사가 크게 기뻐하며 잔치를 베풀어 금남에게 고마움을 표하였다. 그로 말미암아 금남의 이름이 당대에 떨쳤다. 금남은 감사에게 하직을 하고 돌아갔다.

　그 뒤로 금남은 일이 생길 때마다 소실에게 물어 행하였으니, 금남의 소실은 참으로 이인이었다. 그래서 인물만 보고 사람을 취하면 자우5)처럼 앞일을 예견할 줄 아는 사람을 잃는 것이다.

【원주】
정 금남 충신(鄭錦南忠信, 1576~1636) : 자는 가행(可行), 호는 만운(晩雲)이며, 본관은 나주(羅州)로, 륜(綸)의 아들이자 경렬공(景烈公) 지(地)의 후손이다. 처음에 광주(光州) 지인(知印)6)으로 도원수(都元帥) 권율(權慄)을 따라 서울에 올라가 백사(白沙) 이항복(李恒福)에게 재능을 인정받았다. 임진년(1592)에 용만(龍灣)7)에서 치른 무과에 급제하였고, 인조반정 뒤에 안주목사(安州牧使)로 승진하였다. 갑자년(1624) 이괄(李适)의 난 때 낙서(洛西) 장만(張晩)과 더불어 난을 평정하였는데, 금남의 공이 으뜸이었다. 공신으로 책봉하여 금남군(錦南君)이라고 하였다. 벼슬이 판윤(判尹)8)과 부원수(副元帥)에 이르렀고, 시호는 충무(忠武)다.

---

5) 자우(子羽) : 옛날 중국에서 눈이 밝기로 이름난 사람.
6) 지인(知印) : 조선시대 함경도와 평안도에 두었던 향리로, 토관들 밑에서 주로 지방행정이나 군사에 관한 일을 담당하였다.
7) 용만(龍灣) : 평안북도 용천군(龍川郡)의 옛 이름.
8) 판윤(判尹) : 조선시대 한성부(漢城府)의 정2품 으뜸 벼슬.

제24화 정익공 이완

정익공 이완은 젊은 시절에 산 속에서 사냥하는 것을 즐겼다.
짐승을 쫓아 돌아다니다가 보니 깊은 산 속에 들게 되었는데, 날도 저물고 사방에 인가라곤 없었다. 마음이 다급해져서 고삐를 잡고 풀숲 길을 찾아 몇 개의 산봉우리를 넘어 한 곳에 이르렀다.
산이 움푹 들어간 그곳에는 커다란 기와집 한 채가 있었다. 말에서 내려 문을 두드렸으나 아무도 응답하는 사람이 없었다. 한 식경쯤 지나서야 한 여자가 안에서 나와 말하였다.
"이곳은 손님께서 잠시도 머무실 수 있는 곳이 아닙니다. 지금 속히 나가십시오."
공이 그녀를 보니, 나이는 스무 살 남짓한데 용모가 제법 단정하고 고왔다. 공이 대답하였다.
"산골짜기가 깊고 날이 저물었소. 호랑이 같은 산짐승이 횡행하는 곳에서 간신히 인가를 찾아왔는데, 이렇듯 거절하는 것은 무엇 때문이오?"
"여기 계시면 틀림없이 죽음을 당할 우려가 있기 때문입니다."
"집 밖에 나가서 사나운 호랑이에게 죽느니 차라리 여기서 죽겠소."
하고는 문을 밀치고 들어갔다.
그녀는 그를 어찌할 수 없다고 여기고는 드디어 그를 맞이하여 방에 들여앉혔다. 공이 머물지 못하게 한 까닭을 묻자, 그녀가 말하였다.

"이곳은 도적의 괴수가 사는 곳입니다. 저는 양가집 딸로 몇 년 전에 이 도적의 괴수에게 납치돼 몇 년간 여기 있으면서 아직도 호랑이 굴을 벗어나지 못했습니다. 도적의 괴수는 마침 사냥을 나가서 아직 돌아오지 않았습니다. 밤이 깊어지면 틀림없이 올 것입니다. 만약 손님께서 여기 머무시는 걸 보게 되면, 저와 손님은 한칼에 죽게 될 것입니다. 손님이 어떤 분이신지는 모르겠습니다만, 공연히 도적 괴수의 손에 개죽음을 당하시게 되었으니 어찌 민망치 않겠습니까?"

공이 웃으며 말하였다.

"죽을 때가 다가온다 하더라도 끼니야 거를 수가 없지. 빨리 저녁 좀 차려 오시오."

그녀는 도적 괴수가 먹을 밥을 차려다 주었다. 공이 배불리 먹은 뒤에 그녀를 끌어안고 눕자, 그녀가 완강히 거절하며 말하였다.

"이러고서 장차 후환을 어찌하시렵니까?"

"일이 이 지경에 이르렀으니 빼앗아도 반역이오, 빼앗지 않아도 반역일세. 고요한 밤 아무도 없는 곳에 남녀가 같은 방에 있으면서 의심받을 일을 피한다 한들 누가 믿어 주겠소? 생사야 운명에 달려 있는 것인데, 두려워한다고 뭐 나을 게 있겠소?"

하고는 그녀와 정을 나눈 뒤, 태연자약하게 비스듬히 누워 있었다.

수 식경이 지났을 때, 홀연 문을 여는 소리가 나더니 다시 짐을 내려놓는 소리가 들렸다.

그녀는 벌벌 떨면서 사색이 되어 말하였다.

"도적의 괴수가 왔습니다. 이를 어쩌지요?"

공은 그녀의 말을 듣고도 못들은 체할 따름이었다.

키가 열 자나 되고 이목구비가 뚜렷하며 생김새가 씩씩하고 풍채가 사납게 생긴 우람한 사내 하나가 손에 장검을 들고 반쯤 취하여 방문으로 들어오다가, 공이 누워 있는 것을 보고는 고함을 질렀다.

"넌 어떤 놈이기에 감히 여기 와서 남의 마누라와 간통을 하느냐?"

공이 천천히 말하였다.

"산에 들어와 짐승을 쫓다가 이미 날이 저물어 여기서 잠자리 신세를 지고 있소."

도적의 괴수가 또 고함을 쳤다.

"너, 대담한 놈이로구나. 기왕에 여기 왔으면 바깥채에 묵는 게 옳지, 어찌 감히 안방에 들어와 남의 마누라를 범한단 말이냐? 넌 이미 죽을 죄를 저질렀는데, 손님이라는 것이 주인을 보고 인사도 없이 비스듬히 자빠져서 보고 있으니, 이게 무슨 도리란 말이냐? 이러고도 죽음이 두렵지 않단 말이냐?"

공이 웃으며 말하였다.

"일이 이 지경에 이르렀는데, 비록 내 한마음이 곧고 결백하여 남녀가 자리를 달리한들 네 그것을 어찌 믿겠느냐? 사람이 이 세상에 태어나면 반드시 한번 죽는 것을, 죽는 것이 뭐가 두려우랴? 네 마음대로 해라."

도적의 괴수는 굵은 오랏줄로 공을 결박하여 대들보에 매단 뒤, 그의 아내를 돌아보며 말하였다.

"마루 위에 산짐승을 사냥해 온 게 있으니, 자네가 씻어서 구워 오게."

그녀는 벌벌 떨면서 방을 나가, 산돼지와 노루, 사슴 등의 고기를 갈라서 푹 익혀 큰 접시에 담아다가 주었다.

도적의 괴수는 또 술을 가져오라고 하여 큰 동이로 연달아 두어 잔을 마시더니 칼을 뽑아 고기를 잘라 안주로 먹었다. 그리고는 다시 고기 한 덩이를 칼끝에 꽂으며 말하였다.

"어찌 사람을 곁에 두고 혼자 먹을 수 있겠느냐? 저게 비록 죽어야 할 놈이지만 고기 맛을 보여주어야겠다."
하고는 칼끝에 꽂힌 고기를 공에게 주었다. 공은 입을 벌려 고깃덩이를 받아서 씹어 먹었다. 조금도 의심하거나 두려워 겁을 내는 기색이 없었다. 도적의 괴수가 그를 한참 쳐다보다가 말하였다.
"이 친구, 대장부라 할 만하군!"
"네가 나를 죽이고 싶다면 죽이면 될 것을… 어째서 이렇게 질질 끄는 거냐? 또 무슨 대장부니 소장부니 하는 거냐?"
그 말을 듣더니 도적의 괴수가 칼을 던지고 일어나 그의 결박을 풀어준 뒤 손을 잡아 자리에 앉히며 말하였다.
"그대같이 천하에 기이한 사내는 내 처음 보네. 장차 세상에 크게 쓰여서 나라의 간성이 될 걸세. 그런 그대를 내 어떻게 죽이겠는가? 지금 이후로 내 그대를 마음이 통하는 벗으로 받아들이겠네. 저 여자는 비록 내가 돌보던 마누라였으나 그대가 이미 가까이 했으니, 이제 그대의 안식굴세. 내 어떻게 다시 가까이 하겠는가? 그리고 곳간에 쌓여 있는 재물을 하나하나 모두 그대에게 줄 것이니, 그대는 사양하지 말게. 대장부가 세상에서 일을 하려는데 수중에 돈이나 재산이 없으면 어떻게 그 일을 할 수가 있겠는가? 나는 이제 떠나겠네. 나중에 내게 틀림없이 큰 액이 생길 걸세. 그 때 그대가 꼭 나를 구해 주게나."
말을 마치고 표연히 일어나더니 어디로 갔는지 알 수가 없었다.
공은 그가 타고 온 말에 그녀를 태우고, 또 마구간에 매어 있는 말에 재물을 모두 싣고 산을 나왔다.
그 뒤, 공은 크게 출세하여 훈련대장 겸 포도대장이 되었다. 당시 외딴 시골에서 큰 도적 떼의 괴수 하나를 잡아 올렸다. 공이 죄를 다스릴 즈음에 그 괴수의 생김새를 자세히 살펴보니, 바로 산 속에서 만났던 도적 괴수였다.

  공은 지난 일을 임금에게 아뢰어 그를 무죄로 석방시켜 군관이나 장교의 서열에 두었다. 차차 승진을 하여 벼슬자리를 옮기더니, 무과에 급제하여 벼슬이 곤수9)에 이르렀다고 한다.

【 원주 】

이 정익 완(李貞翼浣, 1602~1674) : 자는 징지(澄之), 본관은 경주(慶州)로, 형조판서를 지낸 충무공 수일(守一)의 아들이다. 인조 때에 무과에 급제하여 현종 갑인년(1674)에 훈련대장(訓練大將)으로 재상이 되었는데 당시의 나이가 73세였다. 정익(貞翼)은 그의 시호다.

---

9) 곤수(閫帥) : 조선시대 병마절도사나 수군절도사를 달리 일컫던 말. 병수사(兵水使).

제25화 전라어사 김 교리

광해군이 왕으로 있던 병진년(1616)이었다.
전라도 암행어사로 임명된 김 교리[1]는 어사의 행색을 감추고 걸어서 지리산에 이르렀다. 유람도 할 겸 골짜기와 계곡을 가리지 않고 발길 가는 대로 걸었다.
외진 깊은 산골짜기의 오솔길을 따라 걷던 김 교리는 띠를 엮어 이엉을 만들어 올린 두 칸짜리 집을 발견하였다. 다가가서 문을 두드리니 한 어린 계집종이 나와,
"우리 주인님은 계시지 않아요."
하는 것이었다.
김 교리가
"날이 저물었는데 잘 곳이 없어 그러니 묵을 방 한 칸만 빌려다오."
하고 말하자, 계집종은 안채에 들어갔다가 다시 나오더니 김 교리를 정성껏 맞이하는 것이었다. 조금 뒤에 저녁밥을 지어 내왔는데 나물국과 조밥이 정갈하기 그지없었다.
밤이 되자 안채에는 관솔불이 밝혀지고 도란거리는 말소리가 희미하

---

1) 교리(校理) : 조선시대 홍문관(弘文館)의 정5품 벼슬.

게 들려왔다.

김 교리가 구멍 난 창으로 안채를 엿보니, 50여 세 가량 되어 보이는 어떤 한 부인이 곁에 있는 딸 하나와 불빛을 마주하고 앉아 길쌈을 하고 있었다. 그녀들의 모습이 그윽하면서도 조용하고 단아하였다. 부인이,

"너의 아버님께서 오늘 저녁 오지 않으셨으니 네가 나가 보아라."

하자, 딸은 뜰에 나와 하늘을 우러러보더니 낮은 목소리로 어머니를 향해 말하였다.

"객성[2]이 소미성[3]을 범하였으니 오신 손님이 틀림없이 귀인인가 봐요."

그러더니 딸은 불을 끄고 방으로 들어가는 것이었다. 김 교리는 기이하기도 하고 의아하기도 하여 잠을 이룰 수가 없었다.

이튿날 아침에 주인이 갈삿갓을 쓰고 약상자를 짊어진 채 와서는 뜰 아래서 절을 하는 것이었다. 김 교리가 황망히 그를 부축하여 일으키니, 주인은 안채로 들어가 옷을 차려입고 다시 나왔다. 갈포로 만든 두건과 베옷 차림에 학 같은 골격과 소나무 같은 풍채가 신선세계에서 온 사람인 듯하였다. 김 교리는 자기도 모르는 사이에 무릎을 꿇고 굽실거리며 절을 하였다.

그 뒤로 김 교리는 며칠을 그 집에서 머물면서 고금의 일에 대해 이야기를 나누었는데, 주인은 모르는 것이 없었다.

주인이,

"나는 본디 이곳에 이름을 묻으려고 했는데 뜻밖에 남에게 알려지게 되었으니 이제 여기 있을 수가 없소. 그대의 기상이 쓸쓸하고 구슬픈 걸 보니 아내를 잃고 아직 장가를 들지 않았구려. 내 딸이 시집갈 나이

---

2) 객성(客星) : 어느 때는 보이지 않다가 때에 따라 아무 곳에나 나타난다는 별.
3) 소미성(少微星) : 태미(太微)의 서쪽에 있는 별로, 사대부(士大夫)나 처사(處士)를 상징한다고 함.

가 되었으니 그대의 아내가 될 만할 것이오."
하였다.
 마침내 자신의 딸을 김 교리의 아내로 삼게 하고는 또 말하였다.
 "지금은 자네가 벼슬길에 나설 때가 아니네. 그러니 상감께 복명4)을 한 뒤 즉시 다시 내려와서 산 속에 들어가 자취를 감추고 시절이 맑아지기를 기다리게. 십 년이 채 못 되어서 태평한 시절이 올 걸세."
 김 교리는 암행어사의 임무를 마치게 되었다. 그에게는 다른 가족들이 없는지라 그 날로 지리산으로 돌아갔다. 그의 장인은 딸만 남겨놓고 그의 장모와 나이 어린 남녀 종 하나씩만을 데리고 딴 곳으로 옮겨가서 살고 있었다. 그곳은 지리산을 벗어난 곳이 아니었는데도 끝내 사는 곳을 말하지 않았다. 때때로 찾아와 보곤 하였을 뿐이었다.
 과연 계해반정5) 후에 김 교리는 가장 먼저 임금의 부름을 받아 벼슬이 판서에 이르렀다.

---

4) 복명(復命) : 명령을 받고 일을 처리한 사람이 그 결과를 보고함.
5) 계해반정(癸亥反正) : 1623년(광해군15)의 인조반정(仁祖反正).

제2권

덕성스럽고 슬기로운 사람들

제1화 월사 이정구의 부인 권씨

월사 이정구의 부인은 판서 권극지의 딸로 덕행이 있었다.

백주 이명한과 현주 이소한이라는 두 아들을 두었는데, 모두 높은 벼슬에 올랐다. 그런데도 월사의 부인은 집안을 검소하게 꾸려 나갔고, 화려한 옷은 일찍이 몸에 걸쳐본 일이 없었다.

그 당시 어느 공주 집에서 며느리를 보게 되자, 임금의 명으로 온 조정 신하들의 부인들이 모두 잔치에 가게 되었다. 여러 집안의 부녀자들이 다투어 사치스럽게 꾸미고 나왔다. 그 날의 잔치에서는 부녀자들이 꾸미고 온 패물과 비단옷으로 사람들의 이목을 끌었다.

그 뒤에 가마가 들어오더니, 한 노부인이 지팡이를 짚고 나타났다. 갈옷과 베로 만든 치마를 입고 있었는데, 극도로 거칠고 품질이 낮은 것이었다. 그 노부인이 마루로 오르려하자 주인인 공주가 신을 거꾸로 신은 채 내려가 맞았다.

나이 어린 부녀자들은 손가락질을 하며 웃지 않는 사람이 없었다. 그러면서도 누구 집 부인인지 몰라 놀라고 의아하게 여겼다. 주인이 노부인을 맞아 윗자리로 모시는데, 매우 공손하게 예의를 차렸다. 그 모습을 보고 사람들은 더욱 의아하게 생각하였다.

잔치가 끝난 뒤에 노부인이 먼저 일어나 돌아가겠다고 말하였다. 주인이 아직 날이 저물지 않았다며 만류하니, 노부인이 말하였다.

"저희 집 대감은 내의원[1])의 도제조[2])로 새벽에 이미 입궐하셨습니다. 큰 아이는 이조판서로 정무를 보러 나갔습니다. 작은아이는 승지로 자리를 지키고 있다고 하더군요. 이 늙은이가 집에 돌아가야 저녁밥을 지어 보낼 수가 있습니다."

그 말을 듣고 자리에 있던 사람들이 크게 놀라며, 비로소 그녀가 월사의 부인임을 알았다.

【원주】
이 월사(李月沙) : 이름은 정구(廷龜, 1564~1635), 자는 성징(聖徵), 본관은 연안(延安) 이고, 월사는 그의 호이며, 현령(縣令)을 지낸 계(啓)의 아들이다. 선조 을유년(1585)에 진사가 되었고, 경인년(1590)에 등과하여 육조(六曹)의 판서를 지내고 대제학이 되었다. 무술년(1598)에 주청사(奏請使)로 명나라에 가서 억울한 일에 대하여 변명함으로써 이름이 천하에 알려지게 되었다. 인조 무진년(1628)에 재상이 되고 벼슬이 좌의정에 이르러 기로소[3])에 들어갔으며, 72세에 타계하니 문충(文忠)이라는 시호를 내렸다.
맏아들은 명한(明漢, 1595~1645)으로 자는 천장(天章), 호는 백주(白洲)다. 진사를 거쳐 문과에 급제하여 대제학이 되었고, 벼슬이 이조판서와 이사[4])에 이르렀으며, 시호는 문정(文靖)이다.
둘째아들은 소한(昭漢, 1598~1645)으로 자는 도장(道章), 호는 현주(玄洲)다. 진사를 거쳐 문과에 급제하여 남상[5])과 한림[6])을 역임하고 벼슬이 참판

---
1) 내의원(內醫院) : 조선시대 대궐 안의 의약을 맡은 관청. 약원(藥院).
2) 도제조(都提調) : 조선시대 비변사(備邊司) 등의 정1품 벼슬.
3) 기로소(耆老所) : 조선시대 나이가 많은 임금이나 70세가 넘은 정2품 이상의 문관이 들어가서 대우를 받던 곳.
4) 이사(貳師) : 조선시대 세자시강원(世子侍講院)의 종1품 벼슬.
5) 남상(南床) : 조선시대 홍문관(弘文館)의 정9품 벼슬인 정자(正字)의 별칭.

에 이르렀다.

권 판서 극지(權判書克智, 1538~1592) : 자는 택중(擇仲), 본관은 안동으로, 이조판서 극례(克禮)의 아우이자 종묘령(宗廟令) 덕유(德裕)의 아들이다. 진사를 거쳐 문과에 급제하여 벼슬이 이조판서에 이르렀다.

---

6) 한림(翰林) : 조선시대 예문관(藝文館)의 정9품 벼슬인 검열(檢閱)의 별칭.

제2화 동원 김귀영

동원 김귀영은 판서 아무개의 손자이다. 그의 아버지는 어려서부터 바보여서 사리를 분별할 줄 모르고 다만 지각이 있을 뿐이었다. 판서는 은퇴하여 시골에 거처하였는데, 그 마을에 사는 백성에게 딸이 있었다. 어느 날, 판서가 그 백성을 불러 말하였다.

"내 아들이 어리석어서 사대부 집안과 혼인을 맺을 수가 없다네. 듣자니 자네에게 딸이 있다던데, 나와 사돈을 맺는 게 어떻겠는가?"

"마땅히 집에 돌아가 제 처와 상의해서 아뢰겠습니다."

그 백성이 집에 돌아가 아내에게 그 말을 하니, 그의 아내가 말하였다.

"이게 무슨 말입니까? 아무개 상공 댁 도령은 지각이 있을 뿐 흙으로 만든 인형이나 마찬가집니다. 그런데 어떻게 혼인을 할 수 있겠어요?"

그 집 딸이 옆에 있다가 조용히 말하였다.

"멀쩡한 아들이라면 상공 댁에서 어째서 우리와 혼인을 맺자고 하겠습니까? 딸 하나를 버려서 그로 인해 집안이 대대로 양반이 되면 어떻겠습니까?"

그 백성은 딸이 한 말을 그대로 아뢰었다. 그리하여 마침내 혼례를 치렀다. 그러나 판서의 아들은 음양의 도리를 모르는지라, 유모가 가르쳐서 아들을 낳았다.

그 아들이 바로 김귀영이었다. 그는 문장에 능하여 일찍이 귀하게 되고 높은 벼슬을 두루 거쳤다.

그의 어머니의 형제와 친척들은 여전히 군적[1]에 올라 있어 번들러 서울에 오면 그의 집에 머물렀다. 그가 퇴궐하여 집에 와서 군장과 병기들이 상 위에 놓여 있는 것을 보고 하인을 불러 말하였다.

"이 물건들을 어째서 여기에 두었느냐? 보이지 않는 곳에 감춰 손님들이 보지 못하게 하거라."

그의 어머니가 그 말을 듣고 그를 붙잡아 들여 따져 물었다.

"너의 집은 참으로 재상 집안이다마는, 우리 집은 비천해서 여러 동생과 조카들이 모두 군적에 올라 있구나. 가장 가까운 친척이라고 서울에 올라오면 내 집에 와 있는데, 마땅히 마음을 다해 잘 대해서 사이가 벌어지지 않도록 해야지, 어찌 싫어하는 기색을 보여 그들의 마음을 불안하게 할 수가 있겠느냐?"

동원은 어머니의 말을 듣고 두려워 스스로 그만두었다.

【 원주 】

김 동원 귀영(金東園貴榮, 1519~1593) : 자는 현경(顯卿), 동원은 그의 호다. 본관이 상주(尙州)로 응무(應武)의 아들이자, 첨지중추부사[2] 사원(士元)의 손자다. 외조부는 성주(星州) 사람인 이수관(李守寬)이다. 중종 경자년(1540)에 진사가 되고, 명종 무신년(1548)에 등과하였으며, 평난공신(平難功臣)으로 책록이 되었고, 벼슬은 좌의정에 이르렀다.

---

1) 군적(軍籍) : 군역(軍役)에 종사하는 장정의 명부.
2) 첨지중추부사(僉知中樞府事) : 조선시대 중추부(中樞府)의 당상(堂上) 정3품 무관 벼슬.

제3화 재상 홍윤성

재상 홍윤성이 도원수가 되어 전라도 지방에 나갔다. 전주 사람 아무개가 대대로 명망 있는 집안 출신으로 가세가 부유하며 딸을 셋 두었는데 모두 예쁘다는 말을 듣고, 홍윤성은 그의 딸을 첩으로 삼고 싶었다. 그는 떠나기에 앞서 전라감사와 전주부윤에게 편지를 보내 자신의 생각을 알리고, 그 집에 숙소를 마련하라고 명하였다.

감사와 부윤이 그녀들의 아비를 불러 홍윤성의 편지를 보여주며 말하였다.

"자네가 만약 이 청을 거절하면 비단 자네 집에 화가 미칠 뿐만 아니라 감사와 부윤이 또한 모두 죄를 얻을 것이니 자네는 급히 집으로 돌아가 혼사 치를 준비를 차리게."

그는

"예, 예."

하고 물러나 집으로 돌아와서는 아내와 더불어 울면서 탄식하였다.

"딸을 너무 많이 낳아 천한 가문으로 주저앉게 되었구나!"

그 말을 듣고 그의 셋째 딸이 그 까닭을 물었다.

"네가 알 바가 아니다."

"한 집안의 일을 어찌 자식들이 알 수 없단 말입니까?"

그녀의 아버지가 자초지종을 말해주니, 딸이 말하였다.
"이는 매우 쉬운 일입니다. 소녀에게 대응할 방안이 있으니 걱정하지 마시기 바랍니다."

홍윤성이 오는 날이 되자, 그녀는 성장을 하고 중문 뒤에 서 있었다. 홍윤성이 융복1) 차림으로 들어오자, 그녀는 그의 팔을 잡았다. 홍윤성이 눈동자를 굴려 살펴보니, 한 미인이 마주하여 다소곳이 인사를 하며 말하였다.

"상공께서는 나라의 재상으로 이제 대원수가 되셨고, 저 또한 이곳 양반 집안의 딸이니, 만약 저를 정실로 삼으시겠다면 옳은 일입니다. 그런데 듣자니 저를 첩으로 삼으려 하신다 하니, 이 얼마나 저를 모욕하시는 것입니까? 저를 꼭 첩으로 삼으려 하신다면 오늘 이 자리에서 죽기를 원합니다. 상공께서는 어찌 차마 이러한 무례를 행하시어 억울하게 남을 죽이려 하십니까?"

홍윤성이 웃으며,
"마땅히 그대의 말대로 하리라."
하고는 마침내 허리를 굽혀 예를 표하고는 나갔다.

이윽고 홍윤성은 세조에게 다음과 같은 내용의 장계를 은밀하게 올렸다.

'신에게 정실이 있으나 슬기롭지 아니하여 지어미의 구실을 감당하지 못하므로 바꾸려고 마음먹은 지 오래되었습니다. 이번에 전주에 내려와서 아무개의 딸이 어질고 아름답다는 말을 듣고 계실로 삼기를 청하여 감히 아뢰옵니다.'

그러자 다음과 같은 임금의 답이 떨어졌다.

---

1) 융복(戎服) : 철릭(*天翼)과 주립(朱笠)으로 된 옛 군복의 하나.

'이는 경의 집안 일인데 하필 나에게 물을 것이 있겠소?'
드디어 홍윤성은 예를 갖추어 그녀를 아내로 맞아들였다.

홍윤성이 죽은 뒤에 전처와 후처가 각기 자신이 정실이라고 다투다가 오래도록 결판이 나지 않자 후처가 말하였다.
"모년 모월 모일에 선왕께서 우리 집에 행차하시어 이 몸으로 하여금 술잔을 올리게 하셨소. 승정원에 반드시 일기가 있을 것이니, 그 일기에 '부인에게 술잔을 올리게 하였다'라고 썼는지 아니면 '첩에게 술잔을 올리게 하였다'라고 썼는지 그 글을 한번 살펴보고자 합니다."
승정원일기를 꺼내어 살펴보니 과연
'모년 모월 모일에 상감께서 홍윤성의 집에 행차하시어 약주를 드시다가 거나해지시자 홍윤성의 부인으로 하여금 나와 술잔을 올리게 명하셨다.'
라고 기록되어 있었다.
이 글을 가지고 아뢰니, 성종은 마침내 후처가 정실이라고 명하였다.

【 원주 】

홍상 윤성(洪相允成, 1425~1475) : 처음의 이름은 우성(禹成), 자는 수옹(守翁)이며, 본관은 회인(懷仁)으로 제년(齊年)의 아들이다. 처음에 교도[2]에 임명되었다가 문종 경오년(1450)에 등과하여 세조가 왕위를 물려받을 때 정난공신(靖難功臣)으로 책록되고 인산부원군(仁山府院君)에 책봉되었다. 정해진 등급을 뛰어넘어 형조판서 벼슬을 받았고, 무자년(1468)에는 재상이 되어 벼슬이 영의정에 이르렀으며, 시호를 위평(威平)이라고 하였다. 또한 좌익공신(佐翼功臣) 2등과 좌리공신(佐理功臣) 1등에 책록되었다.

---

2) 교도(敎導) : 조선 전기에 생원이나 진사 가운데서 가려 지방교육을 담당하게 하였던 직책.

제4화 안동의 강 녹사

　안동에 강씨 성의 녹사가 있었는데, 그의 두 딸이 서로 경쟁을 하며 자랐다. 강 녹사의 집안은 살림이 조금 넉넉한 편이었다. 그들 자매는 이를 가는 나이 때부터 시집을 갈 때까지 매사에 서로 이기려고만 하고, 일찍이 서로 지려고 하는 적이 없었다. 두 사람이 서로 이기려는 것은 아들딸을 낳을 때까지도 똑같았다.
　큰딸은 김씨에게 시집을 가고, 작은딸은 안씨에게 시집을 갔다. 큰딸의 시집인 김씨 집안은 사마시[1]를 볼 수 있을 정도의 문벌이어서, 김씨는 마침내 참봉 벼슬을 하였다. 안씨의 집안은 지체와 문벌이 김씨 집안보다는 약간 낮아서, 비록 사마시에 급제를 하여도 참봉 벼슬을 할 수 없는 형세였다.
　안씨 집 며느리인 작은딸은 한 가지 일이 언니에게 미치지 못하자 끝내 단식을 하기에 이르렀는데, 전혀 살 생각이 없다면서 말하였다.
　"내가 어려서부터 시집을 와서 가정을 이루고 살 때까지 일찍이 한 가지 일도 언니에게 져본 일이 없었는데, 이제 남편의 문벌이 미치지 못하여 이처럼 언니보다 못하니 내 다시 무슨 면목으로 세상에서 살꼬?"

---

1) 사마시(司馬試) : 진사(進士)나 생원(生員)을 뽑는 초시(初試).

하고는 단식을 하자, 그녀의 아들이 말하였다.

"그러실 필요가 없습니다. 만약 제게 몇 천 금을 주신다면, 나름대로 아버님께서 벼슬을 하실 길이 있습니다."

그녀가 드디어 허락을 하였다.

이튿날 그녀의 아들 안생이 준비를 갖추고 떠났다. 그때 휴암 백인걸이 전라도 지방의 수령으로 있다가 막 이조 참판에 임명되어, 초헌을 타고 올라오다가 주막집으로 들어가려 하고 있었다. 안생이 앞서 주막에 들어가고, 백인걸이 그 뒤를 따라서 들어갔다. 안생은 피하지 않고 백인걸과 같은 방에 들어가 앉았다.

황혼이 질 무렵이 되자, 대문 밖에서 슬피 통곡하는 소리가 들렸다. 그 소리를 듣고 안생이 물었다.

"이게 무슨 울음소린가?"

주막집 하인이 대답하였다.

"아무 고을에 이방으로 있는 아전이 여기서 서울 소식을 기다리고 있었는데, 아까 낭패를 당했다는 서울 소식을 듣고 슬피 우는 겁니다."

안생이 그 아전을 불러다 물어보니, 그가 말하였다.

"소인은 아무 고을에서 이방의 일을 맡아보고 있습니다. 여러 해 동안 세금을 거두지 못한 것이 만여 금이나 되었지요. 이제 그걸 거두어 들여 다 내야하게 되었는데, 3천여 냥이 모자랍니다. 서울에 아주 절친한 사람이 있어서 그에게 빌리기로 허락을 받았습니다. 그래서 소인이 아들놈을 서울로 보내고 이 주막집에서 그 아이가 오기를 기다리고 있었던 겁니다. 그런데 아까 듣자니 서울에 간 일이 잘 안 되었다는 겁니다. 이제 만약 소인이 빈손으로 돌아가게 되면, 온 집안사람들이 죽게 될 겁니다. 그래서 애통함을 이기지 못해 통곡을 했던 겁니다."

안생이 그 말을 듣고 한동안 말없이 있다가 입을 열었다.

"3천 냥이란 돈은 적은 것이 아니네. 2천 냥 가량의 돈을 마련해 주면 그 나머지는 자네가 충당할 수 있겠는가?"

"만약 2천 냥 가량만 얻을 수 있다면 그 나머지는 어떻게든 채워 낼 도리가 있습니다."

안생은 일언반구 없이 천연스럽게 종을 불러서 말하였다.

"행장에 싣고 온 돈 2천 냥을 몽땅 꺼내 저 아전에게 주어라."

백인걸이 옆에 있다가 안생이 이렇게 조치하는 것을 보고 마음이 움직이지 않을 수 없었다. 안생이 사는 곳과 문벌을 묻자, 아무 고을에 사는 안생이라고 대답하였다. 지니고 있던 돈이 어디서 난 것이냐고 묻자, 안생이 대답하였다.

"집안 살림이 넉넉하지 못하여 지금 막 추노[2]를 하고 오는 길입니다."

또 안생의 선대에 과거에 급제하거나 벼슬을 한 사람이 있느냐고 묻자, 안생은 부친이 사마시에 급제하였다고 대답하였다. 백인걸이 안생 부친의 성명을 자세히 묻고, 마음속으로 소년의 처사를 사랑스럽게 여겼다. 그가 서울에 올라간 뒤 빈 벼슬자리가 나자, 마침내 안생의 아버지를 참봉에 임명하였다. 안생의 어머니는 남편더러 벼슬을 하지 말라고 하였다. 그러면 벼슬을 받은 김 참봉보다 벼슬이 한 등급 높아지는 결과가 된다는 것이었다.

어느 날, 안생이 그의 어머니에게 말하였다.

"듣자니 휴암 백 선생이 지금 유배를 가 계시답니다. 평소에 은혜 입은 것을 생각하면 구해 드리지 않을 수가 없습니다. 천여 금 정도만 마련해 주시면 휴암 선생의 처지를 위해서 뭔가를 할 수 있을 듯합니다."

어머니는 안생의 말대로 돈을 주었다. 안생은 서울에 올라가 돈을

---

2) 추노(推奴) : 도망간 종을 잡아오거나 그 몸값을 받아오는 일.

써서 **일찍**이 사간원과 사헌부의 벼슬을 지낸 한 사람과 절친한 사이처**럼 여기도록** 관계를 맺고, 그가 곤궁할 때마다 돈을 대주었다. 그 대관이 어느 날 갑자기 물었다.

"나는 당신과 평소에 절친한 사이가 아니었는데, 어려울 때마다 적지 **않**게 당신의 도움을 받았소. 혹시 당신이 내게 무슨 관계되는 일이 있어서 그러는 것이 아니오?"

"관계되는 일은 없소. 백인걸과 나와는 오래 전부터 싫어하는 사이였소. 바야흐로 사화에 연루시켜 죽이려 했는데 그럴만한 기회를 얻지 못했었소. 그러던 차에 다행히 당신을 만나 의기가 투합하였지요. 내가 천금을 아끼지 않고 당신과 좋은 관계를 맺은 것은 이 때문이오."

"백인걸이라는 분은 사림에서 명망이 높은 사람이어서 내 오래도록 사모해 왔었소. 당신이 말씀을 혹시 잘못하신 게 아니오?"

"백인걸이 음흉하다는 것을 당신은 아직도 모르고 계셨단 말이오? 지금 왜적과 내통을 해서 우리나라에 쳐들어오도록 유인을 하고 있고, 해마다 뱃길로 쌀을 실어 나르고 있소. 이 일 한 가지만으로도 큰 죄목이라 하겠는데, 당신은 어째서 그걸 가만 놔두고 있는 거요?"

대관은 반신반의하다가 그 말을 듣고 탄핵을 하지 않을 수 없었다. 그가 한 차례 상소를 올리자 조정이 흉흉하여졌다. 마침내 백인걸의 정황을 따져보니, 왜인과 내통을 하고 미곡을 빼돌렸다는 것은 맹랑한 이야기임이 밝혀졌다. 임금은 다음과 같이 판결을 내렸다.

'백인걸이 청렴 검소하고 가난하다는 것은 온 세상이 다 아는 바이다. 또한 충의와 절행을 가슴속에 품고 있는 사람이다. 그가 왜적과 내통을 해서 미곡을 실어 보냈다는 것은 모두 날조해낸 말이다. 먼저 상소를 올렸던 그 대관을 처벌하고 그를 심문한 즉, 백인걸이 조광조와 결탁하였다는 것도 역시 모호하고 불분명한 일이니 이 일은 다시 거론

하지 말라.'
하였다.

 기묘년에 사화가 크게 터져 한 때의 맑고 곧은 선비들이 모두 뒤섞여 사화에 연루되었는데, 백인걸은 끝내 안생으로 인하여 화를 면할 수 있었다.

【원주】

백 휴암(白休菴) : 이름은 인걸(仁傑, 1497~1579), 자는 사위(士偉), 휴암은 그의 호다. 본관은 수원(水原)으로, 왕자 사부(王子師傅)를 지낸 익견(益堅)의 아들이다. 중종 신묘년(1531)에 생원이 되었고, 정유년(1537)에 등과하여 예문관(藝文館) 검열(檢閱)이 되었다. 신축년(1541)에 부모를 봉양하기 위해 외직을 구하여 남평현감(南平縣監)에 임명되었다. 현감으로 4년간 벼슬하는 동안 치적이 으뜸으로 알려져 품계가 한 등급 오르게 되었다. 직제학(直提學)을 역임하고 벼슬이 좌참찬(左參贊)에 이르렀다. 청백리(淸白吏)에 뽑혔으며, 시호는 충숙(忠肅)[3]이다.

---

3) 인조 때 충숙(忠肅)의 시호를 받았으나 뒤에 문경(文敬)으로 고쳐졌다.

제5화 이기축

　이기축은 주막집의 머슴이었다. 사람됨이 둔하여서 배불리 먹는 것만 알았다.
　주인집에 시집갈 나이가 된 딸이 있었는데, 한문을 약간 깨쳤고 성품이 영리하고 민첩하여 부모의 사랑을 받았다. 부모가 좋은 사윗감을 고르려 하자, 그녀가 말하였다.
　"제 신랑감은 제 스스로 고를 수 있습니다. 저는 기축에게 시집가기를 원합니다."
　이기축은 기축년에 태어난 까닭에 그렇게 이름을 지었던 것이다.
　그녀의 부모가 딸을 꾸짖으며 말렸으나 끝내 듣지 않자, 부득이 이기축에게 시집가는 것을 허락하였다.
　그녀는 이기축을 데리고 서울로 가서 장동에 집을 사서는 술집을 차렸다. 그 집에서 파는 술맛이 맑고 시원해서 사람들은 모두 술맛이 좋다고 하였다.

　하루는 그녀가 《사략(史略)》[1] 제1권의 '이윤[2]이 태갑[3]을 폐하여 동

---

1) 사략(史略): 《십팔사략(十八史略)》을 가리킴. 중국 원나라 때 증선지(曾先之)가 엮은 역사 교재. 중국의 태고로부터 송(宋)나라까지의 역사를 간략하게 서술한 책.

궁⁴⁾으로 추방하였다.'는 구절에 표를 하여 주며 말하였다.

"이 책을 가지고 신무문⁵⁾ 뒤로 가시면 사람들이 모여 있을 겁니다. 이 책을 그들 앞에 펼쳐놓고 가르쳐 달라고 하십시오."

이기축이 그녀가 말한 대로 가보니, 7, 8명의 사람들이 모여 이야기를 주고받고 있었다. 이기축의 말을 듣더니, 그들은 서로 얼굴을 쳐다보다가 놀라서 물었다.

"누가 시킨 것이오?"

"소인의 처가 그러라고 했습니다."

그들이 이기축에게 집이 어디냐고 물은 뒤 함께 가니, 그녀가 그들을 맞이하여 앉히고 술과 안주를 대접하고는 절을 하며 말하였다.

"여러 어르신네들의 일을 저는 이미 알고 있었습니다. 저의 남편이 어리석긴 하오나 완력이 있사오니 나중에 쓰실 데가 있을 것입니다. 성사가 된 뒤에 공신 명단에 오를 수 있다면 다행일까 합니다. 저희 집에 맛이 좋은 술이 많이 있으니 일을 의논하실 때에 이리로 오심이 좋을 듯합니다. 또한 저희 집은 조용하고 외딴 곳이어서 남들이 알지 못할 것입니다"

그들이 모두 놀라고 기이하게 여기면서 그리하겠다고 허락하였다. 그들은 곧 뒤에 승평부원군이 된 김류⁶⁾와 연평부원군이 된 이귀⁷⁾ 등

---

2) 이윤(伊尹) : 중국 고대 전설상의 인물. 탕왕(湯王)을 보좌하여 하(夏)나라 걸왕(桀王)을 몰아내고 은(殷)왕조를 세워 선정을 베풀었다고 함.
3) 태갑(太甲) : 중국 고대 은(殷)나라 제2대 임금인 태종(太宗)의 이름. 즉위하여 포학 방탕하였으므로 이윤이 폐위(廢位)시키고자 하였음.
4) 동궁(桐宮) : 중국 은(殷)나라 때의 궁궐.
5) 신무문(神武門) : 경복궁(景福宮)의 북문 이름.
6) 김류(金瑬, 1571~1648) : 조선조 인조 때의 문신. 자는 관옥(冠玉), 호는 북저(北渚), 본관은 순천(順天), 여물(汝岉)의 아들. 인조반정 뒤에 승평부원군(昇平府院

이었다.

　나중에 의병을 일으켜 창의문8)으로 들어갈 때에, 이기축은 앞장을 서 경복궁 문의 장군목9)을 꺾어 버림으로써 2등 공신에 오르게 되었다고 한다.

【 원주 】

이기축(李起築, 1589~1645) : 전주(全州) 사람으로, 수군절도사(水軍節度使) 경유(慶裕)의 서자이며 효령대군(孝寧大君)의 7세손이니, 충정공(忠定公) 서(曙)와는 종형제간이다. 자는 희열(希說)이며, 벼슬이 판윤(判尹)에 이르렀고 완계군(完溪君)에 봉해졌으며 시호는 양의(襄毅)다. 어린아이 때 불러 버릇하던 기축(己丑)이라는 이름을 인조가 기축(起築)으로 고치게 하였으니, 주막집에서 머슴살이를 하였다는 이야기는 꾸며낸 것인 듯하다.

　　君)에 책봉됨. 시호는 문충(文忠).
7) 이귀(李貴, 1557~1633) : 조선조 인조 때의 문신. 자는 옥여(玉汝), 호는 묵재(黙齋), 본관은 연안(延安), 정화(廷華)의 아들. 인조반정 뒤 연평부원군(延平府院君)에 책봉됨. 시호는 충정(忠定).
8) 창의문(彰義門) : 서울 서북쪽에 있는 성문. 속칭 자하문(紫霞門).
9) 장군목(將軍木) : 궁궐의 문이나 성문 등을 닫고 가로지르는 큰 나무.

제6화 감사 정언황

감사 정언황이 혼례를 치르는 자리에서 부인될 사람을 보니 생김새가 아름답지 못하여 깊이 한스럽게 여겼다. 신방에 들어가서는 말을 시켜서 그 사람됨을 시험하고자 하였다. 그래서 먼저 이름을 물으니, 부인이 옷깃을 여미며 즉시 이름을 대는 것이었다. 그러자 정언황이 말하였다.

"처녀는 혼인하는 자리에서는 부끄러워 감히 말을 하지 않는 것이 상례요. 무슨 부인이 처음 묻자마자 바로 이름을 댄단 말이오?"

부인이 고개를 숙이고 손을 거두어 모은 채 조용히 아뢰었다.

"사람들은 객줏집에서 만나도 서로 통성명을 합니다. 하물며 아낙네가 장차 평생을 맡기려고 맞이한 서방님께서 물으시는데 감히 대답을 하지 않겠습니까?"

듣고 보니 말의 조리가 바르고 행동거지가 부드럽고 차분하였다. 이때부터 부부간의 정이 마침내 두터워졌다.

【원주】

정 감사 언황(丁監司彦璜, 1597~1672) : 자는 중휘(仲徽), 본관은 나주(羅州)이며, 장령(掌令) 호관(好寬)의 아들로 호는 묵공옹(黙拱翁)이다. 을묘년

(1615)에 진사가 되었고, 인조 무진년(1628)에 등과하였으나 벼슬이 좌윤[1]에 그쳤다.

---

1) 좌윤(左尹) : 조선시대 한성부(漢城府)의 종2품 벼슬.

제7화 소현세자

　인조가 소현세자를 위하여 빈을 간택하는데, 어떤 한 처녀를 보니 용모가 복스러워 한눈에 부덕이 있는 사람임을 알 수 있었다. 다만 그녀가 앉고 일어서는 행동에 볼품이 없고 웃음에 절도가 없었다. 그녀에게 음식을 내려주니 밥이든 국이든 국에 있는 고깃점이든 모두 손가락으로 집어다가 먹고 마시니, 궁녀들은 그녀가 제정신이 아니라고 생각하였다. 임금도 그녀에게 병이 있다고 의심하여 더 이상 살펴보지 않았다.
　그 뒤, 그녀는 시집을 갔는데 매우 부덕이 있다는 것이었다. 인조가 그 소문을 듣고 혀를 차며 말하였다.
　"내가 그녀의 술수에 넘어갔구나!"

【 원주 】

소현세자(昭顯世子) : 이름은 왕(汪, 1612~1645)으로 인조의 맏아들이다. 정축년(1637)에 심양(瀋陽)에 볼모로 들어갔다가 몇 년 만에 돌아와 죽었다. 빈(嬪)은 우의정 강석기(姜碩期)의 딸로 금천(衿川) 사람이다. 병술년(1646)에 남을 저주하였다는 혐의로 사사(賜死)되었는데, 시호를 민회(愍懷)라고 하였다.

제8화 완남군의 고손자 며느리

완남군 이후원의 집안은 대대로 부유하게 살았다. 그러나 맏아들이 일찍 죽었고, 손자와 증손자가 벼슬길에 나아가 높고 귀하게 되었으나 그들도 모두 오래 살지 못하였다.

자손이 매우 귀하게 된 까닭으로 그 집안에서는 오래 전부터 귀신에게 미혹되어 푸닥거리를 부지런히 하였다. 안방의 다락에 신당을 차려놓고 봄·가을로 음식을 차려 제사를 지냈다. 또한 귀신에게 바치는 옷을 지어 신당에 갈무리해두었고, 베나 비단·명주 등의 천이 집안에 들어오면 반드시 한 폭을 찢어서 신당에 걸어놓곤 하였다.

이러한 일을 몇 대에 걸쳐 일상처럼 여기면서 감히 폐하지 아니하였으므로 재산만 점차 줄어들 뿐, 집안에는 다만 2대에 걸친 늙은 과부뿐이었다.

당시 손자 아이가 점점 자라 장가갈 때가 되자, 충청도 시골에서 배필을 고르던 중에 판서 권상유의 딸을 며느리로 맞아들이게 되었다.

시집온 지 겨우 사흘만에 시어머니는 집안의 모든 살림살이를 신부에게 맡기고는 뒷전으로 물러나 앉는 것이었다.

어느 날, 늙은 여종이 들어와 권씨 부인에게 말하였다.

"아무 날은 이 댁에서 굿을 하는 날입니다. 굿에 쓸 물품과 인력을 미리 내주셔야 준비를 할 수가 있습니다."
　권씨 부인이,
　"귀신은 무슨 귀신이며, 무슨 일로 귀신에게 비는 것인가?"
하고 묻자, 늙은 여종이 말하였다.
　"무슨 귀신인지, 이렇듯 귀신에게 비는 것은 이미 선대에서부터 봄·가을 두 차례에 걸쳐 제물을 차려놓고 지낸답니다. 이렇게 빌면 집안이 평안하고, 그렇지 않으면 재앙이 내리므로 그만둘 수 없는 일이지요."
　"그렇다면 한번 굿판을 벌이는 데 제반 비용이 얼마나 드는가?"
　늙은 여종은,
　'권씨 부인이 이 집에 새로 들어왔으니 전례를 잘 모를 것이다.'
라고 생각해서 하나하나 비용을 늘려서 대답하였다. 그러자 권씨 부인은,
　"올해는 예년보다 더 잘 차려야 하겠으니 굿에 들어가는 모든 것을 전의 세 곱절로 하는 것이 좋겠네."
하고는 마침내 그 액수에 따라 내놓으니, 늙은 여종이 매우 기뻐하며 물러났다.
　시할머니가 그 소문을 듣고 몹시 걱정스러워 한숨을 쉬며 말하였다.
　"우리 집안이 지금까지 굿하는 것 때문에 재산이 점점 줄어, 시골에서 며느리를 얻으면 혹시라도 아껴 쓰고 절약하려니 여겨 충청도에서 혼인을 맺었는데, 이제 도리어 세 곱절이나 더 쓰다니…. 이렇듯 세상 물정을 모르니 우리 집안이 망할 날도 멀지 않았구나!"
　굿하는 날이 되자, 집안을 깨끗이 청소하고 제상을 차렸는데, 음식과 의복 등이 아주 풍성하게 마련되어 있었다.
　권씨 부인이 깨끗하게 옷을 차려입고 손수 한글로 제문을 썼다. 첫머리의 말은 귀신과 사람이 서로 섞일 수 없는 것이라고 시작하였다. 그 뒤에는 권씨 부인이 새로 시집을 와서 전례를 고칠 생각으로 이렇

듯 풍성하게 차려 마지막 제사를 지내는 것이며 더 이상 제사를 지내지 않겠다는 뜻을 아뢰었다.

다른 사람에게 그 제문을 읽으라고 하니 모두 겁이 나서 감히 읽지 못하므로, 권씨 부인이 손수 분향한 뒤 꿇어앉아 읽었던 것이다.

그리고 나서는 신당에 갈무리해 두었던 의복과 비단 등속을 모조리 꺼내 마당 한가운데 쌓아두도록 하고 여종들에게 말하기를,

"이 물건들을 모조리 불태운다면 아깝고 귀한 물건이 순식간에 사라지고 마니 그리할 수는 없다. 그 가운데 그다지 오래 되지 않아 몸에 걸칠 수 있는 것은 나부터 먼저 입을 것이니 그 나머지는 너희들도 모두 가져다 입도록 하라."

하고는 드디어 일일이 여종들에게 나누어주었다.

그 가운데 아주 오래 되어 썩은 것은 한꺼번에 불태우려고 불을 붙여 오라고 하니, 모두들 겁에 질려 서로 얼굴만 쳐다볼 뿐 누구 하나 명을 들으려고 하지 않았다. 권씨 부인이 손수 불을 붙여 오니, 노부인이 그 말을 듣고 깜짝 놀라 두려워하며 급히 사람을 보내 그만두도록 말렸다. 권씨 부인은 그 말을 듣지 않은 채 여종을 보내 아뢰기를,

"설혹 재앙이 있더라도 제가 스스로 감당할 수 있습니다. 시집을 위해 이러한 폐단을 길이 없애겠습니다."

노부인의 분부로 여종들이 뻔질나게 달려와 극력 말렸으나 권씨 부인은 끝내 듣지 않고 마침내 모조리 불태워서 그 재를 깨끗이 쓸어다가 울타리 밑에 묻어 버렸다.

그 비단을 태울 때 노린내가 코에 닿으니, 남녀 종들이 서로 쳐다보며 소란스럽게 떠들어댔다.

"귀신의 물건이 다 타 버렸네!"

그때부터 집안이 편안해졌고, 또한 재앙이나 우환이 없었다고 한다.

【 원주 】

완남(完南) : 성은 이(李), 이름은 후원(厚源, 1598~1660), 자는 사심(士深), 호는 우재(迂齋)이며, 본관은 전주(全州)다. 팔계당(八戒堂) 욱(郁)의 아들이며, 광평대군(廣平大君) 여(璵)의 6세손이다. 인조 을해년(1635)에 등과하였고, 인조반정 후 정사공신(靖社功臣)에 책록되었으며, 효종 정유년(1657)에 재상이 되어 벼슬이 우의정에 이르렀다. 시호는 충정(忠貞)이며, 완남은 그의 봉군(封君) 이름이다.

그의 현손(玄孫) 현록(顯祿, 1684~1730)은 판서 권상유(權尙游)의 사위로 경종 임인년(1722)에 등과하였으나 벼슬은 이조참의[1]에 그쳤다.

권 판서 상유(權判書尙游, 1656~1724) : 자는 유도(有道), 호는 구계(癯溪)이며, 본관은 안동(安東)으로, 수암(遂菴) 상하(尙夏)의 아우다. 숙종 갑술년(1694)에 등과하여 벼슬이 이조판서에 이르렀고, 시호는 정헌(正獻)이다.

---

1) 이조참의(吏曹參議) : 조선시대 이조의 정3품 당상관(堂上官) 벼슬.

제9화 서울에서 낙향한 유생

유생 아무개는 서울에서 낙향한 사람이다. 일찍이 문장으로 이름이 알려졌는데, 나이 스물에 사마시에 급제하였다. 집안 형편이 어려워 수원 땅에 살았다. 그의 아내 아무개 씨는 재주와 자질이 모두 아름다웠는데 바느질을 하여 생계를 꾸려 나갔다.

어느 날 유생이 사는 집 문 밖에서 칼춤을 잘 추는 여자가 왔다는 말이 들렸다. 유생이 그녀를 안뜰로 불러들여 칼춤을 추어보라고 하였다. 그녀가 들어와서 유생의 아내를 자세히 쳐다보더니 곧바로 마루 위로 달려 올라가 서로 끌어안고 목을 놓아 울음을 터뜨리는 것이었다.

유생이 영문을 알 수가 없어서 그의 아내에게 물으니, 일찍이 잘 아는 사람이기 때문이라고 하였다. 그래서 칼춤 솜씨는 구경도 못하고, 그녀를 며칠 머물도록 한 뒤 보냈다.

대엿새가 지난 뒤, 유생이 자기 집 앞의 길을 바라보니, 산뜻한 가마 석 대를 올려놓은 준마가 오고 있고, 그 앞으로는 계집종 몇이 또한 말을 타고 뒤따르는 사람도 없이 곧장 유생의 집으로 향하는 것이었다.

유생이 몹시 의아하여 사람을 시켜 묻게 하였다.

"어디서 오는 안사람들의 행차인지 우리 집으로 잘못 들어오셨소."

하인은 대답도 없이 대문을 들어와 안채로 통하는 문 안쪽에 가마를 내려놓는 것이었다. 사람과 말은 모두 나가더니 점막에 들어가 쉬었다. 유생은 의아한 생각이 갑절로 생겨 안채에다가 글을 써 보내 물으니, 나중에 알게 될 것이니 굳이 물을 필요가 없다고 하는 것이었다.

그날 저녁부터 차려오는 음식이 풍성하고 정갈하여졌다. 산해진미가 갖추어진 상을 차려왔다. 유생은 더욱 의아하게 여겨져 또 쪽지를 써 보내 물으니, '그저 배불리 드시고 더 이상 묻지 마십시오. 며칠 뒤면 알게 될 것이니 안채에 들어오실 필요가 없습니다.'하는 것이었다.

그 다음날 아침과 저녁도 또 그처럼 풍성하고 정갈하였다.

며칠이 지난 뒤에 아내에게서 함께 서울로 갈 준비를 해달라는 쪽지가 왔다. 유생이 괴이하게 여겨져, 중문에서 잠깐 만나자고 청하여 물었다.

"안식구들의 행차는 어디서 온 것이오? 아침저녁 음식이 어찌하여 전에 비해 풍성한 것이오? 서울 간다는 것은 어찌하여 하는 말이오? 서울에 가는 것은 무슨 곡절이 있어서이며, 어떻게 준비를 해서 떠나려는 것이오?"

그의 아내는 웃으며 말하였다.

"다시 더 물으실 필요가 없습니다. 나중에 아시게 될 겁니다. 서울로 갈 사람이나 말 등은 마음에 두실 필요가 없습니다. 제가 마땅히 준비하여 대령시킬 것이니, 다만 길 떠날 차비만 하시면 됩니다."

유생은 이상하고 의아한 생각이 들었으나, 아내가 하는 대로 맡겼다.

그 이튿날 석 대의 가마가 전처럼 말에 올려졌고, 유생 집에서 타던 말도 또한 이미 안장을 갖추고 대령하고 있었다. 유생은 그저 말을 타고 뒤를 따라갈 뿐이었다.

서울에 이르러 남대문으로 들어가더니 회동의 한 대갓집에 이르는 것이었다. 석 대의 가마는 안채로 들어가고, 유생은 중문 밖에서 말

내려 들어가니, 곧 빈 사랑채 한 채가 있었다. 그곳에는 자리와 방석을 깔아놓았고, 책·붓·벼루 등속과 타구·요강 등의 물건이 좌우로 벌여 놓여 있었다. 갓을 쓴 사람 몇이 청지기인 듯한 사람을 대령시켜 부리고 있었다.

그러더니 네댓 사람의 종들이 뜰로 들어와 인사를 하였다. 그들을 보고 유생이 물었다.

"자네들은 누구인가?"

"모두 이 댁 종들이옵니다."

"이 댁은 누구의 댁인가?"

"진사님 댁이옵니다."

"여기저기 늘어놓은 물건들은 어디서 얻어온 것들인가?"

"진사님께서 쓰실 세간이옵니다."

유생은 놀랍고 의아하여 마치 구름이나 안개 속에 앉아 있는 듯하였다.

유생이 저녁을 먹은 뒤 촛불을 켜고 앉아 있으려니, 그의 아내로부터 편지가 왔다.

'오늘 밤 미인 한 사람을 내보내 드릴 테니 고적한 회포를 달래십시오.'

유생이 답을 써 보냈다.

'미인이란 누구요? 이게 무슨 일이오?'

그의 아내가 답을 써 보냈다.

'나중에 아시게 될 겁니다.'

삼경이 되어 밤이 깊어진 뒤, 청지기들이 모두 밖으로 나가자, 안채 문에서 한 쌍의 나이 어린 계집종이 절세미인 한 사람을 양옆에서 옹위하고 나오는 것이었다. 짙게 화장을 하고 잘 차려 입은 미인이 촛불 아래 와서 앉았다. 한편에서는 계집종이 이부자리를 깔아 놓고 안으로 들어갔다. 유생이 누구냐고 물었으나, 그 미인은 웃을 뿐 대답이 없었다. 유생은 그 미인과 잠자리에 들었다.

다음날 아침 아내로부터 '새 사람을 얻게 된 것을 축하한다.'는 편지가 왔다. 그리고 '오늘밤에는 다른 미인으로 바꾸어 보내 드리겠다.'는 내용도 적혀 있었다. 유생은 어찌된 영문인지를 알 수가 없어 아내가 하는 대로 맡길 뿐이었다.

그날 밤 계집종들이 전처럼 한 미인을 옹위하고 나왔다. 그 미인의 모습을 살펴보니 어제와 다른 사람이었다. 유생은 또 그 미인과 동침을 하였다.

다음날 아침, 유생의 아내는 또 편지를 보내 축하를 하였다.

그 날 한낮이 되자 대문 밖에 홀연 길을 비키라고 외치는 소리가 들려왔다. 하인 하나가 들어와 아뢰었다.

"권 판서 대감의 행차가 드셨사옵니다."

유생이 놀라 일어나 사랑채에서 나와 두 손을 공손히 모으고 섰다. 조금 뒤에 백발의 한 노재상이 초헌을 타고 들어오더니 유생을 보고는 흔연히 손을 잡고 사랑채에 올라앉는 것이었다. 유생이 인사를 하고 물었다.

"대감께서는 어떤 존귀한 분이신지 모르겠사옵니다. 소생은 한 번도 뵌 적이 없사온데, 어인 일로 여기까지 납시었습니까?"

그 재상이 웃으며 말하였다.

"자네는 아직도 달콤한 꿈에서 깨지 않았는가. 내 차차 얘기를 함세. 자네처럼 팔자가 좋은 사람은 고금에 드물 걸세. 그전에 자네 처갓집과 우리 집, 그리고 역관인 현 지사라는 사람의 집은 다 담 하나 사이로 이웃해서 살았었지. 그런데 같은 해 같은 날 세 집이 모두 딸을 낳았네. 일이 매우 희한하고 기이하였지. 그래서 세 집안에서는 항상 서로 아이를 다른 집에 보내서 보곤 하였네.

아이들이 웬만큼 자랐을 때에는 딸 아이 셋을 아침저녁으로 서로 보내서 놀게 하였네. 그 아이들은 자기들끼리 한 사람을 남편으로 같이 섬기자고 굳은 약속을 하였지. 그러나 나도 그런 사실을 몰랐고, 다른 집에서도 마찬가지로 몰랐었네. 그 뒤 자네 처갓집은 이사를 가서, 소식이 끊기고 말았네. 내 딸은 첩에게서 태어났는데, 시집갈 나이가 되어 혼인 이야기만 나오면 한사코 원치 않는다고 하며 이렇게 말하였네.
 '이미 예전에 약속한 것이 있습니다.'
하면서 당연히 자네 처를 따라 한 사람을 섬기겠다고 하고, 그것이 아니라면 비록 부모의 집에서 늙어 죽더라도 결코 다른 집안으로 시집갈 생각은 없다고 하질 않겠는가.
 현 지사 집 딸도 또한 이와 같았지. 딸아이를 꾸짖기도 하고 달래보기도 했으나 끝내 마음을 돌리지 않았네. 나이가 스물다섯 살이 넘도록 아직도 시집을 가지 않고 있었네. 지난번에 들으니, 현 지사의 딸은 칼춤 추는 재주를 배워 남창을 하고 팔방으로 나다니면서 자네 처가가 이사간 곳을 찾는다고 하더군. 그러다가 일전에 수원 땅에서 만났다고 하더군.
 그젯밤 자네를 찾아갔던 가인은 바로 내 딸이고, 어젯밤 자네를 찾아갔던 가인은 바로 현 지사의 딸이라네.
 이 집과 종·살림살이·서책·논밭 등속은 나와 현 지사가 함께 마련해 놓은 것이라네. 자네는 한꺼번에 두 미인과 집과 재산을 얻었으니, 예전의 양소유[1]라도 이보다 더하지는 않았을 걸세. 자네는 그야말로 팔자가 좋은 사람이라네."
 그러더니 권 판서는 사람을 시켜 현 지사를 불러오라고 하였다. 금

---

1) 양소유(楊少遊) : 김만중(金萬重)의 소설 〈구운몽(九雲夢)〉의 남자 주인공.

새 한 늙은이가 금관자에 붉은 띠를 띠고 권 판서 앞에 와서 인사를 올렸다. 권 판서가 그를 가리키며,

"이 사람이 현 지사라네."

라고 소개시켜 그들로 하여금 말을 붙이게 하고는, 푸짐하게 주안상을 차려놓고 온종일 마음껏 즐기다가 헤어졌다.

유생은 몇 년 동안 1처 2첩과 더불어 화목하게 지냈다. 그러던 어느 날 그의 아내가 말하였다.

"지금 조정을 보니, 남인들이 득세를 하고 있습니다. 권 판서는 곧 남인의 우두머리로 나라 일을 맡고 있사옵니다. 요즘 일이 돌아가는 것으로 미루어 헤아려보면, 오래지 않아 남인들은 반드시 실각을 할 테고, 그들이 실각을 하게 되면 화가 우리에게도 미칠까 두렵습니다. 일찍이 스스로 낙향을 하여 화를 면할 계책을 삼는 것이 좋을 듯합니다."

유생도 그 말이 옳다고 여겨, 집과 재산을 모두 팔고 처첩과 더불어 고향으로 돌아가서 다시는 서울에 발을 들여놓지 않았다.

갑술년에 옥사[2]가 일어나 폐비 민씨가 복위된 뒤에, 남인들은 모두 죽거나 귀양을 가게 되었다. 권 판서 역시 그 가운데 끼었으나 유생만은 연좌되는 것을 면하였다.

유생의 아내는 가히 예견력이 있는 여인이라 할 만하다. 어찌 예사로운 사람이겠는가.

---

2) 갑술옥사(甲戌獄事). 조선조 숙종20년(1694), 폐비 민씨가 인현왕후(仁顯王后)로 복위하면서 남인 세력이 실각한 사건.

제10화 옥계 노진

옥계 노진은 일찍이 아버지를 여의고 남원 땅에서 가난하게 살았다. 나이가 이미 장성하였는데도 장가를 가지 못하였다.

무변인 그의 당숙이 당시 선천 부사로 있었다. 그의 어머니가 그에게 선천에 가서 당숙에게 혼수를 얻어 오라고 권하였다.

노진은 땋은 머리를 한 채 걸어서 길을 떠났다. 선천에 이르렀으나 관아의 문지기가 막아 들어갈 수가 없었다. 길에서 방황하고 있는데, 마침 옷을 곱게 차려 입은 어떤 나이 어린 기생 하나가 지나가다가 걸음을 멈추고 서서 그를 빤히 쳐다보다가 묻는 것이었다.

"도령께서는 어디서 오셨소?"

노진이 사실대로 말하자, 그 기생이 말하였다.

"저의 집이 아무 동네에 있는 몇 번째 집입니다. 여기서 그다지 멀지 않으니, 도령께서는 우리 집에 거처를 정하시지요."

노진이 그것을 허락하고 간신히 관아에 들어가 당숙을 만나 뵙고 내려온 까닭을 말하니, 그의 당숙은 얼굴을 찌푸리며 말하였다.

"내가 새로 도임한 지 얼마 되지 않았는데, 관아의 빚이 산더미 같아 심히 민망하구나."

자르듯이 하는 말이 매우 냉담하였다. 노진은 거처로 정한 곳에 나가 자겠다는 뜻을 아뢰고 관아를 나와 즉시 그 기생의 집을 찾아갔다.

그 기생은 흔쾌히 그를 맞이하고, 그녀의 어미에게 저녁을 정성스럽게 차리게 하여 가져왔다. 밤에 그 기생과 동침을 하는데, 그 기생이 말하였다.

"제가 뵙기에 사또의 수단이 아주 옹졸해서, 비록 지극히 친한 친척 사이라도 혼수의 부조를 넉넉히 할는지 알 수가 없습니다. 제가 도령님의 기골과 용모를 뵈오니, 크게 출세하실 상입니다. 하필이면 스스로 걸인의 행세를 하시겠습니까? 제게 사사로이 모아둔 은자가 5백 냥 가량이 있습니다. 여기에 며칠 머무십시오. 관아에는 다시 들어가지 마시고, 이 은자를 가지고 곧장 돌아가시는 게 좋겠습니다."

노진은 그럴 수 없어서 말하였다.

"행동거지를 훌쩍 왔다가 훌쩍 가는 식으로 하면 당숙께서 나를 나무라시지 않겠는가?"

"도령님께서 비록 가까운 친척의 정을 믿으시지만, 가까운 친척이라고 어찌 믿을 수 있겠습니까? 여러 날 머무시다 보면 고작 남의 괴로움만 볼 것이요, 돌아갈 때 불과 수십 금으로 전별을 할 텐데 그걸 어디다 쓰겠습니까? 여기서 곧장 떠나시는 게 낫겠습니다."

노진은 며칠 동안 낮이면 관아에 들어가 당숙을 만나고, 밤이면 그 기생의 집에서 잤다.

어느 날 밤, 그 기생은 등불 아래에서 행장을 꾸리더니 은자를 꺼내 보자기에 쌌다. 새벽이 되자 마구간에서 말 한 필을 끌어내 그를 태우고는 떠나기를 재촉하며 말하였다.

"도령님은 10년 안에 반드시 아주 귀하게 되실 겁니다. 저는 마땅히 결백한 몸으로 기다리겠습니다. 다시 만날 기약은 다만 한 가닥 길뿐입니다. 부디부디 보중하십시오."

하면서 눈물을 흘리며 대문을 나서 전송하는 것이었다. 노진은 어쩔 수 없이 당숙에게 하직도 고하지 못한 채 길을 떠났다.

날이 밝자 사또가 그 소식을 듣고, 그의 행색이 미친 듯하고 도리에 어긋남을 괴이하게 여겼으나, 속마음으로는 돈푼이나마 허비하지 않은 것을 스스로 다행으로 여겼다.

노진은 집에 돌아가 그 은자로 아내를 얻고 집안 살림을 꾸려, 입고 먹는 것이 구차하지 않게 되었다. 이에 과거 공부를 마음에 새겨 부지런히 한 결과, 4, 5년 뒤에 과거에 급제하여 임금으로부터 크게 인정을 받았다.

그는 오래지 않아 평안도 지방을 순행하는 암행어사가 되어 곧장 그 기생의 집으로 찾아갔다. 그 집에는 그녀의 어미가 홀로 있다가 그를 알아보고는 그의 소매를 잡고 울면서 말하였다.

"제 딸아이는 서방님을 보낸 날부터 에미도 버리고 달아나, 간 곳을 알지 못한지 벌써 몇 년째라오. 이 늙은 것이 밤낮으로 생각해서 눈물이 마를 새가 없었다오."

그 말을 듣고, 노진은 한동안 멍하니 넋을 놓고 있다가 혼자서 생각을 하였다.

'내가 여기에 온 것은 순전히 그녀를 만나기 위해서였는데, 이제 그녀의 형체도 그림자도 없으니 낙심천만이로구나. 그러나 그녀는 필시 나를 위해서 자취를 감추었을 게다.'

하고는 다시 물었다.

"할멈의 딸이 한번 떠난 뒤로 생사를 아직 듣지 못했단 말인가?"

"요새 전해들은 말에 제 딸아이가 성천 지역 안에 있는 절간에 의탁해서 종적을 감추매 그 아이 얼굴을 본 사람이 없다고 하는데, 풍문에 들리는 말이야 믿을 수가 없지요. 이 늙은 것이 나이가 들어 기운이 쇠

했고, 또 아들이 없어 그 종적을 찾아보지 못했다오."

노진은 그 말을 듣고 곧장 성천 땅으로 가서, 지역 안에 있는 절간을 두루 찾아가 샅샅이 뒤졌으나 끝내 형적이 없었다. 다니다가 어느 한 절을 찾아가니 절 뒤에 깎아지른 듯한 절벽이 있고, 그 위에 작은 암자가 있는데 가팔라서 발 디딜 데가 없었다. 그가 여라 덩굴과 등나무 줄기를 휘어잡고 간신히 올라가 보니, 서너 명의 승려가 있었다. 그들에게 물으니 이렇게 대답하는 것이었다.

"4, 5년 전에 스무 살쯤 돼 보이는 여자 하나가 약간의 은자를 아침저녁 공양 값으로 예불하는 수좌승에게 내고는 불상 아래 엎드려서 머리를 풀어 헤쳐 얼굴을 가렸답니다. 아침저녁 공양은 창구멍으로 들여보냈지요. 더러 대소변을 볼 때나 잠시 나왔다가 도로 들어가곤 한 것이 벌써 몇 년째랍니다. 소승들은 모두 그녀가 보살이거나 생불이라고 여겨 감히 가까이 가지 못했습니다."

노진은 내심 그 기생임을 알고, 수좌승을 시켜 창 틈으로 말을 전하였다.

"지금 남원의 노 도령이 낭자를 만나러 여기 왔는데, 어째서 문을 열고 맞아 보지 않는가?"

그녀가 수좌승을 통하여 물었다.

"노 도령께서 오셨다면, 과거에는 급제를 했다오, 못했다오?"

마침내 노진이 과거에 급제한 후에 이제 막 암행어사가 되어 왔다고 하자, 그녀가 말하였다.

"제가 이처럼 여러 해 동안 자취를 감추고 고생을 한 것은 순전히 낭군님을 위해서였습니다. 어찌 기쁘지 않겠습니까? 즉시 나가 맞아야 하나, 몇 년 동안 가꾸지 않아 귀신같은 모습으로 낭군님을 뵙기 어려우니 낭군님은 저를 위해 10여 일만 머물러 주십시오. 그러면 제가 다시 세수하고 머리를 빗어 단장을 해서 본 모습을 회복한 뒤에 서로 만남이 좋겠습니다."

노진이 그녀의 말대로 그곳에 머물며 기다렸다.

10여 일이 지난 뒤에 그녀가 화장을 곱게 한 얼굴로 성장을 하고 나와 뵈었다. 서로 손을 잡으니 슬픔과 기쁨이 한꺼번에 닥쳐왔다.

그곳에 있던 승려들이 그제야 그 내력을 알고 감탄하지 않는 사람이 없었다.

어사가 본부에 알려 가마를 빌리고, 그녀를 태워 선천에 보내 모녀가 상봉케 하였다.

일을 마치고 그 결과를 임금에게 보고한 뒤에야 비로소 사람과 말을 보내 그녀를 데려와서, 부부로 사랑하며 평생을 보냈다고 한다.

【원주】

노 옥계 진(盧玉溪禛, 1518~1578) : 자는 자응(子膺), 옥계는 그의 호이며, 본관은 풍천(豊川)으로, 신고당(信古堂) 우명(友明)의 아들이다. 명종 병오년(1546)에 진사로 등과하여 이조의 낭관과 사인[1]을 거쳐 벼슬이 이조판서에 이르렀고, 청백리로 뽑혔으며, 시호는 문효(文孝)다.

---

1) 사인(舍人) : 조선시대 의정부(議政府)의 정4품 벼슬.

제11화 일송 심희수

일송 심희수는 일찍이 부친을 잃어서 공부할 시기를 놓치고 말았다. 머리를 땋은 어린 시절부터 오로지 호탕하게 노는 것만 일삼았다. 밤낮으로 기생집에 드나들며, 귀공자와 왕손들이 베푸는 잔치 자리나 춤추고 노래하는 기생들이 모이는 곳에는 어디고 가지 않는 데가 없었다. 헝클어진 쑥대머리에 깨진 나막신을 신고 다 떨어진 옷을 입고서도 부끄러워하는 기색이 조금도 없었다. 그래서 사람들이 모두 그를 가리켜 '미친 아이놈'이라고 하였다.

어느 날 그는 또 권 재상 집 잔치 자리에 가서 기생들이 있는 곳에 섞여 있었다. 사람들이 더럽다고 침을 뱉으며 꾸짖어도 못들은 체하고, 두들겨 내쫓아도 가지 않았다.

기생들 가운데 어린 나이에 이름이 난 일타홍이라는 기생이 금산에서 올라왔다. 용모로 보나 노래하고 춤추는 솜씨로 보나 당대의 독보적인 인물이었다. 심희수가 그녀의 이름을 사모하여 그녀 옆에 자리를 붙이고 앉았으나, 일타홍은 조금도 싫어하거나 고역으로 여기는 기색이 없었다.

일탕홍은 눈길을 들어 심희수의 동정을 살피다가 문득 일어나 뒷간에 가면서 손짓으로 심희수를 부르는 것이었다. 심희수가 자리에서 일어나 그녀를 따라가니, 일타홍이 그의 귀에 대고 말하였다.

"도령님 댁이 어디에 있습니까?"

심희수가 아무 고을 몇 번째 집이라고 상세히 설명하자, 일타홍이 말하였다.

"도령님께서 먼저 가 계시면, 제가 곧 뒤따라가겠습니다. 다행히 저를 기다려 주신다면, 저도 약속을 어기지 않겠습니다."

심희수는 바라던 것 이상으로 일이 이루어진 것을 매우 기뻐하며 먼저 집으로 돌아가 청소를 하고 그녀를 기다렸다.

해가 미처 저물기 전에 일타홍은 과연 약속한 대로 찾아왔다. 심희수는 흐뭇하고 다행스러움을 이길 수 없어 그녀와 무릎을 맞대고 앉아 이야기를 주고받았다.

나이 어린 계집종 하나가 안채에서 나오다가 그들의 모습을 보고 되돌아가 심희수의 어머니에게 알리니, 그의 어머니는 자기 아들의 방탕함을 우려하여 불러다가 꾸짖으려고 하였다. 그때 일타홍이 급히 그 계집종을 부르고 와서 말하였다.

"제가 들어가 대부인 마님을 뵙겠습니다."

심희수는 그녀의 말대로 계집종을 불러 어머니에게 그 사실을 알리라고 하였다. 그러자 일타홍이 안채로 들어가 섬돌 아래에서 절을 올리며 말하였다.

"저는 금산에서 새로 온 기생 일타홍입니다. 오늘 권 재상 댁 잔치에서 마침 귀댁 도령님을 만났습니다. 사람들이 모두 도령님을 가리켜 미친 아이라고 하였습니다만, 천첩의 어리석은 소견으로는 크게 귀한 분이 될 도령님의 기상을 알 수 있었습니다. 하오나 그 기운이 너무 거칠어 색정에 굶주린 아귀라고나 할 수 있을 듯합니다. 지금 만약 억제하지 않는다면 장차 사람이 될 수 없는 지경에 이를 것입니다. 그 기세를 이로운 데로 이끄는 것이 좋겠지요. 저는 오늘부터 도령님을 위해 춤추고 노래하는 화류계에서 자취를 감추고, 도령님과 더불어 글공부 하는 일을 주선하여 성공할 수 있는 도리를 찾겠습니다. 마님의 뜻은 어떠신지 궁금합니다. 제가 혹시라도 정욕 때문에 이런 말씀을 드린다면, 하필 가난한 과부댁의 못된 짓만 하는 도령을 택했겠습니까? 제가 비록 도령님을 곁에서 모시더라도 결코 제멋대로 정을 쏟아 도령님 몸을 상하게 하지는 않을 것입니다. 그 점은 심려치 마십시오."

부인이 말하였다.

"우리 아이가 일찍이 부친을 여의고 학업을 닦지 못해 하는 짓이라고는 방탕한 일뿐이었으나, 늙은 나로서 말릴 수가 없었다네. 그래서 밤낮으로 속을 썩이고 있었지. 그런데 오늘 어디서 좋은 바람이 불어 자네 같은 가인을 보내 왔을꼬? 우리 집 저 못된 것이 성취만 할 수 있다면, 그보다 더 큰 은혜는 없을 걸세. 내가 뭘 꺼려하고 뭘 의심하겠는가? 허나 우리 집이 본디 가난하여 아침저녁 끼니도 잇기 어렵다네. 기방에서 호사스럽게 지내던 자네가 춥고 배고픈 것을 참고 여기 머물 수가 있겠는가?"

"그런 건 조금도 염려하지 마십시오. 아무 걱정 마시기를 진정으로 바랍니다."

마침내 일타홍은 그 날부터 기생집에는 발을 끊고 심희수의 집에 몸을 숨겼다. 심희수의 머리를 빗겨주고 때를 씻겨주는 일을 시종 게을리 하지 않았다. 해가 뜨면 그가 책을 끼고 이웃집에 가서 공부를 하게하고, 그가 돌아온 뒤에는 책상머리에 앉아서 새벽부터 저녁까지 글공부를 권하였다. 글공부의 과정을 엄격히 세워놓고, 조금이라도 게을리 하는 빛이 보이면 발끈 화를 내며 다른 곳으로 가겠다고 공갈을 하였다. 심희수는 그녀가 사랑스러우면서도 그녀의 말이 두려워 글공부를 게을리 하지 않았다.

장가를 보낸다는 말이 나왔을 때, 심희수는 일타홍 때문에 아내를 얻지 않겠다고 하였다. 일타홍이 그의 생각을 알아채고 그 까닭을 따지다가 엄하게 나무랐다.

"도령님은 명문가의 자제로 앞날이 구만 리 같은데 어찌 천한 기생 하나 때문에 인륜의 대사를 폐하려 하십니까? 저는 결코 저로 인해 집안이 망하게 하지는 않을 겁니다. 저는 이제 떠나겠습니다."

심희수가 어쩔 수 없이 장가를 가자, 일타홍은 흥분을 가라앉히고 목소리를 부드럽게 하여 공경하는 태도로, 노부인을 섬기듯이 그 정실부인을 섬겼다. 그리고 날짜를 정하여 그가 네댓새는 안방에 들고, 하루는 그녀의 방에 드는 것을 허락하였다. 혹시라도 그가 날짜를 어기면 반드시 문을 닫고 받아들이지 않았다.

이렇게 몇 년이 지나자, 심희수는 전보다 몇 갑절이나 글공부하기가 싫어졌다. 어느 날 그는 일타홍에게 보던 책을 던지고 드러누워서 말하였다.

"자네가 비록 공부하라고 부지런히 권하네만, 그건 내가 하고 싶은 게 아니니 어쩔꼬?"

일타홍은 그의 게을러진 마음을 말로 싸워서 되돌릴 수 없다고 생각하였다. 그녀는 심생이 외출한 틈을 타서 노부인에게 아뢰었다.

"서방님이 책읽기를 싫어하는 증세가 요즘 더 심해졌습니다. 제가 성의를 다해 보았으나 어쩔 수가 없습니다. 저는 이제 하직을 고합니다. 제가 이러는 것은 곧 서방님의 마음을 격동시켜 글공부를 권하려는 계책입니다. 제가 비록 이 집을 나가더라도 어찌 영영 하직이야 할 수 있겠습니까? 만약 서방님이 과거에 급제했다는 소식을 듣게 되면 틀림없이 그 즉시 돌아오겠습니다."

하고는 일어나 하직 인사를 올렸다. 부인이 그녀의 손을 잡고 울며 말하였다.

"자네가 온 뒤로 우리 집의 못된 녀석이 마치 엄한 스승을 만난 듯, 요행히 어린아이의 공부를 면한 것은 모두가 자네의 힘일세. 이제 어찌 책읽기를 싫어한다는 사소한 일 한 가지 때문에 우리 모자를 버리고 간단 말인가?"

일타홍이 일어나 절을 하고 말하였다.

"저도 목석이 아닐진대, 어찌 이별의 고통을 모르겠습니까? 하오나 서방님을 격동시켜 글공부를 하도록 하는 방도는 오직 이 길 하나밖에 없습니다. 서방님이 돌아와 제가 하직을 고하고 떠났다는 말과 과거에 급제한 뒤 다시 만나기로 약속을 했다는 말을 들으면, 틀림없이 분발하여 학업에 힘쓸 것입니다. 멀리 잡으면 6, 7년이 걸릴 것이고, 가까이 잡으면 4, 5년 사이의 일일 것입니다. 저는 마땅히 몸을 더럽히지 않고 있으면서 서방님이 과거에 급제할 날을 기다리겠습니다. 저의 이런 뜻을 서방님에게 전해 주시면 다행이겠습니다. 이것이 제가 바라는 것입니다."

하고 일타홍은 단단한 각오로 심생의 집을 나섰다.

그녀는 노재상 가운데 안식구가 없는 집을 두루 찾아다니다가 한집을 찾아, 그 집 주인인 노재상을 만나 말하였다.

"저는 화를 당한 집안에서 겨우 살아난 목숨으로, 제 한 몸을 의지할 데가 아무 데도 없습니다. 종들 틈에 끼어서라도 조그만 정성을 나타내게 해주시길 바라옵니다. 바느질이나 음식 장만하는 일을 삼가 맡아서 살피겠습니다."

노재상은 그녀가 단아하고 총명한 것을 보고, 가엾이 여겨 거두어 잠시 몸을 의탁하여 거처하는 것을 허락하였다.

일타홍은 그 날부터 부엌에 들어가 음식을 장만하였다. 음식 만드는 솜씨가 좋아 노재상의 식성에 딱 맞으니, 노재상은 더욱 기특하게 여기고 총애하며 말하였다.

"팔자가 기박한 이 늙은이가 요행히 너 같은 사람을 얻어 입에 맞는 음식과 몸에 맞는 옷을 입게 되었다. 이제는 기댈 데가 있게 됐구나. 내 이미 너를 받아들이기로 하였고, 너도 또한 정성을 다하고 있으니, 이제부터 부녀의 정을 맺는 게 옳겠다."
하고는 그녀를 안채에 거처하게 하고 딸이라고 불렀다.

심생이 집에 돌아와 보니, 일타홍이 어디로 갔는지 알 수가 없었다. 이상히 여겨 물으니, 그의 어머니가 일타홍이 떠날 때 한 말을 전하여 주며 꾸짖었다.

"네가 글공부를 싫어해서 이 지경에 이르렀으니, 장차 무슨 낯으로 세상 사람들을 대할 거냐? 그 아이가 이미 네가 과거에 급제하는 것으로 만날 기약을 삼았고, 그 사람됨으로 보아 틀림없이 식언을 할 리는 없는 사람이다. 네가 만약 과거에 급제하지 못하면 살아서는 다시 만날 기약이 없는 게다. 그러니 그저 네 뜻대로 하거라."

심생은 그 말을 듣고 마치 무엇을 잃은 듯이 넋을 놓고 있었다.

그는 며칠 동안 서울 안팎을 두루 찾아 다녔으나 끝내 일타홍의 종적을 알 수가 없었다. 그는 마음속으로 다짐을 하였다.

'내가 한 여자에게 버림을 받고 무슨 낯으로 남들을 대할 건가. 그녀가 이미 과거에 급제한 뒤 다시 만나기로 약속을 했으니, 내 마땅히 마음에 새겨 글공부를 해서 그 사람을 만나도록 해야지. 만약 과거에 급제하지 못해서 약속을 지킬 수 없게 된다면 살아서 무엇하리오?'

마침내 그는 문을 닫아걸고 찾아오는 손님도 만나지 않으면서 밤낮

없이 글공부에만 매달렸다. 그 결과, 겨우 몇 년이 지나서 과거에 장원으로 급제하였다.

심생이 새 급제자로서 거리를 누비고 다니는 날, 선배들을 두루 찾아가 인사를 하였다. 일타홍을 거두어 준 노재상은 바로 심생 선친의 친구이자 연배가 비슷한 어른이었다. 지나는 길에 뵙고 인사를 드리니, 노재상이 흔연히 그를 맞아 지난 이야기와 근황을 말하였다. 그가 그 집에 머물면서 노재상과 조용히 이야기를 나누고 있는데, 안에서 음식을 차려 내왔다.

그는 주안상에 차려놓은 음식을 보더니, 얼굴빛이 구슬프게 변하는 것이었다. 노재상이 괴이하게 여겨 묻자, 그는 일타홍과 만나서 헤어지기까지의 일을 자세히 말한 뒤 다시 입을 열었다.

"시생이 마음에 새기고 글공부를 하여 과거에 급제할 것을 기약한 것은 순전히 그 사람과 만나기 위해서였습니다. 이제 이 음식을 보니 일타홍이 만들었던 음식과 꼭 같은지라, 그래서 저도 모르는 새 상심이 되었나 봅니다."

노재상이 일타홍의 나이와 생김새를 묻고 나서 말하였다.

"내게 수양딸 하나가 있는데, 내력을 모른다네. 혹시 이 아이가 아닌가?"

노재상의 말이 채 끝나기도 전에 홀연 한 미인이 뒷문을 밀고 뛰어들더니 심생을 끌어안고 통곡을 하는 것이었다. 심생이 일어나 주인에게 절을 올리며 말하였다.

"어르신께서는 이제 불가불 이 따님을 시생에게 주셔야겠습니다."

"내가 죽을 때가 다 된 나이에 요행히 이 아이를 얻어 의지하는 것이 운명이거니 했는데, 이제 보내고 만다면 이 늙은이는 손을 모두 잃은 것 같을걸세. 일이 매우 난처하기는 하나, 자네들이 만난 일이 아주 기이하고, 서로 사랑함이 이럴진대 내 어찌 허락지 않겠는가?"

심생이 일어나 절을 올리며 입에 침이 마르도록 감사를 표하였다.

그때 이미 날이 저물어 어두워졌으므로, 심생은 일타홍과 함께 말에 올라 횃불로 앞길을 밝히며 갔다. 심생은 집에 이르자 급히 어머니를 부르며 말하였다.

"홍낭이 왔습니다!"

그의 어머니는 기특함과 기쁨을 이기지 못하여 신을 신는 둥 마는 둥 중문 밖에까지 이르러서 일타홍의 손을 잡고 섬돌에 올랐다. 기쁨이 온 집안에 넘치고, 전의 좋던 관계가 다시 이어졌다.

심희수는 뒤에 이조의 낭관이 되었다.

어느 날 저녁 일타홍이 옷깃을 여미며 말하였다.

"저는 한결같은 정성으로 오로지 나리께서 성취하시기만 위하고 다른 데는 마음 쓸 겨를이 없었습니다. 제 고향에 계신 부모님의 안부 또한 여쭐 겨를이 없었습니다. 이야말로 제가 밤낮으로 마음에 맺히던 것입니다. 나리께서는 이제 뜻대로 하실 만한 처지에 계시니, 행여 저를 위하여 금산 고을 수령으로 가셔서 제가 생전에 부모님을 뵐 수 있도록 해주신다면 간절한 한이 풀리겠습니다."

"그건 지극히 쉬운 일일세."

하고는 지방 수령으로 나가기를 비는 상소를 올렸더니 과연 금산 수령으로 발령이 났다. 그는 일타홍을 데리고 함께 금산으로 갔다. 부임하는 날 일타홍 부모의 안부를 물으니, 과연 모두 별일 없이 편안하다는 것이었다.

사흘이 지난 뒤, 일타홍은 관아에서 술과 안주를 풍성히 준비하여 본가에 찾아가 부모님께 인사를 올리고 친척들을 모아 사흘 동안 큰 잔치를 베풀었다. 옷가지와 생활에 필요한 물품들을 아주 풍족하게 마련하여 그녀의 부모에게 주며 말하였다.

"관가란 여염집과 다르고, 더욱이 관장의 안식구는 남들과 다름이 있는 것입니다. 부모님과 형제들이 혹시라도 그 인연으로 자주 관아에 출입하시게 되면, 남들이 말을 하게 되고 관아에서 펴는 정사에 누가 될 것입니다. 제가 이제 관아에 들어가고 나면 다시는 나오지 못할 것이고, 또 자주 왕래하기가 어려울 것입니다. 제가 서울에 있다고 여기시고 다시는 왕래치 마셔서 내외의 분별을 엄히 해 주십시오."
하고는 하직 인사를 올리고 들어와서는 한 번도 밖에 나가지 않았다.

그로부터 거의 반년이 지났을 무렵, 하루는 안채에 있는 계집종이 와서 소실의 말이라며 들어오시길 청한다는 것이었다. 마침 공무가 있어 바로 들어가지 못하였더니, 계집종이 연달아 와서 청하였다. 심희수는 괴이한 생각이 들어 안채에 들어가 물어보니, 일타홍은 새로 지은 옷을 입고 새로 만든 이부자리를 깔아 놓고 있었다. 달리 병이 난 것 같지는 않았는데, 얼굴에 구슬픈 빛을 띠고 말하는 것이었다.

"오늘이 제가 나리를 영결하고 영영 떠나는 날입니다. 바라옵건대, 나리께서는 보중하시어 길이 부귀영화를 누리시고 저 때문에 슬퍼하지 마소서. 제가 죽거든 나리의 선영 아래에 묻어 주시면 다행이겠습니다. 이것이 저의 소원입니다."

말을 마치더니 갑자기 숨을 거두었다. 심희수가 통곡을 하고 나서 말하였다.

"내가 외직으로 나온 것은 오로지 홍낭을 위함이거늘, 이제 그녀가 이미 죽었는데 내 어찌 홀로 남아 있으리오."
하고는 사직서를 올려 벼슬을 그만두고, 그녀의 상여를 따라 갔다. 금강에 이르러서 그는 일타홍의 죽음을 애도하는 시를 다음과 같이 지었다.

금강에 가을비 내려 명정이 젖으니,
아름다운 여인이 이별할 때 흘린 눈물이런가.
錦江秋雨銘旌濕(금강추우명정습)
疑是佳人泣別時(의시가인읍별시)

【 원주 】

심 일송 희수(沈一松喜壽, 1548~1622) : 자는 백구(伯懼), 일송은 그의 호이며, 본관은 청송(靑松)으로, 정자(正字) 벼슬을 한 건(鍵)의 아들이자, 호를 효창(曉窓)이라고 한 봉원(逢源)의 손자다. 선조 무진년(1568)에 진사가 되고, 임신(1572)년에 과거에 급제하여, 대제학을 역임하고 을사년(1605)에 재상이 되어 벼슬은 좌의정에 이르렀고, 시호를 문정(文貞)이라고 하였다. 그의 어머니는 호를 탄수(灘叟)라고 한 이연경(李延慶)의 딸이다.

제12화 김안국

　김안국은 판서와 대제학을 역임한 김숙의 아들이다. 김숙으로부터 위로 3대에 걸쳐 모두 문장, 재주와 덕망으로 대제학을 지냈다.
　안국이 처음 태어났을 때 미목이 맑고 또렷하였으며, 용모가 빼어나고 듬직하였다. 그래서 숙이 아끼고 소중히 여기며 말하였다.
　"이 아이야말로 참으로 우리 집 자식이로다!"
　안국이 말을 하게 되자, 그의 아버지인 숙이 글을 가르쳤는데 석 달을 가르쳐도 '천지' 두 글자를 이해하지 못하는 것이었다. 숙은 괴이하게 여겨 고개를 갸우뚱거리며 중얼거렸다.
　'이 아이의 용모와 미목은 이처럼 잘생겼는데 어찌하여 총명함과 재주는 이리도 몽매한가? 혹 나이가 어려 재주가 아직 나타나지 않아서 그런가? 몇 해 더 기다렸다가 가르쳐야겠다.'
　몇 해가 지난 뒤 다시 가르쳐 보았으나 여전히 글자를 이해하지 못하는 것이었다. 숙은 마음속으로 매우 걱정이 되어 중얼거렸다.
　'이 아이가 끝내 이러하다면 다만 제 한 몸의 불행일 뿐만 아니라 가문의 명성이 땅에 떨어질 것이니 이보다 더 큰일이 어디 있겠는가.'
　하고는 밤낮으로 가르치고 틈만 나면 깨우쳐 꾸짖어 가며 글자를 이해시킬 수 있는 방도를 수도 없이 다해 보았으나 끝내 '천지' 두 글자의 뜻을 이해하지 못하였다. 이렇게 가르치는 사이에 한 달, 두 달이 가고 한 해, 두 해가 지나 안국의 나이가 어느덧 열네 살이 되었다. 그러나 끝내 달라지는 것이 없었다. 숙이 답답한 마음에 중얼거렸다.

'세상에 어찌 저런 인간이 다 있을까? 우리 조상님들의 혁혁한 명성을 이 물건이 장차 다 사라지게 하고 말겠구나. 저렇듯 조상님들을 욕되게 하는 자식을 데리고 있느니 차라리 자식이 없이 제사 받드는 일을 끊는 것이 낫겠구나. 내 이 물건만 보면 분통이 터져 머리가 지끈지끈하니 아무래도 집안에 그냥 두고 기를 수는 없어.'

이렇게 생각한 숙은 안국을 없애버릴 생각을 해보았다. 그렇다고 제 자식을 차마 죽일 수는 없고, 어디든 쫓아 버리려고 해도 종적이 드러날까 봐 걱정이었다. 그래서 우선 눈앞에 보이지 않게나 하자고 생각을 굳혔다.

그런 일이 있기에 앞서서 둘째인 안세가 태어났는데 벌써 다섯 살이 되었다. 생김새는 비록 형인 안국을 따라가지 못하였으나 타고난 재주와 영리함은 안국보다 훨씬 나았다.

숙은 안세로 집안의 대를 이을 후사로 삼고자 하였으나, 맏아들인 안국이 있으니 그것은 예법과 도리에 어긋나는 일이었다. 그럴 때마다 소리 소문 없는 곳으로 안국을 쫓아버릴 생각을 하곤 하였으나 뜻을 이루지 못하였다.

그러던 차에 때마침 사촌 아우인 김청이 안동 통판[1]으로 가게 되었다. 안동은 서울과 멀리 떨어져 있는 고을인 데다가 또한 부유한 사람들이 많은 고장이었다. 청은 임금에게 하직 인사를 올리고 부임지로 내려가는 길에 숙의 집을 찾아왔다. 숙이 안국을 청에게 부탁하며 말

---

1) 통판(通判) : 조선시대 도호부에 두었던 종5품 관직.

하였다.

"이 아이의 평소 행실이 이러저러하여 죽여 버리고 싶은 마음이 하루에도 몇 차례씩 들지만 차마 그렇게 할 수야 없지 않은가. 쫓아내 버려야겠다는 생각은 오래도록 해왔지만 보낼 만한 곳이 없었네. 이제 자네가 안동 고을 원이 된 좋은 기회에 저 아이를 데려가서 영영 안동 백성으로 만들어 세상 사람들이 알지 못하게 해주었으면 하네."

청은 그럴 수가 없다며 사촌형을 달랬다.

"어떻게 그런 말씀을 하시오? 예로부터 오늘날에 이르기까지 문장가 집안에 글 모르는 자식 둔 데가 한두 군데가 아니었지만 그런 자식을 쫓아냈다는 말은 들어보질 못했소. 그런데 지금 형님께서 그 일을 기꺼이 하시겠단 말이오? 그리고 이 아이 됨됨이가 이처럼 비범하니 설령 평생 글자를 모른다고 하더라도 집안 일을 돌보고 조상님들 제사를 받드는 일이야 해낼 수 있을 게요. 안세가 비록 재주가 있지만 도량이 좁은 데다가 둘째 아들인데 어찌 맏이가 할 일을 둘째와 바꿀 수 있단 말이오? 형님이 이렇게 하시려는 것은 옳은 도리에 어긋나는 것이오."

하고는 마침내 작별 인사를 하며 일어나자, 숙은 그의 손을 잡고 다그쳤다.

"자네가 내 말을 들어주지 않으려 한다면 나도 살고 싶은 생각이 없네."

청은 거절할 수가 없어 데려가겠다고 하였다. 숙은 안국을 불러 영영 결별함을 알렸다.

"이제부터 나는 너를 아들로 여기지 않을 것이니, 너도 나를 아비로 여기지 말아라. 그리고 다시는 서울로 올라오는 일이 없도록 해라. 올라오면 죽일 것이니라."

청이 부임한 뒤에 생각하기를,

'안국의 용모와 미목이 이처럼 예사롭지 않은데 어찌 글을 가르치지

못할 리가 있겠는가? 내가 한번 가르쳐 보리라.'
하고는 공무를 보는 사이에 틈이 나면 안국을 불러 글을 가르쳤다. 그렇게 석 달을 가르쳤는데, 안국은 과연 '천지' 두 글자를 해득하지 못하는 것이었다. 청이 한숨을 내쉬며 중얼거렸다.

'그랬구나. 그래서 판서 형님께서 이 아이를 내쫓으셨어.'

청은 안국에게 조용히 그 까닭을 물었다.

"어찌하여 그렇단 말이냐?"

"저는 전부터 심심풀이로 하는 잡담을 들으면 정신이 절로 맑아져서 밤낮으로 수많은 이야기를 들어도 한 번 들으면 모두 기억할 수 있었습니다만, 글자를 배우게 되면 비단 해득할 수가 없을 뿐만 아니라 글이라는 말만 들어도 정신이 절로 흐릿해지고 머리가 지끈지끈 하기까지 하답니다. 그러니 숙부님께서 죽이신다면 죽을 수밖에 없습니다. 글공부는 정말이지 어찌할 수가 없습니다."

청은 안국을 더 이상 어찌할 수 없음을 알고 책방으로 돌아가라고 하고는 더 이상 글공부를 시키지 않았다.

청은 안동 고을의 좌수로 있는 이유신이 집안 살림도 부유한 데다가 딸이 있다는 말을 듣고 안국을 그 집의 데릴사위로 보낼 생각이 났다. 그는 유신을 불러 책방 도령이 있다는 말을 해주었다. 그러자 유신이 물었다.

"감히 여쭙겠습니다만, 책방 도령이라면… 뉘 댁 도령이신가요?"

"판서로 계시는 우리 사촌형님의 맏이라오."

유신이 집으로 돌아와 가만히 생각해보니 미심쩍은지라 혼자서 중얼거렸다.

'김숙이라면 서울의 귀족이요, 대대로 대제학을 맡아온 집안이 아닌가. 온 나라의 양반들이 우러러보지 않는 이가 없는 집안인데…, 정실

몸에서 난 아들이라면 안동에서 혼처를 구할 리가 없을 텐데…, 혹 서자가 아니려나?'

그가 청을 찾아가 따져 물으니, 정승을 지내다가 작고한 허연의 외손자임이 분명하였다. 그가 가만히 생각해보다가 다시 미심쩍은 생각이 들어 중얼거렸다.

'그가 서자가 아니라면 틀림없이 병신일 게야. 소경인가? 벙어린가? 그도 저도 아니라면 고자로구먼!'

그가 다시 청에게 따져 묻자, 청은 유신이 안국을 병신이 아닌가 의심함을 알아채고, 안국을 불러 나오게 하였다. 안국을 보니 팔 척 남짓한 헌칠한 키에 그린 듯한 눈썹, 맑고 시원시원한 음성, 그야말로 장안에서도 손꼽힐 미남이었다.

유신이 마음속으로 가만히 생각해보니 기이하게만 여겨졌다. 고자인지 아닌지를 알 수가 없어 물어보려고 하였으나 입이 떨어지지 않았다.

청이 유신의 속마음을 헤아리고 안국에게 바지를 벗어보라고 하였다. 벗은 다음 보니 고자도 아니었다. 유신은 안국이 서자가 아니라는 것을 확인하였고, 병신이 아니라는 것도 제 눈으로 직접 보았으나 또다시 의아한 생각이 들어 청에게 물었다.

"사촌 형님 되시는 대감께서 서울에 계신 양반으로 이렇듯 잘난 자제를 두시고도 어찌하여 꼭 천리 밖에 있는 안동에서 혼처를 구하려 하시는지…, 그 까닭이 무엇인지 감히 여쭙고자 합니다."

청은 끝까지 사실을 숨기면 일이 성사될 수 없다는 데 생각이 미치자 마침내 안국이 글공부를 못해 쫓겨난 몸이라는 것을 사실대로 알려 주었다.

유신은 머리 속으로 득실을 따져가며 계산을 해보고 중얼거렸다.

'안동 좌수의 딸로 대제학 벼슬을 하고 있는 대감의 아들에게 시집을 갈 수 있다면, 그것만으로도 족하지. 게다가 어찌 문장에 능한 것까지 바라랴. 그리고 그가 비록 쫓겨난 신세지만 내가 거느리고 보살펴 줄 텐데 해될 거야 뭐가 있겠는가?'

유신은 마침내 청혼을 받아들였다.

청은 유신의 집 재산이 넉넉하여 먹고 입을 걱정을 잊을 만하고, 또 그 문벌을 알아보니 양반의 가문이라 바라던 것보다 낫게 되었다며 매우 기뻐하면서 즉시 좋은 날을 가려 혼례를 치러 주었다.

안동에 부임한 지 얼마 되지 않아 청은 벼슬을 그만두고 서울로 돌아갔다. 그는 숙에게 안국을 장가들인 이야기를 하였다. 숙은 자신의 계획이 그대로 들어맞게 되자 기뻐하며 청에게 고마움을 표하였다.

"잘했네. 잘했어!"

안국이 유신의 집에서 곁방살이를 한 지 석 달이 지나도록 문밖출입을 하지 않으니, 그의 아내가 조용히 물었다.

"대장부께서 꼼짝 않고 줄곧 방안에만 계시니 갑갑하지 않습니까? 그리고 입신양명하여 부모님을 영예롭게 하는 데는 글공부 이상 가는 것이 없는데, 당신은 이 방에 들어앉으신 지 석 달이 지나도록 글도 읽지 않고 바깥출입도 하지 않으시니 어찌된 일입니까?"

안국이 미간을 찌푸리며 대답하였다.

"내가 처음 말을 하게 되었을 때부터 부친께서 글을 가르치셨소. 그로부터 지금까지 14년이 되도록 끝내 '천지' 두 글자를 해득하지 못하였소. 그래서 부친께서는 나를 집안 망칠 놈이라고 여기셔서 없애려 하셨지만 차마 그렇게는 못 하시고 이곳으로 쫓아 보내셨던 것이오. 그리고는 죽을 때까지 다시는 부모님 눈앞에 나타나지 말라고 하셨소. 그러니 나는 사실 죄인인 셈이오. 무슨 면목으로 고개를 들고 하늘의 해를 바라보겠소? 그리고 나는 비단 글을 해득하지 못할 뿐만 아니라 글 한 줄 읽는 소리만 들어도 머리가 지끈지끈 깨질 것 같으니, 지금부터 내 귀에 다시는 글공부 얘기가 들리지 않도록 해주시오."

그의 아내는 한숨을 내쉬며 물러갔다.

본디 유신은 문장으로 자못 이름을 날려 고을에서 칭찬이 자자하였고, 그의 두 아들 또한 모두 문장에 능하였다. 그러나 안국의 글공부에 대한 일을 평소에 들었던지라 애초에 글을 가르칠 생각을 하지 않았고, 또한 일찍이 안국을 찾아보지도 않았다.

그의 아내는 남편이 나이가 들어가면서도 하는 일이 없이 지내는 것이 걱정되어 어느 날 다시 남편에게 말하였다.

"제 친정아버님과 오라버니들이 모두 글재주가 있으니, 당신도 사랑채에 나가 글공부를 해보시지요."

안국은 화를 벌컥 내며 소리를 질렀다.

"지난번에 내가 이미 글이란 말만 들어도 머리가 아프다는 말을 했으면 마땅히 내게 다시는 그런 말을 말아야지, 오늘 또 무엇 때문에 쓸데없는 말을 하는 게요?"

하고는 머리가 아프다며 드러눕고 마는 것이었다.

그의 아내는 무안해하며 물러갔다. 그가 글공부에 넌더리를 낸다는 것을 알고는 다시는 글공부하라는 말을 하지 않았다.

그의 아내인 이씨는 본디 글공부를 많이 한 여자였다. 《시경》과 《서경》을 비롯한 여섯 경서와 제자백가의 서적을 훤히 꿰뚫고 있었다. 그러나 천성이 온유하고 사리에 밝은 여인인지라 글공부는 여자가 반드시 해야 할 일은 아니라고 여겨 자신만이 알고 있을 뿐이오, 일찍이 남들에게는 아는 체를 한 적이 없었으므로 부모와 형제들도 그가 문장에 능하다는 것을 알지 못하였다.

남편인 안국이 부친께 죄를 지은 것을 생각하면 한스러워 남편에게 **글을** 가르치고 싶은 생각이 굴뚝같았지만, 여자가 남자에게 글을 가르친다는 것이 예법에 없었고, 게다가 남편이 글이라는 말조차 듣기 싫어하니 어찌할 수가 없었다.

그녀는 책의 내용을 이야기하듯이 풀어서 말해주며 남편의 타고난 재주가 어떤지를 시험해보고자 하여 안국에게 다시 물었다.

"사람이 돌부처도 아니고 목각인형도 아닌 바에야 온종일 입을 봉하고 말 한마디 안 할 수가 있어요?"

그러자 안국이 대답하였다.

"말을 하고 싶어도 누구와 말을 한단 말이오?"

"저랑 옛날이야기나 할까요?"

"참으로 바라던 바요."

그녀는 《사략》의 첫머리인 천황씨 대목부터 이야기로 풀어 말해주니, 안국은 마음을 차분히 하고 귀를 기울여 들었다. 그가 들으면서 줄곧 아내가 이야기를 잘한다며 칭찬하자, 그녀는 《사략》 첫 권을 모두 이야기로 풀어서 말해준 뒤,

"이런 한담 같은 이야기라도 따라 해보지 않으면 곧 잊고 말 것이니 제가 해드린 이야기를 다시 외워 보세요."

하고 청하였다.

안국이 선선히 대답하고 그녀가 이야기해주었던 것을 모두 외우는데, 빠뜨리는 것도 틀리는 것도 없었다. 그녀는 마음속으로 매우 신기해하였다.

'서방님은 탁월한 재주를 지녔으면서도 그 재주가 묶여져 아직 드러나지 못했구나. 내 반드시 서방님의 총명함을 드러내 보이리라.'

마침내 그녀는 밤낮으로 그에게 이야기를 해주고 모두 다시 외워보

라고 하니, 《사기》와 제자백가의 학설을 비롯하여 경서와 어진 이들의 전기에 이르기까지 수많은 책의 내용을 외우지 못하는 것이 없었다.

어느 날, 안국이 문득 아내에게 물었다.

"지금껏 나와 당신이 이야기하고 외우고 한 것들은 과연 무슨 이야기요?"

"그것들은 다른 것이 아니라 바로 글이라는 것이에요."

안국은 깜짝 놀라더니 의아한 듯이 물었다.

"참말이요, 그게 글이라는 게? 글이라는 것이 이처럼 재미있다면 내가 머리를 아파할 리가 있겠소."

"글이라는 게 본디 이처럼 재미있는 것인데 머리가 아플 리가 있나요."

"그렇다면 오늘부터 전에 말하던 글공부라는 것을 하겠소."

그의 아내는 곧 《사략》 첫 권을 가져다가 천황씨 대목부터 한 자 한 자 손가락으로 짚어가며 말하였다.

"지난번에 외우신 천황씨 이야기가 여기 있는 이야기예요."

하고는 안국에게 그 자리에서 읽어보라고 하였다. 안국은 제1권과 제2권 이외에 그 밖의 것들까지 모두 스스로 해득하였다. 안국은 지금까지 알지 못하던 것들을 하루아침에 알게 되고 보니 잠시도 게으름을 피우고 싶지 않았다. 낮에는 밥 먹는 것도 잊고 책을 읽었으며, 밤에는 잠자는 것도 잊고 책을 읽었다. 날마다 책을 읽고 또 읽으니 다만 모두 읽었을 뿐만 아니라, 그가 아내의 이야기를 듣고 외웠던 책들이 책방에 가득 차 있었는데 빠짐없이 해득하게 되었다.

그의 아내는 또 글을 짓는 법과 글씨 쓰는 법을 가르쳐 주었다. 안국은 온 정신을 집중하여 글을 짓고 글씨를 썼다. 기발한 생각이 끊임없이 샘솟아 나고 묘한 필법이 글자마다 나타났다. 짤막한 시와 긴 문장 짓기, 초서와 정자 쓰기도 다 터득하게 되었다.

안국의 아내는 그를 문밖으로 내보내고 싶었으나 그럴 듯한 구실이 없는지라 그가 배운 글에 빗대 말하였다.

"《논어》에 이르기를, '덕 있는 사람은 외롭지 않아 반드시 이웃이 있기 마련이다' 하였어요. 문장이나 도덕이 그 이치야 다르겠어요. 지금껏 당신은 10년이나 홀로 지내시다 보니 이웃에 친구 한 분 없으셨지요. 이제부터는 사랑채로 나가서서 좋은 친구들을 사귀심이 어떻겠어요?"

안국은 마침내 목욕재계하고 의관을 갖추어 입은 다음 사랑채로 나가 유신에게 인사를 올렸다. 본디 유신은 자신의 딸이 문장에 능하다는 것을 까맣게 모르고 있었다. 그러니 어찌 그녀가 안국에게 글공부를 가르쳐 문장으로 성공시킨 일을 생각이나 할 수 있었으랴. 또한 10여 년 동안이나 얼굴 한번 내밀지 않던 사위가 갑자기 찾아와 절을 하니, 유신은 놀랍기도 하고 반갑기도 하였다. 그의 두 아들도 깜짝 놀라 몹시 괴이하게 여기며 물었다.

"오늘 저녁이 무슨 날 저녁인가? 김 서방이 문밖출입을 다하고."

"처남들이 글 짓는다는 말을 듣고 나도 한번 지어보려고 나왔소."

그 말에 유신과 그의 두 아들이 모두 터져 나오는 웃음을 참으며 말하였다.

"예전엔 듣지 못하던 말일세. 어쨌든 좋은 생각이니 한번 지어본들 안될 게 있겠나."

하고는 분판[2] 위에 제목을 썼다.

안국은 제목을 보자마자 구상을 마치고 붓을 달려 써서 바쳤다. 굳센 문체와 섬세하면서도 힘찬 필법을 본 그들은 모두 얼굴빛이 변하며

---

2) 분판(粉板) : 분을 기름에 개어 널조각에 발라 결은 것. 글씨 연습에 썼음.

놀라 감탄하였다.

"이는 옛사람들이 쓰던 수법인데 안국이 해냈으니 참으로 대단한 변화로다!"

유신은 엎어질 듯이 안채로 달려가 딸을 불러 물었다.

"김 서방이 글자를 모른다는 것은 내 벌써부터 들어 알고 있느니라. 헌데 오늘 갑자기 글을 짓고, 필법 또한 명가의 법도가 있으니 이 무슨 변이냐?"

그녀가 꿇어앉아 그 동안 있었던 전후사정을 이야기하자 모든 사람들이 탄복하여 마지않았다.

이때부터 안국의 문장과 재주는 날이 다르게 진보하여 설령 영남지방의 이름난 스승과 선비라 할지라도 안국을 능가하지 못하였다.

이럴 즈음에 조정에서는 태자의 탄생을 경축하는 과거를 보이려고 날짜를 정해 공포하였다. 그 소식을 듣고 이씨가 안국에게 말하였다.

"머지않아 과거를 보인다 하니, 이 나라에서 선비라는 이름을 가진 사람 치고 과거보러 갈 생각이 없는 사람은 없을 줄로 압니다. 대장부로서 글을 모른다면 그만이지만 지금 당신의 문장이 이처럼 성취되었는데 어째서 이런 좋은 기회를 헛되이 보내고 영영 안동 고을의 백성이 되겠습니까? 또한 부모님께서 당신을 이곳으로 쫓아내신 것은 단지 글을 모르기 때문이었습니다. 이제 당신의 글재주가 전날과는 달라지셨으니, 이런 기회에 찾아가 뵈었으면 좋겠습니다만…."

안국이 탄식과 함께 눈물을 주르르 흘리며 대답하였다.

"낸들 어찌 갑갑하게 영영 여기서 살고 싶겠소. 그러나 내가 처음 이곳으로 올 때 아버님께서 영영 결별한다면서 '네 만약 서울에 다시 온다면 죽여 버리겠다'고 하셨소. 내 어찌 죽기가 싫어 가지 않으려고 하겠소. 다만 아버님이 자식을 죽였다는 말을 들으실까봐 두렵기 때문이오. 내 비록 찾아가 뵙고 싶기는 하나 갈 수가 있겠소. 또한 남의 자식 된 몸으로 어버이께 죄를 짓게 되면 문을 닫아걸고 머리를 땋은 채 일생을 마쳐야 하는 법인데, 어찌 태연하게 과거를 보러 가서 임금을 섬길 마음을 바란단 말이오?"

"큰 의리로 보면 참으로 그렇습니다만, 임시방편이 어찌 없겠습니까? 당신이 먼저 과거를 보아 금방에 이름이 나붙게 되면, 이는 당신이 글을 모르지 않는다는 것을 충분히 증명할 수 있잖아요. 그런 뒤에 부모님을 찾아뵈면 부모님인들 어찌 기쁜 마음으로 용서하시려는 생각이 들지 않으시겠습니까?"

안국이 드디어 아내의 말을 따르기로 하고 그날로 행장을 꾸려서 떠났다. 천리 먼 길을 말 한 필에 종 하나를 데리고 산을 넘고 물을 건너 겨우 서울에 이르렀다.

자기가 살던 집으로 돌아갈까 하는 생각도 들었으나 아버지를 만나게 될까봐 두려웠다. 다른 곳으로 가자니 어디든 평소에 알지 못하던 곳이었다. 한숨을 내쉬다가 이곳저곳 방황하면서,

'아아! 어디로 간단 말인가!'

하고 이리저리 생각을 해보니 갈 만한 곳은 다만 그의 유모 집뿐이었다. 말을 달려 찾아가니, 유모가 멀리서 그가 오는 것을 보고 깜짝 놀라며 반가운 기색으로 대문 밖으로 달려 나왔다. 그녀가 안국의 손을 잡아 맞아들이며 말하였다.

"저는 도련님이 이미 저승 사람이 되었는가 여겼는데 오늘 이렇게 다시 만날 수 있을 줄 어찌 생각이나 했겠소? 그나저나 상공께서 도련님이 온 것을 아시면 필연 큰일이 날 것이니 방안으로 들어가 남들이 보지 못하게 해야겠소."

그 날 밤이 되자 유모가 몰래 그의 집으로 가서 부인에게 아뢰었다.

"안동 도련님이 쇤네의 집에 와 계십니다."

부인은 여자라 안국을 떠나보낸 뒤로 하루도 눈물로 그리워하지 않은 날이 없었다. 아들이 왔다는 말을 듣고 즉시 달려나가 맞이하고 싶었으나 상공이 알게 될까봐 두려워 넌지시 유모에게 말하였다.

"상공이 잠드신 후에 몰래 그 아이를 데리고 함께 오게."

유모가 부인의 말대로 하여 모자가 비로소 만날 수 있게 되었다. 부인이 눈물을 흘리며 안국에게 말하였다.

"내가 너와 헤어진 후 지금까지 10년 동안 죽었는지 살았는지 소식을 몰라 대문 밖에 나가 멀리 흘러가는 구름을 바라볼 때마다 마디마디 애간장이 끊어지는 듯했는데 이제 네 얼굴을 보니 기쁨과 서러움이 엇갈리는구나."

안국이 고개를 들고 어머니를 바라보니 주름진 얼굴과 희끗희끗한 머리에서 옛날의 어머니 모습을 찾아볼 수가 없었다. 안국 또한 격동되어 눈물을 흘리며 말하였다.

"소자가 불초하여 아버님께 죄를 짓고 오래도록 먼 시골에 쫓겨 가 있으면서 어머님의 속을 썩여 드렸으니 이 무슨 자식 된 도리이겠습니까?"

바야흐로 부인과 안국이 눈물을 흘리며 이야기를 나누고 있을 때 창밖에서 신발 끄는 소리가 들려왔다. 부인은 그것이 안세가 안방으로 들어오는 소리임을 알고 안국에게만 들리게 말하였다.

"네 부친께서 네가 온 것을 아시게 되면 필경 너를 죽이려 하실 것이다. 그러니 네 동생이 너를 보지 못하게 해야 한다."

하고는 자기 뒤에 안국을 눕히고 이불을 뒤집어 씌웠다. 안세가 방에 들어와 그것을 보고 물었다.

"저기 이불을 쓰고 누운 게 누구지요?"

부인은 끝까지 숨기기가 어려움을 깨닫고 안세더러 앉으라고 한 뒤

목소리를 낮추어 말하였다.
 "안동에 가 있던 네 형 안국이다."
 부인의 말을 들은 안세는 손뼉을 치며 갑자기 웃음을 터뜨렸다.
 "이런 일이 있었네. 안동 형이 여기 와 있었어. 아까 아버님께서 꿈에 안동 형을 보시고 지금 머리가 몹시 아프다고 하시기에 어머님께 알리려던 참인데…, 이런 일이 있었어요. 안동 형이 여기 와 있었어."
 부인이 급히 안세의 입을 막으며 오금을 박았다.
 "네 아버님께서 이 일을 아시게 되면 필연 큰 변이 일어날 것이니, 너 나가서 절대로 말해서는 안 된다."
 본디 안세도 형에 관한 일을 들었던지라 아버지가 아시게 되면 즉시 형을 죽일 것이라는 생각이 들었다. 그리하여 끝내 아버지에게 알리지 않았다. 안국은 어머니에게 하직 인사를 올리고 유모의 집으로 갔다.
 날이 밝았다. 이 날은 과거 시험을 치르는 날이었다. 안국이 과거보러 가려고 하였으나, 10년이나 집을 떠나 있다가 이제야 서울에 오다보니 어디가 어딘지 알 수가 없었고, 과거 시험장이 어딘지도 몰랐다. 외톨이 신세로 누구와 함께 가야하나 하고 주저하고 있을 즈음에 잘 차려 입은 도령 하나가 과거장으로 가는 것이 보였다. 유모가 말하였다.
 "도련님, 저 사람 뒤를 슬그머니 따라가세요."
 안국은 유모의 말대로 그의 뒤를 따라갔다. 앞서 가는 도령은 바로 안국의 동생 안세였다.
 과거장에 이르러 보니 만나는 사람마다 모두 재상집 자제들이었다. 안세는 글을 모르는 형이 따라온 것이 부끄러워 혹 누가 물으면 형이라고 하지 않고 끝까지 시골에서 온 손님이라고 대답하였다.
 과거시험 제목이 나붙었는데 나라의 정사에 관한 대책을 묻는 것이었다. 과거에 응시한 사람들은 저마다 시험 제목을 먼저 베끼겠다고 붓과 벼루를 들고 앞 다투어 요란하게 오가곤 하였다. 안국은 아무 것도 손에 들지 않은 채 앞으로 나아가 제목을 보고서 외워 가지고 돌아왔다.

등을 돌리고 앉아 잠시 생각을 하던 안국은 드디어 시험 답안지를 펼쳐 놓고 먹을 갈아 한달음에 써 내려갔다. 쓴 것을 한 차례 읽어본 안국은 손수 답안지를 가져다 가장 먼저 제출하였다. 그것을 본 안세가 마음속으로 깜짝 놀라 탄복하며 중얼거렸다.

'누가 안동 형이 글을 모른다고 했어?'

과거장을 나온 안국은 곧장 유모 집으로 향하였다.

고시관이 급제자 명단을 열어보니 장원은 바로 김숙의 아들인 김안국이었다. 친한 친구의 아들이 장원으로 급제한 것이 기뻐서 축하해주기 위해 숙의 집으로 말을 몰았다. 고시관은 미처 숙의 집 대문 앞에 이르기도 전에 오늘 과거에서 새로 급제한 신래는 나와 서라고 큰소리로 외쳤다.

숙은 안세가 급제한 것으로 생각하고 기쁜 마음으로 급제자 명단을 보았다. 그랬더니 10년 전에 안동으로 쫓아냈던 안국의 이름이 올라 있는 것이었다. 그 순간, 숙은 놀람과 동시에 분노가 폭발하고 말았다.

'그 놈이 안동에 죽은 듯이 숨어 지내는 게 분수에 맞는 일이거늘 감히 제 아비의 명을 어기고 서울에 들어오다니, 그 죄가 만 번 죽어도 마땅하지. 또 그 놈이 비록 급제를 했다고 명단에 올라 있지만, 필시 남의 손을 빌려 대신 짓게 했을 게야. 이 김숙의 가문에 어찌 남의 손을 빌려 과거에 급제하는 놈이 있을 것인가.'

이렇게 생각한 숙은 안국을 때려죽이고 말겠다고 작정하고 급히 하인을 불렀다.

"안동에서 온 놈을 속히 잡아오너라!"

안국이 어쩔 줄 몰라 하며 뜰 아래로 와 꿇어 엎드리자, 숙은 크게 노하여 한마디 사연도 물어보지 않은 채 여러 하인들에게 형장을 가져다 때리라고 급히 명하였다.

이럴 즈음, 고시관이 집 안으로 들어와 물었다.

"신래는 어디 있는가?"

"내 당장 때려죽이려는 참일세."

그러자 고시관이 깜짝 놀라 물었다.

"그게 무슨 말인가?"

숙이 이러저러한 사연 때문이라고 설명하자, 고시관이 말하였다.

"설령 그렇다 하더라도 남에게 빌려 쓴 것인지 아닌지 알아본 뒤에 죽여도 죽이시게."

그러자 숙은 코웃음을 쳤다.

"자네, 참 몰라도 한참 모르고 있구먼. 저 놈이 열네 살이 되도록 '천지' 두 글자도 해득하지 못했는데, 10년 사이에 어찌 과거 문체를 배울 수 있으며, 글을 지어 급제한단 말인가? 절대 그럴 리가 없네. 알아보느라 기다릴 것도 없지."

숙은 곤장을 치라고 급히 명하였다.

말릴 수 없을 듯하자, 고시관은 몸소 섬돌로 내려가 숙의 손을 잡아끌었다. 그러자 숙은 화가 나서 고시관을 꾸짖었다.

"내가 내 자식을 죽이겠다는데, 자네가 무슨 상관인가? 그리고 저 놈이 내 눈앞에 보이기만 해도 머리가 지끈지끈하더니 이제 또 그렇단 말일세."

하고는 이불을 쓰고 누워버렸다.

안국은 아버지가 화를 풀기가 어려운 것을 보고 틀림없이 죽게 되었구나 하고 여기면서 숨을 죽인 채 꿇어 엎드려 있었다.

고시관이 입을 열었다.

"잠깐 일어나 내 묻는 말에 대답하라. 오늘 과거시험 제목을 자네는 기억하고 있는가?"

안국이 일어나 앉아 한 자도 틀리지 않게 외워 대답하였다.

숙이 자리에 누워 안국의 말을 듣고 생각하였다.

'한 글자도 해득하지 못하던 놈이 과거시험 제목을 외우다니? 그 참! 매우 수상하구나.'

숙이 의아하게 여기고 있을 즈음에 고시관이 다시 물었다.

"그럼 오늘 자네가 지은 글도 기억하겠군?"

안국이 또한 한 자도 빠뜨림이 없이 외웠는데, 그 글은 마치 가없는 큰 바다에 물결이 절로 일어나는 듯하고, 천리 먼 길에 준마가 치달리는 듯하였다.

그가 외우는 것을 듣고 나서 숙은 벌떡 일어나 안국의 손을 덥석 잡고 말하였다.

"꿈이냐, 생시냐? 네가 어떻게 그런 문장을 지었단 말이냐? 네가 10년이나 낯선 곳에 떨어져서 밤마다 등불을 밝혀놓고 서울을 그리는 마음에 얼마나 가슴이 아팠겠느냐? 하하하! 참으로 놀랍구나! 우리 선조님들의 혁혁한 명성이 이제는 떨치게 되었구나. 내 전날의 두통이 오늘 네가 맑고 부드럽게 외우는 소리 한 마디에 씻은 듯이 나왔다. 부자간에는 서로 좋은 일을 하라고 권고하지 않는다는 말과 제 자식과 남의 자식은 서로 바꾸어 가르쳐야 한다는 말이 이제 보니 꼭 맞는 말이로다."

안국은 꿇어앉은 채 글을 능숙하게 익히게 된 사연을 자초지종 아뢰었다. 숙은 손뼉을 치면서 크게 기뻐하다가 말하였다.

"애들아! 빨리 가마를 마련해 가지고 가서 안동 며느리를 맞아와야지!"

숙은 또 고시관에게 사죄하였다.

"어진 친구가 아니었더라면 내 문장가 아들을 죽일 뻔했네 그려."

김청도 바깥에서 이 소식을 듣고 급히 달려와 축하하였다. 그가 안국이 쓴 글을 가져다 보니 세상에서 보기 드문 훌륭한 문장이었다.

"누가 널 그렇게 가르쳤느냐?"

"제 안사람이 가르쳤습니다."

청이 숙을 돌아보며 감탄과 함께 칭찬을 아끼지 않았다.

"우리 형제가 평생토록 못 가르친 것을 안국의 처가 가르쳤으니, 우린 당당한 대장부라지만 도리어 일개 아녀자보다 못하군요."

이씨가 올라오자, 숙은 온 집안사람들과 손님들이 모인 자리에서 이렇게 말하였다.

"우리 아이가 글공부에 성공하여 선조님의 유업을 빛낼 수 있게 된 것은 모두 우리 새아기의 공이라오."

그러자 모두들 안동 땅에 어찌 저렇듯 훌륭한 며느리가 있을 줄 알았겠느냐고 하면서 칭찬하였다.

이씨는 시집에 들어온 뒤로 극진한 효성으로 시부모를 섬기고, 며느리로서의 도리를 다하려고 온갖 노력을 다하면서도 일찍이 자신의 공이나 자랑을 내세우는 기색이 없었다. 그리하여 시부모들은 그녀를 더한층 사랑하였다.

안국은 문장과 재주로 인한 명망이 나날이 높아져, 옥당의 한림 벼슬로부터 시작하여 마침내 대제학에 이르렀다. 안국의 재주는 참으로 기이한 것이라고 하겠다. 아버지는 가르칠 수가 없었는데 아내가 가르쳤으니 말이다.

여기에 빈집이 한 채 있다고 하자. 그 집 대문은 안으로 잠겨 있고, 옆에 있는 곁문 하나가 열려 있다.

그 대문을 열려고 하는 사람이 있었는데, 그는 열려 있는 곁문을 보지 못한 채 하루 종일 대문 밖에 서서 무수히 대문을 두드려 보았지만 끝내 대문을 열 수 없었다.

다른 사람 하나가 그 대문에 와서 두드려 본 뒤 대문이 잠긴 것을 알고는 문득 열려 있는 그 곁문을 발견하고 들어가서 대문을 열었다.

처음에 안국의 재주는 텅 빈 대갓집이라고 할 수 있고, 그가 '천지' 두 글자를 해득하지 못한 것은 바로 대문이 잠겨 있는 것과 같은 것이라 하겠다.

한가롭게 잡담처럼 한 이야기를 듣고 잊지 않은 것은 바로 곁문이 열려져 있는 셈이었던 것이다.

안국의 아버지는 대문을 열려고 하면서도 곁문이 열려 있는 것을 보지 못한 격이오, 그의 아내는 곁문으로 들어가서 대문을 연 격이다.

그러니 안국의 아버지가 가르치지 못한 것을 그의 아내가 가르쳤다고 해서 이상하게 여길 것이 무엇인가?

아아! 이 어찌 다만 안국의 재주에만 국한된 것이랴! 대개 도덕에 밝지 못한 사람들이나 문장에 숙달되지 못한 사람들은 모두 대문이 닫혀 있는 빈집과 같은 격이나, 세상에 곁문으로 들어가 대문을 여는 사람은 얼마 되지 않는다. 그래서 문장과 도덕에 밝은 사람을 만나보기 어려운 것이리라.

나 또한 빈집에 대문이 닫긴 유형인지라, 이제 안국의 이야기에 내 나름대로 감동되는 바가 있어 이렇게 기록한다. 뒷날 곁문으로 들어와 대문을 열어줄 사람을 기다리며….

【원주】
김안국(金安國) : 찾아볼 수가 없었다.

제13화 길정녀

길정녀는 평안도 영변 사람이다. 그녀의 아버지는 영변 고을에서 벼슬을 하였었는데, 그녀는 서출로 태어나 부모가 모두 세상을 떠나자 숙부를 의지하여 살았다. 나이 20세가 되도록 시집도 가지 못하고 길쌈과 바느질로 번 돈으로 스스로 살림을 꾸려가고 있었다.

그 전에 경기도 인천 땅에는 신명희라는 사람이 살고 있었다. 그는 어린 시절에 기이한 꿈을 한 차례 꾼 일이 있었다. 꿈에 어떤 한 노인이 5, 6세 가량 된 여자아이를 데리고 왔는데, 그 아이의 얼굴에는 입이 11개나 있으므로 깜짝 놀라며 괴이하게 여겼다. 그 노인이 신생에게 말하였다.

"이 아이가 훗날 자네의 배필이 될 테니 평생을 함께 잘 살도록 하게."

그러다가 꿈에서 깬 신생은 매우 이상하게 여겼던 것이다.

그의 나이 40세가 넘어 아내를 잃어 밥을 차려주는 사람도 없고 보니 처량한 생각이 들곤 하였다. 그래서 일찍부터 적당한 혼처를 찾아보았으나 매번 어그러지기만 하고 잘 되지 않았다.

때마침 그와 잘 아는 친구가 영변 고을의 수령으로 나가게 되어, 신생은 그를 따라가 노닐게 되었다. 그러던 어느 날 꿈에 전에 꿈에서 보았던 노인이 다시 입이 11개인 여자를 데리고 왔는데, 이미 자랄 대로 자라 있었다. 노인이 말하였다.

"이 아이가 이미 다 자랐으니 이제 자네에게 시집보내네."

꿈에서 깨어난 신생은 더욱 괴이한 생각이 들었다. 관아의 안채에서 아전에게 가는 베를 사들이라는 소리가 들려오자, 아전이 대답하는 소리도 들려왔다.

"이곳에서 향관을 지낸 어른 댁의 처녀가 가는 베를 짜는데, 품질이 최상이라 영변 경내에서는 이름이 나 있답니다. 지금 짜고 있는 것이 손을 뗄 때가 되었다고 하니 잠시만 기다리시지요."

그러더니 그 아전은 그 처녀가 짰다는 베를 사들였다. 어찌나 올이 가늘던지 사발 안에 다 담길 정도였고, 올이 가늘 뿐만 아니라 깨끗하고 촘촘하여 세상에서 보기 드문 것이었다. 보는 사람마다 감탄하고 혀를 내두르지 않는 사람이 없었다.

신생은 그녀가 서출이라는 것을 알고 문득 맞아들일 생각이 들었다. 그는 그녀뿐만 아니라 그녀의 집안과도 가깝게 지내는 사람을 내세워 중매를 서게 하였다. 그녀의 숙부가 기꺼이 중매를 받아들이자, 신생은 곧 폐백을 준비하고 예의를 갖추어 그녀의 집으로 갔다.

그녀의 집에 가서 보니 그녀는 비단 길쌈만 잘하는 것이 아니라 자태와 인물이 매우 아름답고 행동거지가 차분하고 아담한 것이 완연히 서울 양반 댁의 예의범절을 갖추고 있었다.

신생은 바라던 것 이상이었으므로 매우 기뻤다. 그제야 11개의 입[十一口]이 길할 길(吉)자라는 것을 알고, 하늘이 맺어준 연분이라고 깊이 감격하였다. 두 사람 사이의 정과 의리는 더욱 두터워졌다.

두어 달을 영변에 머물면서 보낸 신생은 고향으로 돌아가며 오래지 않아 맞아 가겠다고 약속을 하였다. 그러나 고향에 돌아가자 이런저런 일에 매여서 어느덧 3년이 지났으나 약속을 실천하지 못하였다.

영변에서 인천까지는 아득하게 멀리 떨어진 곳이라 소식마저 끊어지게 되니, 그녀의 친척들은 모두들 신생을 다시는 믿을 수가 없다고 하면서 몰래 그녀를 다른 사람에게 팔아 넘길 모의를 하였다. 그녀는 몸가짐을 더욱 조심하여 비록 문밖출입을 할 때라도 반드시 주위를 살피곤 하였다.

당시 그녀가 살고 있던 영변 고을이 운산 땅과는 산 하나를 사이에 두고 있었는데, 그곳에는 그녀의 숙부가 살고 있었다. 이때, 운산 고을의 수령은 젊은 무관으로 첩을 두려고 매번 고을 사람들에게 탐문하고 있었다.

그녀의 숙부는 그녀를 사또의 첩으로 주고자 하여 관아에 드나들며 치밀하게 모의를 해두고 이미 잔칫날까지 잡아 놓았다. 그는 또 사또에게 청하여 비단 등의 천을 그녀에게 전해주어 잔칫날 입을 치마와 저고리를 만들도록 하자고 하였다.

마침내 숙부는 그녀를 찾아가 은근히 안부를 물은 뒤 말하였다.

"내가 며느리를 보게 되었는데 날짜가 멀지 않았구나. 새아기 옷을 지어야겠는데 집에 바느질을 할 만한 사람이 없어요. 네가 잠시 와서 거들어 주면 좋겠구나."

그러자 그녀가 대답하였다.

"신 서방이 감영에 와 있으니, 제가 가고 못 가는 것은 그 분부에 따라야겠지요. 숙부님 댁이 비록 가깝다고는 하나 다른 고을이고 보니 제 마음대로 오갈 수가 없군요."

"만약 신 서방의 허락을 받아오면 가겠느냐?"

"그러지요."

숙부는 집에 돌아가 가까운 친척이니 빨리 가서 도와주라는 내용의 위조 편지를 작성하였다.

그 무렵에 상서 조관빈¹⁾이 평안감사로 와 있었는데, 신생과는 인척 관계에 있었으므로 마침 신생이 감영에 가서 머물고 있었다. 그녀의 숙부는 신생이 평양에 와 있으면서도 오래도록 찾아오지 않으니 이미 그녀를 버린 것이라 여기고 이러한 계교를 꾸몄던 것이었다.

그녀는 위조한 사실을 몰랐으므로 편지를 받아보고는 가지 않을 수가 없었다. 옷감을 마름질을 하여 바느질을 하며 여러 날을 보냈으나 그녀는 숙부 집 남자들과는 한 마디 말도 건네지 않고 그저 맡은 일만 부지런히 하였다.

어느 날, 숙부는 사또를 집으로 오게 하여 몰래 그녀를 엿보게 함으로써 자신의 말이 거짓이 아님을 보여주려고 하였다. 그녀는 비록 사또가 왔다는 말은 들었으나 그가 자신에게 생각이 있어서 온 줄이야 어찌 알았겠는가.

날이 어두워져 등불을 켜자 숙부 집의 맏아들이 들어와 그녀에게 말을 걸었다.

"누이는 등불을 켜놓고도 돌아앉아 일만 하고 있으니 왜 그리오? 여러 날 애썼으니 잠시 쉬면서 나와 얘기나 합시다."

"나는 피곤한 줄 모르겠어요. 그러니 앉아서 말씀하시면 나도 귀가 있으니 절로 듣게 되겠지요."

그러자 그는 장난스레 웃으며 다가와 그녀를 돌려 앉히려고 하는 것이었다. 그녀가 발끈 화를 내며 말하였다.

"아무리 가까운 친척이라도 남녀가 유별한데 어찌 이처럼 무례하단

---

1) 조관빈(趙觀彬, 1691~1757) : 조선조 영조 때의 문신. 자는 국보(國甫), 호는 회헌(悔軒), 본관은 양주(楊州), 노론4대신의 한 사람인 태채(泰采)의 아들이며, 시호는 문간(文簡). 그가 예조판서를 역임하고 평안감사로 나간 것은 1742년(영조 18)임.

말이오?"

이때 사또가 창 틈으로 엿보다가 요행히도 그녀의 얼굴을 한 번 보고는 몹시 기뻐하였다. 그녀는 노여움이 삭여지지 않아 문을 밀치고 뒷마루에 나와 앉아 있었다. 문득 창 밖에서 남자의 목소리가 들려왔다.

"저런 인물은 보다 처음이오. 서울 미인을 데려와도 대적하기가 어렵겠소."

그제야 그녀는 그 말을 한 것이 고을 사또임을 알고는 심장이 뛰고 기가 막혀 한동안 정신을 잃었다가 겨우 일어났다.

날이 밝자 그녀는 하던 일을 다 내던지고 급히 집으로 돌아가려고 하였다. 그제야 그녀의 숙부는 사실대로 알려주며 말하였다.

"신 서방, 그 사람은 집안도 가난한 데다가 나이도 많아 오래지 않아 황천객이 될 사람이야. 집도 너무 먼데 한번 간 뒤로는 오지 않으니, 네가 버림을 받은 게 분명하다. 너처럼 묘령의 나이에 얼굴도 고우니 부잣집에 시집가는 것은 당연하지. 우리 고을 사또는 나이도 젊고 이름난 무관으로 앞길이 창창하지. 너는 무엇 때문에 바랄 것도 없는 사람을 기다리면서 평생을 그르치려 하느냐?"

숙부는 달콤한 말로 꾀여도 보고 간교한 말로 협박도 해보았다. 그러나 그녀는 분노가 더해지고 기세가 사나워져서 심한 욕설마저 퍼부으며 숙부와 조카 사이라는 것도 따지지 않았다. 숙부는 어찌해야 좋을지 생각이 나지 않는 데다 사또에게 죄를 짓는 것이 두려웠다. 그는 여러 아들과 모의하고는 한꺼번에 몰려가서 그녀를 붙잡아 앞에서 끌고 뒤에서 밀며 그녀를 별실에 가두었다. 든든히 빗장을 질러 두고 겨우 음식이나 드나들 수 있게 구멍을 내놓았다. 가두어 두었다가 정해 놓은 잔칫날이 되면 사또가 억지로라도 끌고 가게 하려는 것이었다.

갇힌 방에서 그녀는 다만 울부짖으며 욕을 퍼부을 뿐, 며칠이 되도록 음식을 입에 대지 않았다. 안색이 초췌해지고 기력이 사그라져 소리를 낼 수도 없었다.

 방안에서 삼지 않은 삼실이 있는 것을 발견한 그녀는 그것으로 가슴부터 다리까지 칭칭 감아 장차 있을지도 모를 변을 막고자 하였다. 그러다가 고쳐 생각하였다.

 '흉한 도적들의 손에 헛되이 죽기보다는 차라리 도적들을 죽이고 나도 함께 죽는 것이 내 원통함을 푸는 것이 아닐까? 그러자면 억지로라도 먹어서 우선 기운을 차려야 되겠다.'

 처음 그녀가 방안에 갇힐 때 식칼 하나를 챙겨서 허리춤에 숨겨 놓았었는데, 아무도 아는 사람이 없었다. 그녀는 계책을 정하고 나서 숙부에게 말하였다.

 "이제 이미 기운이 꺾여서 숙부님이 하라는 대로 하겠으니, 먹을 것이나 넉넉히 주어 오랜 동안의 주림을 요기나 하게 해주세요."

 숙부는 반신반의하였으나 내심 매우 기뻐하며 맛있는 반찬에 밥을 넉넉히 담아 문틈으로 연신 넣어주며 여러 모로 달래기도 하고 꼬이기도 하였다.

 그녀가 이틀 동안 이렇게 먹자 기력이 보충되어 힘이 솟았다. 그 날은 바로 잔칫날이었다. 사또가 찾아와 사랑채에 머물게 되자, 숙부는 비로소 방문을 열고 그녀를 끌어내려고 하였다.

 그녀는 방문 뒤에 몸을 숨기고 있다가 문이 열리는 것을 보자 칼을 들고 뛰어나갔다. 나가다가 맞닥뜨린 맏아들을 들어 메다꽂으니 외마디 소리를 지르며 고꾸라졌다. 그녀는 소리를 내지르며 펄쩍펄쩍 뛰다가 남녀든 어른아이든 가리지 않고 마주치기만 하면 칼로 찍어댔다. 이리저리 찌르고 다닥치니 그 누구도 막을 수가 없었다. 머리가 깨지고 얼굴이 상하여 흐르는 피가 바닥에 그득하니 누구 한 사람 그녀 앞에 나설 자가 없었다.

　사또가 그 모양을 보고는 정신이 아찔해지고 간담이 서늘해져서 미처 방문을 열고 나갈 겨를이 없었다. 다만 방안에서 방문 고리를 굳게 잡은 채 바들바들 떨면서 어찌할 줄을 모르고 있었다.

　그녀는 문지방을 걷어차고 손과 발을 함께 번쩍 들었다가 힘껏 창문을 내려치니, 창문이 박살났다. 그녀는 사또를 향해 호되게 꾸짖었다.

　"너는 나라에서 후한 은혜를 입어 이 고을을 맡았으면 마땅히 온갖 힘을 다해 백성들을 어루만지고 임금께 보답할 생각을 해야지. 그런데 지금 하는 짓을 보면 백성들을 못 살게 굴고 여색을 낚는 데만 급급하여 이 고을 못된 백성들과 결탁하여 사대부의 소실을 위협하여 겁탈하려 드니 짐승만도 못한 놈이오, 천지간에 용납되지 못할 놈이다. 내가 이제 네 놈의 손에 죽게 되었으니, 반드시 너를 죽이고 나도 함께 죽을 것이다."

　매서운 말이 칼날처럼 날카롭고 매서운 기세가 서릿발같아 소리쳐 꾸짖는 소리가 온 마을에 진동하니, 구경하는 사람들이 모두 이르러 담을 빽빽이 에워싸고 저마다 칭찬하지 않는 사람이 없었다.

　어떤 사람은 그만 하라며 팔목을 잡아끌기도 하였고, 어떤 사람은 그녀가 불쌍하다며 눈물을 흘리기도 하였다.

　이때, 숙부와 그 아들들은 숨어서 감히 얼굴을 내밀지 못하였고, 사또는 방안에서 머리를 굽실거리며 여러 가지 말로 애걸하였다.

　"사실은 그대의 정절이 이처럼 매운 것을 모르고 저 도적 같은 놈의 꼬임에 속아 이 지경에 이르렀으니, 내 마땅히 저 놈을 징계로 다스려 그대에게 사죄할 것이니 제발 용서해주기 바라오."

　사또는 즉시 아전을 불러 그녀의 숙부를 찾아내라고 하여, 그가 잡혀오자 꾸짖어 분풀이를 하며 무거운 벌로 곤장을 쳤다. 어찌나 세게

쳤는지 살점이 찢겨지고 피가 흩어졌다.

그제야 겨우 방에서 나온 사또는 걸음아 날 살려라 하고 줄행랑을 쳐 관아로 돌아갔다.

이때, 이웃사람이 그녀의 집에 알려 즉시 데려가게 하고, 마침내 사건의 자초지종을 갖추어 달려가 신생에게 알렸다.

감사가 그 일에 관해 듣고 깜짝 놀라는 한편 노하였으나, 당시 영변 부사는 무관인지라 운산 사또의 부탁에 따라 길씨녀가 칼을 빼들고 사람을 찍었다는 내용만 감영에 보고하면서 중죄로 다스릴 것을 청하였다.

감사는 공문을 띄워 영변 부사를 엄하게 문책하고, 즉시 조정에 장계를 올려 운산 사또는 파면하여 평생 벼슬을 하지 못하도록 할 것을 아뢰었다. 그리고 숙부와 그 아들들을 붙잡아 들여 엄벌로 그 죄를 물은 뒤 외딴섬으로 유배를 보냈다.

한편으로는 종들을 보내 그녀를 감영으로 맞아들이고 상을 주어 정절을 지킨 그녀를 격려하였다. 또한 후한 대접을 하며 감영에 묵게 하였다.

신생은 곧바로 그녀와 함께 서울로 올라가 아현[2]에서 몇 년 동안 살다가 인천에 있는 옛 집으로 돌아갔다. 그녀는 부지런히 집안을 다스려 마침내 부자가 되었고, 함께 늙도록 의좋게 살다가 세상을 떠났다.

---

2) 아현(阿峴) : 애오개. 충정로에서 마포로 넘어가던 곳에 있던 고개.

제14화 유복자 확인서

    옛날에 어떤 선비 한 사람이 외딴 시골에 살면서 아들을 이웃 고을로 장가를 보내고는 갑자기 관격[1]이 들어 죽고 말았다.
    신랑이 겨우 초례[2]를 마쳤을 때 부고가 이르자 즉시 장례를 치르러 달려갔다. 장례를 치르고 하관을 하려는데 산소 자리가 정해지지 않아 지관을 데리고 묘 자리를 찾았다. 여기저기 돌아다니다가 그의 처가 뒷산에 이르러 지관이 묘 자리를 점지하였다.
    "터는 아주 좋아. 헌데 산 아래에 양반 집이 있더구먼. 허락을 안 할까 걱정이네."
    상주가 이리저리 자세히 살펴보니, 그 아래 있는 양반 집은 바로 그의 처가였다.
    그의 처가에는 단지 과부인 장모와 무남독녀인 신부가 있을 뿐이었다.
    상주가 처가로 내려가서 장모에게 인사를 드리니, 장모는 슬픔과 기쁨이 엇갈리는 가운데 정성껏 점심을 차려 대접하였다. 장모가 무슨 일로 왔느냐고 묻자, 상주는 산소 자리를 정하려고 왔다고 대답하였다. 그러자 장모가 말하였다.

---

1) 관격(關格) : 급하게 체하여 토하지도 용변도 못 보는 위급한 병.
2) 초례(醮禮) : 혼례(婚禮).

"다른 사람이라면 굳이 허락할 수가 없네만, 자네가 산소를 쓰겠다면 어찌 허락을 하지 않겠는가?"

상주가 매우 기뻐하며 그 사실을 알리러 가려고 하자, 장모가 말하였다.

"자네가 기왕에 여기까지 왔으니 잠시 건넌방에 들어가 딸아이를 보고 가게나."

상주가 처음에는 굳이 사양하였으나, 그의 장모가 그의 손을 잡고 들어가 그의 아내와 마주 앉혀 놓고 나가자, 상주는 비로소 부끄러워 얼굴을 붉혔다.

그러다가 갑자기 욕정이 싹터 억지로 핍박하여 일을 끝내고는 나가 버렸다.

그 길로 집에 돌아가서는 매장에 필요한 물품을 챙겨 상여를 운구하여 산 아래에 이르렀다. 막 하관을 하려 할 즈음에 그의 처가에서 계집종이 와서 아뢰었다.

"저희 집의 작은 상전께서 지금 곡을 하러 오셨어요. 일꾼들을 잠시만 피하게 해주세요."

일꾼들을 물리치자, 그의 아내가 산에 올라 영구 앞에서 슬프게 곡을 마치고 그를 향하여 말하였다.

"아무 날 낭군께서 오셔서 저와 동침을 하시고 가셨지요. 표적을 해 놓지 않을 수 없으니, 반드시 손수 써서 제게 주십시오."

상주는 얼굴이 벌겋게 되면서 그녀를 나무랐다.

"부녀자가 어떻게 그런 난잡스러운 말을 할 수가 있소? 빨리 내려가시오."

그녀는 끝내 내려가지 않고 말하였다.

"손수 쓴 증표를 얻기 전에는 죽어도 내려갈 수가 없습니다."

당시 상주의 숙부와 집안의 여러 사람들이 산 아래에 매우 많이 모여 있었는데, 모두 놀라며 해괴하게 여겼다. 그의 숙부가 꾸짖었다.

"세상에 어찌 이런 일이 있느냐? 우리 집안은 망했구나. 만약 이런 해괴한 일이 있었다면 손수 증표를 써 주거라. 날도 이미 저물었고 일꾼들이 사방으로 흩어지면 큰일을 하는 데 낭패가 아니겠느냐?"

써 주라고 권하는 바람에 상주는 부득이 손수 증표를 써서 그녀에게 주니, 그녀는 그제야 내려갔다. 여러 사람들이 모두들 더럽다고 침을 뱉으며 욕을 하였다.

봉분을 만들고 신주를 집으로 모셔온 지 며칠 뒤에, 상주는 우연히 병에 걸려 일어나지 못한 채 죽고 말았다.

두어 달이 지난 뒤에, 과부가 된 그 아내의 배가 점점 불러오더니 열 달이 차자 사내아이를 낳았다. 그러자 친척들과 이웃 사람들이 모두 놀라고 의아해 하며 말하였다.

"그 집 상주가 겨우 혼례를 치르자마자 초상이 나서 달려갔는데, 이 아이가 어디서 생겼단 말인가?"

모두들 의아해 하며 의견이 분분하였다.

그러자 그녀는 남편이 손수 써 주었던 증표를 꺼내 그들에게 보여 주었다. 그리고 나서야 시비가 분명하게 가려졌다. 어떤 이가 증표를 받게 된 까닭을 묻자, 그녀가 대답하였다.

"겨우 혼례를 마치고 초상이 나서 달려간 상주가 장례도 치르기 전에 그 처를 보러 오는 건 이미 예가 아니지요. 서로 만나게 되었을 때 다시 예에 어긋나게 핍박을 하는 것 또한 상식 밖의 일입니다. 사람이 상정을 잃어 버렸다면 오래 갈 수 있겠습니까? 제가 예로써 거절하는 것을 몰라서가 아니라, 혹시라도 그가 씨를 남기지 않을까 바라는 마음에서 억지로 그가 하는 대로 가만있었던 것입니다. 그러고 나서 생각하니 그때 부부관계를 맺은 것은 비록 집 안에서였으나 아는 사람이 없었습니다. 남편이 죽은 뒤에 아이를 낳으면 틀림없이 더러운 이야기를 듣게 되어도 결백함을 밝힐 길이 없을 것입니다. 이런 까닭에 죽음을 무릅쓰고 부끄러움을 참으며 여러 사람들이 모인 가운데 손수 쓴 이 증표를 받았던 것입니다."

그녀의 말을 듣고 사람들이 모두 탄복을 하였다.

그의 유복자는 나중에 과거에 급제하여 높은 벼슬을 하게 되었다고 한다.

제15화 범을 탄 신부

충청도의 어느 한 선비가 5, 60리 가량 떨어진 이웃 고을에서 아들의 혼례를 치렀다.

신랑은 첫날밤 신방에 들어가 신부와 마주 앉아 있었다. 한밤중에 벼락 치는 소리가 한차례 나더니, 뒷문이 부서지며 갑자기 큰 호랑이 한 마리가 신방으로 달려들어서는 신랑을 물고 가는 것이었다. 신부는 어쩔 줄 모르다가 급히 일어나 호랑이의 뒷다리를 끌어안고 놓아주지 않았다. 호랑이가 곧장 뒷산으로 올라가는데, 마치 나는 듯이 달렸다. 그러나 신부는 한사코 바위 골짜기의 높고 낮음이나 가시나무 길도 헤아릴 겨를이 없이 따라갔다. 입은 옷이 찢어지고 머리가 산발이 되고 전신에 피가 흘러도 오히려 그치지 않았다. 몇 리를 가더니 호랑이도 기운이 쇠진하여 풀이 돋은 언덕 위에 신랑을 내던지고 가버렸다.

신부는 그제야 정신을 차리고 손으로 신랑의 몸을 만져보니, 명치 아래 미약하나마 온기가 있었다. 사방을 살펴보니 언덕 아래에 인가가 한 채 있고, 뒷창으로 희미한 불빛이 흘러나오고 있었다. 신부는 길을 찾아 내려가 그 집 뒷문을 열고 들어가니, 마침 대여섯 사람이 모여서 술을 마시고 있었는데 술안주와 과일이 어지럽게 흩어져 있었.

문득 신부가 들어오는 것을 보니, 온 얼굴에 지분과 피가 엉겨 있고 몸에 걸친 옷이 여기저기 찢어져 있었다. 바라보니 영락없는 여자 귀신인지라, 사람들이 모두 놀라 땅에 엎드렸다. 신부가 입을 열었다.

"저는 사람이니 여러 어른들께서는 놀라지 마십시오. 뒤 언덕에 사람이 있는데 지금 죽었는지 살았는지 알 수가 없습니다. 급히 구해 주세요."

여러 사람들이 놀란 가슴을 진정하고는 일제히 불을 켜들고 뒤 언덕으로 올라갔다. 그곳에는 한 소년이 엎어져 있었는데 곧 숨이 끊어질 것 같았다. 여러 사람들이 그제야 자세히 살펴보니 바로 주인집 아들이었다.

사람들이 깜짝 놀라 소년을 들어다 방안에 눕히고 약물을 써서 씻기니 한참이 지난 뒤에야 깨어났다. 온 집안이 처음에는 놀라서 당황하였다가 나중에는 다행스럽게 여겼다.

신랑의 아버지는 혼례 준비를 하여 아들을 신부집으로 보내고 마침 이웃의 친구들을 모아 술을 마시고 있었는데, 바로 그 자리가 그 집 뒤뜰이었다.

그제야 그녀가 신부인 것을 알았다.

이튿날 며느리 친정에 그 사실을 알리고, 양가의 부모가 모두 뜻밖의 다행스러운 일에 몹시 놀라고 기뻐하였다. 동네의 많은 선비들이 그 일을 관아와 감영에 진정하여 정표를 내려주게 하였다고 한다.

제3권

보살펴주고 은혜를 베푸는 사람들

제1화 공주의 이 진사

　조선조 성종 때 공주에 이 진사라는 사람이 있었는데 이름이 무엇인지는 알려지지 않았다. 살림이 곤궁하고 굶주려 뼈만 앙상하였는데, 과거에 응시하고 싶었으나 서울로 올라갈 노자가 없었다. 공주목사에게 노자를 보태달라는 탄원서를 올렸으나 거절을 당하였다.
　그는 어찌할 도리가 없어 다 떨어진 도포 한 벌을 주막집 주모에게 전당 잡히고 쌀 말이나 얻어 가게 되었다.
　서울로 떠날 때 그는 아내와 헤어지며 말하였다.
　"이번에 또 낙방하게 되면 한강에 빠져 죽을 작정이오. 그리 되면 방이 나붙는 날을 내 제삿날로 알면 될 게요."
　그가 길을 떠나 금강에 이르렀을 때였다. 주막집 딸이 도포를 들고 뒤따라 와서는,
　"진사님! 진사님!"
하고 급히 부르는 것이었다.
　이 진사는 도포를 돌려주고 쌀을 물리려는 줄로 알고 강가로 달려가 사공을 부를 즈음에 주막집 딸이 뒤따라 와서 말하였다.
　"이 도포가 없으면 진사님께서는 서울에 들어가실 수가 없답니다. 노모가 사리를 알지 못해서 도포를 잡히고 쌀을 꾸어 드렸나 봅니다.

제가 마땅히 그 쌀값을 갚을 것이니 이 도포만은 입고 가시지요."
  이 진사는 고맙다고 사례를 하였다.
  그는 서울로 올라갔으나 또다시 과거에 낙방하고 말았다. 강에 몸을 던져 죽으려고 강 언덕에 이르러서는 대성통곡을 하였다. 이때, 전라도에서 서울로 번을 들기 위해 올라왔던 군졸 한 사람이 그 모습을 보고 다가와 어찌된 일이냐고 물었다. 이 진사가 까닭을 말해주자, 그 군졸이 말하였다.
  "우리 아버님이 병환중이시라 집을 떠날 수가 없는 형편인데 왕성에 번들러 갈 날짜가 다가와서 어쩔 수 없이 올라오는 길이오. 자루 속에 돈 몇 십 전을 세내어 왔으니 내 대신 번을 들어주지 않으시려오?"
  이 진사는 탄식과 함께 응낙하고는 그 군졸의 짐을 받아 지고 도로 서울로 들어가서 대궐을 지키는 군졸로 번을 들게 되었다.
  그 일을 한 지 거의 한 달이 되어 가는 9월 16일이 되었다. 둥근 달을 바라보니 잠은 오지 않고 시름에 겨워 이리저리 뒤척이다가 밖으로 나와 발길이 닿는 대로 걸음을 옮겼다.
  그러다 보니 자신도 모르는 사이에 대궐 후원으로 들어서고 말았다. 밤이라 사람의 자취도 끊어지고 고요하기만 하였다. 다만 수없이 많은 단풍나무와 국화꽃이 달빛 아래 무르익은 빛을 서로 비추고 있어 즐길 만하였다.
  제 멋에 겨워 이리저리 구경하고 다니다가 문득 어느 단풍나무 밑을 보니 자리를 깐 위에 붓과 벼루가 놓여 있고 시축도 놓여 있는 것이었다. 그 시축에는 단풍과 국화를 읊은 시가 쓰여 있었다. 그가 가까이 다가가 보니 다음과 같은 시였다.

  서리 뒤에 노랗게도 되고 붉게도 되었지만,

단풍 숲과 국화꽃이 함께 가을을 맞았네.
서쪽으로는 멀리 끝없는 단풍 숲이 이어지고,
동쪽 울타리에는 국화꽃이 몇 송이나 피었는가.
대궐 후원의 바람결에는 향기가 실려 오고,
섬돌에 비낀 해는 겹 그림자를 드리우네.
霜後能黃霜後紅(상후능황상후홍)
楓林菊萼共秋風(풍림국악공추풍)
楚江烟外無窮樹(초강1)연외무궁수)
彭澤樽前有幾叢(팽택2)준전유기총)
禁苑微風香馥馥(금원미풍향복복)
玉階斜日影重重(옥계사일영중중)

이와 같이 세 연만 지어 썼을 뿐이고, 마지막 연을 미처 이루지 못하였다.
이 진사가 읊조리기를 마치자 시인 기질이 발동하여 붓을 가져다가 급히 써 내려갔다.

임금으로서 화초를 즐겨서가 아니요,
천지조화의 오묘함을 알려함인 것을.
君王不是耽花草(군왕불시탐화초)
要識乾坤造化功(요식건곤조화공)

다 쓰고 나니 사람들의 말소리가 들려왔다. 이 진사는 깜짝 놀라 숲

---

1) '초강'은 중국 사천성(四川省)에서 발원하여 호남성(湖南省)의 동정호(洞庭湖)로 흘러드는 민강(岷江)을 가리키므로, 먼 서쪽을 뜻하는 것으로 볼 수 있다.
2) '팽택'은 도연명(陶淵明)이 벼슬한 곳으로, 그의 〈음주(飮酒)〉시에는 '동쪽 울타리에서 국화꽃을 딴다(採菊東籬下)'는 구절이 있다.

속으로 들어가 몸을 숨겼다.

　임금이 밤에 내시 두어 명과 더불어 후원에 나와 단풍과 국화꽃을 구경하고 시를 지어 쓰다가 마지막 연을 마치지 못하고 뒷간에 다녀오는 참이었다. 돌아와 시의 마지막 연이 쓰여 있는 것을 보고, 임금이 놀라는 한편 괴이하게 여겨 내시들을 불러 말하였다.

　"여기 사람이 있는 게 틀림없다. 죄를 주지 않고 상을 줄 테니 빨리 나오라고 하여라!"

　마침내 이 진사가 나와 엎드렸다. 임금이 묻자, 그가 자초지종을 자세히 아뢰었다. 임금은 감탄과 함께 기이하게 여기며 말하였다.

　"며칠 뒤에 별과가 있을 듯하니, 너는 꼭 응시하여라."

하고는 대궐로 돌아갔다.

　이 진사도 후원에서 나와 대궐 지키는 일을 하였다.

　과연 며칠 뒤에 별과를 보이게 되었다. 이 진사는 임금이 명한 대로 과장에 들어갔다. 임금이 친히 '대궐 후원의 단풍과 국화'라는 제목의 4운시를 지으라는 문제를 내고 어떤 운자를 쓰든 좋으니 구애되지 말라고 하였다.

　이 진사는 전에 임금과 자신이 함께 지었던 4운시를 써서 제출하였다. 임금이 친히 채점을 하여 그를 장원으로 뽑았다. 그리고는 그를 불러서 물었다.

　"무슨 벼슬을 하고 싶으냐?"

　"그저 전하의 처분대로 할 따름이옵니다."

　"공주목사가 과거보러 오는 데 드는 비용을 대주지 않았으니 파직하고, 이번에 장원급제한 이 아무개로 그 자리를 대신하라. 전라도에서 번들러 왔던 군졸을 천총[3]으로 삼고, 주막집 딸은 그대의 첩으로 삼도록 하라."

이 진사가 하루아침에 높은 벼슬아치가 되었으니, 사람이 출세를 하고 못하는 것은 언제나 이런 법이다.

---

3) 천총(千摠) : 조선시대 훈련도감(訓鍊都監)·금위영(禁衛營)·어영청(御營廳)·총 융청(摠戎廳)·진무영(鎭撫營) 등에 속한 정3품 무관 벼슬.

제2화 교리 이장곤

연산군 때는 사화가 크게 일어났었다.

교리로 있던 이씨 성을 가진 사람이 화를 피하여 도망을 가다가 보성 땅에 이르렀는데 몹시 갈증이 났다. 나이 어린 여자아이가 냇가에서 물긷는 것을 보고, 다가가 마실 물을 달라고 하였다. 그녀는 바가지로 물을 떠서는 냇가에 있는 버드나무의 잎을 훑어 바가지에 띄워 주는 것이었다. 이 교리가 마음속으로 괴이한 생각이 들어 물었다.

"지나가던 나그네가 목이 몹시 말라 급히 마실 물을 청하는데, 어째서 버들잎을 물에 띄워 주는고?"

그녀가 대답하였다.

"제가 뵙기에 손님께서는 갈증이 심하신 듯했습니다. 만약 찬물을 급히 드시게 되면 틀림없이 탈이 나실 겁니다. 그래서 버들잎을 띄워, 불어가며 천천히 드시게 했던 겁니다."

이 교리가 깜짝 놀라 기이하게 여기며 뉘 집 딸인가를 물으니, 그녀가 대답하였다.

"건너 쪽에 있는 버들고리 만드는 집 딸입니다."

이 교리는 그녀의 뒤를 따라 버들고리 만드는 집으로 가서 사위로 삼아 달라고 청하여 몸을 의탁하였다. 그러나 그 자신은 서울의 귀한 가문 출신으로, 어떻게 버들고리 짜는 것을 알았겠는가? 그는 날마다 하는 일이 없이 항상 낮잠만 잤다. 그러자 장인과 장모가 화가 나서 그를 꾸짖었다.

"우리가 자네를 사위로 맞은 건 장차 버들고리 만드는 걸 도와줄까 해서였네. 그런데 이제 보니 새 사위라고 조석으로 밥만 축내고 밤낮으로 잠만 자니, 이건 밥자루가 아닌가?"

하고는 그 날부터 매 끼니를 반으로 줄여 주었다. 그러자 그의 아내가 가엾은 생각이 들어 밥을 먹을 때마다 누룽지를 더 얹어 주었다. 부부 사이의 정이 더욱 두터워졌다.

그로부터 몇 년이 지난 뒤에 중종반정이 일어나자, 조정 대신들이 모두 새롭게 바뀌었다. 연산군 시절에 달아나 숨어 있거나 쫓겨났던 사람들이 한꺼번에 사면을 받아 벼슬을 하게 되었다. 이 교리도 다시 벼슬을 하게 되었다. 전국 팔도에서 회의를 열어 그들을 찾게 하였다는 소문이 파다하게 퍼지자, 이 교리도 그 소문을 듣게 되었다.

그때가 마침 음력 초하루여서 이생의 처가에서는 관가에 버들고리를 납품하려 하고 있었다. 이 교리가 그의 장인에게 말하였다.

"이번에 관가에 초하룻날 납품하는 버들고리는 제가 실어다 바치겠습니다."

그러자 그의 장인은,

"자네 같은 잠보가 아무 것도 모르면서 어떻게 버들고리를 관가에 바치겠다는 건가? 내가 손수 갖다 바쳐도 매번 퇴짜를 받는데, 자네 같은 사람이 어떻게 바친단 말인가?"

하고는 허락을 하지 않았다. 그러자 그의 장모가 말하였다.

"시험 삼아 보내 보고 안 되면 말 일이지, 가지 말랄 건 뭐유?"

그제야 그의 장인이 허락을 하였다.

이 교리는 등짐을 지고 관아에 이르러 곧장 뜰로 들어가 사또가 거처하는 곳으로 가까이 다가가 큰소리로 말하였다.

"아무 데 사는 유기장이 버들고리를 바치러 왔사옵니다."

그 고을의 본관사또는 바로 이 교리와 평소에 절친하던 무인이었다. 이 교리의 모습을 살펴보고 목소리를 듣더니 깜짝 놀라 일어나 마당으로 내려와 손을 잡고 맞이하여 자리에 오르게 하며 말하였다.

"공이시군요, 공이세요. 어디에 자취를 감추셨다가 이제 이런 모습으로 오셨습니까? 조정에서 찾은 지 이미 오래되었습니다. 감영에서 보낸 공문이 두루 돌았으니 빨리 상경하십시오."

하고는 주안상을 올리라 하고, 또 의관을 꺼내 주며 갈아입으라고 하였다. 이 교리가 말하였다.

"죄를 지은 사람이 목숨을 탐내 유기장 집에서 지금까지 목숨을 이어 왔는데, 어찌 하늘의 해를 다시 볼 줄 알았겠소?"

본관은 이 교리가 자신의 고을에 있다고 감영에 보고를 하고, 역마를 재촉하여 그에게 상경하라고 하였다. 이 교리가 말하였다.

"3년 간 주객의 정이 있는데 모르는 체할 수가 없고, 또 함께 고생을 한 아내가 있소. 그러니 내 마땅히 주인 영감에게 하직 인사라도 해야겠소. 내 이제 나가볼 것이니, 본관께서는 내일 아침 내가 살던 곳으로 꼭 찾아와 주기 바라오."

"그러지요."

이 교리는 올 때 입었던 옷을 도로 입고 즉시 집으로 돌아와 말하였다.

"이번 버들고리는 무사히 바쳤소."

그러자 그의 장인이 말하였다.

"거 참 이상하네. 옛말에 솔개가 10년이 지나면 꿩 한 마리는 잡을 수 있다더니, 참으로 허언이 아닐세. 기특하네, 기특해! 오늘 저녁에는 밥을 몇 숟가락 더 줘라."

이튿날 날이 밝자, 이 교리는 일찍 일어나 물을 뿌리고 마당을 쓸었다. 그것을 보고 그의 장인이 말하였다.

"우리 사위가 어제는 버들고리를 잘 갖다 바치더니, 오늘은 마당을 다 쓸 줄 아네. 오늘은 해가 서쪽에서 뜨겠다."

이 교리가 마당에 멍석을 깔자, 그의 장인이 말하였다.

"자리는 깔아 뭐 하게?"

"본관사또가 오늘 아침에 행차를 하신다기에 이러는 겁니다."

장인이 코웃음을 치며 말하였다.

"자네 무슨 잠꼬대를 하는 건가? 사또님이 어째서 우리 집에 행차를 하신단 말인가? 이건 천부당만부당하게 황당한 소리야. 이제 와 생각해보니 어제 버들고리를 잘 바쳤다고 하는 것도, 틀림없이 길에 내버리고 와서는 지어서 떠벌린 헛소리였구먼."

그 말이 채 끝나기도 전에 관아의 공방아전이 채색한 돗자리를 가지고 '에헴!' 하고 헛기침을 하며 왔다. 그가 마당에 돗자리를 깔며 말하였다.

"사또님의 행차가 이제 곧 도착할 걸세."

유기장 부부는 그 말을 듣고 어쩔 줄 모르며 사색이 되어 머리를 싸안고 울타리 사이에 숨었다. 잠시 후에 길을 비키라는 소리가 대문에 들리더니, 본관사또가 말을 타고 와서는 말에서 내려 방으로 들어갔다. 이 교리와 문안 인사를 나누고는 물었다.

"형수씨는 어디 계십니까? 나오시라고 하시지요."

이 교리는 곧 그의 아내더러 와서 인사를 하라고 하였다. 그녀는 가시나무 비녀를 꽂고 삼베 치마를 입은 채 들어와 사또에게 절을 올렸다. 입은 옷은 비록 남루하였으나 생김새와 거동이 여유 있고 아담하여 상스럽고 천한 여자 같지 않았다. 본관이 공경하는 태도로 답례를 하며 말하였다.

"이 학사께서 곤궁한 처지에 계셨으나 다행히 형수씨의 힘을 입어 오늘에 이르실 수 있었습니다. 비록 의기가 있는 남자라 할지라도 이보다 나을 수는 없었을 겁니다. 어찌 탄복하지 않을 수 있겠습니까?"

그녀가 옷깃을 여미며 대답하였다.

"돌이켜 보건대, 지극히 미천한 촌 아낙네로 군자를 모실 수 있었습니다. 이처럼 귀인이신 것을 전혀 모르고 접대하고 주선하는 데에 무례가 심했습니다. 큰 죄를 지었습니다. 어찌 감히 사또 나리의 고맙다는 말씀을 들을 수 있겠습니까? 오늘 사또께서 상스럽고 천한 저희들이 사는 누추한 곳에 찾아와 주신 것은 대단한 영광이옵니다. 남모르게 천첩의 집이 복을 잃을까 두렵습니다."

본관은 그녀의 말을 듣고 나서 아랫사람들에게 명하여 유기장 부부를 불러 들여 술과 음식을 먹이고 부드러운 얼굴빛으로 대하여 주었다.

그러고 나자 이웃 고을 수령들이 연달아 찾아오고, 감사도 비장을 보내 전갈을 하였다. 유기장 집 문 밖에 사람과 말이 많이 모여 시끌시끌하고, 구경하는 사람들이 담을 친 듯 둘러 서 있었다.

이 교리가 본관에게 말하였다.

"저 사람이 비록 상스럽고 천한 사람이나 내 이미 그녀와 더불어 대등한 신분의 예로 대했고, 또 반드시 배필로 삼을 것이네. 여러 해 동안 수고를 했고 성의를 다했는데, 내 이제 귀하게 되었다고 아내를 바꿀 수는 없다네. 데리고 가도록 가마 하나를 빌려주기 바라네."

본관이 그 자리에서 가마를 구하고 길 떠날 차비를 차려 보내주었다.

이 교리가 대궐에 들어가 임금의 은혜에 감사의 인사를 드릴 때, 중종이 그를 들게 하여 떠돌아다니던 전말을 물었다. 이 교리가 그간의 일을 세세히 모두 아뢰자, 중종이 재삼 탄식을 하며 말하였다.

"그 여인을 천첩으로 대해서는 아니 될 것이니, 특별히 후부인으로 올려 주는 것이 옳으리라."

이 교리는 그녀와 더불어 해로를 하였는데, 부귀영화는 비할 데가 없었고 많은 자녀를 두었다.

이 이야기는 판서 이장곤의 일이었다고 한다.

【원주】

이 판서 장곤(李判書長坤, 1474~?) : 자는 희강(希剛), 호는 학고(鶴皐)·금헌(琴軒), 본관은 벽진(碧珍)이며, 참군(參軍) 승언(承彦)의 아들이다. 연산군 을묘년(1495)에 생원과에 장원하고, 임술년(1502)에 문과에 급제하였다. 교리로 있을 때 연산군에게 거슬림을 당해 거제(巨濟)에 유배되었는데, 연산군이 그를 의심하여 다시 잡아오라고 하였다. 공은 유배지를 탈출한 뒤 바다를 건너 함흥(咸興)으로 도주하여 백정(白丁)들 속에 숨어 지내면서 무쇠 가게의 머슴 노릇을 하고 있었다. 그러다가 병인년(1506) 중종반정 뒤에 다시 조정으로 돌아가 병조판서를 역임하고, 벼슬이 좌찬성에 이르렀다. 이 이야기에서는 달아난 곳이 보성 땅이라고 하였으나 알 수 없다.

제3화 화담 선생 서경덕

　화담 서경덕은 널리 배워 아는 것이 많았으며, 천문·지리·술수 등의 학문에 환하지 않은 것이 없었다. 경기도 장단의 화담에 살았으므로, 호를 화담이라고 하였다.
　하루는 학도들을 모아 강론을 하고 있는데, 홀연 어떤 노승 하나가 찾아와 인사를 하고 갔다. 화담은 노승을 보낸 뒤에 홀연 탄식하여 마지않았다.
　학도들이 그 까닭을 묻자, 선생이 말하였다.
　"너희들은 그 중을 아느냐?"
　"모릅니다."
　"그 중은 아무 산에 있는 신령스런 호랑이니라. 아무 곳에 사는 사람이 방금 딸을 시집보내려 하는데, 그 호랑이가 해치려고 하니 가련하구나."
　학도 가운데 한 사람이 물었다.
　"선생님께서 이미 그런 일이 벌어지리라는 것을 아신다면 어떻게 구할 방도가 있으시군요?"
　"있지. 허나 보낼 사람이 없구나."
　"제자가 가고자 하옵니다."
　"그렇다면 잘됐구나."

하고는 책 한 권을 주며 말하였다.

"이건 불경이니라. 그 집에 가서 비밀이 먼저 새나가지 않도록 해라. 그리고 그 집 사람들더러 책상과 촛불을 대청마루에 준비하게 하고, 그 처녀는 방 안에 있게 한 뒤 네 방문을 모두 잠그고, 건장한 계집종 대여섯 명을 시켜 그 처녀를 꼭 붙잡고 놓아주지 말라고 하여라. 너는 마루에서 이 책을 읽되, 구두(句讀)를 잘못 끊어 읽어서는 아니 된다. 그렇게 밀고 나가서 새벽닭이 울 시간이 지나면 절로 무사할 것이니, 경계하고 삼가야 하느니라."

그 학도가 화담의 명을 받들어 그 집에 달려가 보니, 온 집안이 떠들썩하고 시끄러웠다. 물어보니 내일 사위를 맞으려고 방금 예단을 받았다는 것이었다. 그가 그 집에 들어가 주인을 만나 문안 인사를 한 뒤에 말을 꺼냈다.

"오늘 밤 주인댁에 큰 액이 끼었습니다. 제가 그 때문에 와서 면하게 해드리려고 하는데, 그렇게 하시겠습니까?"

주인이 믿어지지 않는 눈치로 말하였다.

"어디서 온 손님이기에 이처럼 정신 나간 소리를 하는 거요?"

"제가 정신이 나갔는지 안나갔는지는 따지지 마십시오. 오늘밤이면 절로 아실 수가 있을 겁니다. 오늘밤이 지난 뒤에 제 말에 영검이 없으면 그때 때려서 내쫓아도 안 될 게 없지요. 다만 반드시 제 말대로 하시는 것이 좋을 겁니다."

그 집 주인은 마음속으로 매우 의아한 생각이 들었지만, 그의 말에 따라 자리를 마련하여 주고 기다렸다. 그 집 딸도 그가 이끄는 대로 방 안에 들어가 계집종들에게 둘러싸여 있었다.

그 학도는 대청마루 위에 촛불을 켜놓고 단정히 앉아 경문을 읽었다. 삼경 무렵이 되자 홀연 벼락 치는 소리가 들리니, 집안사람들이 모두 벌벌 떨며 달아나 피하였다. 큰 호랑이 한 마리가 뜰에 웅크리고 앉아 울부짖는 것이었다. 그 학도는 얼굴빛 하나 변하지 않은 채 그치지 않고 경을 읽었다.

그 때 처녀가 똥이 마렵다며 한사코 방에서 나가려고 하자, 옆에 있던 계집종들이 말리며 붙잡았다. 처녀가 펄쩍 뛰어 달아나려 하니 감당할 수가 없었다.

그 호랑이가 갑자기 크게 울부짖으며 창 앞에 있는 나무를 세 차례나 물어뜯고는 홀연 사라져 버렸고, 처녀는 기절을 하였다.

집안사람들이 그제야 정신을 차리고 따스한 물로 처녀의 입을 씻어주니 잠깐 사이에 깨어났다.

그 학도가 독경을 마치고 밖으로 나가니, 온 집안사람들이 고맙다고 인사를 하며 그를 신과 같은 사람이라고 여겼다.

수백 금의 돈으로 그 은혜를 갚고자 하니, 학도가 말하였다.

"나는 재산이 탐이 나서 온 사람이 아니오."

하고는 옷을 떨치고 돌아갔다.

그 학도가 화담 선생을 찾아가 보고를 드리니, 선생이 웃으며 말하였다.

"너는 어째서 세 곳이나 잘못 읽었느냐?"

"잘못 읽은 데가 없었는데요."

"조금 전에 그 중이 또 지나가다가 내가 사람을 살려준 공을 치하하였다. 그리고는 '경문 세 곳을 잘못 읽은 까닭에 마루의 나무를 물어뜯어 표지를 하였다.'고 하더구나."

그 학도가 생각해 보니, 과연 잘못 읽었다.

【원주】

서 화담 경덕(徐花潭敬德, 1489~1546) : 자는 가구(可久), 본관은 당성(唐城)으로, 송도(松都)에 살았다. 중종 때 생원으로 참봉 벼슬을 받았으나 벼슬하러 나가지 않았다. 뒤에 좌의정에 증직(贈職)되었으며, 시호는 문강(文康)이다.

제4화 서출로 태어난 양사언

　양 승지는 유람을 좋아하는 습관이 몸에 배어 있었다. 말 한 필에 동자 하나를 거느리고 멀리 함경도까지 유람을 갔다가 백두산에 올랐다. 돌아오는 길에 안변을 지나면서 주막집에서 말먹이라도 주려고 하였으나 집집마다 모두 사립문이 잠겨 있었다.
　여기저기 방황을 하다가 돌아보니 길가에서 수십 보 가량 되는 곳에 시냇물과 바위가 한적한 가운데 조그만 농가가 있어, 닭 우는소리와 개 짖는 소리가 들려왔다. 그 집 앞에 이르니, 나이가 열 네댓 살 되어 보이는 어린 낭자 하나가 대문에서 맞이하며 물었다.
　"어디서 오시는 길인가요?"
　"먼길을 가는 사람인데 주막집마다 다 문이 잠겨 있어서 그런단다. 말을 좀 먹이고 갔으면 싶구나. 너의 집의 주인은 어디 갔느냐?"
　"주막집 주인들과 함께 모두 뒷마을에 계모임이 있어서 갔습니다." 하더니 부엌에 들어가 말에게 먹일 죽 한 통을 내다가 먹이는 것이었다.
　양공은 날씨가 더워 나무 그늘 아래에서 옷을 벗었다. 낭자는 나무 아래에다 삿자리를 깔아 주더니 다시 부엌으로 들어갔다. 조금 뒤에 그녀는 밥상을 차려내 오는 것이었다. 산나물과 채소로 만든 반찬이 매우 정갈하였다.

양공은 그녀가 사람을 접대하는 것이 자상하고 민첩하며, 행동거지가 온순하고 정숙한 것을 보고 마음속으로 매우 기이하게 여겼다. 또한 갑작스레 손님을 대접하면서도 조리가 있었다. 양공이 낭자에게 물었다.

"나는 말이나 먹여 달라고 했는데, 웬일로 사람까지 먹이느냐?"

"말도 이미 지친 듯한데, 사람이 어찌 시장하지 않겠습니까? 그리고 어찌 사람은 천하게 여기고 짐승을 귀하게 여길 수 있습니까?"

그녀의 나이를 물으니, 열다섯 살이라고 하였다. 그녀의 부모는 시골 사람들이었다.

떠날 때 밥값을 계산하여 주려고 하니, 그녀는 굳이 사양하고 받지 않으며 말하였다.

"손님을 접대하는 것은 사람 사는 집에서 마땅히 해야 할 일입니다. 만약 값을 받게 되면 다만 풍속이 의롭지 못하게 될 뿐만 아니라 장차 부모님의 꾸중을 면치 못할 것입니다."

마침내 양공이 그녀에게 선두향 하나를 주자, 그녀는 꿇어앉아 그것을 받으며 말하였다.

"이것은 어른께서 주시는 것인데 어찌 감히 사양하겠습니까?"

양공은 더욱 감탄을 하면서 말하였다.

"먼 시골집에서 어찌 생긴 할미가 이렇듯 착하고 훌륭한 아이를 낳았는고?"

양공이 집으로 돌아와 한가롭게 지내는데, 몇 년이 지난 뒤에 어떤 사람이 찾아와 문안을 올리며 말하였다.

"소인은 안변에 있는 아무 데 마을 사람입니다. 아무 해 아무 때 영감마님께서 우연히 누추한 저희 집을 지나시다가 나이 어린 계집아이에게 향을 주신 일이 있으십니까?"

양공이 한동안 생각에 잠겼다가 말하였다.

"과연 그런 일이 있었네."

"딸년이 그 뒤로부터 다른 사람에게는 시집을 가려고 하질 않고, 영감마님 댁에 찾아가 평생토록 청소나 하며 모시겠다고 하는군요. 그러면서 하는 말이, 여자의 행실은 남에게 물건을 받았으면 다른 사람에게는 시집을 갈 수가 없는 것이라고 하네요. 그래서 천 리를 멀다 하지 않고 왔습니다."

양공이 웃으며 말하였다.

"내 늙어서 머리가 허옇다네. 나이 어린 낭자에게 무슨 생각이 있었겠는가? 허나 그 아이가 아리땁고 영민한 것이 특히 사랑스러워 향을 준 것일세. 또한 밥값을 받지 않겠다고 하는데 줄 만한 것이 없어서 향 묶음을 풀어 주었던 것이라네. 설령 우리 집으로 시집을 온다고 하더라도 만약 내가 오늘 낼 죽게 되면 젊은 낭자의 꽃다운 나이가 어찌 아깝지 않겠는가? 자네는 돌아가서 내가 말한 대로 타이르고, 사위를 가려 시집을 보내게. 그리고 다시는 망령된 생각을 하지 말게나."

그는 하직을 고하고 돌아가더니 또다시 찾아와서 말하였다.

"갖은 말로 타일렀으나 죽기로 맹세를 했다고 하므로 어쩔 수 없어 데리고 왔습니다. 영감마님께서 살펴 처리해 주십시오."

양공이 굳이 거절하였으나 듣지를 않자 웃으며 받아 들였다. 양공은 군자였는지라 수십 년 동안을 홀아비로 지내면서 여색을 가까이하지 않고 거문고와 독서를 즐기며 산수를 찾아 유람하는 것을 낙으로 삼았었다.

소실이 들어온 뒤로, 그녀가 멀리서 찾아온 뜻을 위로하는 것을 한 번 보았을 뿐 조금도 다정하게 대하는 듯한 기색은 없었다.

어느 날 새벽 양공이 사당에 참배하고 안방에 들어가서 뜰로 난 창문과 방문이 깨끗하게 청소가 되고 음식과 그릇에 모두 조리가 정연한 것을 보고 며느리에게 물었다.

"전에는 우리 집이 아침저녁으로 어려운 처지라 온갖 것이 모두 정돈되지 않았었는데 요즘에는 전에 보던 광경이 아니로구나. 또 내가 좋아하는 음식이 빠지지 않으니 어떻게 이리 되었는고?"

그러자 며느리가 대답하였다.

"안변 작은어머니가 들어온 뒤로 바느질이나 길쌈은 오히려 남은 힘으로 하는 일이고, 집안 일을 맡아 힘쓰는 것을 보면 결코 예사 사람이 아닙니다. 닭이 울면 일어나서 온종일 부지런히 일을 합니다. 요즘 집안 살림이 점차 넉넉해지는 것은 참으로 그 때문입니다. 또 성품이 순박하고 행실이 도타워서 사대부 집 여인의 풍모가 있습니다."

하며 입이 마르게 칭찬을 하였다.

양공이 그 말에 감격하여 그 날 저녁에 소실을 불러 수작을 해보니, 다만 태도가 그윽하고 음전할 뿐만 아니라, 비록 먼 시골의 상민 출신이기는 하나 현숙하며 총명하고 민첩한 식견이 있어, 옛사람들에 견주어도 부끄럽지 않았다.

이로부터 양공이 몹시 아끼고 사랑하여 연달아 두 아들을 낳았다. 그 두 아들은 생김새가 단정하고 똑똑하였으며 숙성하였다.

그 두 아들이 8, 9세가 되었을 때, 소실이 갑자기 집을 지어 따로 살게 해달라고 청하였다. 또 집을 자하동의 산수 경치가 빼어난 곳의 길옆에 고대광실로 지어달라고 하였다.

어느 날, 성종이 자하동에 거둥하여 꽃을 구경하다가 돌아가는 길에 동이에 물을 쏟아 붓는 듯한 폭우를 만나 어느 한 집으로 피하여 들어갔다. 그 집은 건물과 뜰이 말끔하고 꽃과 풀에서 향기가 났다. 누구의 집이냐고 물으니, 시종하던 관리가 사실대로 대답하였다.

조금 뒤에 의복과 모자가 선명하고 용모가 빼어나게 아름다운 어린 아이 둘이 나와서 성종에게 인사를 올렸다. 임금이 누구냐고 물어보니 양 아무개의 소실에게서 태어난 아들이라고 하였다. 임금이 한 번 보고 신선과 같은 풍채와 골격이라고 칭찬을 하였다. 배운 것에 대하여 물어보니, 옛날의 신동들에 비겨 부끄럽지 않았다. 붓으로 쓰는 글씨는 마치 물 흐르듯 거침이 없었으나 하나같이 법도에 맞았다. 운자를 불러주고 시를 짓게 하니 불러주기가 무섭게 지어내는 것이었다. 그것을 본 임금은 크게 기뻐하였다.

그러고 있는데 시종하여 온 신하들은 모두 처마 밑에서 비를 피하면서 소곤소곤 귀엣말을 나누는 것이었다. 임금이 어째서 그러느냐고 묻자, 신하들이 대답하였다.

"주인집에서 음식을 내오고 싶은데 감히 여쭙지를 못하고 있사옵니다."

마침내 음식을 차려 내왔는데, 진수성찬으로 매우 정갈하게 갖춘 것이었다. 아울러 시종하고 온 신하들에게도 음식을 차려 대접을 하였다.

임금은 음식을 갑자기 마련해 온 것이 매우 의아스러웠다. 넉넉히 상을 내려주고는 두 아이를 데리고 환궁하였다. 임금은 기쁨을 감추지 못하고 동궁에게 말하였다.

"내 이번 길에 신동 둘을 얻었느니라. 너를 보필할 신하로 삼겠노라."

하고는 두 아이들을 임시로 세자시강원의 심부름꾼에 임명하여 길이 대궐에 있도록 하였다. 두 아이들은 동궁과 나이가 비슷하였다. 임금의 두 아이들에 대한 총애와 대우는 비길 데가 없었다.

그녀가 낳은 큰아들은 양사언으로 호를 봉래라고 하였으며, 벼슬이 안변 부사에 이르렀다. 둘째 아들은 양사준이다. 그 뒤, 소실은 살던 집을 철거하고 도로 큰집으로 들어가 그곳에서 생애를 마쳤다.
 내가[1] 호곡 남용익이 편찬한 《기아(箕雅)》라는 시집을 보니, 봉래 양사언 형제와 양사언의 아들, 그리고 양사언의 첩의 시가 함께 뽑혀 실려 있어서, 마음속으로 인재들이 어떻게 한 집안 안에 모여 있을까 하고 매우 의아하게 여겼었다. 양공과 그 소실이 안변에서 기이하게 만난 이야기를 듣고서야 양공의 순수한 덕성과 그 소실의 정숙한 행실이 여기에 다 모인 것임을 알게 되었다.

 봉래 양사언의 아버지는 음관으로 영암 군수가 되었다. 말미를 받아 서울에 올라갔다가 부임지로 돌아가는 길이었는데, 아직 영암군에 이르자면 하루는 더 가야 되었다. 새벽에 일어나 길을 떠나다 보니 주막에 이르기도 전에 사람과 말이 지치게 되었다. 그래서 점심을 지어먹을 요량으로 길가에 있는 민가를 찾았다.
 당시는 마침 농사철이라 사람들이 모두 들판에 나가고, 마을이 하나같이 비어 있었다. 어느 한 집에 다만 열 한두 살 되어 보이는 여자아이 하나가 있다가 하인에게 말하였다.
 "제가 밥을 지어 드릴 테니 잠시만 저희 집에 드시지요."
 "나이 어린 네가 어떻게 행차 나리의 진지를 지어 올릴 수 있겠느냐?"
 "그건 염려 마시고 어서 들어가시지요."
 일행은 다른 방법이 없어 그 집으로 들어갔다. 대문을 들어서니, 여자아이는 방을 깨끗이 치우고 자리를 깐 뒤 그들을 맞이하였다.
 여자아이가 하인더러 말하였다.
 "행차 나리의 진지는 저희 집 쌀로 짓겠습니다. 다만 아래 분들은 각각 양식을 꺼내 주시면 좋겠어요."

---

[1] 처음 이 이야기를 기록한 사람인 듯함.

양 사또가 그 여자아이를 자세히 살펴보니, 용모가 단정하고 고운 데다 말소리가 맑고 또랑또랑하여 조금도 시골 계집아이 티가 나지 않아 매우 기이하게 여겨졌다.

이윽고 점심을 지어 올리는데, 그 정갈하고 담박한 것이 예사롭지 않고 아주 훌륭한 것이었다. 일행들이 모두 기특하다고 칭찬하였다.

양 사또는 그녀를 가까이 오라고 불러 물었다.

"나이가 몇인고?"

"열두 살입니다."

"네 아비는 무슨 일을 하는고?"

"이 고을의 장교로 있는데, 아침에 제 어미와 함께 들판에 김매러 나갔습니다."

양 사또는 기특하고 사랑스러워 상자에서 푸른 부채와 붉은 부채 각 한 자루씩을 꺼내 주며 장난 삼아 말하였다.

"이건 내가 네게 납채로 주는 것이니 공손히 받거라."

여자아이는 그 말을 듣더니 즉시 방으로 들어가 상자에서 붉은 색 보자기를 꺼내다가 앞에 깔며 말하였다.

"이미 예물로 주신다고 하셨는데, 막중한 예물을 어떻게 손으로 받겠습니까?"

그녀의 말을 듣고, 상하 일행 모두가 기특하다고 칭찬하지 않는 사람이 없었다.

양 사또는 마침내 그 집을 나서 길을 떠나 영암군에 이르렀다. 그 뒤로는 그 일을 잊게 되었다.

그로부터 몇 년이 지난 뒤에, 문을 지키던 군졸이 들어와 아뢰었다.

"이웃 고을 아무 데 장교로 있는 아무개가 뵈러 왔습니다."

양 사또가 들어보내라고 하여 보니, 평소에 모르던 사람이었다. 양 사또가 물었다.

"자네 이름을 뭐라고 하는가? 그리고 무슨 일로 와서 보자는 겐가?"

그가 엎드려 절을 하고 말하였다.

"소인은 바로 아무 고을의 장교로 있습니다. 사또 나리께서 재작년 서울 가셨다가 돌아오시는 길에 소인 집에서 점심을 드신 일이 있습니다. 그때 어떤 계집아이 하나가 진지를 지어 올린 일이 있었습죠?"

"그랬었지."

"그때 혹시 신물을 주신 게 있습니까?"

"신물이 아니라, 그 여식 아이가 영리한 것이 사랑스러워 빛깔 있는 부채를 상으로 주었었지."

"그 아이가 바로 소인의 딸년입니다. 올해 나이가 열다섯이 됩죠. 이제 혼사를 의논하려고 하는데, 딸년이 영암 사또 나리께 예물을 받았다면서 죽어도 다른 데로는 시집을 가지 않겠다고 하는군요. 그래서 한때 농 삼아 하신 말씀을 어찌 믿을 수 있겠냐며 억지로라도 시집을 보내려고 하였더니 한사코 마다하는 겁니다요. 이리저리 꾀어도 보았지만 그 아이 마음을 돌리기 어려울 것 같아 부득이 와서 아뢰는 것입니다."

양 사또가 웃으며 말하였다.

"자네 딸의 호의를 내 어찌 차마 등지겠는가? 자네는 날이나 받아 오게. 내 마땅히 맞아 오겠네."

혼인하는 날이 되자, 양 사또는 예를 갖추어 그녀를 맞아다가 소실을 삼았다. 당시 양 사또는 마침 홀아비로 지내던 터라, 그녀를 안방에 거처하게 하고 음식과 의복에 관한 일을 주관하게 하였는데 마음에 맞지 않는 것이 없었다.

양 사또의 임기가 끝나 본가로 돌아갔을 때, 그녀는 본 부인이 낳은 자녀를 지극한 정성으로 어루만지고 사랑하며 키웠다. 여러 노비들을 부리는 데에는 각각 그 도리를 다하였다. 그리하여 마침내 그녀는 일가친척들에게 환심을 얻지 않은 데가 없었다. 그녀를 칭찬하는 소리가 아래 윗사람들과 집 안팎에서 넘쳤다.

그녀가 아들을 하나 낳으니, 그가 바로 봉래 양사언이다. 신선과 같은 풍채가 빼어나고, 얼굴 모습이 청수하여 참으로 선풍도골이었다.

몇 년 뒤에 양 사또가 작고하자, 그 슬픔으로 몸이 쇠약해졌다. 예에 따라 상복을 입는 날, 일가친척들이 모두 모였다.

양사언의 어머니는 한바탕 곡을 하고 자리로 나와 말하였다.

"오늘 여러 어른들께서 다 모이셨고 상주들도 모두 자리에 있으니, 제가 한 가지 부탁을 드릴 일이 있습니다. 허락해 주실는지요?"

상주들이 말하였다.

"현숙하신 서모님께서 부탁하시는 것을 저희들이 어찌 따르지 않을 리가 있겠습니까?"

친척들의 대답도 또한 그러하였다. 그러자 그녀가 말하였다.

"제가 낳은 아들 하나가 사람됨이 그다지 어리석지는 않습니다. 하오나 우리나라 풍속에 천한 서얼로 태어나면 제 아무리 어른이 될지라도 어디에 쓰이겠습니까? 여러 도련님들께서 비록 격의 없이 은혜와 사랑을 주고 계시지만, 제가 죽고 나면 서모의 복을 입으실 겁니다. 그리되면 적서의 구별이 현격한지라, 이 아이가 장차 어떻게 행세를 하겠습니까? 제가 오늘 자결을 하여 나리마님의 상중에 임시방편으로 함께 장례를 치른다면 아마도 다를 게 없을 것입니다. 바라옵건대 여러 어른들께서는 곧 죽을 이 사람을 가엾이 여기시어 저승에 한을 품고 가지 않게 해주십시오."

여러 사람들이 다같이 말하였다.

"이 일은 우리들이 좋은 도리를 상의하여 차등이 없도록 할 텐데 어째서 자결을 하겠다고 하십니까?"

그녀가 말하였다.

"여러 어른들의 뜻은 감격스럽습니다. 그러나 한번 죽는 것이 더 낫겠지요."

말을 마치고 그녀는 품속에서 조그만 칼을 꺼내더니 양 사또의 관 앞에서 자결을 하는 것이었다. 여러 사람들이 모두 크게 놀라 애석하다고 탄식을 하며 말하였다.

"이 사람이 현숙한 성품으로 자결을 하면서까지 이렇게 부탁을 하였는데, 죽은 사람의 부탁은 저버릴 수가 없소."

하고는 서로 상의를 하더니, 적자로 태어난 형들이 양사언을 친동생처럼 대하여 주고 조금도 차등을 두지 않았다.

양사언은 장성한 뒤에 높은 벼슬자리를 두루 거쳤고, 명성이 온 나라에 자자하였으나, 그가 서자라는 것을 알지 못하였다고 한다.

【원주】

양 승지(楊承旨) : 이름은 희수(希洙)로, 본관은 청주(淸州)다. 음관으로 벼슬하여 주부2)에 그쳤다. 세 아들 가운데 사준(士俊)이 형이고, 그 다음은 사기(士奇)인데, 위의 이야기에서 '둘째 아들이 사준'이라고 한 것은 알 수가 없다.

양사언(楊士彦, 1517~1584)의 자는 응빙(應聘)이고, 봉래(蓬萊)는 그의 호다. 중종 경자년(1540)에 진사가 되었고, 명종 병오년(1546)에 등과하여 벼슬이 부사에 이르렀다.

양사준(楊士俊)의 자는 응거(應擧)인데, 아우와 함께 등과하여 벼슬이 첨정(僉正)에 그쳤다.

---

2) 주부(主簿) : 조선시대 각 관아의 낭관(郎官) 벼슬의 하나.

양사언의 아들은 만고(萬古, 1574~?)인데, 자는 도일(道一)이다. 광해군 경술년(1610)에 진사로 등과하여 벼슬이 정(正)에 그쳤다.

호곡 남용익(壺谷 南龍翼, 1628~1629) : 자는 운경(雲卿), 호는 호곡, 본관은 의령(宜寧)이며, 부사를 지낸 득붕(得朋)의 아들이자 지소재(志素齋) 효의(孝義)의 6세손이다. 인조 병술년(1646)에 진사가 되었고, 무자년(1648)에 등과하여 대제학이 되었고, 벼슬이 이조판서에 이르렀으며, 시호는 문헌(文憲)이다.

제5화 상국 김우항

정승 김우항은 나이가 48세에 이르도록 청렴하게 지내다 보니 집안 살림살이가 하나같이 쪼들렸다. 다 찌그러진 오막살이는 달팽이집 같았고, 생계는 부뚜막에 거미줄을 친 듯하여 아침저녁의 끼니를 잇지 못하였고, 제대로 갖추지 못한 의관마저 변변한 것이 없었다.

그는 딸만 다섯을 두었는데 모두 시집갈 나이가 되었으나 하나도 시집을 보내지 못하였다.

그러던 가운데 어떤 선비 한 사람의 아들과 공의 딸 사이에 혼담이 있어 혼약이 이루어졌다. 그가 가만히 생각해보니 자신의 몸뚱이 이외에는 실로 쓰지 못할 물건조차도 없고 또한 친척도 없는지라 하소연할 곳이 없었다.

'무엇을 가지고 혼수를 마련해 보낸단 말인가!'

밤마다 잠을 이루지 못한 채 탄식을 하며 거의 침식을 폐한 것이 열흘이 지나 한 달이 다 되어갔다. 그러다가 문득 먼 친척 가운데 무관한 사람이 단천[1]부사로 있다는 것이 생각났다.

'나보다 항렬이 약간 높으니, 그 양반을 찾아가 돈이든 재물이든 조

---

1) 단천(端川) : 함경남도에 있는 고을.

금만 얻어오면 아마도 혼사는 치러주겠구나.'
 그리하는 것이 매우 부끄러운 일이라는 것은 알았으나 또한 어찌할 수가 없었다.
 그는 이 사람 저 사람에게 간청하여 겨우 이자를 준다는 조건으로 노자를 빌리고, 또 조랑말 한 마리를 세내어 하인을 앞세우고 길을 떠났다.
 노숙을 해가며 천여 리의 길을 걸어 드디어 단천읍에 이르렀다. 관아의 문을 두드리며 사또를 만나게 해달라고 청하였다. 그러나 그는 도리어 문지기에게 밀려나고 말았다. 사람들을 함부로 들여놓지 말라는 사또의 명이 있었으므로 감히 들여놓을 수 없다는 것이었다.
 그가 여러 차례 문지기를 꾸짖었으나 끝내 들어주지를 않았다. 한동안 서로 버티다 보니 날이 벌써 저물어왔다. 주막집으로 돌아와 잠을 자고, 이튿날 아침에 다시 가서 문을 두드렸으나 여전히 들어갈 수가 없었다.
 그가 분함을 이기지 못하여 돌아갈까 하는 생각도 들었으나 이미 쏘아놓은 화살인지라 도중에 그만둘 수는 없었다. 저녁이 되면 주막집에 들러 잠을 자고 날이 밝으면 다시 관아에 가서 들여보내 달라고 청하였다. 이러기를 한 달이나 하였으나 여전히 틈을 얻지 못하였다.
 그 사이에 마련해 갔던 노자도 이미 다 떨어져 주막집 주인에게 빌려 쓴 것이 적지 않았다. 주막집 주인은 그가 타고 간 말을 담보로 잡았다. 근심과 걱정이 방망이질하듯 그치지 않아 이럴 수도 저럴 수도 없었다.
 주막집 주인이 그의 형편을 알고 귀띔을 해주었다.
 "사또께서는 내일 사창2)에 가서서 친히 환곡3)을 검사하신다던데, 사창으로 가자면 우리 주막집 앞을 지나가게 되지요. 길옆에서 기다리다가 한번 만나보시오."

그는 그렇겠다고 여겨 이튿날 아침에 그 말대로 하였다. 그러자 과연 사또가 탄 가마가 나타났다. 나졸들이 가마를 옹위한 채 잡인을 금하느라고 지르는 소리가 요란하였다. 그가 재빨리 소리를 질렀다.

"제가 여기서 머문 지 오래되었습니다!"

사또가 고개를 끄덕이며 물었다.

"그래, 무슨 까닭인가?"

그가 조목조목 그 연유를 말하기 시작하였다. 그의 말이 미처 끝나기도 전에 사또는,

"마침 공사가 있어 그대와 더불어 말할 겨를이 없네. 그러니 가서 기다리게."

하고는 하인을 돌아보며 말하였다.

"네가 저 사람을 안내하여 동각4)에 들게 하고 내가 돌아올 때까지 기다리게 하거라."

그가 즉시 하인을 따라 관아에 들어가 앉아 있었으나 날이 저물도록 먹을 것을 주지 않는 것이었다. 그는 배가 고프고 목이 말라 견디기가 어려웠다.

저녁 때 늦어서야 사또가 돌아왔다. 사또와 마주앉은 그가 입을 열었다.

"제가 하루 종일 아무 것도 먹지 못하여 눈앞이 아찔하고 정신을 차

---

2) 사창(社倉) : 조선시대 각 지방의 사(社 : 오늘날의 면 단위)에 두었던 곡물 대여 기관. 또는 그 창고.

3) 환곡(還穀) : 흉년이나 춘궁기(春窮期)에 곡식을 빈민에게 대여하고 추수기에 이를 환수하던 구휼제도. 환자(還子). 환상(還上).

4) 동각(東閣) : 조선시대 지방의 수령이 공무를 보던 곳.

리지 못하겠습니다. 밥이든 죽이든 먹여 주린 배부터 좀 채우게 해주십시오."

"우선 술과 안주를 들어보게."

조금 있더니 주안상을 맡고 있는 관비가 주둥이 깨진 조그만 항아리에 술을 담고 다시마 한 조각을 안주로 차려왔다.

그는 하루 종일 굶주렸는지라 처음부터 생각하기를,

'좋은 술과 기름진 고기 안주를 내오면 한바탕 배불리 먹어 군침 도는 입을 달래보겠구나.'

하였는데, 주안상을 보는 순간 노기가 치솟아 올라 벌떡 일어나서는 발길로 주안상을 걷어차서 땅에 엎지르고 말았다. 그리고는,

"사람대접을 이렇게 할 수 있소?"

하자, 사또도 노하여 소리를 질렀다.

"내가 너보다 항렬이 높거늘, 내가 주는 음식을 어찌 감히 이리한단 말이냐?"

하고는 급히 관노에게 명하여 그를 문 밖으로 쫓아내게 하였다. 다시 아전들을 불러 말하였다.

"너희들은 모름지기 우리 관내에 단단히 일러서, 저 귀신같은 놈을 재워주는 자가 있으면 응당 가혹한 벌을 받을 것이라고 하여라."

김우항이 분한 마음을 삭이지 못한 채 주막집으로 돌아오니, 주막집 주인은 문을 닫아걸고 그를 받아들이지 않을 뿐만이 아니라 말도 빼앗고 돌려주지 않았다.

그는 어찌할 도리가 없어 홀로 하인과 함께 다른 주막을 찾아갔으나, 그곳도 모두 마찬가지였다. 백여 군데나 찾아다녔으나 모조리 거절하지 않는 집이 없었다.

날은 이미 저물어 어두워졌고, 비마저 동이로 들이붓듯이 쏟아지는 것이었다. 마침내 마을이 끝나는 곳에 이르러 더 이상 찾아갈 곳이 없었으므로, 잠시 숲이 우거진 곳에 들어가 쉴 생각으로 걸음을 옮겼다. 그 옆으로 질그릇 굽는 가마가 있고 가운데는 거적문이 쳐져 있었다. 갓바치가 사는 곳이었다. 그가 갓바치에게 말하였다.

"갈 길이 먼데 날이 저물어 그러니 하룻밤 자게 해주시오."

갓바치는 거절하지 않았다. 움집이 여느 집과는 달라 관가의 명이 미치지 않았기 때문이었다.

그가 잠시 앉아 있노라니 비가 문득 그치고, 시간은 2경이 가까워지고 있었다. 구름이 걷히고 달빛이 밝게 쏟아지니 맑은 빛이 사람의 모습을 비쳐주었고, 거적문 틈으로 비쳐든 달빛에 털끝도 볼 수 있었다.

그는 굶주림과 피곤함으로 심신이 어지러운 가운데 한편 분하고 또 한편으로는 한스러움에 눈을 붙일 수가 없었다.

문득 발자국 소리가 점점 가까워지더니 거적문 밖에 이르러 그치는 것이었다. 그가 고개를 들고 내다보니, 그린 듯한 눈썹에 인물이 빼어난 한 여인이 문을 두드리며 물었다.

"이 움집 안에 서울서 오신 손님이 계신지요?"

그는 사또가 보낸 사람인가 의심하여 갓바치에게 숨겨달라고 하였다. 그러자 여인은,

"어째서 저를 속이십니까?"

하고는 곧장 거적문을 밀치고 들어오는 것이었다. 그는 피할 곳이 없었다. 그녀는 그를 가리키며,

"여기 계셨군요. 두려워하실 거 없습니다."

하였다. 그가 어찌된 일이냐고 물으니, 여인이 대답하였다.

"저는 바로 관가에서 술시중을 맡고 있는 기생입니다. 사또께선 매

번 보리막걸리와 다시마 조각으로 사람들을 대접하곤 했답니다. 저는 일찍부터 사또께서 재물을 아끼고 남을 업신여기는 것을 미워했지요. 그러나 이런 음식을 대접받는 사람들이 모두들 달게 여기면서 번번이 받아 마시곤 했습니다. 저는 이런 사람들이 모두 천박한 장부인 까닭에 중후한 기상이 없다고 여겼지요. 그런데 상공께서는 비록 굶주려 피로하고 목마른 지경에 계셨으나 능히 일어나 주안상을 차 엎으셨으니 비범한 분이라는 걸 알 수 있었습니다. 그와 같은 지조와 기개로 어찌 부귀를 누리지 못할까봐 걱정하겠어요."

그가 재삼 겸손해 하다가 사례하였다.

그때 어린 계집종 하나가 머리에 옻칠한 찬합을 이고 들어왔다. 기생이 그것을 받아 그의 앞에 내려놓았다. 찬합 안에는 국과 밥, 고깃점과 젓갈 등이 모두 극히 정갈하게 담겨 있었다.

그는 수저를 들자마자 정신없이 먹기 시작하여 순식간에 다 먹어 치웠다. 입에 맞지 않는 음식이 없었다. 그가 극구 칭찬을 하며 은혜를 잊지 않겠다고 하자, 기생이 말하였다.

"기왕에 모시고 이야기하는 것을 허락하셨으니 잠시 누추한 저의 집에 가서서 간곡한 정을 펴게 해주십시오."

그가 기생을 따라 그녀의 집으로 갔다. 푸른 창문에 붉은 칠을 한 대문, 산초를 뿌려 향기로운 벽에 담이 희고 깨끗한 집이었다. 당나라의 시 구절을 쓴 대련이 걸려 있고, 골동품이 가득 쌓여 있었다. 청동화로에는 용유향[5]을 태워서 맑은 향기가 코에 스미고, 등불이 휘황하게 켜져 비단의 무늬와 수놓은 것이 찬란하게 빛났다.

그녀가 그를 수놓은 방석에 앉게 하고 내심을 털어놓은 뒤 물었다.

---

5) 용유향(龍乳香) : 희귀한 향의 이름.

"천리 길을 오셨는데 무슨 일로 오셨습니까?"

그가 그간의 사연을 이야기하니, 그녀는 얼굴을 찌푸리며 가엾이 여기는 기색이 있었다.

새벽이 가까워졌으므로 그녀는 그를 이끌어 동침하니 운우6)의 즐거움으로 잠자리가 어지러워졌다.

날이 밝자 그녀가 먼저 일어나 비단 옷상자에서 깨끗한 옷 한 벌을 꺼내 그에게 입으라고 주었다. 그는 물리칠 수가 없어 옷을 갈아입으니 옷이 몸에 꼭 맞았다.

그는 그녀와 맺은 정을 끊을 수가 없어서 거의 두어 달 가까이 그녀의 집에 파묻혀 지냈다. 그러던 어느 날, 그녀가 그를 깨우쳐 주었다.

"상공께서는 어찌하여 이곳에 이토록 오래 계십니까?"

"집에 두고 온 처자식들은 추위에 떨며 굶주리고, 종들은 부황이 들어 파리해졌으리라는 것을 모르는 바 아니오, 나를 기다려도 오지 않아 내가 오기를 바라는 그들의 눈이 빠질 지경이라는 것도 잘 알고 있다네. 비단 빈손으로 돌아가 집사람에게 면목이 서지 않을 뿐만 아니라, 이제는 주머니도 텅 비고 노자로 쓸 땡전 한 푼도 없으니 어떻게 천리 밖으로 가겠는가? 이른바 끝내려 해도 끝낼 수가 없는 형국이 되었으니, 이 때문에 결단을 내리지 못하고 머뭇거리며 날짜만 보내고 있는 걸세."

"대장부라면 세상에 태어나 마땅히 한번 힘을 써보아야지, 어찌 변두리에 주저앉아 세월만 허송할 수 있겠습니까? 옛 사람 가운데는 가난한 시골에서 원대한 계획을 세운 사람도 있다 하니, 제가 비록 여자지만 어찌 그런 것을 모르겠습니까? 노잣돈은 제가 이미 마련해 두었습니다."

---

6) 운우(雲雨) : 남녀간의 육체적인 사랑.

그는 몹시 기뻐하며 은근히 기대하게 되었다.

이튿날 아침, 밖에서 말 두 마리가 투레질하는 소리가 들렸다. 그가 웬 말이냐고 묻자, 그녀가 말하였다.

"제가 상공을 위해 마련한 것입니다."

그가 너무 고마워 선뜻 받지 못하고 있으니, 그녀가 말하였다.

"한 필은 상공께서 타시고, 또 한 필에는 대략 옷가지와 노자로 쓰실 것을 뒤의 수레에 실었습니다."

하고는 그림으로 장식된 두 개의 바구니에 얇은 베, 담비가죽, 다리, 은화 등을 가득 채워 실은 다음 그에게 떠나기를 재촉하였다.

그는 눈물을 흘리며 작별하였다. 그녀의 의로움에 탄복하고, 그녀의 정에 이끌리어, 길을 가는 동안 내내 고개를 돌려 북쪽을 바라보며 그리워하였다.

집에 돌아오자, 그는 즉시 가져온 물건으로 혼수를 마련하여 딸의 혼례를 치렀다.

그 해 가을의 과거에 그는 장원급제하여 벼슬길에 나서게 되었고, 얼마 지나지 않아 홍문관에 들어가게 되었다.

어느 날, 그가 푸른 비단으로 된 관복을 입고 홍문관에서 당직을 서고 있는데, 숙종이 당직서는 신하들을 급히 부르는 것이었다. 그가 명에 응하여 들어가 뵈니, 숙종이 말하였다.

"요즘 듣자니 북쪽 지방에 홍수와 가뭄이 거듭되어 흉년이 들었는데, 게다가 지역이 너무 멀어 조정의 지시가 잘 시행되지 않고, 수령들이 탐욕스러워 백성들의 살과 뼈를 깎아낸다고 하오. 그대가 안렴사로 나가 신분을 숨기고서 마을을 다니면서 선한 자와 그렇지 못한 자를 낱낱이 밝혀, 짐의 명을 어기지 말라."

그가 왕명을 받들고는 감격스럽고 황송하여 즉시 다 떨어진 누더기를 입고 신분을 숨긴 채 함경도로 들어갔다. 이 마을 저 마을, 이 집 저 집 다니며 걸식을 하는 가운데 고을 수령들의 정사에 관해 염탐하였다.

어느 날, 저물어 갈 무렵에 그는 단천에 이르렀다. 그곳 기생의 지난 날 은혜를 생각하고 먼저 찾아보려 하다가 다시 그녀를 속여 그녀의 뜻을 알아보자고 생각을 바꾸었다.

그는 그녀의 집 대문 앞에 이르러 외쳤다.

"밥 한 그릇 보태주시오. 밥이 없거든 돈이라도 한 푼 주시오!"

이렇게 두어 번 외치자, 그녀가 창 너머로 듣고 놀랍고 기쁜 나머지 구름 같은 머리채도 가다듬지 않은 채 신을 신을 사이도 없이 허겁지겁 뛰어나왔다. 그를 보자 손을 끌고 들어가서는 물었다.

"어찌하여 이리 되셨소?"

그가 길게 한숨을 내쉬며 말하였다.

"말하자면 끝이 없네. 자네와 헤어진 뒤로 반쯤 갔을 때 도적을 만나 수레에 실은 짐과 노잣돈은 말할 것도 없고 말까지 다 빼앗겼다네. 처자 보기가 부끄러워 집으로 돌아가지 못하고 길거리에 떠돌아다니면서 밥을 빌어먹으며 목숨을 이어왔다네. 어디에도 의지할 곳이 없으니, 이 넓은 세상에 오직 의지하고 바랄 사람은 자네만한 사람이 없네 그려. 다시 와서 정신없게 하려니 감히 선뜻 들어설 수가 없어서 소리를 지른 것일세."

"분주하게 이 집 저 집 다니시느라 오죽이나 시장하시겠습니까? 어떻게 요기를 하셔야 되나? 제가 마침 저녁상을 차려놓고 겨우 한 술 뜨던 참이니 같이 드시지요?"

하고는 그를 밥상으로 이끌어 마주 앉아 저녁을 먹었다.

저녁을 먹은 뒤 그녀는 다시 새 옷 한 벌을 꺼내 그에게 입혀주고 말하였다.

"제가 상공에게 드리려고 이 옷을 지어놓고는 가는 인편이 있으면 부치려고 한 지가 오래 되었습니다. 그러나 소식이 끊어져 아직도 보내지 못하고 있었는데, 뜻밖에도 오늘 작은 정성이나마 이루게 되었습니다."

그는 입고 있던 해진 옷을 벗어서는 꽁꽁 묶어 윗목에 놓아두었다. 그러자 그녀는,

"다 해지고 너덜너덜하여 다시 입을 수도 없는 것을 어디에 쓰시려고 여기다 두서요?"

하더니 창을 열고는 들어다 밖으로 던져 버리는 것이었다.

그가 급히 마당으로 뛰어나가 헌옷을 가져오니, 그녀는 다시 그것을 빼앗아 던져 버렸다. 그는 즉시 그것을 주워 가지고 왔다. 이러기를 세 차례나 거듭하였다.

유심히 그가 하는 양을 주시하고 있던 그녀는 발끈 성을 내며 따졌다.

"제가 오직 정성스럽고 공경하는 마음으로 상공을 우러러 접대하였는데, 상공께서는 도리어 가식적으로 저를 대하시는 것은 어째서입니까?"

그가 깜짝 놀라 물었다.

"무슨 말인가?"

"상공께서 이미 새 옷을 입으시고서도 고심해 가며 지극정성으로 다 해진 옷을 버리지 않으시는 것은 장차 쓸 곳이 있어서이니, 상공이 어찌 암행어사가 아니겠습니까?"

하고는 소매를 뿌리치며 일어서는 것이었다.

그가 웃으며 그녀의 손을 끌어 앉힌 뒤 말하였다.

"내가 과연 과거에 급제하여 외람스럽게도 이 직책을 받고 내려와 자네를 만났네만, 어찌 내 스스로 '내가 어사라네!'하고 뽐내겠는가?"

그러자 그녀는 곧 알겠다고 하면서 물었다.

"장차 이 고을 태수는 어찌 처리하시렵니까?"

"그것이 내게는 가장 난처한 일일세. 태수가 탐욕스럽고 포악하여 백성들을 해친 것은 이루 다 쓸 수가 없을 정도네. 내가 만약 그의 죄상을 낱낱이 지적하여 파직에 이르게 한다면, 이는 친척 사이에 돈독하고 화목한 기풍이 없는 것이요, 그렇다고 그의 죄상을 숨겨주고 알면서도 말하지 않는다면, 이는 나라의 일을 근심하지 않는 것이니 어찌하면 좋겠소?"

"만약 이대로 조정에 아뢰어 끝내 법으로 다스리게 한다면 사람들은 틀림없이 상공께서 쌓아두었던 분노를 터뜨린 것이라고 할 것이요, 만약 덮어두고 죄상을 따지지 않는다면 사적인 일로 공적인 일을 망치게 되는 것이니, 두 가지 모두 행할 수 없는 일입니다. 상공께서 남모르게 태수를 만나보시고 죄상을 따져 태수 스스로 물러나게 한다면 두 가지가 모두 제대로 될 것이니 그리하는 것이 어떨지요?"

"자네가 나보다 훨씬 낫네 그려!"

그녀는 그에게 붓을 잡게 하고 태수의 불법적인 처사와 창고의 곡식 가운데 법을 어긴 것을 관아에서 몰수하여 백성들의 재물을 침탈한 죄상을 낱낱이 쓰게 하였다.

그녀는 그 날 밤으로 그를 인도하여 동헌으로 잠입하였다. 태수가 그곳에 앉아 있다가 그를 보고 깜짝 놀랐다. 그가 이미 과거에 급제한 것을 알고 있었던 것이다.

태수가 일어나 벌벌 떨면서 물었다.

"귀하신 행차가 어떻게 이곳까지 오셨소?"

"내 어명을 받들고 북관에 이르러 귀부에 당도하였으므로 몰래 와 뵙는 것입니다. 그간 별고 없으셨는지요?"

태수는 황공하여 큰절을 하고는 손과 발을 와들와들 떨었다.

"내 귀부에 이르러 고을의 정사를 탐문해보니 가는 곳마다 백성들의 원성이 높아 귀를 가려도 들려오니, 불행하기는 피차일반이나 어쩌면 이다지도 포악한 정사를 한단 말이오?"

태수가 더듬거리며 말하였다.

"소관의 죄를 들려주시기 바랍니다."

그가 적어 온 것을 내보이니, 태수는

"명확한 증거가 여기 있으니 변명할 말이 없소이다. 어사또께서는 뿌리가 같은 친척간의 의리를 각별히 생각하셔서 큰 죄를 면하게 하여 주심이 어떠실는지…?"

"내 어찌 그대의 죄상을 낱낱이 열거하여 중한 형벌을 받게야 하겠소. 그러나 내 이미 안렴사의 중임을 맡고 내려왔으니 내 사적인 정리 때문에 온 고을 백성들에게 고초를 겪게 할 수는 없소. 그러니 모름지기 내일 세 차례 사직청원을 한 뒤 즉시 벼슬을 그만두고 돌아가도록 하시오. 그렇게 하지 않으면 봉고파직하고 죄상을 낱낱이 아뢰겠소."

태수가 사례하였다.

"공의 포용하는 덕량은 썩은 초목에 다시금 봄기운을 불어넣는 듯하고, 뼈만 남은 몸에 다시 살이 돋도록 하는 것 같소. 그러니 감히 공의 명을 받들지 않겠소?"

그는 그 말을 듣고 동헌에서 나왔다.

이튿날 아침에 태수는 과연 병을 핑계로 고향으로 돌아갔다.

그가 떠나기에 앞서 그녀에게 말하였다.

"내 어찌 그대와 함께 돌아가 아름다운 인연을 다시 잇고 싶지 않겠는가마는, 홍문관의 벼슬이 물처럼 맑아야 하니 비바람도 가리지 못하는 초가집에서 끼니도 제대로 잇지 못하는 형편이라네. 만약 자네로 하여금 배고파 눈물을 흘리게 한다면 이는 나의 책임이지. 차차 벼슬이 높아지고 녹봉이 후한 때를 기다려 형편이 좋아지면 다시 만날 날이 있을 걸세."

"제가 어찌 감히 상공께 누를 끼치겠습니까? 높으신 뜻을 따르겠습니다."

그는 일을 마친 뒤 돌아갔다.

어느 날, 그가 다시 홍문관에서 당직을 서고 있을 때였다. 당시 숙종은 나이가 많아서 눈병을 앓고 있었다. 밤마다 당직을 서고 있는 신하들을 모두 불러 한가롭게 이야기를 들으면서 고금의 역사에 관해 생각해 보는 것을 즐겼다. 또한 항간에 떠도는 이야기에 이르기까지 들으며 소일거리를 삼았다.

여러 신료들이 각기 들은 것을 아뢰고 나자 그의 차례가 되었다. 그가 별달리 아뢸 말씀이 없다고 하자, 임금은 굳이 권하였다.

"그대가 이미 북쪽 지방을 다니며 살펴보았으니 틀림없이 오가며 들은 이야기가 있을 것이오. 어찌 그것을 말하지 않는가?"

그가 꿇어 엎드려 말하였다.

"자질구레한 이야기인지라 감히 아뢰지 못하겠습니다."

"임금과 신하 사이는 집안으로 치면 아비와 자식 사이 같거늘 말하지 못할 것이 뭐 있겠는가?"

그는 즉시 단천에서의 일을 조목조목 아뢰었다. 질그릇 굽는 가마에서 기생을 만나 음식을 대접받은 대목에 이르자, 임금은 조그만 대부채로 연거푸 앞에 있는 책상을 쳤다. 다음으로 기생이 마련해준 말을 타고 서울로 떠나는 대목에 이르자 또 몇 차례 책상을 쳤다. 다시 해진 옷을 간수하는 것을 본 기생이 그가 어사임을 알아차렸다는 대목에 이르러서는 어찌나 세게 쳤던지 부채가 다 부서지고 말았다.

마지막으로 밤을 틈타 태수를 만나 그의 죄상을 따지고 기생과 다시 만날 약속을 한 대목에 이르렀을 때였다. 임금은 급히 승지를 불러 전교를 써 가지고 함경도 관찰사에게 유시를 내렸다.

'단천부에서 술을 맡고 있는 기생 아무개를 즉시 김우항의 집으로 올려 보내고 내게 보고하라.'

함경도 관찰사가 과연 임금의 명에 따라 돈과 비단을 후하게 주어 기생을 그의 집으로 올려 보냈다.

기생은 그와 그의 부인을 친부모처럼 섬기고, 비복들을 한결같이 은혜와 믿음으로 부렸으며, 살림살이를 잘 다스려 부족함이 없게 하였다. 그가 조정에서 벼슬하면서 조치한 여러 가지 일에 그 기생의 도움이 많았다고 한다.

【 원주 】

김 상국 우항(金相國宇杭, 1649~1723) : 자는 제숙(濟叔)7), 호는 갑봉(甲峯), 본관은 김해(金海)로, 부사 홍경(洪慶)의 아들인데, 기축년(1649)에 태어났다. 기유년(1669)에 생원이 되었고, 숙종 신유년(1681)에 과거에 급제하여 삼사8)와 옥당9)의 벼슬을 역임하고, 계사년(1713)에 재상이 되어 벼슬이 우의정에 이르렀다. 그 뒤 75세 때 기로소에 들어갔다. 이 이야기에서 '48세에 벼슬을 하지 못한 채…'라고 한 말은 억지로 끌어다 붙인 것 같다.

---

7) 제중(濟仲)을 잘못 쓴 것임.
8) 삼사(三司) : 조선시대 사헌부(司憲府)·사간원(司諫院)·홍문관(弘文館)을 함께 일컫던 말.
9) 옥당(玉堂) : 조선시대 홍문관 혹은 홍문관의 실무를 담당하던 벼슬아치를 총칭하던 말.

제6화 연원부원군 이광정

연원부원군 이광정이 양주[1] 목사로 있을 때, 매 한 마리를 기르면서 매사냥꾼으로 하여금 매일 사냥을 나가게 하였다.

하루는 그 사냥꾼이 나갔다가 자고 돌아왔는데, 발을 다쳐서 절룩거리며 걷는 것이었다. 공이 괴이하게 여겨 물으니, 사냥꾼이 웃으며 대답하였다.

"어제 매를 놓아 꿩을 사냥하는데, 꿩이 달아나자 매도 사라져 사방으로 찾아 다녔습니다. 그랬더니 매가 아무 고을에 있는 이 좌수[2] 집 대문 밖에 있는 큰 나무 위에 앉아 있는 것이었습니다. 그래서 간신히 매를 불러 팔뚝에 앉히고 갔던 길을 되돌아 올 즈음에 갑자기 그 집 울타리 안에서 시끌시끌한 소리가 들려오는 것이었습니다. 울타리 사이로 엿보았더니, 사내처럼 건장하게 생긴 다섯 처녀가 함께 오는데, 그 기세가 매우 사나워서 혹시라도 얻어맞을까 싶어 급히 피하다가 발이 미끄러져 다친 겁니다. 그 당시 해가 거의 저물어 가고 있었고, 마음속으로 아주 의아한 생각이 들어 울타리 아래 줄 지어 서있는 나무

---

1) 양주(楊州) : 경기도에 있는 고을.
2) 좌수(座首) : 아관(亞官). 수향(首鄕). 조선시대 지방에 두었던 향청(鄕廳)의 우두머리. '향청'은 지방관의 자문기관임.

뒤에 몸을 숨기고 엿들어 보았습니다. 그랬더니 다섯 처녀가 이런 이야기를 하는 것이었습니다.

'오늘 마침 조용하니 또 태수놀이를 해야겠지?'

'좋지.'

그 가운데 나이가 서른쯤 되어 보이는 큰 처녀가 돌 위에 높이 앉고, 그 아래로 나머지 처녀들이 각각 좌수·형방[3]·급창[4]·사령[5]이라며 그 앞에 시립하는 것이었습니다. 그러자 태수인 처녀가 명을 내렸습니다.

'좌수를 잡아 들여라.'

그러자 형방인 처녀가 급창인 처녀를 불러 분부를 전하고, 급창인 처녀가 사령인 처녀를 불러 분부를 전했답니다. 사령인 처녀가 명을 받들어 좌수인 처녀를 붙잡아다가 뜰에 무릎을 꿇게 했습니다. 태수인 처녀가 큰소리로 그 죄를 심문하더군요.

'혼인은 인륜지대사니라. 네 막내딸의 나이가 이미 과년하니, 그 위의 언니들은 그걸로 나이가 얼마나 들었는지 알 만하다. 너는 어째서 너의 다섯 딸들을 공연히 모두 시집을 보내지 않는 게냐? 네 죄는 죽어 마땅하리라.'

그러자 좌수인 처녀가 엎드려 아뢰더군요.

'제가 어찌 인륜의 중함을 모르겠습니까? 하오나 저의 집안 살림이 몹시 가난하여, 사실 혼수를 마련할 가망이 없사옵니다.'

그 말을 듣고, 태수인 처녀가 말했습니다.

'혼인이란 집안 형편에 따라 알맞게 하면 되는 것이니라. 그저 이불 한 채만 갖추어 물을 떠놓고 혼례를 치른다 한들 뭐 안 될 리가 있느

---

3) 형방(刑房) : 조선시대 지방 관아에서 형률(刑律)을 맡아보던 아전.
4) 급창(及唱) : 조선시대 관아에서 부리던 사내 종.
5) 사령(使令) : 조선시대 관아에서 심부름 하던 사람.

냐? 네 말을 들어보니, 너무 세상 물정에 어둡구나.'

그러자 좌수인 처녀가 말했습니다.

'제 딸들이 한둘이 아니오라, 알맞은 신랑감 또한 구할 데가 없사옵니다.'

그 말을 듣고, 태수인 처녀가 꾸짖었답니다.

'네가 만약 성심껏 널리 구했다면, 어찌 신랑감을 구하지 못할 리가 있느냐? 동네에 떠도는 소문으로 말하더라도, 아무 고을에 사는 송 좌수와 오 별감6), 아무 고을에 사는 정 좌수, 김 별감, 최 향소7) 집에 다 신랑감이 있다던데. 이쯤이면 네 다섯 딸의 배필은 정할 수 있겠구먼. 이 사람들의 문벌이나 덕망이 너와 비슷한데 뭐 안 될 리가 있느냐?'

좌수인 처녀가 말했습니다.

'삼가 마땅히 분부하신 대로 통혼은 하겠습니다만, 저들은 틀림없이 저의 집이 가난하다고 받아들이지 않을 것이옵니다.'

태수인 처녀가 말했습니다.

'네 죄는 곤장을 쳐야 마땅하다만 사정을 십분 참작할 터이니 지금 빨리 정혼을 해서 혼례를 치르는 것이 좋으리라. 그리하지 않으면 나중에 마땅히 엄벌에 처할 것이니라.'

하고는 좌수인 처녀를 끌어내라고 명하더군요. 그리고 나서는 다섯 처녀가 한바탕 깔깔대며 웃더니 흩어졌답니다. 그 모양이 배꼽을 쥐게 하더군요. 그걸 구경하고 오다가 주막집에서 자고 이제야 돌아오는 길입니다."

연원은 그 이야기를 듣고 껄껄 웃다가 향청에 있는 사람을 불러 이

---

6) 별감(別監) : 향청의 좌수 다음 자리.
7) 향소(鄕所) : 유향소(留鄕所). 향청(鄕廳). 여기서는 향청의 좌수나 별감 등을 가리킴.

좌수의 내력과 집안 형편과 자녀의 수를 물었다.

"이 고을에서 일찍이 좌수를 지낸 사람으로, 집안 형편이 찢어지게 가난하지요. 아들은 없고 딸만 다섯이 있는데, 집안이 가난해서 딸 다섯이 모두 과년한데도 아직 시집을 못 보냈습니다."

연원은 즉시 예방[8]더러 이 좌수를 청하는 편지를 써 보내서 오도록 하였다. 오래지 않아 이 좌수가 뵈러 오자, 공이 말하였다.

"자네는 일찍이 좌수를 지내면서 사리에 밝았다고 하더군. 그래서 내 자네와 의논할 일이 있는데, 여태 못했었네."

하고는 자녀의 수를 물으니, 이 좌수가 대답하였다.

"저는 팔자가 기박하여 아들은 하나도 키우지 못하였고, 다만 쓸데없는 딸만 다섯을 두었습니다."

벌써 모두 시집을 보냈느냐고 묻자, 이 좌수가 대답하였다.

"하나도 시집을 보내지 못했습니다."

"나이가 각각 몇인가?"

"막내만 해도 이미 과년합니다."

공이 아까 들었던 태수 처녀의 분부대로 하나하나 물어보니, 그 대답이 과연 좌수 처녀의 대답과 같았다. 공은 태수 처녀가 하였다는 말대로 아무개 좌수, 별감, 향소의 집안을 차례대로 꼽고 나서 말하였다.

"어째서 그들에게 통혼하지 않았는가?"

"저들은 필시 저의 집안이 가난한 것 때문에 원치 않을 것입니다."

"이 일은 내가 마땅히 중간에 나서겠네."

하고는 이 좌수를 내보냈다. 그리고 다시 예방더러 좌수 별감 등 다섯 사람을 부르게 하여 말하였다.

---

8) 예방(禮房) : 조선시대 지방 관아에서 예전(禮典)을 맡아보던 아전.

"자네들 집에 다 신랑감이 있다던데, 그런가?"
"과연 있습니다."
"장가를 보냈는가?"
"아직 정혼한 데가 없습니다."
"내 들자니 아무 고을 이 좌수 집에 딸 다섯이 있다더군. 그런데 어째서 통혼을 해서 사돈을 맺지 않았는가?"

다섯 사람이 주저하며 즉시 대답을 하지 못하자, 공이 정색을 하고 말하였다.

"거기도 향족이고 자네들도 향족이니 문벌이 서로 맞는데, 자네들이 통혼을 하지 않으려 하는 건 다만 빈부를 비교해서 그런 게로군. 만약 그렇다면 가난한 집 딸은 머리를 땋은 채로 늙어 죽어야 되는가? 내 나이나 지위가 자네들에 비해 못지 않은 터에 이미 말을 꺼냈는데, 자네들이 어찌 감히 따르지 않는단 말인가?"

하고는 종이 다섯 장을 꺼내 다섯 사람 앞에 한 장씩 놓게 하고는 말하였다.

"각기 아들의 사주를 쓰도록 하게!"

목소리와 얼굴빛에 다 노기를 띠고 있는지라, 다섯 사람이 황공하여 엎드리며 말하였다.

"삼가 분부대로 봉행하겠습니다."

하고는 각기 아들의 사주를 써서 바쳤다. 공이 신랑감의 나이에 따라 차례대로 처녀들을 정해주고 술과 안주를 먹인 뒤, 다섯 사람에게 각각 모시 한 필씩을 내려주며 말하였다.

"이걸로 도포를 짓게나."

하고는 또 분부를 내렸다.

"이 좌수 집 다섯 딸의 혼수는 관아에서 갖추어 줄 것이니, 본가에서는 걱정 말게."
하고는 즉시 날을 잡게 하고, 택일한 날짜까지인 며칠 사이에 베와 비단, 돈과 쌀을 보내서 혼수를 마련하게 하였다.

혼례를 치르는 날, 공은 이 좌수 집으로 갔다. 병풍이라든가 여기저기 늘어놓는 물건들은 관아에서 빌려다 설치하였고, 마당 가운데에는 탁자 다섯 개를 배열하였다. 다섯 명의 신부와 신랑이 한꺼번에 혼례를 치르는 것이었다. 구경하는 사람들이 담을 친 듯 늘어서서, 모두들 감탄하지 않는 이가 없었다.

그의 후손들이 번성하고 높은 벼슬자리에 오르게 된 것은 실로 연원이 적선을 한 결과라고들 하였다.

【 원주 】
이 연원 광정(李延原光庭, 1552~1627) : 자는 덕휘(德輝), 호는 해고(海皐), 본관은 연안(延安)으로, 분봉(盆峯) 주(澍)의 아들이다. 선조 계유년(1573)에 진사가 되고, 경인년(1590)에 과거에 급제하였으며, 호성공신(扈聖功臣)에 올랐다. 벼슬이 이조판서에 이르렀고 청백리로 뽑혔다. 기로소에 들어 76세에 죽었다. 연원은 그의 부원군 호다.

제7화 영성군 박문수

영성군 박문수가 암행어사로 다니다가 다른 고을로 발길을 돌렸다. 날이 저물었는데 밥을 얻어먹지 못하여 몹시 배가 고팠다.

어느 집에 들어갔더니, 나이가 열대여섯 쯤 되어 보이는 소년 하나밖에 없었다. 그 소년에게 밥 한 사발만 얻어먹자고 하였더니, 소년이 말하였다.

"저는 편모를 모시고 있는데, 집안 살림살이가 가난하여 밥을 짓지 못한 지 이미 수일이 넘어 손님께 드릴 밥이 없습니다."

영성이 피곤하여 잠시 앉아 있자니까, 소년은 방의 구석진 곳에 있는 종이 자루를 힐끗힐끗 보면서 약간 부끄러워하는 기색이 있었다. 그러다가 자루를 풀어 가지고 안으로 들어가는 것이었다.

그 집은 두어 칸 짜리 보잘것없는 집이어서, 방문 밖이 바로 안방이었다. 그가 밖에서 들으니, 소년이 어머니를 불러 말하였다.

"밖에 길 가던 과객이 저녁때를 놓치고 밥을 청합니다. 사람이 굶주리고 있는데 어찌 돌보지 않을 수가 있겠습니까? 그런데 양식으로 쓸 쌀이 떨어져 밥을 지어 줄 수가 없으니 이 걸로라도 밥을 지어야겠습니다."

그 소년의 어머니가 말하였다.

"그러면 네 아버님의 제사는 지낼 수가 없겠구나."

"사정이 비록 절박합니다만, 눈으로 굶주린 사람을 보고 어찌 구제를 하지 않을 수가 있겠습니까?"

소년의 어머니가 그 자루를 받아 밥을 지었다.

영성은 그 소년의 말을 듣고 마음속으로 매우 측은한 생각이 들었다. 소년이 나오자, 그 까닭을 물으니, 소년이 대답하였다.

"손님께서 이미 들어서 아신다니 감출 수가 없군요. 저의 아버님 제삿날이 머지 않았는데, 그냥 지나칠 수가 없어서 마침 쌀 한 되가 있기에 종이 자루에 넣어 걸어 두고 끼니를 거르게 되어도 먹지 않고 있었습니다. 지금 손님께서 굶주리셨는데 밥을 지어 드릴 쌀이 없어서 부득이 이 쌀로 밥을 지은 것입니다. 불행히도 손님께서 사정을 듣고 아시게 되니 부끄러움을 이길 수가 없습니다."

이렇게 이야기를 주고받을 즈음에, 어떤 종이 와서 말하였다.

"박 도령은 빨리 나오시우."

그 소년이 종에게 애걸하였다.

"오늘은 내가 갈 수가 없네."

영성이 소년의 성씨를 물어보니, 자신과 종씨였다. 또 저기 온 사람이 누구냐고 물었다.

"이 고을 좌수 댁 종이랍니다. 제 나이도 이미 장가갈 때가 됐습니다. 듣자니 좌수 댁에 따님이 있다고 하기에 어머님이 사람을 놓아 통혼을 했더니, 좌수께서 모욕을 당했다며 매번 종을 보내 저를 잡아가곤 합니다. 가면 머리채를 잡아끌며 모욕을 주는데, 못하는 짓이 없습니다. 오늘 또 잡아가려는 겁니다."

영성이 소년을 잡으러 온 종을 보고 말하였다.

"나는 이 아이의 숙부라네. 내가 대신 감세."

밥을 먹은 뒤 종을 따라 가보니, 좌수라는 자가 높직이 앉아 잡아들이라고 하였다. 영성이 곧장 마루 위로 올라가 앉아 말하였다.

"내 조카의 양반 문벌은 오히려 그대보다 나은데, 다만 집안이 가난해서 그대에게 통혼을 했던 것이오. 당신이 혼인시킬 뜻이 없으면 그만두면 되는 거지, 어째서 매번 잡아다 욕을 보이는 거요? 그대가 이 고을 좌수라 권력이 있답시고 그리하는 거요?"

좌수가 크게 노하여 그 종을 잡아 들여 꾸짖었다.

"내 너한테 박가 아이놈을 잡아오라고 했는데, 뭐 하러 이 따위 미친놈을 잡아와 네 상전에게 욕을 보이느냐? 네 죄는 마땅히 볼기를 맞아야겠다."

어사가 소매 속에서 마패를 꺼내 보이며 말하였다.

"네 어찌 감히 이리하는고?"

좌수가 마패를 한번 보고는 얼굴이 흙빛이 되어 섬돌 아래로 내려가 엎드려 말하였다.

"죽을죄를, 죽을죄를 졌사옵니다."

"너는 이 혼인을 맺을 수 있겠느냐?"

"어찌 감히 혼인을 하지 않겠사옵니까?"

"내가 책력을 보니 사흘 뒤가 길일이다. 그날 내가 신랑을 데리고 올 것이니, 너는 혼례 치를 준비를 하여 기다리겠느냐?"

"삼가 그리하겠습니다."

어사는 그 집을 나서자 곧장 읍내로 들어가 출두를 하고, 본관사또에게 말하였다.

"내 조카뻘 되는 아이가 아무 고을에 사는데, 이 고을 좌수와 통혼을 하고 아무 날로 택일을 하였소. 그때 혼수와 잔치에 쓸 물품을 관아에서 갖추어 주면 좋겠소."

본관이 말하였다.

"그거야 좋은 일인데 넉넉하게 부조를 하지 않겠습니까? 마땅히 명하신 대로 하지요."

하고는 이웃 고을 수령들도 초청을 하였다.

혼례를 치르는 날, 어사는 신랑을 자신이 묵고 있는 사처로 불러 의관을 갖추어 주고, 자신도 위의를 갖추어 신랑의 뒤를 따라갔다.

좌수의 집에서는 구름 같은 차일을 하늘에 닿게 치고, 술과 음식을 풍성하게 차려 놓았다. 어사가 가장 윗자리에 앉고, 여러 수령들이 모두 늘어앉으니, 좌수의 집안에 한층 빛이 났다.

혼례를 마친 뒤 신랑이 나오자, 어사는 좌수를 잡아들이라고 명하였다. 좌수가 머리를 조아리며 말하였다.

"소인은 분부하신 대로 혼례를 거행하였사옵니다."

어사가 말하였다.

"네 전답이 얼마나 되는고?"

"몇 섬지기는 되옵니다."

"반을 사위에게 나누어주겠는가?"

"어찌 감히 그리하지 않겠사옵니까?"

"노비와 마소는 얼마나 되고, 그릇과 세간은 또 얼마나 되는고?"

"노비가 몇 명, 마소가 몇 마리, 그릇과 세간이 몇 개이옵니다."

"그것도 반을 나누어 사위에게 주겠는가?"

"어찌 감히 그리하지 않겠사옵니까?"

그러자 어사는 즉시 문서로 작성하라고 명하였다. 중인으로는 머리에 '어사 박문수'라고 쓰고, 다음에 본관 아무개라고 쓰고, 차례로 아무 고을 수령 아무개라고 쓰고는 마패로 도장을 찍었다.

그리고 나서 그는 다른 고을로 발길을 돌렸다.

【 원주 】

박 영성 문수(朴靈城文秀, 1691~1756) : 자는 성보(成甫), 호는 기은(耆隱), 본관은 고령(高靈)으로, 부사 항한(恒漢)의 아들이다. 경종 계묘년(1723)에 과거에 급제하였으며, 분무공신(奮武功臣)에 올랐고, 벼슬은 판돈령(判敦寧)에 이르렀다. 시호를 충헌(忠憲)이라 하였고, 영성은 그의 군호다. 일찍이 경상도 관찰사를 지냈으나, 그의 관직을 살펴도 암행어사를 맡은 적은 없었다.[1] 항간의 이야기에 팔도의 어사가 되었다고 이를 따름이다.

---

1) 실제로 경상도와 충청도에 암행어사로 나간 일이 있었다.

제8화 참판 여동식

참판 여동식이 경상우도[1] 암행어사가 되어 다니다가 진주에 이르러서 함께 다니던 종을 잃고, 또 해가 저물어 가는데 투숙할 만한 곳이 없었다.

마침 초가집 한 채가 길가에 있으므로 가서 문을 두드려보니 한 사람이 나왔다. 양반 출신으로 아직 장가를 가지 못한 총각이었다. 하룻밤 묵어가자고 하니, 그 총각은 별로 어려워하는 빛이 없이 그리하라고 하였다. 방으로 맞아들여 정성껏 접대를 하더니 누이에게 가서 저녁상을 차려 내오라고 말하는 것이었다.

밤이 되자 그 총각은 손님과 함께 윗방에서 자고, 그의 누이는 아랫방에서 잤다. 그 총각의 말하는 태도나 행동거지를 살펴보고 이야기를 주고받아 보니, 사람 됨됨이가 사랑스러웠다. 남매가 한 집에 살면서 내외를 엄격히 하므로 어사가 마음속으로 기이하게 여기며 물었다.

"나이가 이미 꽤 들어 보이는데 어째서 장가를 들지 않았는가?"

"집안이 가난하다고 사람들이 모두들 원치 않는군요. 전에 앞마을 부잣집에서 사위로 맞겠다고 하더니 거기도 제가 가난하다는 흠을 잡

---

1) 경상우도(慶尙右道) : 경상도의 서부 지역.

아 지금에서야 갑자기 혼약을 어기고 다른 곳에 있는 부잣집으로 혼인을 맺었습니다. 내일 혼례를 치른다고 하더군요."

"자네 누이는 정혼한 데가 있는가?"

"누이도 정혼한 데가 없습니다."

어사는 이 집 남매가 나이가 차서도 혼인을 하지 못한 것이 가엾게 여겨진 데다가 앞마을 부잣집 늙은이가 가난을 흠잡아 혼약을 물린 것이 분하였다.

이튿날 그는 곧장 밥을 빌러 그 부잣집으로 갔다. 높다랗게 지은 대갓집에 마당이 널찍하였다. 높이 차일을 둘러치고 자리를 깔아놓은 데다가 성대하게 혼례 준비를 하고 있었다. 채색 병풍을 둘러치고 바야흐로 신랑이 오기를 기다리고 있었다. 하객들이 집안에 가득하였고, 종들은 마당에 꽉 차서 솥이며 상이며 그릇을 늘어놓고 있었다. 생선과 고기를 익히고 삶아 진수성찬을 마련하여 차례대로 사랑채로 차려냈다.

이때, 홀연 거지가 구걸하는 소리가 들렸다. 주인이 종을 불러 쫓아내라고 하자, 어사가 갑자기 몸을 돌려 집안으로 들어가 큰소리로 부르짖었다.

"이렇듯 성대한 잔치에 먹을 것이 물 흐르듯 하는데 어째서 가난하여 굶주린 자를 한번 배불리 먹이지 않는단 말이오."

잇달아 소리를 치며 섬돌 아래로 나아가니, 주인이 매우 역겹게 여기며 종에게 명하여 대충 한 상을 차려 주게 하였다. 종이 마시다 남은 잔과 식은 떡을 대충 몇 그릇에 담아 소반에 차려다 주었다.

어느 결에 어사는 갑자기 마루 위로 뛰어 올라가 여러 하객들 끝에 섞여 앉아서는 다시 양반을 박대한다며 얼마간 욕을 퍼붓고 꾸짖었다. 그러자 주인이 크게 노하여 또 종더러 끌어내라고 하였다.

때마침 역졸로 있는 한 사내가 어사가 있는 곳을 찾아 그 집 대문 앞에 와 있었다. 어사가 언뜻 보고 눈을 끔쩍이니, 역졸이 드디어 큰 소리로 외쳤다.
"어사또 출두야!"
그 소리가 들리자마자 자리에 가득 앉아 있던 사람들이 모두 깜짝 놀라 흩어지면서 머리를 싸쥐고 쥐구멍을 찾듯 뛰어 달아났다. 이른바 신랑도 마침 대문 앞에 이르렀다가 이런 상황을 보고는 급히 말을 돌려 달아나 버렸다.
어사를 따라 다니던 사람들이 차차 모여들자, 이윽고 어사가 윗자리에 앉아 집주인을 잡아들여 마당에 무릎을 꿇리고는 죄를 따져 물었다.
"너는 한 고을의 큰 부자로 이미 큰 잔치를 베풀었는데, 한 상을 잘 차리는 것이 무엇이 너에게 손해가 된다고 쫓아내라는 명을 내리고, 몇 차례나 간절히 구걸을 했는데도 남들이 먹다 남긴 것으로 대충 박대를 하고, 또한 마루 위에서는 구박을 하며 끌어내라고 하였으니, 어찌 이런 도리가 있으며, 어찌 이런 인심이 있단 말인가? 또 너는 처음에 건너 마을의 아무개 도령과 혼약을 했다가 그가 가난하다는 것을 평계로 혼인할 날이 다 되어 약속을 어기고 다시 다른 사위를 불렀으니, 이를 어찌 영남의 도타운 풍속이라 하겠는가? 오늘 기왕에 날을 받아 혼례 자리를 마련하였으니 속히 신랑이 입을 옷과 백마와 청사초롱을 마련하여 건너 마을에 가서 아무개 도령을 맞아다가 혼례를 서둘러 거행하라."
하고, 또 가마 한 채를 보내 그 집 처녀를 태워 오게 하였다. 그리고는 다시 집주인에게 명하여 붉은 치마와 푸른 저고리를 마련하여 주게 하고, 급히 달아난 신랑을 불러다가 또한 그 집에서 혼례를 치르게 한 뒤, 두 쌍이 혼례를 마치는 것을 보고 떠났다.
그 고을 사람들이 모두 그 집주인이 혼난 것을 통쾌하게 여겼고, 그 도령 남매가 각기 혼례를 치르도록 선처하여 준 것을 칭송하였다.

【 원주 】

여 참판 동식(呂參判東植, 1774~1829) : 자는 우렴(友濂), 호는 현계(玄谿), 본관은 함양(咸陽)으로, 첨지(僉知) 춘영(春永)의 아들이자, 운포(雲浦) 성제(聖齊)의 5세손이다. 정조 때 과거에 급제하여 벼슬이 예조참판에 이르렀다.

제9화 안동의 권 참봉

　안동의 권 아무개는 유교 경전에 대한 학문과 의로운 행실로 경상 감사의 추천을 받아 휘릉 참봉 벼슬을 하게 되었다. 당시 그의 나이가 예순으로 집안은 부유하였으나 새로 얻었던 아내를 잃어 안으로는 찾아오는 손님을 응대할 아이도 없고, 밖으로는 장례를 치러줄 가까운 친척도 없었다.
　당시 김우항이 휘릉1) 별검2)이 되었는데, 마침 능에 공사가 있어서 그와 함께 숙직을 하게 되었다.
　어느 날, 능 안에 들어와 나무를 하다가 붙잡혀 들어온 사람이 있었다. 권공이 사리를 들어 그를 꾸짖고 태장을 치려다가 보니, 나무꾼은 노총각이었다. 눈물을 줄줄 흘리면서 울기만 할 뿐 말을 못하고 있었다. 권공이 그의 기색을 살펴보니 결코 예사로운 사내는 아닌지라 물었다.
　"너는 누구인고?"
　"말씀을 드리기가 부끄럽습니다. 소인은 양반 집 후손으로 일찍이 아버님을 여의었고, 어머님은 올해 나이 일흔 하나가 되셨지요. 누이

---

1) 휘릉(徽陵) : 조선조 제16대 임금인 인조의 계비인 장렬왕후(莊烈王后)의 능.
2) 별검(別檢) : 조선시대 전설사(典設司)의 종8품 벼슬.

하나가 있는데 나이 서른다섯이 되도록 아직 시집도 못 갔고, 소생도 나이 서른으로 아직 장가를 들지 못했습니다. 저희 남매가 나무하고 물을 길어서 노모를 봉양하고 있지요. 집이 화소[3]에 가까이 있는데 날씨가 몹시 추워서 멀리 나무를 하러 갈 수가 없었습니다. 그래서 금하는 곳에서 나무를 하게 되었지요. 제가 지은 죄를 잘 알고 있습니다."
하더니 또 눈물을 흘리며 우는 것이었다.

권공은 그가 우는 것을 보다가 홀연 측은한 생각이 들어 김우항을 돌아보며 말하였다.

"사정이 딱하니 특별히 용서를 해주는 것이 어떻는지요?"

김우항이 웃으며 말하였다.

"무방하겠지요."

권공이 나무꾼을 향하여 말하였다.

"네 사정이 딱해서 특별히 풀어줄 테니 다시는 죄를 범하지 마라."
하고는 쌀 한 말과 닭 한 마리를 주며 말하였다.

"이걸 가지고 가서 노모를 봉양해드리게."

총각이 감사를 드리고 갔다.

며칠이 지난 뒤에 그 총각이 또 능 안에 들어와 나무를 하다가 붙잡혀 왔다. 권공이 크게 꾸짖으니, 총각이 목을 놓아 울면서 말하였다.

"후의를 저버리고 두 가지 죄를 다 범했음을 잘 알고 있습니다. 하오나 노모가 춥다고 하는 것을 차마 볼 수가 없었고, 또 눈이 쌓인 곳에서 나무를 하려해도 할 길이 없었습니다. 이제는 고개를 들 수가 없군요."

그 말을 듣고 권공은 또 측은한 마음이 생겨서 한동안 미간을 찌푸린 채 차마 태형을 가하지 못하였다. 김우항이 옆에 있다가 빙긋이 웃

---

[3] 화소(火巢) : 능묘에 산불이 나는 것을 막기 위해 해자(垓子) 밖에 있는 풀과 나무를 불살라 버린 곳.

으면서 말하였다.
"닭 마리와 쌀 말 정도로는 감화를 시킬 수 없겠습니다. 제게 모양이 그럴싸한 방도가 있는데 제 말대로 해보실는지요?"
권공이 무슨 방도인지 들어보자고 하자, 김우항이 말하였다.
"연로하신 분이 상처를 하신 데다 자식도 없고 하니 저 총각의 누이를 후실로 들이심이 어떠실는지요?"
권공이 자신의 흰 수염을 쓰다듬으며 말하였다.
"내 비록 늙었으나 근력은 족히 그럴 수 있지요."
김우항이 그의 뜻을 알아채고 드디어 총각을 가까이 불러 말하였다.
"저 권 참봉 어른은 충성스럽고 관대하신 군자시니라. 집안은 넉넉하신데 상처를 하시고 슬하에 자식도 없으시다. 네 누이는 시집갈 나이가 지났는데 아직 못 갔다더구나. 예의범절이 어떤지는 모르겠다마는 권 참봉 어른과 짝을 맺으면, 너희 집이 의지할 데가 생기게 되니 좋지 않겠느냐?"
총각이 말하였다.
"집에 노모가 계시는지라 감히 제 마음대로 결정을 내릴 수가 없습니다. 집에 가서 의논을 해보겠습니다."
그 총각이 갔다가 다시 돌아와서 말하였다.
"가서 노모께 아뢰니, 노모께서 '우리 집안은 대대로 나라에 공로가 많았고 벼슬을 한 사람도 많았는데 오늘날에 와서 극도로 쇠미해졌구나. 비록 전대에 하지 않던 일이긴 하지만 시집을 못 가는 것보다는 낫지 않겠느냐?'하고 우시면서 허락하셨습니다."
김우항이 그 말을 듣고 기뻐하며 힘써 권공에게 권하여 길일을 가려 서둘러 혼례를 치렀다. 총각의 누이는 과연 명가의 후손답게 다른 여자들보다 현숙한 부인이었다.

어느 날, 권공이 김우항을 찾아와 말하였다.
"그대가 힘써 권하는 데 힘입어 이렇듯 좋은 배필을 얻었소이다. 내 나이 이미 예순인데 뭐 바라는 게 있겠소이까. 아주 고향으로 돌아가려고 작별을 하러 왔소이다."
"부인을 데려가신다고 하니 그 집에서 어찌 하겠답니까?"
"모두 데려가기로 했소이다."
"거 참 잘하신 일입니다."
하고는 술잔을 채워 서로 작별을 하였다.

그로부터 25년이 지난 뒤에 김우항이 비로소 당상관이 되어 안동 지방을 다스리는 수령으로 나가게 되었다. 안동 관아에 도임한 다음날, 어떤 백성 한 사람이 이름을 대고 뵙기를 청하였다. 전 참봉 권 아무개라고 하였다. 김우항이 한참만에 비로소 휘릉에서 함께 일하던 사람이라는 것을 기억해 내고, 그의 나이를 헤아려 보니 85세였다. 부랴부랴 맞아보니 백발의 동안에 지팡이도 짚지를 않고 있었다. 표연히 들어오는 모습이 마치 신선 세계에 사는 사람 같았다. 손을 잡고 회포를 풀면서 주안상을 차려 환대를 하였다. 마시고 먹는 것이 평소와 다름이 없었다.
권공이 말하였다.
"제가 오늘 사또를 뵙게 된 것은 하늘의 도움이옵니다. 저는 사또께서 권하신 혼인으로 늘그막에 좋은 배필을 얻어 연달아 아들 둘을 낳았습니다. 부부가 해로를 하고 있고, 아들 둘은 시문을 약간 배워 서울에서 재주를 겨뤄 한꺼번에 진사과에 급제를 하였습니다. 내일은 그 아이들이 집으로 돌아오는 날입니다. 사또께서 마침 이곳 안동부에 부임을 하셨는데 어찌 저희 집에 오시지 않으실 수가 있겠습니까? 제가 급히 뵙기를 청한 것은 바로 그 때문입니다."

　김우항이 놀라 축하하여 마지않으며 흔쾌히 허락을 하자, 권공은 고맙다며 돌아갔다.

　이튿날 김우항은 기생과 악공들을 데리고 술과 안주를 준비하여 일찍감치 권공의 집으로 가서 그가 사는 곳을 보았다. 산과 계곡이 수려하고, 꽃과 대나무가 어둠침침할 정도로 무성하였다. 누대와 정자는 편안하고 넓었다. 참으로 살기 좋은 집이었다. 주인이 섬돌에 내려와 맞이하자, 멀리서 가까이서 풍악이 울리고 손님들이 구름처럼 모였다.

　조금 있다가 새로 과거에 급제한 두 아들이 도착하였다. 복두[4]를 쓰고 앵삼[5]을 입은 풍채가 사람들의 마음을 흔들었다. 말 앞에 소과에 급제하였다는 증서인 백패[6]를 나란히 세우고 있었다. 쌍 젓대 소리가 맑고 높았다. 담을 쌓은 듯 이어져 구경하는 사람들은 모두 권공의 복이 많다고 감탄을 하였다.

　김우항이 연달아 권공의 두 아들을 불러 나이를 물어보니, 형은 24세요 아우는 23세였다. 권공이 새 장가를 든 이듬해와 또 그 이듬해에 연달아 두 아들을 얻은 것이었다. 그 두 아들과 말을 주고받으면서 보니 용모는 난새나 고니와 같았고, 문장은 아름다운 옥과 같아 가히 우열을 가리기가 어려웠다. 김우항이 감탄하여 마지않으니, 늙은 주인이 기뻐하는 빛을 그 자리에 앉아 있던 사람들이 모두 알 수 있었다.

　권공이 옆에 앉아 있던 한 노인을 가리키며 말하였다.

　"사또께서는 이 사람을 아시겠는지요? 이 사람이 바로 지난날 나무를 하다가 붙잡혔던 사람입니다."

---

　4) 복두(幞頭) : 과거 급제자가 쓰던 관(冠)의 일종.
　5) 앵삼(鶯衫) : 과거 급제자가 입던 황색의 옷.
　6) 백패(白牌) : 소과(小科)에 급제한 생원이나 진사에게 주던 흰 종이 증서.

그의 나이를 헤아려 보니 55세였다.

그리고 나서는 마침내 풍악을 울리며 즐기다가 김우항에게 자고 갈 것을 청하며 말하였다.

"오늘 저의 경사는 모두가 사또께서 내려주신 것입니다. 사또께서 마침 저의 누추한 집에 오신 것은 하늘이 주신 것이지 인력으로 된 것이 아닙니다."

드디어 김우항은 권공의 집에서 자며 편안하게 이야기를 나누었다.

이튿날 아침 권공이 주안상을 차려 와서 김우항의 옆에 앉았다. 뭔가 하고 싶은 말이 있는 듯하였으나 우물거리며 감히 말을 꺼내지 못하고 있었다. 김우항이 물었다.

"하실 말씀이 있습니까?"

그제야 권공이 말하였다.

"저의 늙은 처가 평소에 사또를 위해 결초보은을 하는 것이 소원이었습니다. 그런데 이제 다행히 누추한 곳에 오셨으니 한번 존안을 뵙고 인사라도 드리면 지극한 소원을 이룰 듯합니다. 여자가 체면도 생각지 않고 다만 은혜에 감사를 드리려는 마음이 있을 뿐이니 괴이하게 여기지는 마십시오. 사또께서 잠시 안채에 들어가셔서 절을 받으셨으면 하는데, 혹 어떠실지 모르겠습니다. 또한 저의 늙은 처에게 사또께서 베풀어주신 덕은 하늘이나 땅과 같고, 은혜는 낳아주신 부모님과 같습니다. 뭐 꺼리실 게 있겠습니까?"

김우항이 어쩔 수가 없어 안채로 들어가니, 마루 위에 마련된 자리에 맞이하여 앉게 하였다. 그 앞으로 늙은 부인이 나와 절을 하였다. 부인은 감격이 극도에 달하여 눈물을 줄줄 흘렸다. 또 보니, 젊은 부인 둘이 화장을 하고 성장을 한 모습으로 뒤따라 나와 절을 하였다. 늙은 부인의 며느리들이었다. 세 부인이 말없이 김우항을 모시고 앉았는데,

기쁘게 모시려는 뜻이 얼굴에 넘치고 있었다.

드디어 상에 가득 차린 진수성찬을 내왔다.

권공이 김우항을 옆방 앞으로 청하므로 가보니, 나이가 예닐곱쯤 되어 보이고 칠흑 같은 머리털이 복슬복슬한 어린아이가 손으로 창문을 잡고 서 있었다. 까맣게 빛나는 눈동자로 쳐다보는데, 정신이 있는 듯하기도 하고 없는 듯하기도 하였다. 권공이 그를 가리키며 말하였다.

"사또께서는 이 분을 아시겠는지요? 이 분은 바로 나무를 하다가 붙잡혀 왔던 사람의 어머니십니다. 올해 나이가 아흔 다섯이지요."

그녀는 입 속으로 무슨 말인가를 하고 있었다. 김우항이 무슨 소리인가를 한번 자세히 들어보니, 다른 말이 아니라 '김우항이 정승이 되게 해주소서, 김우항이 정승이 되게 해주소서.'라고 하는 말이었다.

"스물다섯 해 동안을 한결같이 이처럼 축원을 해왔는데, 아직까지도 입에 달고 있으니 그 지극한 정성에 어찌 하늘이 감동을 하지 않을 수 있겠소이까?"

김우항이 그 말을 듣고 깜짝 놀라면서 웃었다.

그 뒤, 김우항은 과연 숙종 때에 재상이 되었다. 약방도제조[7]로 있던 그가 연잉군의 병문안을 갔었다. 연잉군은 영조가 아직 임금이 되기 전의 칭호였다. 김우항이 영조에게 자신이 평생 벼슬한 경력을 말하다가 권 참봉 이야기까지 나와 그 전말을 말하였다. 영조가 그 이야기를 듣고 매우 기이하게 여겼다.

영조가 등극한 뒤에 식년과 급제자들의 방을 붙이는 날, 영조는 우연히 방문에서 안동 진사 권 아무개의 이름을 보았는데, 그는 바로 권공의 손자였다. 영조는 특별 지시를 내렸다.

---

7) 약방 도제조(藥房都提調) : '약방'은 조선시대 내의원(內醫院)의 다른 이름. '도제조'는 내의원의 정1품 벼슬.

"옛 재상인 김우항이 권 아무개의 일을 이야기해 주었는데, 매우 희한한 일이었다. 그의 손자가 또 사마시에 급제하였으니 우연한 일이 아니다."
하고는 권공의 손자에게 특별히 재랑8) 벼슬을 제수하여 할아버지의 행적을 계승하도록 하니, 경상도 사람들이 영예롭게 여겼다.

【 원주 】
김상 우항(金相宇杭) : 위에 보인다.

---

8) 재랑(齋郞) : 참봉(參奉)의 다른 이름.

제10화 옥소선

옛날에 한 재상이 평안감사로 부임하게 되었는데, 외아들을 데리고 갔다.

당시 평안감영에는 그의 아들과 동갑내기인 기생이 있었는데, 용모가 아름다웠다. 감사의 아들은 그 기생과 가까이 지내면서 애정이 산처럼 높고 바다처럼 깊어졌다.

평안감사의 임기가 끝나 교체되어 돌아갈 때, 그의 부모는 아들이 정을 끊고 기생과 헤어지지 못할까봐 걱정이 되어 아들에게 물었다.

"네가 아무개라는 기생과 정이 들었나 본데, 오늘 정을 끊고 결연히 서울로 돌아갈 수 있겠느냐?"

아들이 대답하였다.

"이는 풍류남아의 좋은 일에 지나지 않습니다. 어찌 사랑에 끌려 잊지 못한다고 말할 수 있겠습니까?"

그 말을 듣고 그의 부모는 다행스럽게 여기며 기뻐하였다.

서울로 떠나는 날, 감사의 아들은 별로 그 기생과의 이별을 아쉬워하는 빛이 없었다.

서울 집으로 돌아가자, 전임 감사는 아들더러 책을 가지고 산사에 들어가 부지런히 글공부를 하도록 하였다. 그리하여 그는 산사에 있는 방에서 글공부를 하게 되었다.

　어느 날 밤, 펑펑 쏟아지던 눈이 처음으로 개고 밝은 달빛이 뜰에 가득하였다. 그는 난간에 기대 쓸쓸한 표정으로 사방을 둘러보았다. 모든 사물이 소리를 거두어 온 숲이 고요하고, 무리를 잃은 한 마리 학이 구름 속에서 슬피 울었다. 바위굴에서는 외로운 잔나비가 짝을 찾으며 슬피 울부짖었다.

　이때 그는 마음이 울적해져 평안도의 그 기생이 홀연 떠올랐다. 그녀의 아름다운 자태와 단정하고 고운 용모가 눈앞에 있는 듯이 삼삼하였다. 그리운 마음이 샘물처럼 솟아 나왔다. 잊으려 해도 잊혀지지 않아 끝내 억제할 수가 없었다. 그는 앉은 채로 새벽 종소리가 울리기를 고대하였다. 옆방의 사람들이 알지 못하도록 혼자서 짚신을 신고 약간의 노자를 지닌 채 산사의 문을 나서 곧장 평안도를 향하여 큰길로 갔다.

　이튿날이 되자, 여러 승려들과 함께 공부하던 친구들이 깜짝 놀라 그를 찾아보았으나 끝내 그의 모습이나 그림자조차 찾을 수가 없었다. 그의 집에 알리자 온 집안의 사람들이 놀라고 당황하며 두루 찾았으나 찾을 수가 없었다. 모두들 그가 호랑이에게 물려간 것으로 여기게 되었다. 그의 가족들이 슬프고 원통해 하며 아픔을 부르짖는 모습은 형언할 수가 없었다.

　그는 걷기 어려울 정도로 험한 길을 걸어 며칠을 가서야 겨우 평양에 도착하였다. 곧장 그 기생의 집을 찾아가니, 그 기생은 없고 다만 기생의 늙은 어미가 있다가 그의 초라한 행색을 보고 쌀쌀한 눈으로 대하는 것이, 흔쾌히 환대하는 빛은 전연 없었다.

　그가 물었다.

　"자네 딸은 어디 있는가?"

"지금 새 사또 자제 수청을 들러 들어갔소. 한번 들어간 뒤로 아직 나오지 못했다오. 그런데 서방님은 무슨 일로 천리 길을 걸어서 오셨소?"

"내 자네 딸이 그리워서 여린 애간장이 끊어지려 했다네. 천리를 멀다하지 않고 온 것은 순전히 얼굴이라도 한번 봤으면 해서라네."

기생의 어미가 코웃음을 치며 말하였다.

"천리 타향에 공연히 헛걸음을 하였소. 내 딸이 여기 있으나 나도 만날 수가 없는데, 하물며 서방님이 어떻게 만나겠소? 일찌감치 돌아가는 게 나으리다."

말을 마치자마자 도로 방으로 들어가는 것이 조금도 맞아들일 생각이 없었다. 그는 개탄을 하며 그 집을 나왔으나 갈 만한 곳이 없었다. 그러다가 생각해 보니, 감영에 이방으로 있던 아전이 일찍이 그와 친숙하였었고, 또 그의 부친에게 많은 은혜를 입었던 사람이었다. 그 아전의 집을 물어 찾아가니, 그 아전은 깜짝 놀라 일어나 맞이하여 앉히고는 말하였다.

"서방님께서 웬일이십니까? 귀하신 공자께서 천리 먼 길을 이처럼 걸어오시다니, 이는 참으로 꿈에도 생각하지 못할 일입니다. 이번에 무슨 일로 오셨는지를 감히 여쭙니다."

그가 평양에 온 연유를 말하자, 그 아전은 고개를 가로 저으며 말하였다.

"어렵군요, 어려워요. 지금 감사의 자제가 그 기생을 총애하여 잠시 한 걸음도 떨어지지 못하게 하니 실로 만날 길이 없습니다. 우선 잠시 며칠 동안 소인 집에 머무시면 만나실 수 있는 기회를 마련해 보지요."

하고는 접대를 흡족하게 하였다.

며칠 그 집에 머무는 사이에 갑자기 큰 눈이 내리자, 그 아전이 말하였다.

"이제 한번 만나실 수 있는 기회가 생겼습니다만, 서방님께서 능히 하실 수 있을지 모르겠습니다."

"내게 그 기생을 한번 만나게 해준다면 죽음도 피하지 않을 텐데 하물며 그 밖의 일이야 못하겠는가?"

"내일 아침 고을에 있는 장정들을 동원하여 감영 뜰의 눈을 쓸 겁니다. 소인이 서방님을 책방 앞의 눈을 쓰는 일꾼으로 충원하면 아마도 언뜻 그 기생을 보실 수가 있을 겁니다."

그가 아전의 말을 듣고 흔연히 그리하겠다고 하였다. 그는 상민들이 입는 옷으로 갈아입고 눈을 치우는 장정들 틈에 섞여 들어 대빗자루를 잡고 책방 앞뜰의 눈을 쓸었다. 그러면서 자주 마루 위를 훔쳐보았으나 끝내 그 기생을 볼 수가 없었다.

한 식경쯤 지난 뒤에 방문이 열리더니 그녀가 화장을 한 모습으로 난간에 나와 서서 설경을 구경하였다. 그가 눈을 쓸다 멈추고 뚫어져라 하고 그녀를 바라보니, 그녀가 홀연 얼굴빛이 변하면서 도로 방으로 들어가더니 다시는 나오지 않았다. 그가 마음속으로 몹시 한스러워 하다가 무료히 나오자, 아전이 물었다.

"그녀를 보셨습니까?"

"눈 깜짝할 사이에 얼굴만 보았다네."

하고는 그녀가 방에 들어가 나오지 않은 상황을 이야기해 주자, 아전이 말하였다.

"기생들의 생리라는 게 본래 그렇습지요. 찬가 더운가 견주어 옛사람은 보내고 새사람을 맞이하는 게 기생들의 생린데 책할 게 있겠습니까?"

그가 스스로의 처지를 생각해 보니, 나아갈 수도 물러설 수도 없는지라 속으로 매우 민망하였다.

그 기생은 그의 얼굴을 한번 보고 마음속으로 그가 내려왔음을 알고

한번 나가서 만나보고 싶었으나 이 노릇을 어찌할 것인가. 책방 도령이 그녀를 잠시도 곁에서 떠나지 못하게 하니 어찌할 것인가.

마음속으로 몸을 빼낼 계책을 생각하다가 홀연 눈물을 흘리며 아주 슬픈 모습을 지으니, 책방 도령이 놀라 물었다.

"네가 어째서 이러느냐?"

기생이 울먹거리면서 대답을 하였다.

"소녀는 다른 형제가 없습니다. 그래서 소녀가 집에 있을 때에는 돌아가신 아버님 산소의 눈을 손수 쓸었답니다. 오늘 큰 눈이 내렸는데 아버님 산소의 눈을 쓸어줄 사람이 없습니다. 그래서 슬퍼하는 것이랍니다."

"그렇다면 내 종에게 쓸라고 시키마."

그 기생이 책방 도령을 말리며 말하였다.

"이는 관가의 공적인 일이 아닙니다. 이렇듯 매서운 추위에 그들더러 부당하게 소녀의 선산에 쌓인 눈을 쓸라고 하면 소녀와 소녀의 죽은 아비는 끝없이 욕을 먹을 것입니다. 이는 절대로 안 될 일이지요. 소녀가 잠시 가서 쓸고 즉시 들어오면 됩니다. 또한 소녀 아비의 무덤이 성 밖 10리가 채 안되는 곳에 있어서 오가는 시간도 불과 수 식경이면 될 겁니다."

책방 도령은 그녀의 사정을 가엾이 여겨 허락하였다.

그 기생은 곧장 그녀의 어미가 사는 집으로 가서 물었다.

"아무 데 서방님께서 어째 여기 오시지 않았소?"

"며칠 전에 잠시 왔다가 갔단다."

"오셨다면 어째서 머무시게 하지 않았소?"

"너도 없는데 머물게 해서 뭐하겠느냐?"

"어디로 가신답디까?"

"나도 안 물었고, 그 양반도 말없이 갔단다."

그 기생이 울음소리를 삼키며 어미를 책망하였다.

"인정이 참으로 이렇단 말이오? 서방님께서 재상가의 귀공자로 여기까지 천리 길을 오신 건 순전히 나를 보러 오신 건데, 엄니는 어째서 만류하고 내게 알리지도 않았단 말이오? 엄니가 냉담한 얼굴로 대하는데 서방님께서 기꺼이 여기 머무시겠소?"

하고는 어깨를 들먹이며 계속 흐느꼈다. 그가 있는 곳으로 찾아가고 싶었으나 물을 만한 데가 없었다. 문득 그가 책방 도령 시절에 전임 이방이 매번 가깝게 지냈던 것을 떠올리고, 혹시 그 집에 머물고 있는 것이 아닌가 하는 생각이 들었다. 그녀가 종종 걸음으로 그 집을 찾아가 보니, 과연 그가 거기 있었다. 서로 손을 잡으니 슬픔과 기쁨이 엇갈렸다.

기생이 말하였다.

"제가 이제 서방님을 만나게 되었으니, 결단코 헤어질 뜻이 없습니다. 이 길로 함께 달아나는 게 좋을 듯합니다."

하고 도로 그녀의 집으로 가니, 그녀의 어미가 마침 집에 없었다. 상자 속에 모아 두었던 5, 6백 냥의 은자와 그녀의 화장품과 패물을 찾아내 등짐 하나를 꾸렸다. 사람을 사서 그 짐을 지도록 하고 그 아전의 집으로 갔다. 그 아전에게 말 두 필을 세내 달라고 하자, 아전이 말하였다.

"세낸 말이 오가는 사이에 종적이 쉽게 드러날 겝니다. 제게 건장한 말 두어 필이 있으니 떠나시는 길에 가져가십시오."

그러고는 또 4, 50냥의 돈을 내어 노자로 쓰라고 주었다.

그는 그녀와 즉시 길을 떠나 양덕과 맹산 어름을 향하여 갔다. 그 곳에서 조용하고 외딴 곳에 있는 집을 사서 살았다.

그 날, 감영의 책방 도령은 그 기생이 늦도록 오지 않는 것을 괴이하게 여겨 사람을 보내 찾게 하였으나 모습은커녕 그림자조차 없었다. 그녀의 어미에게 물으니, 그녀의 어미도 놀라 당황하며 간 곳을 알지 못하였다. 사람을 풀어 사방으로 찾아보았으나 끝내 종적을 찾을 수가 없었다.

그녀는 집안 일을 정돈하고 나서 그에게 말하였다.

"당신께서는 이미 부모님을 배신하고 이 일을 저지르셨으니 부모님께 죄인이십니다. 속죄를 할 길은 오직 과거에 급제하시는 것뿐입니다. 그리고 과거에 급제하는 길은 오직 부지런히 공부를 하시는 데 있습니다. 먹고 입는 데 대한 걱정은 제게 맡기시고 이제부터 남보다 곱절로 글공부를 하십시오. 그런 뒤에야 과거에 급제하실 수 있을 겁니다."

그녀는 그에게 두루 책 팔 사람을 찾아 값을 따지지 말고 사라고 하였다. 그는 책을 구한 뒤로 부지런히 과거 공부를 하여 날로 진전이 있었다.

이렇듯 4, 5년이 지난 뒤에 나라에 큰 경사가 있어서 바야흐로 과거를 보여 선비를 뽑게 되었다. 그녀는 그에게 과거를 보러 가라고 권하고는 노자를 준비해 보내 주었다.

그는 서울에 올라갔으나 자기 집에 들어갈 수가 없어서 주막집에서 묵다가 과거 보는 날이 되자 시험장으로 들어갔다. 과거 시험 문제가 내 걸린 뒤, 그는 한달음에 답안을 작성하여 제출하고 방이 나붙기를 기다렸다. 방이 나붙어 보니, 그가 장원 급제였다.

임금이 이조 판서를 어탑 앞으로 가까이 불러 말하였다.

"일찍이 듣자니 경의 외아들이 산사에서 글공부를 하다가 범에게 물려 갔다더군. 오늘 장원으로 급제한 선비의 시권을 뜯어 이름을 보니 분명히 경의 아들인데, 경의 직함을 어찌 대사헌[1]이라고 썼는고? 이거

참 의아한 일이로고."

이조 판서가 부복하며 아뢰었다.

"신도 의아합니다. 하오나 신의 자식은 결코 살아 있을 리가 없습니다. 아마도 성명이 같은 사람이 있어서 그런가 하였으나, 아비와 자식의 이름이 각기 같은 것 또한 이상한 일입니다. 그리고 조정의 재상 반열에 신과 이름이 같은 사람이 어찌 둘이 있겠습니까? 참으로 그 연고를 알 수가 없나이다."

임금이 새로 급제한 사람을 불러오라고 명하자, 이조 판서는 어탑 아래에 부복하고 기다렸다.

새로 급제한 사람이 어명을 받들고 입시하였는데, 과연 이조 판서의 아들이었다. 부자가 서로 붙들고 남모르게 눈물을 흘리며 차마 떨어지지를 못하였다.

임금이 이상히 여겨 그들을 가까이 오게 한 뒤 그 곡절을 상세히 물었다. 그가 부복하여 부모를 배신하고 달아난 일에서부터 시작하여 평안감영 뜰의 눈을 쓸던 일을 아뢰고, 그 기생과 함께 도피해서 글공부를 하여 과거에 급제하기까지의 경위를 하나하나 상세히 아뢰었다. 임금은 책상을 쳐가며 감탄을 하다가 말하였다.

"너는 패륜아가 아니라 효자로구나. 네 첩도 절개와 마음 씀씀이가 남보다 탁월하구나. 천한 기생들 가운데에도 이런 인물이 있다는 것을 몰랐도다. 그렇다면 천한 기생으로 대해서는 아니 될 것이오, 신분을 올려 부실로 삼아야 옳을 것이니라."

하고는 그 날로 평안감사에게 명을 내려 그 기생을 올려 보내도록 하였다.

---

1) 대사헌(大司憲) : 조선시대 사헌부(司憲府)의 종2품 으뜸 벼슬.

그는 임금의 은혜에 감사를 드리고 물러나 그의 부친을 따라 집으로 돌아갔다. 집안에서는 경사스럽게 여기고 기뻐하는 모습이 안팎에 넘쳤다.

과거 시험 답안지의 봉한 곳 안에 부친의 직함을 대사헌이라고 쓴 것은, 그가 산사에 올라갈 때 그의 부친이 그 직책을 맡고 있었기 때문이었다.

그 기생의 이름은 자란이고, 자는 옥소선이라고 한다.

제11화 김 역관

　명나라 제독 이여송이 조선에 원정을 왔을 때, 여러 달 동안 김포에 사는 김씨 성을 가진 여인 집에 머물면서 가까이 지내다가 회군하였다. 돌아가는 길에는 김씨 성의 역관과 더불어 비역질[1]을 하며 밤낮으로 가까이 하였다. 김 역관의 나이는 겨우 스무 살로 용모가 아름다웠다. 이여송은 그 역관이 하는 말은 반드시 따랐고 내놓는 계책은 반드시 썼으니, 얼마나 그 역관을 아끼고 총애하였는지 알 만하였다.
　압록강을 건널 때, 이여송은 '어느 정도의 군량미를 아무 날 산해관[2]으로 수송하라'는 뜻의 문서를 요동 도통[3]에게 보냈다. 당시 이여송은 압록강을 건너 바야흐로 책문[4]으로 향하고 있었는데, 군량미 수송이 그의 명령대로 이루어지지 않았다. 이여송은 크게 노하여 장차 요동 도통을 군율로 다스리려고 하였다.
　도통에게는 아들 셋이 있었는데, 맏아들은 당시 시랑[5] 벼슬을 하고

―――――――――――――――
1) 비역질 : 사내끼리 성교하듯이 하는 짓. 계간(鷄姦).
2) 산해관(山海關) : 중국 하북성(河北省) 동북쪽 경계에 있는 도시.
3) 도통(都統) : 중국 당나라 이래로 부원수(副元帥)급으로 병마를 통솔하던 대신.
4) 책문(柵門) : 만주(滿洲) 봉황성(鳳凰城)의 성문(城門) 가운데 하나.
5) 시랑(侍郞) : 명나라 때 육부(六部)의 상서(尙書) 다음가는 벼슬.

있었고, 둘째 아들은 서길사6)로 있었으며, 셋째 아들은 신이한 능력을 가진 승려였다. 당시 명나라 황제였던 신종은 그 승려를 신사(神師)로 대우하여 궁궐 안에 따로 절을 지어 머물게 하였다. 당나라 때 숙종이 업후7)를 봉래원8)에 거처하게 한 것과 마찬가지이다.

당시 도통의 세 아들이 그 일에 관하여 듣고 아버지가 있는 곳으로 모여 위태로움에서 벗어날 대책을 의논하였다. 셋째 아들인 신승이 말하였다.

"묘계가 있습니다."

하고는 김 역관을 맞아다가 세 아들이 자리를 같이하여 청하였다.

"아버님께서 이런 불행을 당하셔서 아무리 해도 살아나실 방도가 없습니다. 김 역관께서 우리들을 위해 잘 말씀을 드려 얽힌 것을 풀어주시기만을 바랍니다."

김 역관이 말하였다.

"제 자신을 돌아보면 외국의 보잘것없는 사람인데, 어찌 감히 대국 군대의 기율에 간여를 하겠습니까마는, 이처럼 정중하게 간청을 하시니… 듣고 안 듣고는 남에게 달려 있으니, 저는 그저 은밀히 말씀이나 드려 보지요."

하고 즉시 들어가니, 이여송이 말하였다.

"저들이 자네를 보자고 하여 무슨 수작을 하던가?"

김 역관이 자초지종을 이러저러하다고 말하자, 한참만에 이여송이 말하였다.

"내가 전쟁터를 누비면서 일찍이 사사로이 남의 말을 들은 일이 없

---

6) 서길사(庶吉士) : 명나라 때 한림원(翰林苑)에 두었던 벼슬.
7) 업후(鄴侯) : 당나라 이비(李泌)의 봉작명(封爵名).
8) 봉래원(蓬萊院) : 당나라 때 봉래궁(蓬萊宮)에 있던 절 이름.

었네. 이제 자네가 보잘것없는 사람으로 저렇듯 귀한 사람들의 간절한 부탁을 받았으니, 자네가 내게 아주 필요하고 중요한 사람이라는 걸 알겠네. 또한 내가 귀국한 뒤로 자네에게 생색을 낼만한 일이 없었으니, 내 자네 말을 틀림없이 따르겠네."

김 역관이 나와서 세 사람을 만나 이여송이 한 말을 그대로 전해 주었다. 그러자 세 사람이 다같이 머리를 조아리고 거듭 절을 한 뒤 말하였다.

"당신의 은덕이 하해와 같습니다. 어찌 보답을 해야 될는지요?"

김 역관이 그게 무슨 은혜이냐고 하자, 세 사람이 말하였다.

"당신은 나이가 젊으시니 보물에 관심이 있으신지요? 어떠실는지 모르겠습니다."

"제가 비록 나이는 젊으나 검소하고 소박하게 살아가려고 합니다. 저의 집안도 가난하지 않은지라 일찍이 신기하고 좋은 물건에 마음을 둔 적이 없습니다."

"당신은 조선의 일개 역관입니다. 우리나라에서 당신을 조선의 정승으로 명하면 어떻겠습니까?"

"저희 조선에서는 오로지 명분을 숭상합니다. 그런데 저는 중인의 신분입니다. 만약 제가 정승을 하게 된다면 틀림없이 중인 정승이라고 손가락질을 할 것입니다. 도리어 그렇게 하지 않는 것보다 못하지요."

"당신을 우리나라에서 품계가 높은 고관을 삼아, 중원의 명문대가가 되게 하면 어떻겠습니까?"

"저의 부모님께서 모두 살아 계시는지라 고향을 떠나 있는 심정이 절박합니다. 다만 속히 돌아가기만을 바라고 있습니다. 제독께서 회군하신 뒤에 즉시 돌아가라고 명하시는 것이 제게는 큰 은혜입니다."

"저희들이 은혜를 갚는 것은 다시 말할 필요가 없으니, 제발 당신이 바라는 것을 말씀해 주십시오."

세 사람이 너무나 성의를 다하여 간절하게 말하는지라, 김 역관은 얼떨결에 이런 말을 하고 말았다.

"제 평생소원은 천하일색을 한 번 보는 것입니다."

세 사람이 그 말을 듣고 한동안 말없이 서로 쳐다보기만 하다가, 셋째 아들인 승려가 입을 열었다.

"그러지요, 그러고 말고요."

나머지 두 사람도 덩달아 대답을 하였다.

"그럼요."

그들은 그렇게 하고 흩어졌다. 김 역관이 들어가 이여송을 보자, 이여송이 말하였다.

"자네는 무슨 소원을 말하였는가?"

"천하일색을 한 번 보고 싶다고 말했습니다."

이여송이 벌떡 일어나 손을 잡으며 말하였다.

"자네는 조그만 나라에 살 인물이 아닐세. 어찌 그리 통이 큰 말을 했는가? 그렇게 말하니 저들이 모두 허락하던가?"

"그러겠다고 했습니다."

"저들이 어떻게 구해 올까? 천하일색은 비록 황제의 존귀함으로도 볼 수가 없을 걸세."

드디어 김 역관은 이여송을 따라 황성에 들어갔다. 세 사람이 와서 초대를 하므로 김 역관이 가보니, 그들이 말하였다.

"오늘밤이 다하도록 돌아가지 마십시오."

차를 마시고 나서 얼마 되지 않아 온 방안에 향기가 스며들더니 정원으로 난 문이 열리면서 화장을 한 미인 수십 명이 혹은 향로를 들고 혹은 붉은 천을 씌운 상을 받들고 쌍쌍이 나와서는 방에 늘어서는 것이었다. 그때까지 본 바로는 모두가 절세미인이었다. 이미 절세미인을 보았으므로, 김 역관이 일어나 돌아가려고 하자, 세 사람이 말하였다.

"어째서 일어나십니까?"

"제가 이미 천하일색을 보았으니 머물 필요가 없습니다."

세 사람이 웃으며 말하였다.

"이 아이들은 시녀인데 어찌 천하일색이라 하겠습니까? 이제 나올 겁니다."

잠시 후에 정원으로 난 문이 활짝 열리더니, 한 떨기 꽃 같은 미인이 난초와 사향 냄새가 한층 짙어지는 가운데 십여 명의 시녀에 둘러싸여 나와서 방으로 올라오는 것이었다. 짙게 화장을 하고 성장을 한 미인이 의자 위에 앉고, 세 사람과 김 역관도 의자 위에 앉았다.

"이 사람이 참으로 당신이 바라던 천하일색입니다."

김 역관의 눈에는 보이는 것이 없어, 어떻게 생겼는지를 알 수가 없었다.

세 사람이 말하였다.

"오늘밤 당신은 틀림없이 이 미인과 운우의 정을 나누게 될 겁니다."

"저는 한 번 보기를 바랐지, 잠자리를 같이하길 바란 건 아니었습니다."

"이 무슨 말씀이십니까? 저희들이 당신께 은혜를 입었고, 당신은 이미 천하일색을 보자고 했습니다. 저희들이 비록 뼈를 갈고 살을 갈라 낸다 한들 어찌 당신의 말씀을 듣지 않을 수 있겠습니까? 천하에 두 번째 세 번째 가는 미인도 찾아오기가 어렵지 않습니다. 천하일색은 천자의 위세로도 실로 찾아오기가 어려운 것입니다. 몇 해 전에 운남[9]왕이 남과 원수를 맺은 일이 있었는데, 저희들이 운남왕의 원수를 갚아

---

9) 운남(雲南) : 중국 서남쪽 변경 지역.

주었습니다. 운남왕이 마침 그 은혜를 갚으려고 하므로, 당신과 헤어져 온 뒤로 저희들이 중매인을 보냈더니, 운남왕도 허락을 하였습니다. 당신이 서울에 들어오는 때에 맞춰 저 미인을 데려온 것입니다. 그 사이에 천리마 세 필의 다리가 부러졌고 비용만도 은자로 수만 냥이 들었습니다. 운남에서 서울까지는 3만 리나 떨어져 있지요. 이제 이렇게 만났는데, 당신은 남자요 저 사람은 여자입니다. 만약 한번 보기만 하고 헤어진다면, 깊은 규중에서 남 보기를 꺼려하던 저 미인의 행실로 보아 과연 어떻겠습니까? 다시는 사양하지 마십시오. 오늘 저녁에 합근례10)를 올리는 것이 또한 마땅하지 않겠습니까?"

마침내 김 역관은 그곳에 유숙하면서 그날 밤 혼례를 올렸다. 촛농이 떨어져 쌓이고 사향 냄새가 옷자락에 스몄다. 김 역관은 눈이 흐려지고 정신이 어리어리하여 어지러워서 앞을 보아도 보이지 않았다. 미친 나비가 꽃을 탐하는 마음이 별반 나지 않았고, 원앙이 물결을 희롱하는 소리도 나지 않았다.

세 사람이 밖에서 엿보다가 김 역관이 이처럼 재미가 없는 사람이라는 것을 알고는 그를 불러내서 말하였다.

"첫날밤 잠자리가 어찌 그리 적막합니까?"

하고는 접시를 꺼내 김 역관 앞에 놓으며 말하였다.

"이걸 드십시오. 이건 촉산11)에서 나는 홍삼입니다. 이걸 드시고 방에 들어가시면 눈이 밝아지고 정신이 상쾌해질 겁니다. 신부의 온몸 구석구석이 뚜렷이 보일 겁니다."

첫날밤을 치르고 나자, 세 사람이 벌써 와서 기다리고 있다가 김 역관에게 물었다.

---

10) 합근례(合졸禮) : 혼례(婚禮).
11) 촉산(蜀山) : 중국 사천성(四川省) 지역인 파촉(巴蜀)에 있는 산.

"신부를 어떻게 하시럽니까?"

"돌이켜 보니 제가 외국 사람으로 지금 분에 넘치는 은혜를 입어, 앞으로 닥칠 일을 미리 헤아릴 수가 없군요."

"당신은 요행히 기이한 인연으로 이런 천하일색을 얻게 되었는데, 어떻게 한번 만났다가 헤어질 수가 있겠습니까? 당신이 외국인으로 부모님 곁을 떠나 여기 살면서 해로한다는 것은 의리상으로도 안 될 일입니다. 저희 세 사람이 이미 당신의 은혜를 입었고 또 중국에 있으니, 매년 사신이 올 때 역관으로 반드시 따라 들어오셔서 마치 견우와 직녀가 칠석날 만나듯이 한 해에 한 번씩 만나는 것도 또한 아름다운 일이 아니겠습니까?"

김 역관은 과연 그들의 말대로 늙도록 역관으로 와서 매년 한 번씩 만나 놀며 즐기다가 마침내 아들 하나를 두었다. 그리하여 김 역관의 후손들이 연경에 크게 번창하였다고 한다.

제4권

복을 타고난 사람들

제1화 현령 이공린

현령 이공린은 익재 이제현의 후손이며 감사 이윤인의 아들이다.

그는 참판 박팽년의 딸에게 장가들었는데, 첫날밤 꿈에 늙은이 여덟 사람이 그의 앞에 와서 하직을 고하는 것이었다.

"저희들은 곧 죽게 되었습니다. 만약 공께서 솥에 삶기게 된 저희들의 목숨을 살려주신다면, 그 보답을 후하게 하겠습니다."

이공린이 깜짝 놀라 잠에서 깨어 물어보니, 요리를 만드는 사람이 막 자라 여덟 마리로 국을 끓이려 하고 있었다. 그는 즉시 자라를 강물에 놓아주라고 명하였다.

자라 한 마리가 달아나는 것을 나이 어린 종이 삽을 가지고 잡으려다가 실수를 하는 바람에 그 목이 끊어져 죽고 말았다.

그 날 밤 또 꿈을 꾸었는데, 일곱 명의 늙은이가 와서 사례를 하였다.

그 뒤, 이공린은 여덟 명의 아들을 낳았는데, 그 이름을 오(鼇)·구(龜)·원(黿)·타(鼉)·벽(鼊)·경(鯨)·곤(鯤)이라고 하였다.[역자주 : 본문에 빠진 한 아들의 이름은 별(鱉)임.] 그 상서로움을 나타낸 것이다. 모두 재주가 많기로 명성이 나 있어서, 사람들이 그들 형제를 순씨팔룡[1]

---

1) 순씨팔룡(筍氏八龍) : 중국 후한(後漢) 때 순숙(筍淑)의 여덟 아들. 검(儉)·곤(緄)·정(靖)·도(燾)·왕(汪)·상(爽)·숙(肅)·전(專)으로, 당시 사람들이 팔룡

에 비하였다.

 이원의 자는 낭옹인데, 올바른 행동과 문장으로 세상의 추앙을 받았다. 그는 점필재 김종직2)의 문인으로 갑자사화3) 때 죽었으니, 그 꿈의 징험이 더욱 두드러지게 나타난 것이었다.

 그래서 오늘날까지도 이씨들은 자라를 먹지 않는다.

【원주】
이 현령 공린(李縣令公麟) : 본관이 경주로, 익재(益齋)의 7세손이다.
익재의 이름은 제현(齊賢)으로, 고려에서 벼슬이 문하시중(門下侍中)에 이르렀고, 계림부원군(鷄林府院君)에 봉해졌으며, 시호는 문충(文忠)이다.
이공린의 아들 여덟 가운데 오(鼇)는 진사과에 장원을 하고 성종 병오년(1486)에 등과하였으나 벼슬이 정랑에 그쳤다.
구(龜)의 자는 자장(子長), 호는 사미정(四美亭)으로, 생원을 거쳐 문과에 급제하였으나 벼슬이 판결사(判決事)에 그쳤다.
원(黿)의 호는 재사당(再思堂)으로, 성종 기유년(1489)에 진사가 되었고 문과에 급제하였으나 벼슬이 좌랑에 그쳤다.
별(鼈)의 자는 낭선(浪仙), 호는 장륙(藏六)으로, 진사가 되었으나 무오사화4) 후에 과거에 응시하지 않고 방랑생활을 하다가 생을 마쳤다.
타(鼉)는 생원과에 장원급제하였고, 벽(鼊)은 진사과에 급제하였다.

 (八龍)이라고 일컬었음.
2) 김종직(金宗直, 1431~1492) : 조선조 성종 때의 문신이자 학자. 자는 계온(季昷), 호는 점필재(佔畢齋), 본관은 선산(善山)이며, 사예(司藝) 숙자(叔滋)의 아들. 시호는 문충(文忠).
3) 갑자사화(甲子士禍) : 1504년(연산군10) 임사홍(任士洪)이 연산군의 생모 윤씨의 폐위는 성종의 후궁인 엄 숙의(嚴淑儀)와 정 숙의(鄭淑儀)의 소행이라고 밀고함으로써 일어난 사화. 이에 크게 노한 연산군은 윤씨의 폐위에 찬성하였던 신하들을 처형하였음.
4) 무오사화(戊午士禍) : 1498년(연산군4) 사림파(士林派)가 훈구파(勳舊派)에 의해 화를 당한 사건.

제2화 물재 손순효

물재 손순효는 평해[1] 사람으로 교생[2]의 아들이었다. 어려서부터 영리하였고, 문장에 능하여 과거를 보러 가고자 하였으나 답안지로 쓸 종이가 없었다.

그가 사는 고을의 사또가 그를 불러보고는 자신의 두 아들과 함께 향시[3]에 응시하도록 하였다. 향시에서는 한 사람에게 세 문제씩을 내주었는데, 물재는 그 가운데 두 문제를 맞혔고, 사또의 두 아들은 각기 한 문제씩만을 맞혔다.

또다시 동당시[4]에 응시하여 물재는 장원으로 급제하였고, 사또의 두 아들 가운데 한 아들만 급제하였다. 두 사람이 함께 회시[5]를 치르러 서울로 올라가다가 충주에 이르렀을 때 날이 저물어 그 고을 호장[6]의 집에서 묵게 되었다. 사또의 아들은 손님방에서 자고, 물재는 피곤하여

---

1) 평해(平海) : 경상북도 울진군(蔚珍郡)에 있는 고을.
2) 교생(校生) : 향교(鄕校)의 유생(儒生).
3) 향시(鄕試) : 조선시대 각 도에서 도내의 유생들에게 보이던 초시(初試).
4) 동당시(東堂試) : 조선시대 매3년마다 보이던 과거. 식년시(式年試).
5) 회시(會試) : 문무과 과거의 초시 급제자가 서울에 모여 다시 보는 과거.
6) 호장(戶長) : 조선시대 각 고을 아전의 우두머리.

방앗간에서 곯아떨어지고 말았다.

　호장 부부와 그들의 두 딸이 모두 큰 용이 자기 집 방앗간에 누워 있는 꿈을 꾸고 깨어서는 기이하게 여기며 불을 밝혀 들고 방앗간을 살펴보았다. 그랬더니 물재가 그곳에서 자고 있는 것이었다.

　호장이 그 까닭을 묻고 나서는 말하기를,

　"내게 딸이 둘 있는데, 그 가운데 하나를 그대에게 줄 테니 손수 골라 보시게."

하는 것이었다. 물재가

　"첩으로 삼겠다면 댁에선 틀림없이 받아들이지 않을 것이요, 처로 삼으려면 부모님께 말씀도 드리지 않고 장가를 들라는 말씀입니까?"

하니, 호장은

　"첩으로 삼아도 안 될 거야 없소."

하였다. 그러자 물재는 맏딸을 선택하여 곧바로 그 집에서 혼례를 치렀다. 사또의 아들이 그 사실을 알고 크게 노하여 그를 버려둔 채 먼저 떠나버렸다.

　물재는 호장의 집에서 며칠 동안 머물다가 노자와 과거보는 데 소용되는 물품을 마련하여 서울로 올라갔다. 물재는 진사과에도 급제하고 문과 전시에서는 장원으로 급제하였다.

　성종은 훌륭한 인재 얻은 것을 기뻐하며 이조판서 신공의 딸에게 장가들도록 주선해주었고, 급제자 명단을 발표하는 날 여러 동년 급제자들이 참석한 가운데 혼례를 치르게 되었다. 여러 조정의 대신들이 모두 둘러서서 보는 가운데 치러진 혼례는 매우 성대하였다.

　정언[7] 벼슬을 받고 고향으로 내려가는 길에 충주 호장의 집에 들르

---

　7) 정언(正言) : 조선시대 사간원(司諫院)의 정6품 벼슬.

니, 고을 사람들이 이미 맞으러 나와 있었다. 충주에서 얻은 첩을 거느리고 집에 이르러 부모님을 모시고 상경하니, 성종이 묵사동[8]에 집을 마련해주라고 명을 내려놓은 상태였다. 물재에 대한 성종의 총애는 비길 데가 없었다. 물재는 마침내 병조와 이조의 판서를 거쳐 찬성[9]으로 승진하였다.

어느 날, 성종이 여러 대신들과 더불어 편전에서 술자리를 벌이고 있었다. 물재가 취기를 빌어 어탑을 어루만지며,

"이 자리가 아깝습니다."

하였다. 이는 연산군을 가리켜 한 말이었다.

대간[10]에서 규탄하는 글이 빗발치듯 올라오니 성종은 웃으며,

"그가 나를 아비처럼 여기는지라 내가 과음하는 것을 염려하다가 자신도 모르게 결례를 한 것이오."

하였으나, 삼사에서 크게 들고일어나므로 부득이 한강에 유배를 보내라는 명을 내렸다. 그리고는 하루만에 다시 찬성으로 삼아 불러들였다.

성종이 끝내 술병으로 여러 신하들의 곁을 떠나자, 물재는 산에 올라가 크게 통곡을 하며 엎어져 뒹굴고 펄쩍 뛰어오르며 기어오르기도 하다가 온 얼굴이 피투성이가 된 채 미친 듯이 동네 사이로 뛰어다녔다.

이는 화를 피하려는 계책에서 나온 행동이었다. 연산군이 즉위하여 여러 신하들을 죽였는데, 유독 물재에 대해서는,

"내가 평소에 이 사람을 죽이려 하였으나 이제 미쳤으므로 죽이지 않는다."

라고 하였다.

---

8) 묵사동(墨寺洞) : 오늘날 서울시 중구 묵정동에 있던 고을. 먹절골.
9) 찬성(贊成) : 조선시대 의정부(議政府)의 종1품 벼슬.
10) 대간(臺諫) : 조선시대 사헌부(司憲府)와 사간원(司諫院) 벼슬의 총칭.

물재는 76세에 집에서 여생을 마쳤다. 그의 자손들은 여러 대에 걸쳐 끊이지 않고 높은 벼슬을 하였다.

【 원주 】

물재 손순효(勿齋孫舜孝, 1427~1497) : 자는 경보(敬甫), 밀(密)의 아들이며, 물재는 그의 호다. 신미년(1451)에 진사과에 급제하였고, 단종 계유년(1453)에 등과하였으며, 벼슬은 좌찬성에 그쳤다.

제3화 소재 노수신

소재 노수신이 아직 장가들기 전이었다. 마침 송도[1]를 지나가다가 날이 저물어 주막집에 들어앉아 있었다.
자정이 지난 시간에 등불을 든 계집종 하나를 앞세우고 한 처녀가 아리따운 자태로 다가와서는 안채로 들어가기를 청하는 것이었다.
소재는 그 뜻도 모른 채 그녀의 뒤를 따라 들어갔다. 그곳은 마치 신방처럼 꾸며 놓았는데, 처녀가 그의 옆에 다소곳이 앉는 것이었다. 잠시 후에 저녁상을 차려 내왔는데, 아주 풍성하게 잘 차린 음식으로 그득하였다.
식사를 마치고 나자 주막집 주인이 방문 밖에 와서 인사를 하는 것이었다. 그가 어찌된 까닭이냐고 물으니 주인은,
"이 아이는 바로 소인의 딸입니다. 공의 처분대로 하십시오."
하였다.
마침내 소재는 그 처녀와 더불어 밤을 지냈고, 흠뻑 정이 들게 되었다. 며칠을 더 머문 뒤 그녀를 데려가려 하니, 그녀는 따라가지 않으려 하며,

---

1) 송도(松都) : 고려의 도읍지였던 오늘날의 개성(開城).

"이담에 또 만나겠지요."
하는 것이었다. 그리고는 옷가지를 여러 벌 마련하여 주고, 또 다음과 같은 당시 한 연구를 외우는 것이었다.

초나라 나그네를 태운 돛배가 쓸쓸한 바람을 타고,
저물녘 비 내리는 차가운 강으로 떠가네.
蕭蕭楚客帆(소소초객범)
暮入寒江雨(모입한강우)

이어 부탁하기를,
"이 시를 잊지 마십시오."
하였다.

그 뒤, 소재는 장가도 들고 과거에도 급제하였다. 여러 차례 그녀를 찾아가 만나보고 송도에 머물러 지내다가 함께 돌아가려고 하면 끝내 원치 않는다고 하니 그 까닭을 알 수가 없었다.

어느 날, 소재가 임금을 모시고 경연에 참석하였다가 문득 조는 가운데 그 시를 외우게 되었다. 그가 늘 그 시를 외우고 있었기 때문이었다. 임금이 괴이하게 여기므로, 그는 사실대로 자세히 아뢰었다.

그의 이야기를 들은 임금은 기이한 일이라고 하더니 마침내 송도 유수에게 명하였다.

"내일 그 주막집 딸을 올려 보내 곧장 대궐에 들도록 하라."

이튿날 그녀는 대궐에 들어와 임금 앞에 나아가 인사를 하였다. 그녀의 용모와 행동거지가 하나도 나무랄 데가 없었다. 임금이 그녀에게 자초지종을 자세히 물으니, 그녀가 대답하였다.

"제가 7, 8세 되던 때에 집 뒤에 있는 숲 속에서 놀곤 하였습니다. 그때 백발노인 한 사람이 와서는,

'너는 마땅히 귀한 사람의 첩이 되어 복록이 예사롭지 않을 것이다.'
하였습니다. 그 뒤로 어떨 때는 낮에, 어떨 때는 밤에 찾아오곤 하더니, 어느 날 또 와서 말하기를,

'오늘 네 신랑감이 올 것이니, 너는 이리저리 하고 시댁에 따라가서는 안 된다.'
하였습니다. 당시를 외워 전하라고 한 것도 모두 그 노인이 지시한 것입니다."

소재는 그제야 그 자세한 사연을 듣게 되었다. 임금도 또한 크게 기이하게 여기며 어필로 '영도부인' 네 글자를 써서 내려주었다.

그녀는 평생 복을 누렸다고 한다.

【원주】

소재 노수신(蘇齋盧守愼, 1515~1590) : 자는 과회(寡悔), 소재는 그의 호다. 또 호를 이재(伊齋)라고도 하였다. 본관은 광주(廣州)로 별제(別提) 홍(鴻)의 아들이자, 상촌(桑村) 숭(嵩)의 8세손이며, 탄수(灘叟) 이연경(李延慶)의 사위다. 을해년(1515)에 태어나서 갑오년(1534)에 진사가 되었고, 중종 계묘년(1543)에 과거에 장원으로 급제하였다. 이조의 낭관과 대제학을 역임하였고, 선조 계유년(1573)에 재상이 되었으며, 벼슬이 영의정에 이르렀다. 40년간 재상으로 있다가 기로소에 들어갔고, 76세에 타계하니, 문의(文懿)라는 시호를 내렸다.

탄수 이공의 부인은 전주이씨로 종실 지(墀)의 딸이다. 사람을 알아보는 안목이 있었는데 일찍이 동고(東皐) 이준경(李浚慶, 1499~1572)에게 사윗감을 골라 달라고 청하였다. 동고는 탄수의 사촌아우다. 그 뒤, 동고가 소재를 사위로 삼게 하였는데, 혼례를 치르고 나서 이씨가 정색을 하고 못마땅한 듯이 말하기를, "사위는 좋습니다. 문장이나 덕망이나 지위가 틀림없이 나라의 큰그릇이 되겠습니다. 그러나 다만 후사가 적어 보이는 것이 흠입니다."하자, 동고는 "형수님의 안목으로도 사사로운 정에 가려 조카딸의 상을 살피

지 못하셨군요."하였다. 이씨가 자기 딸의 상을 다시 보니 과연 아들을 두지 못할 상이었다. 그 뒤에 과연 그러하였다.

제4화 동악 이안눌

　동악 이안눌이 장가를 든 뒤였다. 대보름날 밤에 종소리를 들으러 운종가[1])에 갔다. 술에 취하여 이동[2]) 앞길을 지나가다가 어느 집 대문에 기대 누웠다. 조금 있다가 남녀 종들이 와서 떠들어댔다.
　"신랑이 취해서 여기 쓰러져 계시네."
하더니 동악을 부축하여 그 집 신방으로 들어갔다. 그러나 동악은 술에 취하여 정신을 차리지 못한 채 화촉을 밝힌 동방에서 신부와 동침을 하였다.
　이튿날 새벽 동악이 잠이 깨 보니, 그가 잔 곳은 처가가 아니라 남의 집이었다. 그가 신부에게 물었다.
　"여기가 누구의 집이오?"
　그러자 의심이 든 신부가 반문을 하고는 서로 깜짝 놀랐다.
　그 집의 신부는 혼례를 치른 지 사흘이 지났는데, 그녀의 신랑도 종소리를 들으러 밤에 나가서는 돌아오지 않은 것이었다. 그런데 동악이 이 집에 잘못 들어온 것이다.

---

1) 운종가(雲從街) : 서울시 종로(鍾路)의 옛 이름.
2) 이동(履洞) : 신전골. 오늘날의 서울 중구 을지로3가·저동2가·초동에 걸쳐 있던 마을로, 신발을 파는 가게가 있었다고 함.

동악이 그 신부에게 물었다.

"이 일을 어떻게 처리하면 좋겠소?"

"제가 꾼 꿈의 조짐과 부합이 되니, 이 또한 연분입니다. 여자의 도리로 말씀을 드리자면 저는 죽어야 마땅합니다. 하오나 저 또한 대대로 역관을 지내는 집안의 무남독녀랍니다. 제가 죽으면 저의 늙으신 부모님은 의탁할 곳이 없으니 이제 차마 죽을 수는 없습니다. 부득이 권도3)를 따라야겠습니다. 소실이 되어 늙으신 부모님을 봉양하며 한 평생을 마칠까 하는데, 어떠신지요?"

"내가 고의로 범한 것이 아니었고, 자네가 음란했던 것도 아니었으니 권도를 따르는 것도 무방할 걸세. 다만 집안에 연로한 부모님이 계시고 평소 아버님의 가르치심이 매우 엄하다네. 내 나이 아직 스물이 안 되었고 또 아직 과거에 오르지 못했다네. 글공부하는 선비가 소실을 거느린다면 어찌 어려움이 없겠는가?"

"어려울 게 없습니다. 혹시 저를 데려다 놓을 만한 이모나 고모 댁이 있으신지요?"

"있다네."

"그러면 지금 속히 저를 그 집에 데려다 주셔서, 양쪽 집에서 모르도록 해주십시오. 낭군님은 반드시 과거에 급제하실 것입니다. 하오나 과거에 급제하시기 전에는 맹세코 만나지 않겠습니다. 과거에 급제하신 뒤에 양가 부모님께 사실대로 아뢰는 것이 화목하게 모일 수 있는 길이라고 생각되는데, 어떠신지요?"

동악은 그녀의 말대로 과부로 사는 이모 집에 그녀의 거처를 마련하여, 바느질을 도우면서 마치 모녀간처럼 의지하며 지내도록 하였다.

---

3) 권도(權道) : 목적 달성을 위해 임기응변으로 취하는 방편.

신부집에서 아침에 일어나 보니, 신랑과 신부가 어디로 갔는지 모르게 사라져 버린 것이었다. 매우 놀라는 한편 괴이하게 여겨져 신랑집에 가서 알아보고는 비로소 가짜 신랑과 함께 달아난 것을 알게 되었다.

마침내 신부집에서는 그 일을 숨기고, 신부가 갑자기 병에 걸려 일어나지 못하게 되었다고 거짓 핑계를 대고는 거짓으로 염을 하여 장례를 치렀다.

동악이 다시는 소실을 만나지 못한 채 밤낮으로 부지런히 글공부를 하여 크게 진전이 있었다. 몇 년이 지나지 않아, 그는 과거에서 우수한 성적으로 급제를 하였다. 그제야 늙은 부모에게 아뢰고 소실을 데려왔다. 또 소실의 친정에 연락을 하려고 하니, 소실이 말하였다.

"틀림없이 믿지 않으실 겁니다."

하고는 시집갈 때 입었던 저고리의 붉은 비단으로 만든 옷고름을 내주며 말하였다.

"이걸 가지고 가면 믿으실 겁니다. 이 비단은 옛날 먼 윗대의 할아버님께서 중국에 가셨을 때 황제께서 하사하신 것입니다. 천하에 없는 기이한 비단으로 저의 친정에만 있었는데, 제가 시집갈 때 옷고름을 만들었던 것이지요. 이걸 보시면 틀림없이 믿으실 겁니다."

드디어 그녀의 말대로 하였더니, 늙은 역관이 그 옷고름을 보고는 슬퍼하다가 기뻐하였다. 또 동악을 보니 재상감이었다. 자초지종을 묻고 나서는 말하였다.

"하늘의 뜻일세. 우리 늙은 부부의 뒷일을 맡길 데가 있구먼."

그 역관에게는 달리 자식이 없었으므로, 집안의 재산과 노비, 농토와 집을 모두 동악에게 주었다. 그리하여 동악은 장안의 갑부가 되었다.

그의 소실은 현숙하고 지혜가 있었다. 집안 살림살이나 남편을 받드는 데 부녀자로서의 법도와 범절이 있었다. 동악의 집안은 지금까지도 부잣집으로 일컬어지고 있다. 이동의 집은 곧 동악이 취해서 들어갔던 집이다. 그의 소실이 낳은 자손들도 번성하였다고 한다.

【 원주 】

동악 이공 안눌(東岳李公安訥, 1571~1637) : 자는 자민(子敏), 동악은 그의 호다. 본관은 덕수(德水)로, 어수(漁叟) 형(泂)의 아들이자, 경재(敬齋) 기(昷)의 증손이다. 선조 기해년(1599)에 등과하여 제학(提學)을 역임하였고, 벼슬이 예조판서에 이르렀다. 청백리로 뽑혔으며, 시호는 문혜(文惠)다.

제5화 해풍군 정효준

해풍군 정효준은 나이 38세에 집안이 가난하여 의지할 데가 없었다. 상처를 세 번이나 하면서 다만 딸 둘을 두었을 뿐 아들이 없었다.

그는 영양위 정종의 증손으로, 자기 집안 선조들의 제사를 모시는 외에 또한 단종과 현덕왕후 권씨, 단종의 왕비 송씨 등 세 분의 신주를 모시고 있었는데, 향불을 켤 형편도 못되어 집안에 있으면 근심으로 마음이 산란하기만 하였다.

그래서 그는 날마다 이웃에 사는 병마절도사 이진경의 집에 가서 노름으로 소일거리를 삼고 있었다. 이진경은 곧 판서 이준민의 손자였다. 당시 그는 당하관으로 있던 무변으로 날마다 해풍군과 함께 노름을 하였다.

어느 날 해풍군이 갑자기 말을 꺼냈다.

"내가 간곡히 할 말이 있다네. 자네는 믿고 들어주겠는가?"

"내가 자네와 이렇듯 친숙한데, 어찌 따르기 어려운 청이 있겠는가? 말이나 해보게."

해풍군은 한동안 더듬거리다가 입을 열었다.

"우리 집에서는 여러 대에 걸친 제사를 모시고 있을 뿐만 아니라 또 왕가의 분들도 제사를 모셔야 한다네. 그런데 내 지금 홀아비로 지내면서 아들도 없으니 틀림없이 대가 끊길 걸세. 어찌 가엾지 않은가? 자네가 아니라면 내 어찌 입을 열 수 있겠는가? 자네가 내 형편을 가엾이 여겨, 나를 사위로 삼아줄 수 있겠는가?"

그러자 이진경이 화를 발끈 내며 말하였다.

"자네 진정으로 하는 말인가, 거짓으로 하는 말인가? 내 딸아이의 나이가 올해 열다섯 살인데 어찌 쉰 살이 다 된 사람과 짝을 지을 수 있겠는가? 자네 말은 망언일세. 이런 몰지각하고 되지도 않을 소리를 다시는 하지 않는 게 좋겠네."

해풍군은 무안하고 부끄러워 벌겋게 된 얼굴로 그 집을 나왔다. 그리고 그 뒤로 다시는 이진경의 집에 가지 않았다.

그로부터 10여 일이 지난 날 밤에 이진경이 잠자리에 들었는데, 비몽사몽간에 대문 안의 마당이 시끌시끌하더니 멀리서 임금의 거둥을 알리는 소리가 들려오는 것이었다. 그러더니 관복을 입은 사람 하나가 들어와서 말하였다.

"상감께옵서 자네 집에 거둥하셨으니 즉시 나와 맞이하게."

이진경은 황망히 섬돌 아래로 내려가 뜰에 부복하였다. 그러자 소년 임금이 옥구슬이 달린 면류관을 쓰고 대청 위에 와서 앉더니 이진경에게 가까이 오라고 하여 말하였다.

"정 아무개가 그대와 더불어 사돈을 맺으려 하던데, 그대 뜻에는 어떠하뇨?"

이진경이 일어났다 다시 부복하며 대답하였다.

"성상께옵서 내리시는 명을 어찌 감히 거역하겠습니까? 다만 신의 딸은 아직 시집갈 나이가 되지 않았고, 정 아무개는 30년이나 나이가 위인데 어떻게 짝을 지을 수 있겠습니까?"

"나이의 많고 적음은 굳이 따질 게 없으니, 반드시 혼인을 시키는 게 좋겠노라."

하고는 환궁을 하였다.

이진경은 어리둥절해서 넋을 놓고 있다가 잠에서 깨었다. 즉시 일어나 안방에 들어가니, 그의 아내도 촛불을 밝혀 놓은 채 앉아 있다가 물었다.

"아직 날이 밝지 않았는데 무슨 일로 들어오십니까?"

이진경이 꿈에 있었던 일을 말하자, 그의 아내가 말하였다.

"제가 꾼 꿈도 그랬답니다. 참으로 괴이한 일이로군요."

"이는 우연한 일이 아닌 것 같소. 장차 이 일을 어찌할꼬?"

"꿈이란 게 헛된 건데 어찌 믿을 수 있겠습니까?"

그로부터 10여 일이 지난 뒤에 이진경은 또 꿈을 꾸었다. 임금이 다시 찾아와 용안을 찌푸리며 말하였다.

"전에 하교한 바가 있거늘, 그대는 어째서 아직도 봉행치 않는고?"

이진경이 황공하여 몸을 움츠리며 사죄를 하였다.

"삼가 마땅히 헤아려 봉행하겠나이다."

이진경이 꿈에서 깨어나 그의 아내에게 말하였다.

"이번 꿈이 또 이러하니, 이는 필시 하늘의 뜻일 게요. 만약 하늘의 뜻을 거스르면 큰 화가 있지 않을까 두렵소. 이를 장차 어찌할꼬?"

"꿈이 비록 그럴지라도 그 일은 될 수가 없습니다. 내 차마 어찌 아끼는 딸을 가난뱅이의 넷째 마누라로 삼게 할 수 있겠습니까? 이는 하늘이 정한 것이든 사람이 정한 것이든 간에 죽어도 따를 수가 없습니다."

이진경은 그 뒤로 마음속에 근심과 두려움이 깊어져 침식이 불안하였다.

10여 일이 지난 뒤에 꿈속에 임금이 또 찾아와 말하였다.

"지난날 그대에게 하교한 것은 다만 하늘이 정해준 인연이기 때문만이 아니라, 정 아무개가 복이 많은 사람이기 때문이오. 그대에게 해를 끼칠 사람이 아니라 이로움을 줄 사람이오. 누차 하교했는데도 끝내 거역하다니, 이게 무슨 도리란 말이오. 장차 큰 화를 내리겠소."

이진경이 황공하여 일어났다가 다시 부복하며 대답하였다.

"삼가 성상의 하교하심을 봉행하겠나이다."

"이는 그대가 할 수 있는 일이 아니오. 오로지 그대 처의 완고함으로 말미암아 봉행치 못하는 것이니, 마땅히 그 죄를 다스리겠소."

하고는 즉시 그의 처를 잡아들이라고 명하니, 삽시간에 형틀을 준비하고 그의 처를 잡아 들여 죄를 물었다.

"네 가장은 내 명을 따르려고 했느니라. 너만 유독 어렵다고 버티며 봉행치 않았으니, 이게 무슨 도리인고?"

하고는 형장을 가하라고 명하여 네댓 대를 때리고는 그치게 하였다.

이진경의 아내가 황공하여 애걸하였다.

"어찌 감히 마마의 명을 어기겠습니까? 삼가 마땅히 봉행하겠나이다."

그러자 임금은 형벌을 멈추게 하고 환궁하였다.

이진경이 깜짝 놀라 꿈에서 깨어나 안방에 들어가니, 그의 아내가 꿈속에 있었던 일을 말하면서 무릎을 문지르고 앉아 있었다. 무릎에는 형장을 맞은 흔적이 있었다. 그들 부부는 깜짝 놀라 두려워하며 서로 의논한 끝에 결정을 하였다.

그들은 이튿날 해풍군을 청하였다.

"요사이 어찌 그리 오래도록 오지 않았는가?"

그러자 해풍군이 즉시 왔다. 이진경이 그를 맞아 말하였다.

"자네는 지난번 일 때문에 스스로 멀리하고 오지 않았는가? 내가 요새 천 번을 생각하고 만 번을 헤아려 보니, 내가 아니면 이 세상에서 자네를 곤경에서 구해줄 사람이 없더군. 비록 내 딸의 평생을 그르친다고 할지라도 마땅히 자네 집에 시집을 보내기로 결단을 내렸다네. 자네를 우리 집 사위로 삼기로 내 뜻을 이미 결정했으니, 어찌 다른 말이 필요하겠는가? 사주단자는 필요 없고, 이 자리에서 청혼서를 쓰는 게 좋겠네."

하고는 종이 한 폭을 주며 쓰라고 하였다. 그리고 나서 앉은자리에서 책력을 펴놓고 택일을 한 뒤 굳게 혼약을 하고 보냈다.

이튿날 아침 그의 딸이 잠자리에서 일어나 그녀의 어머니에게 말하였다.

"간밤의 꿈이 아주 기이했어요. 아버님 놀음 친구인 정생이 홀연 용으로 화해 제게 오면서 이렇게 말하는 거예요. '너는 내 아들을 받아라.' 그래서 제가 치맛자락을 펼쳐서 작은 용 다섯 마리를 받았지요. 그랬더니 치맛자락 위에서 용이 뱀처럼 꿈틀거리는 거였어요. 그런데 주고받는 사이에 작은 용 하나가 땅에 떨어져 목이 부러져 죽었어요. 이 얼마나 괴이한 꿈이어요?"

그녀의 부모가 그 말을 듣고 기이하게 여겼다.

이진경의 딸이 해풍군에게 시집을 가더니 해마다 아이를 낳는데, 순전히 아들만 다섯을 낳았다. 아들 다섯이 모두 장성하여 차례대로 과거에 급제하였다. 첫째와 둘째는 벼슬이 판서에 이르렀고, 셋째는 벼슬이 대사헌에 이르렀으며, 넷째와 다섯째는 모두 홍문관에서 벼슬을 하였다.

해풍군의 장손도 그가 살아있는 동안 과거에 급제하였고, 그의 손자 사위도 급제하였다.

해풍군은 다섯 아들이 과거에 급제함으로써 품계가 두 등급이나 올라 벼슬이 참판에 이르렀다. 90여 년을 살면서 손자와 증손자가 그의 앞에 그득하였으니, 그의 복록이 성함은 세상에서 견줄 데가 드문 것이었다.

그의 다섯째 아들이 서장관으로 중국에 갔다가 돌아오는 길에 미처 중국 국경을 나서기 전에 죽고 말았다. 그의 시신이 돌아왔을 때 해풍군은 아직 살아 있었는데, 과연 그의 아내가 꾼 꿈속의 일과 부합하였다. 해풍군의 아내는 그보다 3년을 앞서서 죽었다.

해풍군이 빈궁하던 시절에 마침 친구 집에서 어떤 술사 한 사람을 만났었다. 여러 사람들이 모두 자신의 앞날에 대하여 묻는데 해풍군만 홀로 말이 없자, 주인이 말하였다.

"이 사람의 관상법이 신이하다네. 자네는 어째서 한번 물어보지 않는가?"

"빈궁한 사람이 관상을 본들 뭐 좋을 게 있겠는가?"

그 술사가 그를 자세히 보다가 말하였다.

"저 분은 누구신가요? 지금은 비록 이렇듯 곤궁하지만, 그 복록이 한정 없습니다. 처음에는 곤궁하다가 나중에는 운이 트여서 오복을 모두 갖출 상입니다. 여기 계신 분은 누구도 따를 수가 없지요."

그 뒤에 과연 그 말이 맞았던 것이다.

해풍군이 처음 장가를 갈 때, 첫날밤 꿈에 어떤 집에 들어가 보니 마루 위에 차려놓은 것은 혼례 때와 똑 같았는데, 다만 신부가 없었다. 꿈이 깨어 의아하게 여겼었다.

상처를 하고 두 번째 장가를 간 날 밤 꿈에 또 그 집에 들어갔더니 전에 꾼 꿈에서와 같았는데, 신부라고 하는 것이 아직 포대기에 싸여 있었다.

또 상처를 하고 세 번째 장가를 간 날 밤 꿈에 또 그 집에 들어가 보니 전에 꾼 꿈에서와 같았는데, 신부라며 포대기에 싸여 있던 아이의 나이가 열 살 가깝게 조금 자라 있었다.

또 상처를 하고 이진경의 집으로 네 번째 장가를 들어 신부를 보니,

바로 지금까지 꿈에서 보았던 아이였다.

무릇 모든 일이 전생에 이미 정하여져 있어서 그런 것이다. 병마절도사 이진경의 꿈에 나타나 명을 내린 임금은 바로 단종이었다고 한다.

해풍군 정효준은 해주 사람으로, 백정 정역의 후손이자 소평공 정미수의 4세손이다.

장가를 들기 전에 꿈을 꾸었는데, 어떤 사람이 그의 손을 잡고 한 곳에 가서 자줏빛 옷을 입은 부인을 가리키며 말하였다.

"이 사람이 자네 부인이 될 텐데 자네 집에 복이 될 걸세."

해풍군은 꿈에서 깨어나 꿈에서 본 여인을 마음속에 기억하여 두었다.

그 뒤 장가를 들었으나 연달아 세 사람의 아내를 잃었고, 아무에게도 아들을 얻지 못하였는데 나이는 47세나 되었다.

병마절도사 이진경과 같은 동네에 살았는데, 가난하여 절로 즐거운 일이 없었다. 때때로 이진경의 집에 드나들면서 마주 앉아 장기를 두곤 하였다.

이진경에게는 아직 시집을 가지 않은 딸이 있었다. 일찍이 꿈을 꾸었는데, 사랑채에서 놀음을 즐기는 정 생원이 자기에게 알 다섯 개를 주는 것이었다. 그녀는 그 알을 치마로 받아 쌌더니 모두 용이 되는 것이었다. 이진경은 딸의 꿈 이야기를 듣고 기이하게 여겼다.

어느 날, 이진경은 해풍군과 장기를 두며 이야기를 하다가 네 번째 장가에 대한 말이 나오자 말하였다.

"자네 우리 집으로 장가를 들면 어떻겠나?"

"나이 50이 다 된 가난한 선비가 어찌 그럴 수가 있겠는가?"

이진경이 마침내 딸의 꿈 이야기를 해주고, 자기 딸을 그의 아내로 주었다.

혼인을 하는 날, 해풍군이 말없이 그녀의 얼굴 모습과 입은 옷, 그리고 살고 있는 방과 정자, 창문과 뜰 등을 살펴보니 지난번 꿈에서 본 것들과 똑같았다.

해풍군이 그녀와 혼인을 하여 아들 다섯을 낳았다. 필선 벼슬을 하는 정식, 판서가 된 정익, 참판이 된 정석과 정박, 장령이 된 정적이 그들이다. 정식의 아들 정중휘 또한 참판이 되었다. 모두들 문과에 급제하여 높은 벼슬을 하게 된 것이다.

해풍군은 자손들이 현달하는 것을 보고 홀로 89세의 나이를 누렸다.

【 원주 】

정 해풍 효준(鄭海豊孝俊, 1577~1665) : 자는 효우(孝友), 호는 낙만(樂晩)으로, 판관(判官) 흠(欽)의 아들이다. 음서(蔭敍)로 해풍군에 봉해졌다.
아들 식(植, 1615~1662)의 호는 백교(白郊)로, 진사를 거쳐 효종 경인년(1650)에 등과하였다.
익(木益, 1617~1683)의 자는 자제(子濟), 호는 욱헌(旭軒)으로, 진사를 거쳐 임오년(1642)에 등과하였다.
석(晳, 1619~1677)의 자는 백야(白也)로, 진사를 거쳐 효종 기축년(1649)에 등과하였다.
박(樸, 1621~?)은 진사를 거쳐 임진년(1652)에 등과하였다.
적(積, 1635~?)은 진사를 거쳐 임인년(1662)에 등과하였다.
장손인 중휘(重徽, 1631~1698)의 자는 신백(愼伯), 호는 돈곡(敦谷)으로, 진사를 거쳐 정유년(1657)에 등과하였다.

이 병사 진경(李兵使眞卿, 1576~1642) : 본관이 전의(全義)로, 종훈(從訓)의 아들이자, 위경(偉卿)의 사촌아우다. 무과에 급제하여 벼슬이 경상우병사(慶尙右兵使)에 이르렀다.

제6화 얼룩 호랑이

옛날에 한 재상이 부부간에 해로하며 살고 있었다. 그들은 나이 어린 계집종 하나를 데리고 있었는데, 나이가 17, 8세 가량 되었다. 용모와 자색이 추하지 않고 성품 또한 순하고 착해서, 부인이 끔찍이 사랑해주었다.

재상이 늘 가까이 하려고 치근거렸으나, 그녀는 재상의 명을 따르지 않고 부인에게 가서 울며 아뢰었다.

"쇤네는 죽어야 할까 봅니다. 대감께서 여러 차례 쇤네더러 잠자리 시중을 들라고 하시니, 만약 그 명을 따르지 않으면 필경 대감의 형장을 맞고 죽을 것이고, 대감의 명을 따르자니 쇤네를 자식처럼 길러주신 마님의 은혜를 입었는데 어찌 차마 마님 눈 속의 가시가 되겠습니까? 한번 죽는 길 이외에는 다른 도리가 없으니, 강에 몸을 던져 죽으려 합니다."

부인은 그녀의 뜻을 가엾게 여겨 백은, 청동, 비녀, 귀고리 등과 그녀에게 주려고 마련해 두었던 옷가지를 한 보자기에 싸서 주며 말하였다.

"이제 이곳을 떠나거라. 그러나 사람의 목숨을 어찌 헛되이 끊겠느냐? 이것을 가지고 네가 가고 싶은 곳으로 가서 이걸 밑천 삼아 살아보거라."

새벽종이 울리기를 기다리다가 종이 울리자마자 대문을 살짝 열고 내보내 주었다.

그녀는 재상가의 안채에서 사랐는지라 대문을 나서서 길을 찾아가 본 적이 없었다. 보자기에 싼 것을 지니고 나섰으나 어디로 가야 할지를 몰라 곧장 큰길을 따라 가다가 남문을 나서서 점차 나루터에 가까이 가게 되었다. 그 무렵 하늘이 훤하게 밝아왔다. 그때 말방울 소리가 뒤에서 들려오더니 어떤 사내 하나가 그녀 앞으로 다가와 물었다.

"너는 어느 곳에 사는 계집아인데 이렇듯 이른 새벽에 혼자서 어딜 가는 게냐?"

"내게 슬프고도 원통한 일이 있어 강물에 몸을 던져 죽으려 합니다."

"헛되이 죽을 바에는, 내 아직 장가를 들지 않았으니 나와 함께 사는 것이 어떻겠느냐?"

그녀가 그리하자고 하였다. 마침내 그 사내는 그녀를 말에 태우고 떠났다.

그로부터 몇 년 뒤에 재상 내외가 모두 죽었고, 그들의 아들 또한 이미 죽었으며, 그 손자가 조금 자랐다. 그러나 집안 형편이 기울어져 살아갈 밑천이 없었다.

손자는 문득 선대의 노비들이 다수 각처에 흩어져 있다는 것을 생각하고 추노를 하러 간다면 의지할 만한 밑천을 얻을 수 있을까 하여 드디어 홀로 길을 떠났다.

그는 먼저 어느 한 곳에 가서 여러 종들을 불러 모아놓고 호적을 보여주며 말하였다.

"너희들은 모두 우리 선대의 노비들이다. 내가 오늘 세금을 걷으려고 내려왔으니 모름지기 사람 수대로, 남녀의 수대로 일일이 갖추어 내도록 하라."

 종들이 입으로는 그리하겠다고 하면서도 마음속으로는 불량한 생각을 품었다. 방 한 칸을 정하여 그에게 거처하도록 하고 저녁상을 차려 그를 대접하였다. 그리고는 그 날 밤 무리를 모아 그를 죽이기로 모의하였다.

 그는 그런 사실도 모른 채 곤하게 잠이 들었다. 한밤중에 갑자기 많은 사람들의 발자국 소리가 들려왔다. 마음속으로 의심이 들어 귀를 기울이고 몰래 엿들으니, 방문을 열고 먼저 들어가는 일을 가지고 서로 핑계를 대며 미루고 있었다. 그제야 사태가 어떻게 돌아가고 있는지를 알게 되었다.

 그는 깜짝 놀라 겁을 먹고 벌벌 떨면서 살며시 몸을 일으켜 북쪽 벽을 발로 차 넘어뜨리고 뛰쳐나와 달아났다.

 어떤 종은 칼을 들고 어떤 종은 몽둥이를 든 채, 더러는 방안에서 더러는 부엌 뒤에서 쫓아 나왔다.

 그는 달아나서 살아날 방법이 없으므로 마침내 낮은 울타리를 뛰어넘었다. 문득 호랑이 한 마리가 때마침 울타리 밖에 있다가 앞으로 달려들어 그를 물고 달아났다.

 종들은 그가 호랑이에게 붙잡혀 가는 것을 보고 서로 쳐다보고 기뻐하며 말하였다.

 "우리 손을 써서 죽이는 수고를 하지 않고도 절로 호랑이에게 잡아먹히게 되었으니 어찌 하늘의 뜻이 아니리오. 걱정거리가 영영 사라졌어!"

 그 호랑이가 비록 그를 잡아가기는 하였으나 다만 그의 옷 뒤 깃을 물어서 그의 몸을 훌쩍 날려 등 위에 업고는 밤새도록 몇 리를 달렸는지 알 수 없었다. 어느 한 곳으로 가서는 그의 몸을 번쩍 날려 땅에 떨어뜨렸다. 비록 그의 살갗에 상처는 나지 않았으나 정신은 잃고 있었다.

그러다가 놀란 넋이 약간 깨어나 눈을 뜨고 두루 살펴보니, 그곳은 큰 마을 한가운데 있는 우물가의 어떤 집 대문 앞이었다. 호랑이는 아직도 그 옆에 쭈그리고 앉아 있었고, 날이 밝아오고 있었다.

우물가에 있는 집의 사람이 물을 길으려고 대문을 열고 나오다가 문득 어떤 사람이 땅바닥에 쓰러져 누워 있고, 큰 호랑이 한 마리가 그 곁에서 지키고 있는 것을 보고는 깜짝 놀라 집으로 달려들어가며 연달아 부르짖었다.

"호랑이가 나타났다!"

그러자 그 집안사람들은 늙은이 젊은이 할 것 없이 일제히 몽둥이를 들고 나왔다.

호랑이는 여러 사람들이 일제히 오는 것을 보고는 비로소 몸을 일으켜 기지개를 켜고는 서서히 사라졌다.

사람들이 그제야 쓰러져 누워 있는 사람에게 물었다.

"댁은 뉘시오? 무슨 까닭에 여기 누워 있는 것이오? 얼룩 호랑이가 무슨 까닭으로 댁을 지키며 가지 않았던 것이오?"

그가 비로소 자초지종을 말해주니, 사람들이 모두 감탄을 하며 기이하게 여겼다.

그 집의 노모가 나와서 보다가 그의 용모를 알아보고는 즉시 안채로 들어가자고 청하더니 물었다.

"도련님은 어릴 적에 이름을 아무개라고 하시지 않았나요?"

그가 깜짝 놀라며 되물었다.

"과연 그렇소만, 할머께서 어떻게 그것을 아시오?"

마침내 늙은 할미는 자세한 이야기를 들려주었다.

"제가 어릴 적에 아무 댁의 계집종으로 있으면서 그 댁 마님에게 은혜를 입었는데, 오늘날 이렇게 살아가는 것이 모두 그 마님의 덕이지요. 제 나이가 이제 70이 다 되었는데, 어느 날인들 마님의 은혜를 잊었겠습니까? 다만 서울과 시골이 떨어져 있어 소식을 듣지 못한 것이 40여 년이 되었으니 대감 내외분은 오래 전에 돌아가셨을 것이고, 영감 마님께서 생존해 계셔도 팔순은 되셨을 겁니다. 도련님이 이처럼 나이가 드셨어도 아직 어리실 적 모습이 남아 있는 까닭에 기억이 났던 것입니다. 집안이 몰락하여 이처럼 위험한 걸음을 하셨다는 말씀을 들으니 옛날 생각이 나서 눈물이 흐르는 것을 주체할 수가 없네요. 그러나 그 얼룩 호랑이가 아니었다면 도련님께서 오늘 어떻게 이곳에 오실 수가 있었겠습니까? 이는 하늘이 저로 하여금 옛 은혜에 보답하게 하시는 것입니다."

하고는 여러 아들과 손자들을 모두 불러,

"이 분은 우리 상전이시니, 너희들은 한 사람씩 인사를 올리거라."

하였다. 또 북쪽으로 난 창문을 열고 며느리들을 모두 불러 한꺼번에 인사를 올리도록 하였다. 그리고는 음식을 푸짐하게 차려 올리고, 새로 옷을 지어 입힌 뒤 며칠간 머물라고 붙들었다.

늙은 할미의 아들들은 모두 건장하고 걸출하였으며 오만하였다. 풍채와 힘이 좋고 재산도 넉넉하여 한 고을을 호령하는 사람들이었다.

그런데 문득 오늘 그들의 어머니가 생각지도 않았던 일개 떠돌이 거지를 상전이라고 일컬으며 자신들이 모두 종이라고 하니, 남들에게 알려지면 틀림없이 마을에서 수치를 당할 것이었다. 분노가 가슴속에서 부글부글 끓어올랐으나 어머니의 성격이 엄하시므로 아들들은 아무도 어머니의 뜻을 거스르지 못하고 어쩔 수 없이 억지로 어머니의 명을 따랐다.

그가 늙은 할미에게 말하였다.

"내가 집을 떠난 지 이미 오래 되어 급히 돌아가야겠네. 모름지기 나를 속히 돌아가게 해주게."

"며칠 더 계신다고 뭐 안 될 게 있겠습니까?"

밤이 깊은 뒤에 할미는 아들들이 깊이 잠든 것을 보고는 그의 귀에 대고 말하였다.

"도련님께서는 저 놈들 기색을 보지 못하셨습니까? 저 아이들이 비록 내 명령 때문에 어쩔 수 없이 겉으로는 순종하지만, 그 속내는 헤아릴 수가 없습니다. 만약 혼자 돌아가시게 되면 틀림없이 도중에서 예사롭지 않은 화를 만나실 겁니다. 제게 한 가지 계책이 있는데, 도련님께서는 그것을 따르실 수 있겠습니까?"

"무슨 계책인가?"

"제게 나이 열여섯이 된 손녀 하나가 있습니다. 자태와 인물이 꽤 있는 편인 데다 아직 정혼도 하지 않았지요. 이 아이를 도련님께 드릴까 하는데 어떠신지요?"

그는 갑작스럽게 그 말을 듣고 당황하여 대답을 할 수가 없었다. 그러자 할미가 말하였다.

"제 말을 들으시면 살아서 돌아가실 수 있지만, 듣지 않으시면 틀림없이 천명을 누리지 못하는 화를 부르게 될 것입니다. 제가 옛 주인의 은혜를 잊지 못하여 이러한 계책까지 냈는데, 도련님께서는 어찌 듣지 않으십니까?"

그가 그리하겠다고 하였다.

이튿날, 늙은 할미는 모든 아들들을 불러놓고 말하였다.

"내가 손녀 아무개를 이 도련님께 드리려고 한다. 너희들은 오늘밤 혼례 치를 준비를 해놓아라. 내 말을 감히 거스르지 마라."

아들들은 끽소리 한 마디도 못하고 '예, 예.'하며 물러났다.

그 날 저녁 방 한 칸을 수리하여 신방을 꾸미고는 그를 들어가 있게 하고 손녀를 단장시켜 들여보냈다. 마침내 혼인이 이루어진 것이다.

이튿날 아침에 늙은 할미가 신방에 들어가 문안을 드리고, 다시 아들들을 불러 말하였다.

"상전 나리께서 내일 댁으로 돌아가실 것인데, 손녀 아이도 의당 데려가실 것이다. 타고 가실 말 한 마리, 가마를 끌 말 한 마리, 짐 실을 말 두어 마리를 속히 준비하여 대령시키고 가마도 빌려오도록 해라. 그리고 아무개, 아무개 너희들은 나리를 모시고 상경해서 나리의 편지를 받아 가지고 돌아와 나리께서 평안히 행차하셨음을 내가 알게 해다오."

여러 아들들이 분주하게 명령에 응하여 일제히 준비를 갖추었다. 마침내 출발하여 서울로 올라갔다. 이부자리와 옷가지, 그리고 약간의 돈을 몇 마리의 말에 함께 싣고 가는 길 내내 무사하게 평안히 도달하였다. 그는 편지를 써서 돌아가는 편에 부쳐주었다.

그 뒤로도 매년 한 차례씩 사람을 보내곤 하였는데, 늙은 할미가 살아 있는 동안에는 그렇게 하였다.

제7화 성 거사

성 거사는 가산[1] 사람이다. 속세의 성은 장이고, 이름은 취성이라고 하였다. 일찍이 부모를 여의고, 15세에 출가하여 강릉 오대산 월정사에서 머리를 깎고 법승인 운대사의 제자가 되었다. 그는 총명하고 영리하여 동자승들 가운데 특출하였다. 대사가 끔찍이 그를 아꼈는데 늘 말하기를,

"내 의발[2]을 마땅히 취성에게 전하리라."

하면서 온갖 경전을 가르쳐주지 않은 것이 없었으나 다만 세 권의 책은 상자 속에 깊이 감추어 두고 그가 보지 못하도록 하였다.

어느 날, 대사가 금강산 유점사에서 열리는 가사회[3]에 가면서 취성에게 말하였다.

"내가 일년 안에 돌아올 것이니 너는 모름지기 공부에 마음을 붙이고, 상자 속에 넣어둔 세 권의 책은 삼가 꺼내 보아서는 안 되느니라."

하고는 마침내 운수행각[4]을 떠났다. 취성이 여러 제자들과 함께 절 입

---

1) 가산(嘉山) : 평안북도 박천군(博川郡)의 고을 이름.
2) 의발(衣鉢) : '가사(袈裟)와 바리때'라는 뜻. 불교에서는 스승이 제자에게 도를 전해주는 것을 '의발을 전한다'고 함.
3) 가사회(袈裟會) : 가사불사(袈裟佛事). 가사를 만드는 일.

구에서 배웅을 하고 돌아와 마음속으로 매우 의아하게 여기며 중얼거렸다.

'스님께서 소장하고 계시는 세 권의 책이 얼마나 기이한 글이기에 제자로 하여금 한번 보지도 못하게 하시는가?'
하고는 기회를 엿보아 그 책을 찾아내서는 펼쳐보았다. 그런데 그 책은 불경이 아니고 풍수지리에 관한 책이었다. 위로는 하도낙서5)로부터 아래로는 성력6)에 이르기까지 음양오행7)의 수리와 구궁팔괘8)의 법이 현묘하게 모두 갖추어져 있었고, 길흉이 모두 기록되어 있었다. 하나같이 천고에 전해지지 않던 비결이었다.

취성이 그 책을 본 뒤로는 도리어 더욱 그 책에 빠져들어 불경 공부는 전폐하고 오로지 그 책만을 읽었다. 반년이 채 되지 않아 그 책의 묘한 이치에 정통하게 되었다.

평상시에 산에 다니면서 용맥9)의 높고 낮음과 풍수의 모이고 흩어짐이 손바닥을 들여다보듯이 환하게 눈에 삼삼하였다. 그는 스스로 이렇게 생각하였다.

'나는 이미 세상에 전하지 않는 신비한 재주를 익혔다. 인간의 부귀

---

4) 운수행각(雲水行脚) : 승려들이 구름과 물처럼 정처 없이 다니며 수행하는 일.
5) 하도낙서(河圖洛書) : '하도'는 중국 복희씨(伏羲氏) 때 황하(黃河)에서 나왔다는 용마(龍馬)의 등에 나타났다는 도형으로, 주역(周易) 팔괘(八卦)의 원리가 되었음. '낙서'는 우(禹)임금이 홍수를 다스렸을 때 낙수(洛水)에서 나온 신귀(神龜)의 등에 새겨져 있었다는 글로, 홍범(洪範)의 원본이 되었음.
6) 성력(星曆) : 별이 운행하는 도수를 기준으로 하여 만든 역법(曆法).
7) 음양오행(陰陽五行) : 음양과 금(金)·목(木)·수(水)·화(火)·토(土)의 다섯 가지 원기.
8) 구궁팔괘(九宮八卦) : 낙서(洛書)에 대응되는 아홉 별자리와 건(乾)·태(兌)·리(離)·진(震)·손(巽)·감(坎)·간(艮)·곤(坤)의 여덟 괘.
9) 용맥(龍脈) : 풍수지리설에서 말하는 산의 줄기.

를 손에 침을 뱉듯 쉽게 알 수 있다.'
하고는 마침내 속세로 물러나려는 마음이 생겼다.

어느 날, 문득 스스로 깨우치고 말하기를,

'불교의 공부는 마음을 바르게 하는 것이 우선이다. 내가 출가한 지 10년에 일찍이 반점의 잡념도 없었는데, 사악한 마음이 불쑥 생겨나 스님의 가르침을 따르지 않고, 불가의 가르침을 쓸데없는 것으로 여기며, 풍수가의 방술에 빠져들었으니, 어찌 수행에 방해가 되지 않겠는가? 또한 스님께서 이를 아시면 무거운 꾸지람을 면하지 못할 것이다.'
하고는 드디어 스스로 향을 피우고 방석 위에 가부좌를 틀고 앉아 손으로 염주를 굴리며 입으로는 염불을 외웠다.

그로부터 얼마 지나지 않아 대사가 돌아와서는 취성을 불러 말하였다.

"네가 네 죄를 알렸다!"

취성이 섬돌 아래로 내려가 무릎을 꿇고 대답하였다.

"소자가 스님을 복종하여 섬긴 지 이미 10년이 지났으나 실로 털끝만큼도 불순한 일이 없었습니다. 참으로 우매하여 무슨 죄를 지었는지 모르겠습니다."

대사가 크게 꾸짖으며 말하였다.

"수행공부에는 그 눈이 셋이 있으니, 몸과 마음과 뜻이니라. 너는 예전의 가르침을 저버린 채 잡된 방술에 관한 책을 즐겨보면서 불가의 적멸을 싫어하고 세속의 부귀를 그리워하여 10년 공부를 하루아침에 무너뜨렸으니, 그 죄는 참으로 일각인들 그대로 둘 수가 없구나. 너는 빨리 산을 내려가거라."

하고는 마침내 엄하게 매를 때린 뒤 내쫓았다.

취성은 스스로 불문에 용납되지 못하리라는 것을 헤아리고 고향을 향해 돌아갔다. 강릉에서 서울에 이르기까지 지나온 산천에 명당자리가 이루 손가락으로 꼽을 수 없을 만큼 많았다. 이에 각각 그 산줄기가 자리 잡은 방향, 혈의 형세가 약한 곳과 물을 빨아들이는 곳 등을 세세히 적어 주머니 속에 간수해 두었다. 그리고는 곧장 서울로 들어가 점찍어 놓은 명당자리를 팔기 위해 시내를 두루 다니면서 사람을 만날 때마다 곧 설명을 하였으나, 들은 사람들이 모두 허황한 이야기로 돌리면서 사고자 하는 사람이 하나도 없었다.

거사가 마침내 고향인 가산에 이르러 갈산 아래 두어 칸 되는 초가를 지었는데, 집 뒤의 산 절벽에 조그만 구멍이 하나 있었다. 매일 아침마다 주문을 외우고 손으로 구멍 속을 더듬어 보니 두 되 가량 되는 쌀이 절로 나왔다. 그 쌀로 아침저녁의 밥을 끓여 먹었다고 한다.

당시 숙천[10]의 백운산에 안씨 성을 가진 형제가 있었는데, 일찍 부모를 여의고 나이가 서른이 지났으나 장가를 가지 못하였다. 먹고살기가 매우 어려워 형제가 모두 남의 집에서 고용살이를 하였다.

거사가 백운산 아래를 지나가다가 때마침 유월이라 길에서 소나기를 만나 급히 촌가로 뛰어들었는데, 그 집은 바로 안씨 총각이 고용살이하는 집이었다. 거사가 한참이나 문 앞에 서서 비가 걷히기를 기다리는데 산너머로 해는 이미 저물고 비는 여전히 그치지 않았다.

거사가 하룻밤 잠자리를 빌리자고 주인에게 청하니, 주인은 욕을 해대며 거절하는 것이었다. 마침 안씨 총각이 소에게 여물을 먹이다가 나와서 거사를 보고 말하였다.

"이 집 뒤에 있는 작은 오막살이가 바로 우리 집이니 누추해도 괜찮으시겠다면 우리와 함께 자는 것이 어떻겠습니까?"

"비 내리는 깊은 골짜기에 호랑이가 횡행할 테니 밤에 노숙을 하면

---

10) 숙천(肅川) : 평안남도 평원군(平原郡)에 있는 고을.

살아남지 못할 게요. 다행히 어진 총각을 만나, 함께 자자고 하니 가히 사람 살리시는 부처님이시오."

안씨 총각이 거사를 자기 집으로 안내하여 청소를 한 뒤 맞아들이고는 아우를 불러 말하였다.

"우리 형제가 먹을 저녁을 이리 가져오게."

그러자 안씨의 동생이 즉시 주인집으로 가서 두 사람 분의 밥상을 가져와서 한 상은 거사에게 주고, 한 상은 형제가 같이 먹었다.

이튿날도 여전히 비가 내리므로, 거사는 떠날 수가 없었다. 이렇게 사나흘이 되어도 비는 끝내 개지 않았으나, 안씨 총각의 접대는 전날과 다름없이 한결같았다. 시종 게으름을 피우는 기색이 없었고, 귀찮게 여기지도 않았다.

닷새째 되는 날, 비로소 비가 그쳤다. 거사가 떠나기에 앞서 물었다.

"총각 부모님을 모신 산소가 어디에 있소? 한번 봤으면 하는데…"

"거사님께선 풍수에 능통하신가 보죠?"

"쓸데없는 걸 약간 알지요."

안씨는 즉시 거사와 함께 그의 선영이 있는 곳으로 가보았다. 거사가 먼저 주산[11]에 올라 용세[12]와 수구[13]를 살펴보고, 그 다음으로 혈[14]이 있는 곳에 올라 입수[15]와 명당[16]을 살펴본 뒤 입을 열었다.

"형국의 기세가 매우 아름다우니 길한 땅이라 이를 만하오. 다만 이

---

11) 주산(主山) : 풍수지리학에서 혈(穴) 뒤에 높게 솟은 산을 일컫는 말.
12) 용세(龍勢) : 용맥(龍脈)의 형세.
13) 수구(水口) : 혈에서 보아 물이 최종적으로 빠지는 지점.
14) 혈(穴) : 풍수지리학 용어로, 명당(明堂) 가운데서 생기 에너지가 최대로 응집된 지점.
15) 입수(入首) : 혈을 만들기 위해 최종적으로 생기 에너지를 응결시킨 곳.
16) 명당(明堂) : 혈을 포함한 주변의 평평한 땅으로 생기가 응결된 지점.

처럼 혈을 잃었으니 어찌 빈천을 면할 수 있겠소? 무릇 이 혈이 지나치게 광활하니, 이는 곧 흙이 모조리 쓸려나간 것이오. 이런 혈에는 한가운데에 매장을 할 수 없는 것이지요. 한가운데가 오목하기 때문이오. 흙이 비어 있으면 허물어지는 것이 이치로 볼 때 당연한 것이라오. 무릇 토(土)는 그 각(角)을 쓰는 것인데, 각은 화(火)이므로 경서에 '화에서 토가 생겨난다.'고 이른 것이지요."
하고는 한 곳의 땅을 골라 좌향[17]을 정하고 길일을 가려 이장할 때에 거사가 말하였다.
"총각의 소원 가운데 첫째가 무엇이오?"
"제가 남의 자식이 되어 장차 후손을 잇지 못하는 폐륜을 저지르게 되었으니 불효가 막심합니다. 아내를 얻는 것이 가장 급한 일이지요."
거사가 드디어 상생법[18]으로 묘 자리를 마련하여 안장한 뒤에 안씨를 보고 말하였다.
"8월 아무 날이 되면 어떤 미인이 천금을 지니고 스스로 와서 배우자가 될 것이오. 그리되면 가난에서 벗어날 것이요, 10년 안에 자손이 집안에 그득할 것입니다."
"명당자리의 음덕이 그토록 빨리 나타납니까?"
"용맥의 기운이 멀지 않은 까닭이오. 나는 10년 뒤에 다시 올 것이니, 그 사이에 비록 수백 수천의 술사들이 훼방을 하여도 삼가서 옮기지 말기 바라오."
하고는 작별을 하고 떠났다.
거사가 말한 8월 아무 날이 되었을 때 안씨 형제는 모두 집에 있었다. 한낮이 되었을 때 과연 어떤 사람 하나가 등에 봇짐 하나를 지고

---

17) 좌향(坐向) : 묘 자리의 방향. 시신의 머리 방향을 좌, 발의 방향을 향이라고 함.
18) 상생법(相生法) : 오행의 운행에 있어서 서로 화합하여 살리는 관계.

골짜기 안에서 안씨 집 문으로 돌아 들어와 물었다.

"여기가 안씨 총각 집이오?"

"그렇습니다만…"

"형제 두 분이 서로 의지하고 사는데, 형의 이름은 아무개요 아우의 이름은 아무개로 아직 배필을 얻지 못했지요?"

"그렇습니다. 그런데 그건 어째서 묻는 겁니까?"

그러자 그 사람은 방안으로 들어와 지고 온 봇짐을 풀어놓고 안씨를 향해 말하였다.

"저는 이 고을 좌수 곽 아무개라는 분의 딸입니다. 올해 나이가 스물이 되어 부모님께서 이웃 고을 오씨 성인 사람에게 정혼을 하고 내일 혼례를 치를 예정이었습니다. 그런데 6월 아무 날부터 꿈속에 신인이 찾아와 말하기를,

'나는 백운산 산신령이니라. 너의 천생연분이 백운산 아래 사는 안 아무개니라. 지금 형제가 함께 살면서 아직 배필을 얻지 못하였다. 네가 안씨 집에 가서 부부가 된다면 평생 신세가 편안하고 부유하며 화락할 것이요, 만약 오씨 집으로 혼인을 맺으면 필시 네 평생을 그르치게 될 것이다.'

하므로 꿈이 깬 뒤 마음속으로 의아하게 생각하였는데, 그 이튿날 밤에 또 그런 꿈을 꾸었습니다. 그때부터 하루도 그런 꿈을 꾸지 않는 날이 없었지요. 그러나 규중처녀의 몸으로 반걸음도 대문 밖으로 내디딘 적이 없었고, 또한 꿈속의 일을 부모님께 아뢰기가 어려워 지금까지 주저하였답니다. 내일이면 혼례를 치러야 할 판인데 신비한 꿈이 정녕 맞는다면 결코 가만히 앉아서 내일이 되기를 기다릴 수는 없었습니다. 이리저리 온갖 생각을 다 해보다가 마침내 한 가지 생각이 떠올라 남자 옷을 입고 새벽 시간을 틈타 집을 나왔지요. 수도 없이 엎어지고 쓰

러지며 험한 길을 걸어 이곳까지 왔습니다. 삼생[19])의 연분은 중하고 한때의 혐의는 작은 까닭에 정도를 버리고 권도를 따라 수치스러움을 참아가며 스스로 불청객이 되어 왔으니, 거의 함부로 날뛰는 메추리[20]) 꼴이로군요. 저는 남자가 아니라 여인이니, 오직 군자께서 선처해 주시기만을 바랍니다."

안씨가 그녀의 말을 듣고 기이하게 여기며 심중에 절로 탄식하였다. '거사는 참으로 신인이로구나!'

바야흐로 곽 처녀와 더불어 혼례를 치르려 할 때, 형이 동생에게 양보하는 것이었다.

"나는 이미 나이가 너무 들었으니, 자네가 장가를 가게."

"형님은 아직 마흔이 안 되셨고, 또한 형보다 앞서 아우가 장가를 가는 것은 도대체 말이 안 되지요."

그러자 형은 어쩔 수 없이 장가를 가기로 하고, 날을 가려 혼례를 치렀으니 그 기쁨을 알 만하였다.

혼례를 치른 지 사흘만에 곽씨가 지니고 온 보물을 풀어내어 놓고 차례로 내다 파니 넉넉히 수천 금이 되었다. 집안 살림이 넉넉하게 되자, 그 아우의 혼례는 찾지 않아도 절로 이루어졌다. 형제가 모두 장가를 들어 많은 자녀를 두니, 이웃사람들이 모두들 축하하였다.

10년이 지난 뒤에 거사가 과연 그 집에 다시 찾아오니, 안씨 형제가 반갑게 나가 맞아 마치 천지신명을 대하듯 하였다. 거사가 그들에게 말하였다.

"그대 형제들이 이미 장가도 들고 부유해졌으며 자녀들도 슬하에 넉넉하게 두었으니, 복이 터져도 크게 터진 것일세. 다만 사람이 아무리

---

19) 삼생(三生) : 불교에서 말하는 전생, 이승, 저승.
20) 《시경(詩經)》 용풍(鄘風)의 〈순지분분(鶉之奔奔)〉 시를 인용한 말임.

부유해도 글을 모르면 천하게 여기는 것이니, 마땅히 다시 이장을 하여 문장이 태어나게 해야겠네."
하고는 마침내 전의 묘 자리가 있는 왼쪽의 한 모퉁이를 가려서는 예를 갖추어 이장하고 나서 말하였다.
"이 산소의 자손이 대대로 이 고을의 부자가 될 것이고, 위대한 문장가가 대대로 끊이지 않을 것이며, 장원급제자가 연달아 나오고 높은 벼슬하는 사람이 계속 이어질 것일세."
하더니, 그 뒤에 그 말이 하나하나 모두 들어맞았다고 한다.

제8화 이의남

철산[1] 지인인 이의남이 사또의 행차를 따라 서울에 올라가 있었다.
 마침 화창한 봄날을 맞아 강가의 경치를 구경하며 쌓여 있던 울적한 마음을 풀고자 하여 사또에게 아뢰고 용산으로 놀러나갔다. 높은 언덕에 올라 돛단배들이 오르내리는 경치를 구경하다가 문득 피곤하여 앉은 채로 깜박 졸았다.
 꿈에 어떤 한 노인이 봉함 편지 한 통을 가지고 와서 그에게 주며 말하기를,
 "내가 집을 떠난 지가 오래 되었네. 우리 집사람이 오래도록 소식을 듣지 못해서 매우 궁금해 할 것이니 나를 위해 이 편지를 우리 집에 전해주면 다행이겠네."
하는 것이었다. 의남이 물었다.
 "노인장 댁이 어디에 있소?"
 "우리 집은 아무 산 아래 있는 큰 연못 가운델세. 연못가에 가서 '유철아!'하고 세 번 부르면 자연 어떤 사람이 물 속에서 나올 것이니 이 편지를 그에게 전하게."

---

 1) 철산(鐵山) : 평안북도 서쪽 끝에 있는 고을.

의남이 그리하겠다고 하고는 꿈에서 깼다. 문득 봉함편지 한 통이 옆에 놓여 있는 것이 보였다. 깜짝 놀라는 한편, 기이한 생각이 들어 드디어 그 편지를 주머니 속에 간수하고 돌아왔다.

며칠 지나지 않아 본관사또가 관아로 돌아가므로 모시고 가서는 도착하는 날로 말미를 얻어 나갔다. 자기 집에는 들르지도 않은 채 곧장 노인이 일러준 산 아래의 연못가에 가서 세 번을 '유철아!'하고 불렀다.

그랬더니 홀연 연못물이 부글부글 끓다가 솟아오르더니, 과연 어떤 사람이 물 속에서 나와 물었다.

"그대는 누구며, 무슨 까닭으로 나를 불렀는가?"

의남이 편지를 전하러 왔다며 봉함편지를 그에게 주자, 그가 말하였다.

"잠시 기다리며 화회를 기다리게."

하더니 몸을 뒤집어 물 속으로 들어가는 것이었다. 잠시 후에 그가 다시 나와서 말하였다.

"수부2)로부터 부름을 받았으니 들어 가세나."

"제가 어떻게 물 속에 들어갈 수 있습니까?"

"그저 눈을 꼭 감고 내 등에 업혀 있으면 되니 걱정하지 말게."

의남이 그의 말대로 하니 물결이 절로 열리며 몸에 물 한 방울 젖지 않고 다만 두 귀에 바람과 파도치는 소리만이 세차게 들려왔다.

어느덧 언덕에 다다르니 그가 등에서 내려놓으며 눈을 뜨라고 하였다. 의남이 눈을 뜨고 바라보니 흰모래 언덕 위에 붉은 대문이 우뚝 솟아 있었다. 그가 말하였다.

"잠시 여기서 기다리고 있게. 내가 먼저 안에다 알릴 테니까."

몸을 돌려 들어가더니 즉시 다시 나와 들어가자고 하는 것이었다.

---

2) 수부(水府) : 수신(水神)이 사는 곳.

문을 몇 개나 지나 들어가니 눈앞에 알록달록하게 단청을 한 건물이 웅장하였다. 계단을 밟고 올라가니 아직 시집을 가지 않은 듯한 소녀가 반갑게 맞이하며 말하였다.

"우리 아버님께서 오래도록 집을 떠나 계신데도 아직 소식을 듣지 못했는데, 이처럼 소식을 전해 주시니 뭐라고 감사의 말씀을 드려야 할지…. 그리고 아버님 편지에 당신과 더불어 혼인을 맺으라는 말씀을 하셨는데, 당신의 생각은 어떠신가요?"

의남이 기뻐하며 그리하겠다고 하자, 그녀가 다시 입을 열었다.

"저는 본디 용왕의 딸이랍니다. 꺼림칙하지 않으신지요?"

의남은 그녀의 아름다운 모습을 힐끗 쳐다보고 대답하였다.

"꺼림칙할 게 뭐가 있겠습니까?"

마침내 그곳에서 사흘을 머물게 되었다. 차려오는 음식이 하나같이 산해진미였다. 또 그에게 목욕을 하게 하더니 새로 지은 옷을 입혀 주었다. 무엇이라 하는지 이름도 알 수 없는 비단이 휘황찬란하였다.

마침내 그녀와 잠자리를 함께 하고, 사흘 뒤에 나오려고 하니, 그녀가 말하였다.

"어째서 갑자기 돌아가려 합니까?"

"받은 말미를 넘기면 죄책이 있을까 염려되어 어쩔 수 없이 나가봐야겠소."

"당신은 관가에서 어떤 자리에 계시는지요?"

"지인으로 있다오."

"지인의 복색은 어떤 것입니까?"

"장옷 위에 쾌자를 입지요."

그녀는 즉시 상자를 열더니 색다른 비단 한 필을 꺼내 옷을 지어 입히는 것이었다. 그리고는 앞으로 자주 들어오라고 부탁하고는 드디어 유철을 불러 업고 나가라고 하였다.

　의남은 본디 본관사또가 총애하는 지인이었다. 말미가 이미 한참 지났는데도 돌아와 현신을 하지 않으므로 그의 집에 물어보니, 서울에 올라갔다 돌아와서 처음부터 집에 돌아오지 않았고 어디로 갔는지도 모른다는 것이었다.

　본관사또는 크게 노하여 그의 아버지를 엄히 가두고 날마다 현신 시키라고 독촉하였다. 그의 어머니가 두려움을 이길 수 없어 날마다 길에 나가 찾아 다녔다. 엿새째 되는 날, 비로소 그가 아무 산에서 내려오므로, 그의 어머니가 맞으며 말하였다.

　"관가의 영이 지엄하신데, 너는 어디 갔다가 이처럼 지체하였느냐? 네 아버님은 옥에 갇히셨고, 우리들이 기다린 지도 여러 날이 되었다. 넌 틀림없이 중한 벌을 받을 것이니 빨리 들어가 사또께 현신하거라."

　의남도 매우 두려워서 곧장 관아로 달려들어가 뜰에 엎드렸다. 관노가 아뢰었다.

　"이의남이 현신하였사옵니다."

　본관사또가 매우 기뻐하며 문을 열고 내려다보니, 입고 있는 옷이 매우 화려하고 기이하여 결코 인간세상에서 만든 것이 아니므로 마음 속으로 몹시 괴이하게 여겼다. 미처 화를 내고 벌을 줄 겨를도 없이 마루로 올라오라고 명하고는 물었다.

　"네가 말미를 받은 뒤에 곧바로 어디를 갔으며, 입고 있는 옷은 어디서 난 것인고?"

　의남은 감히 숨길 수가 없어서 일일이 바른 대로 아뢰었다. 본관사또도 기이하게 여기며 끝내 그에게 벌을 주지 않았다. 그리고 또 이르기를,

　"네 아내가 용녀라면 아마도 틀림없이 아름다워 볼 만할 것이다. 내

한번 그 얼굴을 봤으면 하니, 네 능히 나로 하여금 보게 할 수 있겠느냐?"
하므로, 의남이 대답하였다.

"삼가 가서 의논해 보겠습니다."

그는 다시 연못가에 가서 유철을 불러낸 뒤 전처럼 등에 업혀 들어갔다. 용녀에게 사또가 보고자 한다는 말을 전하니, 용녀는 처음에 매우 곤란해 하다가 입을 열었다.

"땅 주인이 보고자 하시니 어찌 감히 거역할 수 있겠습니까? 아무 날 연못가로 오시라고 청하세요."

의남이 돌아가 아뢰니, 사또는 크게 기뻐하였다.

그 날이 되자, 연못가에 크게 장막을 쳐놓고 대대적으로 위의를 갖추며 행차하였다. 고을 사람들과, 아전, 장교, 관노들과 남녀노소들이 모두 사또가 용녀를 보러간다는 소문을 듣고 마을을 텅 비워놓은 채 나와서 산과 들판을 가득 메웠다.

사또가 연못가에 이르러 좌정하고, 의남을 물 속에 들여보내 용녀를 불러 나오게 하였다. 의남이 물 속에 들어가 용녀에게 나가자고 청하니, 용녀가 물었다.

"평복을 입을까요, 아니면 군복을 입을까요?"

의남이 다시 나와 그 말을 아뢰니, 사또의 생각에,

'미녀가 군복을 차려 입으면 아름다운 자태가 더욱 빛날 것이다.'

하고는 군복을 입고 나오라고 분부하였다. 의남이 다시 돌아가 사또의 뜻을 전하니, 용녀는 대단히 곤란해하며 반나절을 망설이다가 드디어 입을 열었다.

"성주의 분부가 이미 이러하시니 어쩔 수가 없군요."

의남이 돌아가 그대로 아뢰었다. 그러자 사또를 비롯하여 시골 백성들에 이르기까지 물결 속을 주시하며 절세의 미녀를 보게 될 것이라고 생각하지 않는 사람이 없었다.

　잠시 후에 물결이 부글부글 끓어오르면서 머리가 솟아 나오므로 바라보니, 한 마리의 황룡이 물 위로 두어 자 가량 올라왔는데, 눈동자가 번갯불이 이는 듯 번쩍이고 비늘은 날아갈 듯이 꿈틀거렸다.

　사또는 뜻하지 않게 용이 나오는 것을 맞닥뜨려 보게 되자 자신도 모르는 사이에 깜짝 놀라 두 손으로 눈을 가리고 엎드리고 말았다. 구경하러 나와 있던 사람들도 깜짝 놀라지 않는 사람이 없었다.

　용녀는 사람들이 놀라는 모습을 보고 염려스러워 즉시 물 속으로 들어가 버렸다. 그러자 그 자리에 나왔던 관리들과 백성들이 대부분 하릴없이 돌아가고 말았다.

　그 뒤로는 의남이 가끔 말미를 청하여도 사또는 그것을 괴이하게 여기지 않았다.

　두어 달이 지나자, 6월이 되었다. 가뭄이 날로 심하여 사또가 여러 차례 기도를 하였으나 한 방울의 비도 내리지 않았다. 사또의 생각에,

　'용은 능히 비를 내릴 수 있다고 하니 용녀에게 청하면 비를 내리게 할 수 있을 것이다.'

하여 의남으로 하여금 용녀에게 가서 비를 내려주도록 청하게 하였다.

　의남이 부탁을 하자 용녀는,

　"비를 내리는 일이 비록 용이 하는 일이기는 하나 옥황상제의 명이 내려진 뒤에라야 비를 내릴 수가 있습니다. 지금은 상제의 명이 없으시니 어렵군요."

하는 것이었다. 의남은 백성들이 비를 애타게 기다리고 있다는 것과 사또의 명령이 준엄하다는 것을 거듭 설명하면서 힘써 청하였다. 그러자 용녀는 정색을 하고 못마땅한 듯이 말하였다.

　"그렇다면 어쩔 수 없이 한번 비를 내려보겠습니다만, 당신과의 인연

은 끝나고 말 테니 어쩌지요?"

의남은 무어라고 말을 해야 할지를 알 수가 없었다.

그런 모습을 바라보고 있던 용녀는 마침내 군복을 갖추어 입고 손에 작은 병 하나와 버드나무 가지 하나를 들고 나왔다. 의남은 그녀가 어떻게 술법을 부리는지 보고 싶어 같이 가자고 청하였다. 그러나 그녀는 거절하며 말하였다.

"용이야 공중으로 다니지만, 범속한 인간이 어떻게 구름을 타겠어요?"

의남이 그래도 간청해 마지않으니, 그녀가 어쩔 수 없어 하며 말하였다.

"그렇다면 제 겨드랑이 밑에 있는 비늘 가운데 착 달라붙어 단단히 붙들고, 조심해서 손을 절대 놓아서는 안 돼요."

하고는 드디어 겨드랑이에 그를 끼고 공중으로 올라가면서 구름을 일으키고 벼락을 치는 것이었다. 또 버드나무 가지로 병 속에 들어있는 물 세 방울을 찍어 뿌렸다.

의남이 구름 아래로 내려다보니 바로 철산 땅이었다. 논에서는 벼가 바싹 타고 논바닥과 밭이 말라 갈라져 있었다. 세 방울의 물로는 너무나 부족한 상황이었다.

그는 용녀의 겨드랑이 아래서 몰래 손을 빼내더니 급히 그녀가 가지고 있던 병의 물을 끌어당겨 모조리 쏟아 부어 버렸다. 용녀가 깜짝 놀라 말하였다.

"빨리, 빨리 나가요! 큰 화가 곧 닥칠 거예요!"

의남은 그녀의 말뜻을 몰라 어리둥절해 하며 물었다.

"어떡하라고요?"

"제가 처음부터 이렇게 될까봐 걱정되어 당신을 물리쳐서 저를 따라 오시지 못하게 했던 거예요. 상제의 명이 없이 비를 내리는 것도 이미 하늘의 뜻을 거스르는 것이요, 수궁의 물 한 방울은 바로 인간세상에서는 한 치의 강우량이 되는 것입니다. 그러니 세 방울이면 충분한데 이제 병에 든 물을 모두 쏟아 부었으니, 그 해를 이루 말로 할 수 있겠어요? 저는 하늘에 죄를 지어 곧 천벌이 이를 것입니다. 당신은 어서 빨리 나가세요. 혹시라도 오늘의 정을 잊지 않으시거든 내일 모름지기 백각산 아래 가셔서 제 머리를 거두어 묻어 주세요."
하고는 다시 말을 이었다.
"당신의 아버님께서는 평소에 선행을 하시는 분이라 방생하기를 좋아하셨어요. 아무 해, 아무 달, 아무 날에 잉어 두 마리를 방생하셨지요. 그 중 수놈은 죽어서 다른 사람으로 태어났는데, 바로 당신이랍니다. 암놈은 아직도 살아 있는데, 바로 저랍니다. 이런 인연 때문에 우리 아버님께서 당신에게 편지를 전하여 혼인을 맺게 하셨던 거예요. 장차 당신 부모님을 모셔다가 유의[3]의 옛 자취를 이어 수궁에서 행복하게 살기를 바랐는데, 이제 이렇게 되고 말았네요. 하늘이 정하신 바니 어찌하겠어요. 그러나 당신 아버님의 은혜를 갚지 않을 수는 없으니 15년 뒤에 당신과 속세의 인연을 이을 수 있을 것입니다."
하고는 의남에게 빨리 가라며 목메어 울면서 작별하였다.

의남은 어쩔 수가 없어 스스로 빠져나가니, 보이는 것은 아득하게 펼쳐진 모래밭뿐이요, 그밖에는 아무 것도 보이지 않았다.

고을에 이르러 보니 논인지 밭인지 형체를 하나도 알아볼 수가 없었다. 고을 사람들이 하는 말을 들어보니, 어제 밤 삼경에 큰비가 퍼부어 비단 동이를 뒤엎어 붓는 것 같았을 뿐만 아니라 마치 황하가 터진 듯

---

3) 유의(柳毅) : 당나라 때 이조위(李朝威)가 지은 〈유의전(柳毅傳)〉의 남자 주인공. 과거에 낙방하고 돌아오던 길에 동정용왕(洞庭龍王)의 딸을 만나 그녀의 편지를 용궁에 전해주고, 뒤에 부부가 되어 살게 됨.

삽시간에 평지가 깊이 한 길이 넘는 강으로 바뀌었다는 것이었다. 산이 무너져 내려 언덕과 골짜기를 구분할 수 없었다고 하였다. 그제야 의남은 크게 뉘우치며 괴로워하게 되었다.

용녀가 한 말을 아버지에게 물어보니, 과연 그 당시 연못가를 지나다가 어부가 잉어 두 마리 잡은 것을 보았는데 몹시 컸다고 하였다. 한 마리는 죽었고, 한 마리는 살아 있었는데 가엾게 여겨져 돈을 주고 사서 연못 속에 한꺼번에 놓아준 일이 있었다고 하는 것이었다. 그 말을 들으니, 의남은 더욱 슬펐다.

이튿날 백각산 아래를 찾아가 보니 과연 용의 머리가 떨어져 있었다. 그것을 품에 안고 돌아와 모래로 깨끗이 닦았다. 그리고는 자신의 홑적삼으로 싸서 나무 상자에 담아 백각산 아래에 묻고 통곡을 한 뒤 돌아갔다.

당시 의남의 나이는 15세였다. 그 뒤로 아내를 얻으려 해서 여러 곳에 혼담이 오갔으나 지체가 달라 끝내 이루어지지 않았다. 그래서 단념하고 있던 중 용천읍에 사는 용씨 집안과 통혼이 되어 마침내 장가를 가게 되었다.

새색시는 나이가 15세로 자색이 매우 아름다웠고, 성품과 행실이 극히 유순하였다. 시부모를 잘 섬겼을 뿐만 아니라 길쌈도 잘하였다. 집안 살림을 부지런하고 검소하게 하여 재물을 많이 모았고, 자녀들도 많이 낳아 길렀다.

의남이 그녀에게 태어난 시각을 물으니, 바로 아무 해 용머리를 묻었던 때였다. 15년 뒤에 다시 속세의 인연을 잇겠다던 말이 증명된 셈이었다. 그녀가 살던 용천이라는 지명과 용씨라는 그녀의 성씨도 확실한 증거가 되는 것이다.

이러한 것은 모두 하늘이 정하는 것으로, 실제로는 그의 아버지가 남모르게 공을 쌓은 일로 말미암아 그리된 것이라고 하겠다.

제9화 염희도

허적이 영의정으로 나라 일을 맡고 있을 때, 그의 청지기 가운데 염희도라는 사람이 있었다. 그는 사람됨이 우둔하여 사리에 밝지는 못하였다. 다만 천성이 어리석고 고지식하여 허적의 잘못에 대하여 매번 직언을 하니, 허적은 그를 미워하면서도 기특하게 여겼다. 그래서 허적은 일찍이 옳지 않은 일은 희도에게 보이지 않았다.

어느 날 희도는 밖에 나갔다가 손에 커다란 봉물 하나를 들고 와서 말하였다.

"이건 길에 떨어져 있던 것입니다. 필시 은화 따위일 듯한데, 어떤 사람이 길에서 잃었는지 모르겠습니다. 소인이 그 주인을 찾아서 돌려주려고 했지만, 주인이 누군지를 모르겠습니다. 그래서 우선 가지고 왔는데, 장차 어떻게 처리를 할까요?"

허적이 대답하였다.

"네가 이미 주운 것이고, 또한 너의 집이 가난하니 가지면 될 게 아니냐?"

희도는 허적을 빤히 쳐다보다가 입을 열었다.

"대감마님께서는 소인을 어찌 이다지도 박대하십니까? 소인이 비록 굶어 죽을 지경에 이를지라도 어찌 길에 떨어져 있던 물건을 가질 수 있겠습니까? 대감마님께서 지금 내리신 분부는 참으로 뜻밖입니다."

그 말을 듣고 허적은 얼굴빛을 고치며 사과를 하고는 말하였다.

"내 어제 공석에서 듣자니 병판인 청성부원군이 은자 육백 냥으로 말을 팔았다더구나. 필시 그 돈인 듯한데, 그 댁 종이 실수로 길가에 떨어뜨린 게지."

희도는 그 은화 자루를 소매 속에 넣고 청성부원군 집으로 가서 면회를 청하여 배알하고 말하였다.

"혹시 대감마님 댁에서 말을 파시고 그 값을 받으신 일이 있습니까?"

청성부원군이 대답하였다.

"과연 그런 일이 있었지. 말을 팔러 갔던 종이 오늘 말 값을 바치겠다고 하더니 아직도 가져오지를 않는구먼."

"그 값이 얼마나 됩니까?"

"육백 냥이라네."

그 말을 듣고 희도는 소매 속에서 자루를 꺼내 바치며 말하였다.

"오늘 아침 소인이 길에서 이것을 주웠습니다. 듣자오니 대감마님 댁에서 새로 말을 파셨다더군요. 그래서 이 돈이 말 값이다 싶어 가져와서 바치는 것입니다."

청성부원군이 물었다.

"너는 누군고?"

"소인은 바로 영상 대감 댁의 청지기로, 성은 염가이고 이름은 희도라고 합니다."

청성부원군은 이상히 여겨 말을 팔러 갔던 종을 불러 물었다.

"넌 말 값을 오늘 바치겠다고 하지 않았느냐? 그런데 이 사람이 길에서 주운 물건이 말 값인 듯하다고 하니 심히 의아스럽구나."

그 종이 엎드려 머리를 조아리고 말하였다.

"과연 어제 말 값을 받았을 때, 흥정을 끝내고 얻어먹는 술을 많이 마셨습니다. 술이 취해서 지고 오다가 어디에 떨어뜨렸는지를 알 수가 없었습니다. 눈앞의 죄책을 모면할 생각으로 오늘 바치겠다고 대답을 하고 두루 찾아보았으나 자취가 없어서 방금 자결을 하려던 참이었는데, 이렇게 물으시니 황공함을 이길 수가 없습니다."

청성부원군이 희도에게 말하였다.

"자네가 길에 떨어진 물건을 본 주인을 찾아와서 돌려 준 것은 그야말로 청렴결백한 일인지라 남을 탄복케 하는구먼. 이 은자는 내가 이미 잃었던 것이고, 자네가 이미 얻은 것이니 곧 자네의 재산일세. 자네가 반을 가지고 가게."

희도는 머리를 가로 저으며 말하였다.

"소인이 이 물건에 욕심이 있었다면 몽땅 숨기는 것이 옳겠지요. 무엇 때문에 본 주인에게 돌려주고 반으로 나누길 바라겠습니까? 그 말씀은 죽어도 감히 따를 수가 없습니다."

하고는 하직 인사를 한 뒤 물러갔다.

그가 막 대문을 나올 무렵에 청성부원군 댁 종의 어미와 처가 앞을 막고 절을 올리며 말하였다.

"내 아들, 제 남편이 술을 마신 뒤 말 값을 잃고 빈손으로 돌아왔더군요. 상전의 성품은 준엄하시지요. 내일이면 틀림없이 죽게 되리라 생각하고 방금 자결을 하려고 했답니다. 다행스럽게도 이런 살아 계신 부처님을 만나 우리들의 죽을 목숨을 살려 주셨습니다. 그 하해와 같은 은덕은 몸이 가루가 되고 뼈를 갈아도 보답을 할 수가 없습니다. 바라옵건대 은인께서는 잠시 저희 집에 머무시지요. 한 잔 술로 감사의 뜻을 표하려고 합니다."

희도가 사양하며 말하였다.

"그거야 당연한 일인데, 뭐 감사할 게 있겠소."

그가 가려고 하자, 종의 어미와 처가 그의 옷자락을 끌며 놓아주지를 않았다. 그녀들이 눈물을 머금고 간절히 비는 바람에, 희도는 부득이 그 집에 잠시 들어갔다. 그 집에서는 술과 안주를 풍성하게 차려놓고 기다리는 중이었다.

용모가 단정하고 열세네 살쯤 되어 보이는 계집아이 하나가 그의 앞에 와서 감사를 표하였다.

"아버지를 살려주신 은혜를 갚을 길이 없습니다. 제가 마땅히 댁을 따라가서 심부름하는 계집종이 되겠습니다."

희도는 좋은 말로 거절을 하고 옷을 떨치고 일어나 그 집을 나왔다.

경신년4)에 역적 허견의 옥사가 크게 일어나자, 허적이 희도에게 말하였다.

"네가 우리 집에서 비록 사사로이 은혜를 입은 것이 없다마는, 세상에서는 모두 심복이라고 지목하고 있느니라. 화를 장차 예측할 수가 없으니, 너는 미리 피하는 게 좋겠다."

희도가 울면서 말하였다.

"소인이 이런 때를 당하여 어찌 차마 대감마님을 버리겠습니까? 그리고 간다한들 장차 어디로 가겠습니까?"

"그렇지 않다. 너는 죄가 없는 사람인데 함께 사지로 들어간다는 것은 매우 옳지 않으니라. 충주 목사가 나와 가장 친하니 편지를 써서 부탁을 하마. 거기 가면 살아갈 방도를 세울 수 있을 게다. 너는 반드시 충주로 가거라."

희도는 울면서 하직 인사를 하고 편지를 받아서 충주 땅을 향하였

---

4) 경신년(庚申年): 1680년(숙종6) 경신대출척으로 남인이 실각한 사건이 일어난 해.

다. 충주 목사를 찾아보고 편지를 전하니, 충주 목사가 말하였다.

"여기도 대로변이라 이목이 번다하니, 너는 순흥에 있는 부석사5)로 가서 몸을 숨기는 것이 좋겠구나."

하고는 노자와 양식을 후하게 주었다.

희도는 부득이 부석사로 가서 머물렀다. 이때부터 서울 소식을 들을 수 없게 되어 침식이 불안하였다.

어느 날 밤 꿈에 신인이 나타나 알려 주었다.

"네가 월해암에 가면 서울 소식을 들을 수 있을 것이고, 또 앞날의 길흉을 알 수 있을 것이다."

희도는 깜짝 놀라 잠에서 깨어나 부석사의 중에게 월해암이 어디에 있느냐고 물었으나 아는 사람이 없었다.

어떤 노승 한 사람이 한참이 지난 뒤에 말하였다.

"이 절에서 6, 7리 되는 곳 절벽 위에 황폐해진 암자가 하나 있는데, 그것이 월해암인 듯싶소. 허나 돌길이 가파르고 험해서 비록 나는 새라 할지라도 올라갈 수가 없지요. 그런데 2, 30년 전에 어떤 스님 한 분이 올라가고는 내려오지 않았다고 들었소. 그 스님의 생사는 알 길이 없으나 틀림없이 오래 전에 죽었을 게요. 그 암자는 비록 나이든 스님들이라 할지라도 한번 가본 사람이 없소이다."

희도는 그 말을 듣고 스스로 생각하였다.

'내 신세가 이미 이처럼 천지간에 용납될 수가 없게 되었으니, 만약 암벽 사이에 숨어 죽는다면 그것도 좋을 듯하구나.'

하고는 마침내 지팡이를 짚고 길을 찾아 여라와 등나무 덩굴을 잡고 한 걸음씩 앞으로 나아갔다. 산을 반쯤 올라가자 양쪽 언덕이 마주 서

---

5) 부석사(浮石寺) : 경상북도 영주에 있는 절로, 신라 문무왕 16년(676)에 의상(義湘)이 창건하였다고 함.

있고, 그 아래로는 몇 만 길이나 되는지 알 수 없는 절벽이었다. 그리고 양쪽 언덕 사이로 몇 십 칸이나 되어 보이는 곳에 외나무다리가 걸쳐져 있었는데, 해묵어 썩고 상하였으므로 발을 딛기가 어려웠다.

희도는 죽을 각오로 기어서 갔다. 천신만고 끝에 겨우 외나무다리를 건너 암자 문 앞에 이르니, 문 위에 가로 댄 나무에 과연 '월해(月海)'라는 편액이 걸려 있었다.

희도가 속으로 기이함을 칭탄하며 문에 들어서니, 월해암은 결딴난 폐사로 먼지가 쌓여 있었다. 윗방 탁자 위에는 어떤 승려 하나가 눈을 감은 채 가부좌를 하고 앉아 있었다. 얼굴에 먼지가 가득하고, 모습은 마치 고목과 같았다.

희도가 탁자 앞에 엎드려 절을 하며 말하였다.

"저는 천지간에 갈 곳이 없어 절박한 사람입니다. 엎드려 비옵건대, 살아 계신 부처님께서 특별히 자비를 베푸사 제 앞날의 길흉화복을 알려 주소서."

그가 합장을 하고 백 번 절을 하자, 생불이 입을 열었다.

"나는 네게 오촌 증조 할아버지뻘이 되느니라. 헤어진 지가 40년 가까이 되었는데 여기서 만나다니 어찌 즐겁고 다행함이 아니겠느냐?"

희도가 울면서 말하였다.

"그러시면 살아 계신 부처님께서는 어린아이 때 이름이 아무개 씨가 아니십니까?"

"그렇느니라."

대저 염희도의 종증조부는 나이가 열대여섯 살이 되었을 때 갑자기 정신병이 발작하여 집을 나가서는 자취가 끊겼던 것이었다. 지금의 생불이 바로 그 사람이었다.

희도가 말하였다.

"저는 갈 데가 없는 궁한 사람이온데 다행히 여기서 가까운 친척을 만났으니 이제부터는 탁자 아래서 길이 모시면서 명하시는 대로 따르겠습니다. 맹세코 다른 데로는 가지 않겠습니다."

생불이 말하였다.

"그렇지 않다. 나와 너는 갈 길이 이미 달리 정해져 있느니라. 여기에 머문다 할지라도 이익 될 것이 없다. 네 앞날은 내가 번거롭게 얘기할 필요가 없구나. 아무 데 있는 아무 절에 아무개라는 중이 있는데, 바로 내 사촌 아우니라. 네가 그에게 가서 물어보면 길흉을 알 수 있을 게다."

말을 마치고는 희도더러 나가라고 재촉을 하자, 희도가 말하였다.

"제가 이곳에 올 때에 외나무다리에서 거의 죽을 뻔했사옵니다. 이제 어떻게 다시 그 아찔한 곳을 건너겠습니까?"

그러자 생불이 껍질을 벗긴 삼나무 지팡이 하나를 주며 말하였다.

"이걸 짚고 가면 무사할 게다."

희도는 부득이 그 지팡이를 받아 쥐고 하직 인사를 한 뒤 암자의 문을 나서니, 몸이 가볍고 발이 빨라져서 걸음걸이가 나는 듯하였다. 편안하게 외나무다리를 건너고 나서 마음속으로 의아한 생각이 들어 중얼거렸다.

'이 지팡이는 바로 신선이 되는 기구로구나. 이걸 짚고 세상에 나가면 틀림없이 걷는 데 어려움이 없을 게야. 다시없는 보물이라 할 수 있겠군.'

골짜기를 빠져 나와 계곡 물을 건너다가 그는 발이 미끄러져 물에 빠지고 말았다. 그 바람에 그 지팡이를 놓쳐 버렸다. 고개를 돌려 바라보니, 삼나무 지팡이는 꿈틀거리며 공중으로 날아올라 도로 월해암을 향하여 가버리는 것이었다.

희도는 넋을 잃고 있다가 다시 갈 때의 길을 따라 가면서 생불의 종제가 있는 곳을 두루 찾아 생불의 말을 전하자, 그 중이 말하였다.

"허씨는 이미 처형되었고, 한 사람도 살아남은 사람이 없다네. 또한 자네에게 미칠 화의 조짐이 박두하여 뒤따르는 포교가 이미 문에 이르렀네. 빨리 나가게. 타고난 운수와 임금의 명은 거스를 수가 없다네. 허나 자네의 이번 길에는 조금의 재앙이나 해로움이 없다네. 반드시 어떤 귀인이 극력 주선을 하여 자네는 그 도움을 많이 받을 게고, 절로 무사할 걸세. 그 뒤로 또 어진 아내 하나를 얻어, 집안 살림이 넉넉해지고 자손이 번성할 걸세. 흉함은 적고 길함이 많으니 쓸데없이 자꾸 묻지 말게."

희도가 그 말을 듣고 문을 나서니, 서울에서 온 포교가 과연 뒤를 밟아 와 있었다. 그는 스스로 붙잡혀 서울로 압송되어 의금부의 옥에 갇혔다.

당시 청성부원군은 판의금부사[6]로 있으면서 이 옥사를 담당하였다. 그는 염희도가 말 값으로 받은 은자를 주워 가지지 않았던 일을 임금에게 말하였다. 또한 염희도의 지조가 이와 같으니 틀림없이 흉악한 역적모의에 가담하였을 리가 없다고 극력 변호하였다.

임금은 특별히 희도를 용서하고 그를 석방하게 하였다.

희도는 옥을 나와서 청성부원군을 찾아가 목숨을 살려준 은혜에 대하여 감사의 인사를 하였다. 그러자 청성부원군이 말하였다.

"너의 당당한 지조로 어찌 흉악한 역적모의에 가담했을 리가 있겠느냐? 내가 힘써 너를 구한 것은 네 지조에 감탄해서였느니라. 뭐 고마워 할 게 있겠느냐?"

---

6) 판의금부사(判義禁府事) : 조선시대 의금부(義禁府)의 종1품 벼슬.

하고는 은자 200냥을 주며 먹고 입는 데 쓰라고 하였다. 희도는 연신 절을 하며 감사를 드리고 그 집을 나왔다.

희도는 그 돈으로 물건을 사서 팔도로 다니며 행상을 하였다. 행상을 다니다가 경상도 지방의 한 곳에 이르니 대갓집이 한 채 있었는데, 대문 밖에 있던 계집종이 물건을 흥정하자고 하며 그를 대문 안으로 끌어 들였다. 또 중문을 들어서니, 아직 머리를 올리지 않은 처녀 하나가 넘어질 듯 마루에서 뛰어 내려와 그를 맞으며 말하였다.

"댁은 제가 누군지 알아보시겠는지요?"

희도가 말하였다.

"모르겠소."

그녀가 말하였다.

"저는 말 값으로 받은 은자를 잃었던 청성부원군 댁 종의 딸이랍니다. 그 당시 왜 뵌 적이 있지 않습니까? 저는 댁이 저의 아버님을 살려주신 은혜를 갚으려고 머리를 깎고 출가하여 팔도를 두루 다니면서 댁의 종적을 찾았었습니다. 그러다가 여기에 와서 길쌈을 하며 5, 6년 사이에 재산이 불어 갑자기 부자가 되었습니다. 그리고는 밤낮으로 댁을 한 번만이라도 뵙게 해달라고 하늘에 빌었답니다. 어젯밤 꿈에 신인이 나타나서 말하더군요.

'내일 아무 때가 되면 네가 만나고자 했던 사람이 어느 쪽에서 올 것이다. 모름지기 착오가 없도록 해라.'

그런 까닭에 아침부터 계집종더러 기다렸다가 맞으라고 한 것입니다. 다행히 만났으니 어찌 천행이 아니겠습니까?"

그리하여 두 사람은 짝을 맺고 살게 되었다.

희도는 매번 허적의 집안이 망한 것을 비통하게 여겨, 재물로써 그 원통함을 풀고 부끄러움을 씻어 주려고 하였다. 그는 마침내 농토를

다 팔고 아내와 함께 상경하여 수천 금을 뿌렸으나 끝내 뜻대로 되지 않았다. 희도는 어쩔 수가 없음을 알고 그 일을 그만두었다.

그 뒤로 그는 아들과 손자를 두었고, 집안 살림이 풍족한 가운데 여든 살까지 살다가 죽었다.

안동의 선비 김 아무개가 그의 전기를 지어 풍원군 조현명에게 보여 주었다. 조현명이 희도의 자손들을 찾아보니, 그 가운데 한 사람이 장례원7)의 아전으로 있었다고 한다.

염시도는 서울 수진방8)에서 태어나서 줄곧 그곳에서 살았다. 성품이 본래 미덥고 착실하며 청렴하여, 허적이 청지기로 삼아 신임하고 총애하였다.

어느 날, 허적이 시도에게 말하였다.

"내일 새벽에 심부름을 보낼 데가 있으니, 틀림없이 일찍 오너라."

그 날 밤, 시도는 그의 동료들과 함께 술을 마시며 노름을 하다가 잠자리에 들었는지라, 잠이 깊이 들어 벌써 날이 밝은 것도 깨닫지 못하였다. 급히 일어나 달려가는데, 가는 길이 제용감9)과 솔재10)를 지나가게 되어 있었다. 길가에 있는 빈터에 고목 한 그루가 서 있었는데, 고목 아래 우거진 풀 속에 푸른 보자기가 보이는 것이었다. 다가가서 보니 단단하게 싸서 묶은 것으로 들어보니 상당히 무거웠다. 그는 그것을 소매 속에 넣은 뒤 달려서 사직동에 있는 허적의 집으로 갔다. 늦게 왔으니 문책을 해달라고 하자, 허적이 말하였다.

---

7) 장례원(掌隷院): 조선시대 노예의 부적(簿籍)과 재판에 관한 일을 맡아보던 관아.
8) 수진방(壽進坊): 오늘날의 종로구 수송동(壽松洞)에 있던 고을.
9) 제용감(濟用監): 조선시대 궁중에서 쓰는 각종 피륙에 관한 일을 맡아보던 관아. 서울시 종로구 수송동에 있었음.
10) 치현(鴟峴). 송현(松峴). 경복궁에서 안국동으로 넘어가는 고개.

"벌써 다른 사람을 보냈는데, 자네에게 문책은 무슨?"

시도는 마루 아래로 물러 나와 보자기에 봉한 것을 풀어 보았다. 거기에는 은 230냥이 있었다. 시도가 혼자 중얼거렸다.

"이건 엄청난 돈일세. 그 주인이 이 돈을 잃고 나서 얼마나 걱정이 되고 정신이 없을지는 말하지 않아도 알 만하군. 내가 이걸 감추고 가질 수 있다면 다행이겠지만, 한편 까닭 없이 횡재를 하는 건 우리같이 비천한 백성들에겐 좋은 일이 아니지. 기왕에 집으로 가져갈 수 없는 거라면 상공께 드리는 게 낫겠지."

하고는 마침내 그 은화를 가지고 허적에게 가서 사정을 아뢰고 받아 달라고 하였다. 그러자 허적이 말하였다.

"네가 주운 걸 어째서 나더러 가지라고 하느냐? 또 네가 갖지 않으려는 걸 내가 어찌 가지겠느냐?"

시도는 얼굴이 벌개져서 물러 나왔다. 잠시 후에 허적이 그를 불러 말하였다.

"며칠 전에 듣자니, 병조판서 댁 말 값이 은전 2백 냥인데 광성부원군 댁에서 사려고 한다더구나. 네가 주운 돈이 그 말 값이 아니겠느냐? 네가 한번 가서 여쭤 보거라."

병조판서란 바로 청성부원군 김석주였다. 시도는 허적의 말대로 이튿날 김석주를 찾아가 뵈었다. 김석주가 찾아온 연유를 묻자, 시도가 말하였다.

"오래 뵙지 못해서 문안을 여쭈러 왔습니다."

하고는 이어서 말하였다.

"귀댁에 혹시 잃으신 게 없으신지요?"

"없느니라."

김석주는 대답을 하다가 갑자기 대청 아래 있던 종을 불러 말하였다.

"아무개라는 종놈이 말을 가지고 간 것이 벌써 이틀이 지났는데 아직도 돌아왔단 말이 없으니 어찌된 일인고?"

종이 대답하였다.

"아무개는 죄를 지었다면서 감히 찾아 뵙지를 못하고 있습니다."

그러자 김석주가 화를 내며 말하였다.

"이게 무슨 말인고? 그 놈을 당장 잡아 들여라."

명을 받은 종이 다른 종 하나를 잡아다가 뜰에 무릎을 꿇게 하였다. 붙잡혀 온 종이 절을 올리며 아뢰었다.

"소인이 죄를 지어서 만 번을 죽어도 풀려나기가 어렵습니다."

김석주가 그 까닭을 묻자, 종이 대답하였다.

"소인이 재동에 있는 광성부원군 댁에 가서 말 값을 받았는데 홀연 잃고 말았습니다."

김석주가 몹시 노하여 말하였다.

"종놈들의 간사함이 이 지경에 이르렀구나. 네가 농간에 빠져 가지고 와서 나를 속인단 말이냐?"

김석주가 큰 몽둥이를 가져오라고 하여 때려죽이려 할 즈음에, 시도가 잠시 형벌을 멈추고 은전을 잃게 된 사유를 빠짐없이 말하게 해달라고 청하였다. 그러자 김석주도 느껴지는 바가 있어 물으니, 그 종이 대답하였다.

"처음에 말을 끌고 상공 댁에 도착하오니, 광성부원군께서 그 댁 종더러 말을 빨리 돌려보라고 명하시고 나서는 '과연 훌륭한 준마로구나.' 하셨습니다. 또 말이 살찌고 윤택이 나는 것을 칭찬하시며 '이 말을 네가 먹여 키웠느냐?' 하시기에 '그렇습니다.' 하고 대답하니, '남의 집 종이 되어서 이처럼 충성스럽고 독실하면 참으로 칭찬할 만하지.' 하시고는 소인을 불러 가까이 오라고 하셨습니다. '너 술을 마실 줄 아느냐?'

고 물으시기에 '압니다.' 하니, 상공께서 술을 큰 동이로 하나 가져오라고 하여 맛이 좋고 독한 홍로주를 연달아 석 잔이나 주시는 것이었습니다. 그러고는 즉시 은전 2백 냥을 계산해 주시고 또 30전을 더 주시면서 '이건 네가 말을 잘 먹여 키운 공에 대한 상이니라.' 하셨습니다. 소인이 하직 인사를 드리고 나오니 벌써 저녁때였습니다. 몹시 취해서 걸을 수가 없었습니다. 그러고는 얼마 가지 못해서 어딘지도 모르는 길가에 쓰러지고 말았습니다. 밤이 되어서야 약간 술이 깼는데 홀연 통행금지를 알리는 종소리가 들리는 것이었습니다. 마침내 억지로 일어나 오느라고 은전 보따리가 떨어지는 것도 몰랐습니다. 이런 죄를 지었으니 소인 스스로 죽어야 할 줄 알고 있습니다만 망설이느라 감히 찾아와 뵙지 못하였습니다."

그제야 시도는 은전을 주워 찾아오게 된 연유를 아뢰고, 즉시 은전을 바쳤다. 봉한 곳의 표지나 숫자를 맞추어 보니, 과연 그 종이 잃은 것이었다. 김석주가 몹시 감탄하고 기특하게 여기며 말하였다.

"너는 이 세상 사람이 아니로구나. 허나 이 또한 이미 잃었던 물건이니라. 이제 그 반을 네게 상으로 줄 테니, 너는 사양하지 말거라."

"만약 소인에게 재물을 탐하는 마음이 있었다면, 당연히 제가 가지고 입을 다물었겠지요. 그리하면 그 누가 알겠습니까? 이미 제 것이 아닌지라 오직 혹시라도 누명을 쓰게 될까봐 두려운데 상이라니요?"

김석주는 자신도 모르게 등골이 서늘하여 얼굴빛을 고치고 다시는 상에 대하여 말하지 않았다. 연신 감탄만 하면서 술을 가져오게 하여 시도를 위로하였다. 그 종은 죄를 지었으나 시원하게 풀려났다.

시도가 하직 인사를 하고 나가는데, 어떤 소녀 하나가 뒤에서 급히 그를 부르는 것이었다.

"손님, 잠시만 기다려 주세요."

시도가 돌아서서 그 까닭을 물으니, 그녀가 말하였다.

"아까 은전을 잃었다던 사람이 바로 제 오라비랍니다. 저는 오라비를 의지하여 살아가고 있는데, 이제 손님의 은혜를 입어 살아나게 되었으니 이 은혜를 어찌 갚는다지요? 제가 안방마님께 말씀드렸더니 매우 감탄을 하시며 술과 음식을 내려주라고 하셨습니다. 그래서 머무시길 청한 겁니다."

그녀는 즉시 대청 아래 자리를 펴고는 돌아 들어가더니 큰 소반을 들고 나와 진수성찬과 좋은 술을 벌여 놓는 것이었다. 시도는 취하도록 마시고 배가 부르도록 먹은 뒤 돌아갔다.

경신년이 되자, 허적은 죄를 입어 사약을 마시고 죽었다. 시도가 뛰어 들어 약사발을 잡고 나누어 마시려고 하였으나, 금부도사가 그를 끌어냈다. 허적의 숨이 끊어지자, 시도는 미쳐 날뛰며 정신없이 울부짖더니 다시는 세상살이에 생각이 없어져, 드디어 집을 버리고 산수를 찾아 노닐게 되었다. 그의 친척 형뻘 되는 사람이 강릉에 있었으므로 찾아갔더니, 이미 중이 되었다는데 간 곳을 알 수 없었다. 그는 마침내 금강산에 있는 표훈사로 찾아가 그곳에 있는 중에게 물었다.

"제가 불문에 귀의하고자 합니다. 반드시 고승을 찾아 스승으로 모시려고 하는데 누가 좋겠습니까?"

표훈사의 중이 말하였다.

"묘길상암 뒤에 있는 쓸쓸한 암자에서 자리를 지키고 있는 스님은 바로 살아 계신 부처님이십니다."

시도가 그 말을 듣고 찾아가 보니, 과연 한 중이 가부좌를 하고 앉아 참선을 하고 있었다. 시도가 그 앞에 엎드려 성심을 다해 복종하며 섬기겠다는 뜻을 갖추어 말하고, 또 머리를 깎아 달라고 청하였다. 그의 말뜻이 간절하였으나, 그 중은 마치 듣지 못한 듯하였다. 시도는 굳이 엎드린 채 일어나지 않았다. 날은 이미 저물어 어두워지고 있었다. 그 중이 홀연 입을 열었다.

"시렁 위에 쌀이 있는데, 어째서 밥을 짓지 않느냐?"

시도가 일어나 보니, 과연 쌀이 있었다. 그 중이 명한 대로 밥을 지어먹었다. 밤에는 다시 그 중 앞에 엎드렸다. 아침이 되자 그 중이 또 밥을 지어먹으라고 명하였다. 대엿새 동안 이렇게 하였으나, 그 중은 끝내 말을 하지 않았다. 시도의 뜻도 점차로 해이해져 암자 밖으로 나가 거닐기도 하였다.

그러다가 보니, 암자 뒤에 두어 칸짜리 초가집이 있는 것이었다. 그 집에 들어가 보니 나이가 16세쯤 되어 보이는 계집아이 하나가 있었는데, 인물이 아주 고왔다. 시도는 은근히 그리운 마음을 이길 수가 없어서 갑자기 그녀를 앞으로 끌어안으며 범하려고 하였다. 그러자 그녀는 품속에서 조그만 칼을 뽑아내더니 자결을 하려고 하는 것이었다. 시도는 놀랍고 두려운 마음에 하려던 짓을 그만두고, 그녀더러 어디서 왔느냐고 물었다.

"저는 본래 동구 밖 마을에 살았습니다. 오라비가 이 산으로 출가를 하였고, 이 암자에 계신 스님을 스승으로 모시고 있습니다. 어머니는 여기 계신 스님을 신으로 생각하시고 제 운명을 물어 보셨습니다. 그랬더니 제게는 4, 5년 동안 큰 액이 있다는 것이었습니다. 그 액을 끊으려면 인간 세상을 떠나 이 암자로 와서 머물면 액막이를 할 수 있고, 또한 좋은 인연도 맺을 것이라고 했습니다. 어머니는 스님의 말씀을 믿고 여기에 초가집을 지어 저와 단둘이만 몇 년 동안 거처할 계획을 세웠습니다. 어머니는 지금 잠시 먼저 살던 집에 가셨는데, 갑자기 남의 핍박을 받아 이런 사경에 처하게 되었으니, 이 어찌 이른바 큰 액이 아니겠습니까? 부모님의 명이 없었으니, 비록 죽는다 한들 어찌 더럽힘을 당할 수 있으리오. 비록 그렇다고는 하나 이 일이 우연은 아닌 듯합니다. 신승께서 좋은 인연이라고 하신 말씀도 틀림없이 이를 두고 하신 것일 겁니다. 남녀가 이미 서로 한번 접촉을 했으니, 다시 어찌 다른 데로 시집을 가리오. 마땅히 따를 것을 마음속에 맹세합니다. 다만 어머님이 돌아오시기를 기다려 떳떳하게 혼인을 하는 것이 또한 좋지 않겠습니까?"

시도는 그 말이 예사롭지 않은지라 따르기로 하였다. 그녀와 작별을 하고 암자로 돌아왔으나, 그 중은 여전히 말이 없었다. 그 날 밤, 시도는 단지 그녀를 그리워하는 마음뿐이어서, 다시는 도에 관해서 물을 생각이 나지 않았다. 오로지 날이 밝아 그녀의 어머니가 허락하기만을 기다렸다.

아침이 되어 잠자리에서 일어나려는데, 그 중이 홀연 벌떡 일어나더니 크게 꾸짖는 것이었다.

"어떻게 생겨 먹은 괴한이 나를 이토록 흔들어 대는고? 반드시 죽이고야 말리라."

그 중이 육환장을 가져다가 내려치려 하므로, 시도는 낭패하여 달아났다. 그가 암자 밖에 한동안 우두커니 서 있으려니까, 그 중이 그를 가까이 불러 따스한 말로 타일렀다.

"네 상을 보니 출가할 사람은 아니다. 암자 뒤에 사는 여자는 끝내 네게 시집을 가게 될 게다. 조금도 주저치 말고 이 길로 곧장 떠나거라. 비록 잠깐 놀랄 일이 있다만, 네 복은 지금부터 시작이니라."

하면서 '성 때문에 온전해지고, 오작교에서 가연을 맺을 것[以姓得全 鵲橋佳緣]'[11]이라는 뜻의 여덟 글자를 써서 주었다. 시도는 울면서 하

---

11) 시도는 그의 성[廉]처럼 청렴함으로 인해 생명을 보존하게 되고, 칠석날 오작교에서 만나는 견우와 직녀처럼 좋은 인연을 맺을 것이라는 뜻임.

직을 고하고 암자를 나왔다. 그 길로 표훈사에 이르러 앉았던 자리가
채 데워지기도 전에, 갑자기 기찰포교[12]들이 닥쳐 그를 단단히 결박하
고 얼굴에 보자기를 씌운 뒤 말에다 싣고 내달리는 것이었다. 며칠이
지나지 않아 서울에 도착하여 항쇄와 족쇄를 채우더니 옥에 가두었다.
 이때는 허적의 서자인 허견의 옥사에 많은 사람들이 연루되어 가까
운 청지기들이 추가로 잡혀 들어왔고, 시도는 다른 사람들의 진술 조서
에 얽혀 들어갔기 때문이었다. 그가 의금부의 국문하는 자리에 이르자,
김석주를 비롯하여 심문을 하는 여러 재상들이 죽 앉아 있었다. 나졸
이 시도를 붙잡고 들어갔다. 당시 심문을 받는 사람들이 많아서, 김석
주는 그가 시도라는 것을 살피지 못하였다. 한 차례 의례적인 것을 물
은 뒤 다시 하옥시켰다.
 때마침 김석주의 집에서 밥을 싸서 나르던 계집종은 바로 은전을 잃
었던 종의 누이동생이었다. 시도가 귀신같은 형상에 칼을 쓰고 있는
것을 보고는 돌아가 부인에게 아뢰었다. 그러자 부인은 측은하게 여기
며 김석주에게 편지를 써서 알려 주었다. 김석주는 그제야 그가 염시
도임을 알고 즉시 그를 압송해 오라고 명하였다. 대략 몇 가지 추궁을
하였으나 증거가 없자, 이렇게 말하였다.
 "이 사람은 본래 의로운 인사였느니라. 그의 심사를 내가 깊이 알고
있지. 그가 어찌 그들과 더불어 역모를 꾀했겠는가?"
하고는 즉시 풀어 주었다. 시도가 막 의금부의 문을 나서는데, 은전을
잃었던 종이 깨끗한 옷을 가지고 벌써부터 기다리고 있었다. 드디어
함께 그의 집으로 가서 극진한 접대를 받았다. 밑천과 말을 주며 그에
게 행상을 해보라고 하였다.

---

12) 기찰포교(譏察捕校) : 조선시대 강도나 도적을 체포하는 일을 맡았던 포도청(捕
 盜廳)이나 오군영(五軍營)의 군졸.

그런 뒤에 허적의 생질인 신후재가 상주 목사로 있다는 말을 듣고 그를 찾아갔다. 그 날은 마침 7월 7일로 이른바 견우와 직녀가 만나 오작교를 이루는 날이었다. 상주 땅에 들어서자 마침 날이 저물었다. 말을 급히 몰며 외딴 길을 따라 한 촌가에 들어갔다. 시도가 뒤에 떨어져 들어가니, 말은 이미 마구간에 매어져 있었다. 한 여자가 뜰 가운데에서 길쌈을 하다가 집안으로 피해 들어가는 것이 눈에 띄었다. 시도가 말고삐를 풀려고 하는데, 한 노파가 안에 있다가 나오며 말하였다.

"하필이면 말고삐를 푼단 말이오? 말이란 제 갈 데를 아는 법인데…"

시도는 그 말의 뜻이 무엇인지 아득히 이해가 되지 않아서 인사를 하며 청하였다.

"일찍이 찾아뵙고 인사를 드리지 못했습니다. 방금 주인마님께서 일러주신 말씀을 살피지 못했는데, 말이 돌아갈 데를 안다는 게 무슨 말씀이신지요?"

노파가 그를 맞아 앉히고 나서 말하였다.

"내가 말을 해주지."

그 순간, 홀연 창문 안에서 목이 메어 우는소리가 들려왔다. 노파가 말하였다.

"어째서 우느냐? 어째, 기쁨이 넘쳐서 그러느냐?"

시도가 더욱 의심이 들어 급히 그 까닭을 묻자, 노파가 말하였다.

"자네 아무 해에 나그네로 금강산에 있는 암자 뒤에서 한 여자를 만나지 않았는가?"

"그렇습니다."

"그 아이가 내 딸이라네. 지금 우는 게 그 아이지. 그 암자에 계시던 스님의 내력도 아는가? 그 스님은 바로 강릉에 계시던 자네의 친척 형님이라네. 본디 신승으로 무엇이나 훤히 꿰뚫어 보셨지. 앞일을 알아맞

히시는 데 털끝만큼도 틀림이 없으셨다네. 그 스님이 일찍이 내 딸을 가리키며 말씀하셨지.

'이 딸아이는 내 친척 동생 되는 염 아무개와 인연이 있습니다. 다만 이제부터 몇 년 동안 큰 액운이 있을 겝니다. 만약 제게 와서 의지를 하면 액을 면할 수 있고, 절로 혼인을 하게 될 겝니다. 허나 아직 함께 살지는 못하고, 경상도 상주 땅에서 아무 해 아무 달 아무 날 동침을 하게 될 겝니다.'

그래서 나는 딸을 데리고 스님이 계신 곳으로 가서 액을 막으려고 했는데, 자네가 과연 왔더군. 내가 마침 외출을 해서 자네를 보지 못했네. 그 뒤에 그 스님은 다른 암자로 옮겨가셨는데, 어디로 가셨는지를 모르겠네. 내 아들도 이곳의 절에 와 있게 되어서 나도 따라와 여기 있었다네. 스님이 말씀한 날이 돼서, 틀림없이 자네가 올 걸 알았네." 하고는 딸에게 나와 보라고 불렀다. 한참 뒤에 딸이 나오는데, 과연 금강산에서 보았던 사람이었다. 얼굴 모습이 더욱 통통하고 아름다웠다. 시도는 자신도 모르게 감회에 젖어 슬퍼하였고, 그녀는 기쁨과 슬픔이 교차하여 그저 눈물을 흘릴 따름이었다. 잠시 뒤에 저녁을 내오는데, 차린 것이 모두 진수성찬이었다. 모두가 미리 준비해 두었던 것이었다. 이 날 밤 마침내 혼례를 치르니, 그 중이 말한 여덟 글자가 부합됨이 모두 증명된 셈이었다.

시도는 며칠 동안 그 집에 머물다가 상주 목사를 찾아가 뵙고 그 일의 전말을 말하자, 상주 목사는 매우 기이하게 여기며 후한 선물을 그에게 주었다.

이 무렵, 시도의 전처는 죽은 지가 오래 되었다. 그가 살던 집은 친척에게 맡겨 지키게 하였었다. 그는 마침내 그녀와 장모를 모시고 서울로 돌아가서 옛집에 다시 살게 되었다. 시도의 이름은 양반들에게 퍼졌고, 김석주가 매우 지극하게 돌보아 주어, 집안이 자못 부유해졌다. 모두들 그를 '염 의사'라고 불렀다. 그의 아내와 함께 복록과 장수를 누리다가, 시도는 나이 80여 세에 죽었다. 지금 그의 여러 자손들이 아직도 안국동에 살고 있다고 한다.

【원주】

허 영상 적(許領相積, 1610~1680) : 자는 여거(汝車), 호는 묵재(黙齋), 본관은 양천(陽川)으로, 한(僩)의 아들이자 한천(寒泉) 잠(潛)의 손자다. 진사로 인조 정축년(1637)에 등과하여 한림(翰林)을 역임하였고, 현종 갑진년(1664)에 재상이 되었다. 숙종 경신년(1680)에 서자인 견(堅)의 모역사건에 연좌되어 사약을 받고 죽었는데, 당시 나이가 71세였다.

청성(淸城) : 김석주(金錫冑, 1634~1684)로, 호는 식암(息菴), 본관은 청풍(淸風)으로, 귀계(歸溪) 좌명(佐明)의 아들이다. 진사과 장원으로 현종 임인년(1662)에 장원급제하여 옥당(玉堂) 벼슬을 하다가 1년이 채 못 되어 병조판서로 특진하였다. 대제학을 역임하였고, 보사공신(保社功臣)으로 책훈되어 숙종 임술년(1682)에 재상이 되었는데, 당시 나이가 49세였다. 벼슬이 영의정에 이르렀고, 시호는 문충(文忠)이다. '청성'은 그가 부원군으로 봉해진 이름이다.

조 풍원 현명(趙豊原顯命, 1690~1752) : 자는 치회(稚晦), 호는 귀록(歸鹿), 본관은 풍양(豊壤)으로 학암(鶴巖) 문명(文命)의 아우다. 생원과 장원으로 숙종 계사년(1713)에 등과하여, 육조(六曹)의 판서와 사군문(四軍門)의 대장을 역임하였고, 분무공신(奮武功臣)에 책록되어 영조 경술년(1730)에 재상이 되었다. 벼슬이 좌의정에 이르렀고, 시호는 충효(忠孝)다. '풍원'은 그가 부원군으로 봉해진 이름이다.

광성(光城) : 김만기(金萬基, 1633~1687)로, 호는 서석(瑞石), 본관은 광산(光山)으로, 충정공(忠正公) 익겸(益兼)의 아들이다. 효종 때에 등과하여 대제학을 역임하였고, 숙종의 장인이 되어 벼슬이 영돈녕(領敦寧)에 이르렀으며, 시호는 문충(文忠)이다. '광성'은 그가 부원군으로 봉해진 이름이다.

신후재(申厚載, 1636~1699) : 자는 덕부(德夫), 호는 규정(葵亭), 본관은 평산(平山)으로, 인재(寅齋) 개(檗)의 9세손이다. 문과에 급제하였으나, 벼슬은 판윤(判尹)에 그쳤다.

제10화 서울의 선비

　옛날 서울에 사는 한 선비가 일이 있어 영남 땅에 갔다가 돌아오는 길에 태백산 속에 들어갔다가 길을 잃어 주막집을 지나치고 말았다. 날이 저물어가므로 어느 한 촌가에 들어갔다. 그 집은 바깥채와 안채를 모두 기와로 이었는데, 서울의 집들과 다름이 없었다.
　주인을 찾아보고 하룻밤 자고 가자고 청하였다. 그러면서 보니 그 집주인은 거동과 용모에 매우 위엄이 서려 있고, 수염과 머리칼이 반쯤 세어 있었다. 주인은 쾌히 승낙하면서 저녁을 차려주었다.
　선비가 저녁상을 물리자, 집주인이 물었다.
　"나이는 얼마나 되었고, 자녀는 몇이나 두었소?"
　"나이는 서른이 채 안 되었고, 아들이 열 가까이 됩니다. 밤일만 했다 하면 덜컥 아들이 생겨서, 집은 가난한데 아이들만 우글우글하니 도리어 우환이랍니다."
　주인이 드러내놓고 부러워하는 기색이더니 탄식을 하며 말하였다.
　"어떤 양반은 이처럼 복도 많으시오!"
　선비가 웃으며 대꾸하였다.
　"우환 중에 큰 우환인데 그걸 복이 많다고 할 수 있겠습니까?"
　"내 나이 환갑이 지났건만 아직도 자식을 낳아 길러보지 못했다오.

비록 곡식이 만 섬이나 쌓여 있다한들 세상에 그게 무슨 도움이 되겠소? 내게 아들이 한 놈이라도 있다면 끼니마다 밥을 못 먹고 죽을 먹더라도 한이 없겠소. 방금 댁의 말을 듣고 어찌 부러운 생각이 들지 않겠소?"

이튿날 선비가 하직 인사를 하며 떠나려고 하니, 주인이 만류하였다. 그러고는 닭과 개를 잡아 삶아서 상다리가 휘도록 차려서는 대접을 하는 것이었다.

밤이 되자 주인은 주위에 있던 사람들을 다 물리치고 선비를 곁방으로 인도한 뒤 조용히 말문을 열었다.

"내 가슴속 깊이 묻어두었던 일을 말씀드리겠소. 나는 부유한 집에서 태어나 자라서 이제 머리가 허연 노인이 될 때까지 가난으로 군색한 것을 모르고 자랐다오. 그러니 다시 무얼 바라겠소만, 단지 자식 복이 없어서 평생에 아들 하나를 키우지 못했구려. 후사를 많이 두어야겠다는 생각에 첩들도 적지 않게 두었고, 명산대천을 찾아 기도도 하고 좋다는 약은 써보지 않은 것이 없었소. 그러나 평소에는 아들을 잘 낳던 여자라도 임신이 되질 않는 게요. 저승에 갈 날은 점점 다가오는지라 문득 외롭고 서글픈 생각이 들어, 지금도 스무 살 남짓한 첩을 셋이나 두고 있는데, 역시 기쁜 소식이 없구려. 비록 남이 낳아준 아들이라도 아버지라고 부르는 소리를 한 번만 들으면 죽어도 눈을 감겠소이다. 손님의 말을 들으니 여자와 하룻밤 자기만 하면 태기가 있다고 하니, 바라건대 손님의 복을 빌려 잉태할 방도를 마련해 볼까 하는데, 어떠신지…?"

선비가 깜짝 놀라 거절하였다.

"이게 무슨 말씀이십니까? 남녀유별은 예에 있어 지극히 중한 것입니다. 유부녀와 간통하는 것은 국법에서도 가장 엄히 다스리는 죄지요. 비록 평생을 모르고 지낸 사이라도 감히 그런 생각을 할 수 없는 것인데, 하물며 며칠 동안이나 주객으로 지낸 터에 차마 어찌 그런 말씀을 하시는지요? 주막집의 천한 아낙네에게도 그럴 수 없는 것이거늘 하물며 사대부 댁의 별실에게야…, 청하시는 말씀을 따를 수 없습니다."

"첩이야 천한 것들이요. 또한 내 스스로 말을 꺼낸 것이니 조금도 꺼려 할 게 없소이다. 밤도 깊었고 인적도 끊겼으니, 나중에 아들을 낳더라도 누가 이 일을 알겠소? 내 심중의 말을 하는 것이고, 털끝만큼도 거짓으로 꾸며 말하는 게 아니라오. 제발 좀 이 놈의 신세를 가엾이 여겨 내 말을 들어주시오. 그래서 아들 없어 궁박한 이 늙은이에게 아들 낳았다는 기쁜 소식을 듣게 해준다면, 대대손손이 이 은혜를 어찌 다 갚겠소? 손님으로서는 적선하는 일이요, 내게는 무궁한 은혜가 될 것이니, 우리 두 사람에게 이보다 더 좋은 일이 없는데 어째서 굳이 거절만 하시는 게요?"

선비는 한동안 말없이 생각에 잠겼다.

'주인이 간청하는 것이니 내가 몰래 간통하는 것과는 다르고, 또 주인이 진정으로 청하는 것이니 다른 염려는 없을 듯하구나.'
하고 생각하였으면서도 체면치레로 재삼 거절하다가 마침내 결단을 내렸다.

"도리로 따져보면 천부당만부당한 일이나 주인장의 뜻이 이렇듯 간절하고 진지하시니 말씀을 따르긴 하겠습니다만, 제 마음이 매우 불안하군요."

주인은 그 말을 듣고 크게 기뻐하며 두 손을 모아 쥐고 감사의 뜻을 표하였다.

"이제 손님의 덕으로 아버지라고 부르는 소리를 듣게 되었소이다."

마침내 주인은 첩들에게 사연을 말하였고, 선비는 사흘 밤을 세 명의 첩과 번갈아 가며 동침하였다. 첩들도 틀림없이 아들을 낳을 것이라는 생각이 들어 선비에게 이름과 사는 곳을 물어 마음속에 새겨 두었다.

 사흘 밤을 자고 난 뒤 선비는 작별을 고하였다. 주인이 후하게 선물을 주었으나 모두 무겁다고 사양하고 산을 나와서 서울 집으로 돌아갔다.
 그 선비는 아들이 많았기 때문에 며느리와 손자까지 합치면 식구가 30명이나 되는지라 누가 누군지 알아보기가 매우 어려웠다. 두어 칸 초가에서 서로 무릎을 맞비비며 살아야 했다. 한 달에 아홉 끼니만 먹고 10년만에 갓 한번 쓰는 일도 변통하기가 어려웠다.
 그래서 마침내 여러 아들들을 분산시켜 데릴사위나 양자로 내보내고, 노부부는 맏아들만 데리고 살았다.
 어느덧 20년의 세월이 흘렀다.
 어느 날, 늙은 선비가 무료하게 앉아 있는데 홀연 젊은 소년 세 사람이 나란히 준마를 타고 와서는 마루에 올라 머리를 숙이고 인사를 하는 것이었다.
 선비가 그들을 보니 의복이 화려하고 행동거지가 단아하였다. 황망히 답례를 한 뒤 물었다.
 "어디서 오는 손님이시오? 전에 본 적이 없는 것 같은데…"
 그러자 세 소년이 대답하였다.
 "저희들은 바로 생원님의 아들입니다. 아버님께서는 아무 해 아무 곳에서 이러저러한 일이 있었던 것을 기억하시는지요? 저희들이 모두 그날 밤에 생겨난 아들들입니다. 모두 같은 달에 태어났는데 생일만 앞뒤로 약간 차이가 날 뿐입니다. 올해 열아홉 살이 되었습니다. 어릴 적에는 노인의 아들로만 알았었는데 열 살 가량이 되자 어머니가 그간의 사연을 자세히 말씀해주셔서 비로소 알게 되었습니다. 그러나 아버님께서 어디 살고 계신지를 몰랐고, 또한 10년 동안 길러주신 노인의 은혜가 높고 중하여 차마 하루아침에 등을 돌릴 수가 없었습니다. 그래서 노인께서 돌아가신 뒤를 기다려 아버님을 찾아 모시기로 했습니다. 열다섯 살이 되던 해에 같은 날 아내를 맞아 그 집에서 혼례를 치렀지요. 재작년 아무 달에 그 노인께서 81세로 아무 병이 없이 돌아가셨습니다. 장례를 후하게 치르고, 좋은 터를 가려 좋은 날 예법대로 장사를 지냈습니다. 3년간 상복을 입고 그 은혜에 보답하였습니다. 이제 3년상을 마쳤으므로 어머니들이 기억해 둔 주소를 가지고 삼형제가 이렇게 말을 나란히 하고 상경하여 이제 뵙는 것입니다."

선비는 그제야 전후사정을 알아차리고 그들의 얼굴 생김새를 자세히 뜯어보았다. 과연 모두 빼다 박은 것 같았다. 마침내 이 일을 처자와 며느리들에게 말해주고 서로 인사를 나누게 하였다. 그리고는 물었다.

"네 어머니들은 올해 나이가 몇이며 모두들 무고하시더냐?"

세 아들이 각각 대답을 하고는 다시 입을 열었다.

"대략 집안 살림을 살펴보니 몹시 어려운 듯합니다. 저희들이 이번 걸음에 마침 가져온 것이 있습니다."

하고는 종더러 보따리를 풀어 몇 냥의 돈을 꺼냈다. 그것으로 쌀과 땔감을 사서 아침저녁의 끼니를 마련하도록 하였다.

그 날 밤 세 아들이 조용히 선비에게 말하였다.

"아버님의 연세가 이미 많으시고, 형들도 이른 나이에 공부할 때를 놓쳤으므로 과거를 보아 벼슬하는 것은 바랄 수 없을 것 같아요. 게다가 송곳 꽂을 만한 땅도 없으니 가을에도 거둘 게 없지요. 맨손에 땅도 없이 어떻게 먹고살겠어요? 낙향하셔서 여생을 보내시지요?"

"나도 그런 생각이야 해보았다만, 거기도 땅이 없는데 어떻게 하겠느냐?"

"아무 마을의 그 노인은 엄청난 부자였는데 돌아가신 뒤로 다른 친척이 없어서 그 재산을 모두 저희들이 가지게 되었습니다. 이 집을 헐

값에 처분하고 온 식구가 모두 내려간다 해도 넉넉하게 살 수 있으니 아무 걱정이 없습니다."

선비는 그 말을 듣자 매우 기뻤다.

마침내 선비는 말과 가마를 세내어 같은 날 길을 떠나 세 아들이 살던 집에 이르렀다. 그곳에서 세 사람의 첩과 며느리를 만나보았다. 선비는 큰집에 들어가 살고, 그의 세 아들은 각기 자기 어머니를 봉양하며 이웃집에 살았다.

며칠이 지난 뒤에 선비는 제물을 준비하여 그곳에 살던 노인의 묘에 가서 곡을 하고 제사를 지냈다. 그 노인의 제사는 세 아들이 종신토록 지냈다.

선비는 여기저기 흩어져 살던 여러 아들들을 차차 데려다가 재산을 나누어주고 함께 살도록 하였다. 그리하여 선비의 집 전후좌우로 모두 수십 채의 집이 들어서게 되었다.

선비는 세 첩의 집을 번갈아 돌아가며 옛 인연을 이어 호의호식하며 여생을 보냈다고 한다.

제11화 천한 사내

서울에 천한 신분의 사내가 살고 있었다. 그가 장가를 들게 되었는데, 처갓집은 부유하였으나, 신부의 인물이 밉상이었다.

혼례를 치른 다음 날, 며느리는 시부모를 뵈러 시집으로 가게 되었다. 친정 부모는 자기 딸이 밉상인 것이 꺼림칙하였다.

그 이웃에 사는 과부 할미에게 딸이 있었는데 인물은 아름다웠으나 집안이 가난해서 시집을 가지 못하고 있었다. 그녀를 대신 가게 하려고 과부 할미를 불러 의논하니, 흔쾌히 허락하는 것이었다.

드디어 그녀를 신랑집으로 보냈다. 시부모는 그녀의 인물이 아름다운 것을 보고는 크게 기뻐하며 예물을 후하게 주고 억지로 붙들어 재웠다. 그녀는 감히 거스를 수가 없어 며칠간 머물면서 신랑과 더불어 즐겁게 사랑을 나누었다.

사위가 도리어 본부인을 멀리하자, 친정 부모는 그제야 크게 후회하며 형조에 소송을 제기하여 사위와 과부 할미의 딸을 이혼시켜 달라고 하였다.

형조의 관리는 두 여자가 모두 혼례를 치렀으니 혼인이 이루어졌다면서 두 여자가 시집가는 것을 허락하였다.

그 사내는 하루아침에 두 아내를 얻게 된 것이다. 부잣집 딸로 인하여 재산을 물려받고, 과부 할미의 아름다운 딸의 방에서 자며 호사스럽게 살았다.
 이 소문이 동네에 퍼지자, 당시 사람들이 미담으로 여겼다.

제12화 강릉의 선비

한 선비가 이곳저곳으로 다니며 글공부를 하다가 강릉에 이르렀다.
그는 인물이 아름다운 양갓집 딸을 보고는 시를 써서 주며 그녀에게 접근하였다. 그러자 그녀가 말하였다.
"여자는 함부로 남을 따르지 않는 것입니다. 부모님께서 허락하셔야 되겠지요."
그 말을 들은 선비는 즉시 서울로 돌아가 과거 공부에 매달렸고, 그녀의 집에서는 머지않아 사위를 맞아들이려고 하였다.
그녀는 평소 연못에 물고기를 기르고 있었는데, 하루는 연못가에서 이렇게 중얼거렸다.
"내가 너희들을 오래 길렀으니 의당 내 마음을 알리라."
하고 비단에 쓴 편지를 던져주었다.
그러자 큰 물고기 한 마리가 펄쩍 뛰어올라 편지를 입에 물고는 연못 속으로 사라졌다.
서울에 가 있던 선비가 어느 날 부모님께 반찬을 해드리려고 물고기를 사서 집으로 돌아가 배를 땄다. 그랬더니 물고기 배속에서 비단에 쓴 편지가 나오는 것이었다.
깜짝 놀란 선비는 기이하게 여기면서 즉시 그녀의 편지와 자기 아버지가 써준 편지를 가지고 그녀의 집으로 달려갔다.

그녀의 집 대문에는 혼례를 치르기 위해 사위가 도착하고 있었다.

선비가 편지와 함께 자초지종을 말하자, 그녀의 부모가 기이하게 여기며 말하였다.

"이는 정성에 감응된 것으로, 사람의 힘으로 될 수 있는 일이 아닐세."
하면서 막 들어오려던 사윗감을 돌려보내고 선비를 받아들였다.

제5권

그 밖의 사람들

제1화 바보 사위

 옛날 어느 한 선비가 사위를 맞았는데, 사위가 매우 어리석어서 콩과 보리를 구별할 줄 모르는 숙맥[1]이었다.
 혼인한 지 사흘째 되는 날, 사위는 새색시와 함께 앉아 있다가 소반에 담겨 있는 밀떡을 가리키며 물었다.
 "그게 뭐요?"
 그러자 새색시는 검지를 입에 가져다 대며,
 "쉬쉬!"
하였다.
 사위가 밀떡을 두 쪽으로 쪼갰는데, 그 속에는 잣이 들어 있었다. 그가 또 물었다.
 "이건 뭐요?"
 그러자 신부는,
 "암말 마세요."
하고 말하였다.
 사위가 본가로 돌아갔을 때, 그의 부모가 물었다.

---

1) 숙맥불변(菽麥不辨). 콩과 보리를 구별할 줄 모르는 바보라는 뜻임.

"처가에서 뭘 먹었느냐?"

그러자 그는,

"'쉬쉬' 속에 '암말 마세요' 세 개가 들어 있는 거요."

하고 대답하는 것이었다.

그 이야기를 들은 그의 처가에서는 걱정이 태산이었다. 어리석은 사위를 얻은 것이 후회막급이었으나 어찌할 도리가 없었다.

어느 날, 그의 처가에서는 노나무[2]로 만든 쌀뒤주[3]를 사들였다. 그 쌀뒤주는 곡식 50섬 정도를 넣어둘 수 있는 것이었다.

그의 장인과 장모는,

"사위가 이게 뭔지 알면 내쫓지는 맙시다."

하고 서로 약속을 하였다. 그 사실을 알게 된 신부는 밤새도록 신랑을 가르쳤다.

다음날, 장인이 사위를 불러 쌀뒤주를 보여주며 그것이 무엇이냐고 물었다. 그러자 사위는 막대기로 그것을 두드리며,

"오십 섬들이 노나무 쌀뒤주네요."

하는 것이었다. 장인은 몹시 기뻐하며 또 나무통을 사다가 사위에게 보여주었다. 그러자 사위는 막대기로 그것을 두드리며,

"오십 섬들이 노나무 통이네요." 하였다.

장인이 신장과 방광에 병이 생겨 앓고 있자, 사위가 문병하러 갔다. 장인이 아픈 곳을 꺼내 보여주자, 사위는 막대기로 그곳을 두드리며 말하였다.

"노나무 오줌통에 오십 섬쯤은 들어가겠네요."

---

2) 노목(櫨木). 개오동나무.

3) 쌀뒤주 : 나무로 짜서 쌀 등 곡식을 넣어두는 궤짝.

제2화 바뀔 뻔한 신랑

　겸사복1)에 속해 있는 박효공은 충청도 공주의 미천한 백성이었다. 그는 말을 타고 부리는 재주에 능하여 무관의 지위에까지 이르렀다.
　그 무렵 어느 양반 집에서 과부의 딸을 시집보내는데, 달성군 서거정이 집안의 하객으로 참석하였다. 초례청에서 예법에 따라 혼례를 치르고 신랑이 신방으로 들어가자 손님들이 각기 흩어졌다.
　서거정을 따라왔던 종들이 돌아가는 길에 서로 쳐다보고 비웃는 투로 떠들어댔다.
　"오늘 신랑이 누군가 했더니 바로 박효공이더군!"
　초례청에서 신랑이 절을 할 때, 서거정은 그가 박효공이 아닌가 하는 생각이 들어 생김새가 몹시도 닮았구나 하고 여기면서도 물어보지는 않았었다. 그런데 종들이 하는 말을 듣고는 깜짝 놀라 물었다.
　"무슨 말을 하는 게냐?"
　그러자 모두들,
　"오늘 신랑이 바로 박효공이었습니다."
하는 것이 아닌가.

---

1) 겸사복(兼司僕) : 조선시대 용호영(龍虎營)에 속해 있던 금군(禁軍)의 하나.

서거정이 말머리를 돌려 그 집으로 돌아가 보니, 박효공은 이미 옷을 벗고 베개에 기대 누워 있었다. 다만 화촉은 아직 밝히지 않고 있었다.

서거정이 그 집 사람에게 물었다.

"오늘 신랑이 누군가?"

"충의위2)에 근무하는 민 아무개라고 하던데요."

"뭣이라? 그런데 지금 신방에 들어가 있는 사람은 겸사복에 속해 있는 박효공이라네."

그 말을 들은 그 집 사람들이 깜짝 놀라 소란을 피우다가 그렇게 된 연유를 알아보니, 박과 민 두 집안에서 같은 날 장가를 보내는데 신부 집에서 잘못 맞아들인 것이었다.

밤이 깊었으나 아무 일도 일어나지 않았고, 두 신랑이 모두 걸어서 각기 자신의 처갓집으로 돌아갔다.

【원주】

서 달성 거정(徐達城居正, 1420~1488) : 자는 강중(剛中), 호는 사가정(四佳亭)이며, 본관은 달성으로, 목사 미성(彌性)의 아들이자 양촌(陽村) 권근(權近)의 외손이다. 생원과와 진사과에 모두 급제하고, 세종 갑자년(1444)에 등과하여 연달아 발영시3)와 등준시4)에 급제하였다. 대제학을 역임하였고, 좌리공신(佐理功臣)에 녹훈되었으며, 벼슬은 좌찬성에 이르렀다. 달성군에 봉해졌고, 시호는 문충(文忠)이다.

---

2) 충의위(忠義衛) : 조선시대 오위(五衛)의 하나인 충좌위(忠佐衛)에 속한 군사조직으로, 주로 공신의 자제들로 구성되었음.

3) 발영시(拔英試) : 탁영시(擢英試). 조선조 세조 때 문관 정2품 이하의 관원에게 보였던 과거.

4) 등준시(登俊試) : 조선조 세조 때 현직 관리, 종친, 부마 등을 대상으로 보였던 과거.

제3화 경서로 함을 채워 보낸 유효통

　대사간 유효통의 자는 행원이며, 본관은 기계 유씨다. 그에게 아들이 있었는데, 정승인 황보인의 딸에게 장가들게 되었다.
　그 당시 세상의 풍속이 부유한 사람들은 장가갈 때 반드시 진기한 보물을 함에 담아서 그것을 앞세워 가지고 가서 예물로 삼았다. 예물을 많이 하는 사람들은 함을 서너 개씩 보내기도 하였다.
　유효통의 아들이 장가갈 때도 두 개의 함을 예물로 보냈다. 그러자 황보 재상의 부인이 함 들이는 것을 재촉하더니 손님들 앞에서 열어보았는데, 함 속에는 책뿐이어서 그 자리에 있던 사람들이 모두 뜻밖의 일이라 깜짝 놀랐다.
　그 뒤, 황보 재상이 유효통에게 물었다.
　"혼례 전날 보낸 함에 어째서 책을 넣어 보내셨소?"
　"황금이 궤짝에 가득하다 해도 자식에게 경서 한 권을 가르치는 것만 못하다고 하지 않습니까? 그러니 혼례 전날 보내는 함에 어찌 책을 넣지 않겠습니까?"

【원주】
유 대사간 효통(兪大司諫孝通) : 공조전서(工曹典書) 현(顯)의 아들로, 태종

무자년(1408)에 등과하였으나 벼슬은 제학(提學)에 그쳤다. 그의 아들인 목로(牧老)는 문과에 급제하였으나 벼슬이 정랑(正郞)에 그쳤고, 원로(元老)는 문과에 급하였으나 벼슬이 직강(直講)에 그쳤으며, 신로(臣老)는 문과에 급제하였으나 벼슬이 전적(典籍)에 그쳤다. 신로의 아들인 중익(仲翼) 또한 진사를 거쳐 문과에 급제하였으나 벼슬이 사간(司諫)에 그쳤다.

황보 정승 인(皇甫政丞仁, ?~1453) : 자는 사겸(四兼) 또는 춘경(春卿)이고, 호는 지봉(芝峯)이며, 본관은 영천(永川)으로, 지중추원사(知中樞院事) 림(琳)의 아들이다. 태종 갑오년(1414)에 등과하여 세종 정묘년(1447)에 좌찬성으로 재상이 되었고, 문종 임신년(1452)에 영의정이 되었으며, 나이 어린 단종을 잘 보필해달라는 고명을 받았다. 계유년(1453)에 김종서(金宗瑞)와 함께 같은 날 화를 당하였다. 영조 때 충정(忠定)이라는 시호를 내렸다.

제4화 사위들의 별명을 지어 놀린 한준겸

　서평부원군 한준겸에게는 네 사람의 사위가 있었다. 맏사위는 정랑 벼슬을 한 이유연이요, 둘째는 참판을 지낸 여이징이고, 셋째는 감사를 지낸 현곡 정백창이며, 막내 사위는 능양군이니, 바로 나중에 인조대왕이 되신 분이시다.
　서평부원군이 일찍이 사위들에게 각각 별명을 지어 장난을 한 적이 있었는데, 모두 갓머리 부수를 씌운 글자로 지어주었다.
　이유연은 소 우(牛)자에 갓머리를 씌운 우리 뢰(牢)자를 써서 '뇌지'라고 지어 주었는데, 이는 이유연이 소처럼 피둥피둥 살이 찐 것을 놀려준 것이었다.
　여이징은 법중 여(呂)자에 갓머리를 씌운 집 궁(宮)자를 써서 '궁지'라고 지어 주었는데, 이는 여이징의 성자에서 따온 것이었다.
　정백창은 벼룩 조(蚤)자에 갓머리를 씌운 꿀 밀(蜜)자를 써서 '밀지'라고 지어 주었는데, 이는 정백창의 성격이 조급하여 벼룩처럼 팔딱팔딱 뛰는 것을 놀려준 것이었다.
　능양군에게는 용 룡(龍)자에 갓머리를 씌운 괼 총(寵)를 써서 '총지'라고 지어 주었는데, 이는 능양군의 기상이 예사롭지 않았기 때문이었다.
　정백창은 장인이 벼룩에 빗대 자신의 별명을 지어준 것에 대해 불평

하면서 늘 원망스럽게 여겼다.

그 뒤, 서평부원군이 귀양을 가게 되자, 현곡이 장인에게 한 마디 하였다.

"장인어른께서 일찍이 벼룩 조자 위에 갓머리를 씌워 저를 '밀지'라고 놀려대시더니, 오늘은 장인어른께서 귀양을 가시게 되었으니 '찬지'라고 별호를 지어드려야겠습니다."

대개 귀양갈 찬(竄)자는 쥐 서(鼠)자 위에 구멍 혈(穴)자를 올려놓은 것으로, 쥐가 쥐구멍으로 숨듯 귀양을 가게 되었다는 뜻이니, 장인을 쥐에 빗대 놀려댄 것이었다.

서평부원군은 그 말을 듣고 자신도 모르게 껄껄대며 웃음을 터뜨렸다.

【원주】

서평부원군 한준겸(西平府院君韓浚謙, 1557~1627) : 자는 익지(益之), 호는 유천(柳川)이며, 본관은 청주로, 유음(柳陰) 효윤(孝胤)의 아들이다. 선조 기묘년(1579)에 생원·진사과에 급제하였고, 병술년(1586)에 등과하여 예문관의 한림과 성균관의 전적 등의 벼슬을 역임하였다. 선조에게 영창대군을 보살펴 달라는 부탁을 받은 일곱 신하 가운데 하나라는 이유로 광해군 계축년(1613)에 유배를 가게 되었다. 유배지에서 오도도원수(五道都元帥)가 되었고, 인조 때에는 왕의 장인이 되어 영돈령(領敦寧)으로 승진하였으며, 시호는 문익(文翼)이다.

이유연(李幼淵, 1571~?) : 자는 연연(淵淵)이고, 본관은 전주(全州)로, 양중(養中)의 아들이다. 문과에 급제하였으나 벼슬은 정(正)에 그쳤다.

여 참판 이징(呂參判爾徵, 1588~1656) : 자는 자구(子久), 호는 동강(東江)이고, 본관은 함양(咸陽)으로, 첨지(僉知) 순원(順元)의 손자다. 진사로 인조 갑자년(1624)에 등과하여 벼슬이 이조참판에 이르렀다.

현곡 정 감사 백창(玄谷鄭監司百昌, 1588~1635) : 자는 덕여(德餘)이고 현곡은 그의 호다. 본관은 진주(晉州)로 감사 효성(孝成)의 아들이다. 진사로 광해군 신해년(1611)에 등과하여 한림·부제학을 역임하였고, 벼슬은 경기도관찰사에 이르렀다. 그의 부인과 첩, 그리고 그의 며느리 윤씨가 정축년(1637) 호란 때 강화도 임시도읍지에서 순절하였다.

제5화 통제사 이현달의 처와 첩

통제사 이현달은 인조 때의 무신이었다. 집안은 꽤 부유하였으나, 본처가 아이를 낳지 못하므로 첩을 얻어 아들을 두었다. 그는 첩에게 집안 일을 맡기고, 부인은 따로 집을 마련하여 매달 입을 것과 먹을 것을 나누어주었다.

이현달이 죽은 뒤 부인이 본채로 들어오자, 첩은 부인 앞에 꿇어앉아 한 통의 문서를 내놓으며 말하였다.

"이건 집안의 재산을 모두 적어놓은 것이에요. 돌아가신 상공은 무인이시라 집안살림살이에 대해 모른다고 하시며 제게 집안 일을 맡기셨지요. 제가 천한 몸으로 감히 그 어른의 뜻을 어길 수가 없었지만, 신분의 귀천은 그런 대로 알고 있답니다. 그래서 베 한 필, 은 한 냥도 감히 사사로이 쓴 적이 없었어요. 전부터 집안의 재산을 기록하여 장부로 만들어 두었지요. 언젠가 오늘 같은 날이 오리라 생각이 돼서 준비해 두었다가 부인께 드리는 겁니다."

부인은 봉함을 뜯어보지도 않고 그대로 첩에게 주며 말하였다.

"내가 이제 와서 자네의 잘못을 따진다면, 이는 돌아가신 영감의 부덕함을 드러내는 것이니, 내 어찌 차마 그리하겠는가. 자네가 지금까지 해온 대로 집안의 재산을 관리하되 살아 계실 때 영감 받들 듯이 나를 받들게나."
 이렇게 말하고는 처첩이 함께 살면서 지난날의 일은 조금도 마음에 두지 않았다.

【 원주 】
이 통제 현달(李統制顯達) : 호는 소성(笑醒)이고, 벼슬이 총관(摠管)에 이르렀다고도 한다. 본관은 알 수 없다.

제6화 첩 얻기를 포기한 유언겸

유언겸이 벼슬을 구하러 서울에 올라와 있을 때 갖은 고생을 다 겪었다. 보다 못한 그의 친구가 그에게 첩을 얻으라고 권하였다.

첩이 될 여자를 만나기로 약속한 날, 언겸은 그녀의 집 대문에 미처 이르기 전에 발길을 돌리고 말았다. 친구가 그 까닭을 물으니, 언겸은 이렇게 대답하였다.

"여기 오다가 문득 이런 생각이 들었다네. 내 아내는 시골에 살고 있는데, 첩으로 얻을 여자는 서울에 살고 있으니 틀림없이 자태와 용모가 아내보다 나을 것이요, 옷이며 치장도 아내보다 나을 것이며, 슬기로움도 아내보다 나을 것일세. 나은 것만 가지고 나를 섬길 것이니 틀림없이 내 아내에게 교만하게 굴 거야. 높여서 아내처럼 대해주면 분별이 없을 것이요, 낮추어 첩으로 대하면 서운하게 여길 것이니, 후회할 일이 많이 생길 걸세. 그러니 내가 어찌 첩을 두겠는가?"

【 원주 】

유공 언겸(兪公彦謙) : 자는 겸지(謙之)로, 본관은 창원(昌原)이다. 음사(蔭仕)로 벼슬이 호조정랑에 이르렀다. 효행이 널리 알려져 고향에서 제향하고 있다.

제7화 김효성의 익살

　판중추원사를 지낸 김효성은 따르는 여자가 많았다.
　어느 날, 외출하였다가 안채로 들어오던 그는 부인이 마당 한 모퉁이에 앉아 삼베에 검은 물을 들이는 것을 보고 물었다.
　"그걸 물들여 어디에 쓰려고 그러시오?"
　부인은 정색을 하며 대답하였다.
　"대감께서 뭇 첩들에게 현혹되어 저를 원수처럼 여기시니 출가하여 중노릇이나 하려고 삼베에 이렇게 물을 들이는 겁니다."
　"내가 본디 여색을 좋아하여 기생이든 무당이든 양가집 여자든 종년이든 인물만 고우면 차지하지 않은 여자가 없소만, 유독 여승만은 한번도 가까이해본 적이 없구려. 그게 늘 마음속 깊이 한스러웠는데…, 당신이 여승이 될 수만 있다면 그건 내가 바라던 바지요."
　부인은 그만 할 말을 잃고 물들이던 삼베를 마당에 내동댕이치고 말았다.

【 원주 】
김 판원 효성(金判院孝誠, ?~1454) : 본관은 연안(延安)으로, 공조판서 남수(南秀)의 아들이다. 태종 때 무과에 급제하여 병조판서를 지냈으며, 단종1년

(1453) 판중추원사(判中樞院事)가 되었다. 수양대군이 계유정난을 일으켰을 때 이에 협력하여 정난공신(靖難功臣)이 되었으며, 연산군(延山君)에 봉해졌다. 시호는 양효(襄孝)다.[1]

---

1) 원문에는 인조 때의 인물인 김효성(金孝誠, 1585~1651)으로 주석이 잘못되어 있다.

제8화 질투가 심하였던 조태억의 부인

　정승 조태억의 부인 심씨는 본래 시기와 질투가 많은 성격이었다. 조태억은 부인을 호랑이처럼 두려워하여 일찍이 외도를 해본 일이 없었다.
　그의 형인 조태구가 평안도 관찰사가 되었을 때, 그는 승지로서 마침 임금의 명을 받들고 평안도에 가게 되었다. 평안감영에 며칠 머물면서 처음으로 보아둔 기생이 있었다.
　심씨가 그 이야기를 듣고 즉시 길 떠날 준비를 하였다. 남동생으로 하여금 뒤따르게 하고 곧장 평양에 있는 감영으로 향하였다. 그 기생을 때려죽이려는 것이었다.
　조태억은 그 사정을 듣고 놀라 안색이 변하였다. 관찰사도 역시 크게 놀라 말하였다.
　"이를 장차 어찌할꼬?"
　그 기생더러 피하라고 하니, 기생이 말하였다.
　"쇤네가 피신할 것까지는 없습니다. 제게 살아날 방도가 있긴 하나 가난하여 그 비용을 마련할 수가 없습니다."
　관찰사가 그 까닭을 묻자, 기생이 대답하였다.
　"쇤네는 구슬과 비취로 몸을 꾸미고 싶은데 돈이 없어서 한탄하는 것이지요."

"네게 살아날 방도가 있다면야 비록 천금이 든다 할지라도 내가 감당하마."

하고는 비장으로 하여금 치장을 하는 데 드는 비용만큼을 주라고 하였다. 그리고는 중화[1]와 황주[2] 어름으로 비장을 내보내 심씨에게 문안을 드리라고 하였다. 또한 먹을 음식을 마련하여 보냈다.

심씨 일행이 황주에 도착하니 비장이라고 하는 자가 문안을 하고, 또한 음식을 준비하여 기다리는 사람도 있었다. 심씨는 그것을 보고 코웃음을 치며 말하였다.

"내가 오는 것이 무슨 대신이나 별성의 행차라고 비장이 나와 문안을 하는고? 그리고 내가 여행하는 데 필요한 것들을 넉넉히 가져왔는데, 음식을 차려온들 어디에 쓰겠는가?"

하고는 비장과 음식 차려온 사람을 한꺼번에 물리쳤다. 중화에 이르러서도 이와 같이 물리쳤다.

중화를 출발하여 재송원[3]을 지나 긴 숲 속 길로 들어섰다. 당시는 늦봄이라 십 리나 되는 긴 숲에 봄기운이 한창 무르녹아 있었다. 굽이굽이 맑은 강과 경치가 자못 아름다웠다. 심씨는 가마에 친 발을 걷어 올리고 구경을 하며 긴 숲을 지나갔다.

숲이 끝나는 곳에서 바라보니, 하얀 모래가 깁을 펼쳐놓은 듯하고 맑은 강물이 거울 같았다. 성 위에 회칠을 한 낮은 담이 강가를 따라 둘러 있고, 강 위에는 상선들이 어지러이 모여 있었다. 연광정·대동문·을밀대 등 누각의 단청이 빛나고, 집들이 아득하게 이어져 눈길을

---

1) 중화(中和) : 황해도에 있는 고을.
2) 황주(黃州) : 황해도에 있는 고을.
3) 재송원(栽松院) : 평양 근처에 있던 역원(驛院).

빼앗았다.

심씨가 감탄을 하며 말하였다.

"과연 경치가 빼어난 곳이로구나. 헛되이 얻은 이름이 아니로다."

한편으로 가면서 한편으로 구경을 할 즈음에, 멀고먼 모래사장 위에 홀연 한 점 꽃이 아득하게 오고 있었다. 점차 가까이 오는 것을 보니, 한 기생이었다. 푸른 저고리와 붉은 치마를 입고 수놓은 안장을 올린 준마를 타고 가로질러 오고 있었다.

심씨는 마음속으로 몹시 의아한 생각이 들어 말을 멈추고 그 기생을 바라보았다. 좀더 가까이 오자 그 기생은 말에서 내려 꾀꼬리 같은 목소리로 목청을 길게 빼서 말하였다.

"아무개 기생이 뵙기를 청하옵니다."

심씨는 그 기생의 이름을 듣자 이름도 알 수 없는 업보의 불길이 삼천 길이나 솟아올라 큰소리로 꾸짖었다.

"아무개 기생? 아무개 기생이라고? 그것이 뭐 하러 와서 뵙겠다는 것이냐? 가까이 올 것 없이 말 앞에 서 있으라고 해라!"

그 기생이 얼굴빛을 가다듬고 공손하게 말 앞에 섰다. 그녀의 얼굴은 이슬을 머금은 복사꽃 같고 허리는 바람에 간들거리는 가는 버들가지와 같았다. 비단옷을 입고 아래위에 구슬과 비취로 꾸민 모습이 참으로 경국지색이었다.

심씨가 뚫어져라 바라보며 말하였다.

"네 나이가 몇인고?"

"열여덟이옵니다."

"너는 과연 명물이로구나. 사내가 이런 기생을 보고도 가까이하지 않는다면 졸장부겠지. 내 이번 행차에 처음에는 너를 죽이려고 왔었다. 이제 너를 보니 명물인데, 내 어찌 꼭 너를 해치워야 되겠느냐? 가서 우리 집 영감을 모셔도 좋으니라. 우리 영감은 순진하기만 하고 세상 **물정**을 잘 모르는 분이니라. 만약 네게 **빠지게** 하여 병이라도 생기면 네 죄는 죽어 마땅할 것이니, 부디 삼가고 삼가거라."

심씨는 말을 마치고 그 자리에서 말을 돌려 서울로 향하였다.

관찰사가 그 소식을 듣고 급히 하인을 보내 전갈하였다.

"제수씨께서 평양성 밖에까지 오셨다가 성 안에 들어오시지 않은 것은 어째서입니까? 바라건대 잠시라도 성 안에 오셔서 며칠이라도 감영에 머무시다가 돌아가시면 좋겠습니다."

심씨가 코웃음을 치며 말하였다.

"나는 걸태질4)이나 하는 사람이 아니라네. 성 안에는 들어가서 뭘 한단 말인가?"

심씨는 뒤도 돌아보지 않고 서울로 돌아가 버렸다.

그 뒤에 관찰사가 그 기생을 불러다가 물었다.

"너는 얼마나 담이 크기에 곧 바로 범의 아가리에 들어가서 도리어 토끼를 얻어왔단 말이냐?"

그러자 그 기생은 이렇게 대답하였다고 한다.

"부인의 성품이 비록 사납고 질투가 심하시긴 하나 이렇게 천 리나 먼 곳까지 오신 것을 변변치 못한 아녀자들이 어찌 판별할 수 있겠습니까? 말이 발길질을 하거나 물어뜯는 것을 보면 그 걸음걸이를 살필 수 있습니다. 사람 또한 이와 같지요. 쇤네가 죽게 되면 죽을 뿐입니다. 비록 그것을 피한다고 할지라도 면할 수 있겠습니까? 그래서 이렇게 짙게 꾸미고 찾아가 인사를 올렸던 것입니다. 만약 맞아죽게 된다면 어쩔 수가 없는 일이지요. 그렇지 않다면 혹시라도 불쌍하게 보아

---

4) 걸태(乞駄)질 : 아무 염치나 체면도 없이 재물을 마구 긁어모으는 짓.

주시는 마음이 있을 것이라고 바란 때문이지요."

【 원주 】

조상 태억(趙相泰億, 1675~1728) : 자는 대년(大年), 호는 겸재(謙齋)이며, 본관은 양주(楊州)로, 태촌(苔村) 가석(嘉錫)의 아들이다. 숙종 계유년(1693)에 진사가 되었고, 임오년(1702)에 등과하여 한림과 이조의 낭관을 역임하고 대제학이 되었다. 영조 갑진년(1724)에 재상이 되어 벼슬이 좌의정에 이르렀다. 시호는 문충(文忠)이다. 을해년(1755)의 모역사건으로 인하여 관작이 추탈되었다. 심씨는 교리 구서(龜瑞)의 딸이다.

종형 태구(從兄泰耉, 1660~1723) : 자는 덕수(德叟), 호는 소헌(素軒)으로, 만회(晩悔) 사석(師錫)의 아들이다. 숙종 계해년(1683)에 생원이 되었고, 병인년(1686)에 사촌아우 태채(泰采)와 함께 등과하였다. 부제학과 육조의 판서를 역임하고, 경자년(1720)에 재상이 되어 벼슬이 영의정에 이르렀다. 영조가 즉위하던 을사년(1725)에 관작이 추탈되었다.

제9화 계집종의 배조로 출세한 양산의 오생

    오 아무개는 양산[1] 사람으로, 사람됨이 어리석었다. 짚신을 삼아 먹고 살아가는데, 그가 만든 짚신은 거칠기만 하고 모양이 없었다. 서울에 사는 소년이 마침 그가 만든 짚신을 보고는 장난삼아 말하였다.
    "서울에서는 이런 짚신이 백금쯤은 나갈 걸."
    오생은 그 말을 진심으로 알고, 짚신 일곱 죽[2]을 삼아 지고 서울로 올라가 길가에 풀어놓았다. 더러 값을 묻는 사람이 있으면 이렇게 말하였다.
    "한 켤레 값이 한 냥이오."
    그 말에 다들 웃으며 가버렸다. 며칠을 장터에 앉아 있었으나 짚신 한 짝도 팔지 못하였다.
    당시 어느 재상 댁에 한 계집종이 있었는데, 용모가 예쁘장하고 성품이 빠릿빠릿하며 슬기로웠다. 나이가 바야흐로 이팔청춘 열여섯이었으나 아무 데나 혼인을 허락하지 않고, 일찍부터 스스로 좋은 사람을 가려 배필을 삼겠다고 말하였다.
    어느 날, 그녀는 우연히 오생이 짚신을 늘어놓고 있는 곳을 지나게

---

1) 양산(梁山) : 경상남도에 있는 고을.
2) 죽 : 옷이나 그릇 따위의 열 벌을 일컫는 말. 여기서는 짚신 열 켤레를 뜻함.

되었다. 짚신 장사가 값을 너무 지나치게 불러 아무도 사는 사람이 없는 것을 보고는 내심 참으로 기이하다는 생각을 하였다.

그녀가 2, 3일 가량을 계속 그 자리에 가서 보니 한결같이 처음과 다름이 없는 것이었다. 이에 그녀가 말을 붙였다.

"내 여기 있는 짚신을 몽땅 사려는데 값이 얼마요?"

"전부 일곱 죽이니 칠십 냥이오."

"나를 따라가서 값을 받으면 어떻겠소?"

"그럽시다."

드디어 오생이 짚신을 지고 그녀를 따라가 한 곳에 이르니, 집채가 크고 화려한 것이 그야말로 고대광실이었다. 그녀는 오생을 자신이 거처하는 행랑으로 이끌고 들어갔다.

오생은 자리에 앉자마자 신 값을 달라고 하였다. 그러자 그녀는,

"내일 아침에 틀림없이 드릴 테니, 우선 여기서 하룻밤 머무세요."

하고는 좋은 술에 안주를 차려 내오는 것이었다. 잠시 후에는 저녁상을 차려 왔는데, 그릇들이 깨끗하고, 차려온 음식도 맛있는 것들이었다. 먼 시골에서 나물반찬이나 먹던 오생으로서는 평생 처음 보는 것들이었다. 두어 숟갈 뜨는 사이에 음식이 다 없어지고 말았다.

날이 저물자 그녀가 말하였다.

"손님께서 기왕에 여기까지 오셨으니 오늘밤은 나와 함께 동침함이 어떻겠습니까?"

오생은 두렵고 겁이 나서 대답하였다.

"말씀이야 좋지만, 어찌 감히 바라겠소."

마침내 그녀는 등불을 끈 뒤 옷을 벗고 동침하였다.

그녀는 날이 채 밝기 전에 일어나 장롱을 열더니 새 옷을 꺼내놓고, 오생을 목욕시킨 뒤 갈아 입혔다. 그리고 보니 오생의 모습도 의젓하

였다.

"저는 이 댁에서 부리는 계집종이랍니다. 당신이 이미 내 지아비가 되었으니 마땅히 대감마님을 뵈어야겠지요. 그러나 부디 마당에 내려가 절을 하지는 마세요."

"알았소."

그녀는 즉시 안으로 들어가 아뢰었다.

"쉰네가 간밤에 한 지아비를 얻었으므로 마땅히 인사를 드리려 합니다."

그러자 재상의 목소리가 들렸다.

"그래? 그러면 속히 들어와 인사를 하게 해라."

오생이 곧장 들어가 마루에 올라 절을 하니, 대감의 시중을 들고 있던 사람들이 오생을 마당으로 끌어내리려 하는 것이었다. 오생은 꼿꼿이 서서 조금도 움직이지 않으며 말하였다.

"나도 본시 향족이오. 비록 계집종의 지아비가 되었으나 결코 마당에 내려가 절을 할 수는 없소."

그러자 재상이 웃으며 말하였다.

"아무개가 고른 사람답구먼!"

드디어 대문 옆에 딸린 행랑채에 머물게 되었다. 어느 날, 그녀가 말하였다.

"당신은 그다지 영리하지 못하니, 만약 돈을 써보게 되면 안목이 절로 높아지고 마음을 쓰는 것도 틀림없이 넓어질 거예요."

하고는 돈 한 꿰미를 주며 말하였다.

"이걸 가지고 가서서 다 쓰시고 돌아오세요."

저물녘이 되어 오생이 돌아와 말하였다.

"배가 고프지 않아 술이나 떡을 사 먹을 필요도 없었고, 종일 여기저기 두루 다녀도 달리 돈을 쓸데가 없어서 한 푼도 쓰지 않고 왔소."

"길거리에 거지들도 많던데, 어째서 그들에게 주지 않으셨소?"
"그건 미처 생각하지 못했구려."

오생은 이튿날 다시 돈 한 꿰미를 차고 나가서 거지들을 모아놓고는 땅바닥에 돈을 뿌렸다. 거지들이 다투어 돈을 가져가는데 그 모양이 가관이었다.

드디어 날마다 그렇게 하다가 가만히 생각하기를,

'허다한 돈을 헛되이 거지들에게 나누어주는 것은 아무 의미가 없지.' 하고는 활터에 가서 그곳에 있는 한량들과 사귀게 되었다. 날마다 술과 고기를 사서 나누어 먹이니 금방 그들과 막역한 친구 사이가 되었다.

그 뒤로는 오막살이에서 글이나 읽는 가난한 선비들을 찾아다니며 교분을 맺었다. 더러는 아침저녁 끼니거리를 도와주기도 하고, 더러는 붓과 먹을 살 돈을 대주기도 하였다. 그러자 사람들이 모두 이렇게 말하였다.

"오 아무개는 참으로 요즘 사람이 아닐세."

그녀는 오생으로 하여금 《사략》・《육도삼략》[3]・《손자병법》[4] 등을 배우게 하였는데, 그 책의 굵직굵직한 요지는 대략 이해하였다. 그리하는 사이에 어느덧 수만 금을 쓰게 되었다.

그녀가 그에게 말하였다.

"당신은 모름지기 활쏘기를 배워 성공할 도리를 찾아보세요."

오생은 본디 건장한 사내인 데다가 여러 한량들과 친해져서 다투어 활 쏘는 법을 가르쳐 주었는지라, 쇠로 만든 화살과 가는 화살을 모두 멀리까지 쏠 수 있게 되었다. 뿐만 아니라 무경칠서[5]도 훤히 꿰뚫어

---

3) 육도삼략(六韜三略) : 태공망(太公望)이 지었다고 하는 병서서 《육도》와 황석공(黃石公)이 남겼다고 하는 병법서인 《삼략》을 한꺼번에 일컫는 말.

4) 손자병법(孫子兵法) : 중국 춘추시대 오나라의 손무(孫武)가 지었다고 하는 병법서.

알게 되었다.

오생은 무과에 응시하러 가더니 급제하여 홍패6)를 안고 돌아왔다. 그녀는 몰래 홍패를 감추어 집안사람들이 그 사실을 알지 못하도록 하고는 오생에게 말하였다.

"제가 저축해 두었던 돈이 불과 십만 냥이었는데, 당신이 지금까지 쓴 것이 거의 칠만 냥에 가까워요. 이제 남은 것이 삼만 냥이니, 당신은 모름지기 행상을 하셔야겠어요."

"내가 장사에 대해서 뭘 안다고, 무슨 물건을 판단 말이오?"

"요즘 보니 대추 농사가 크게 흉년이 들었는데, 오직 충청도 아무 고을에만 대추나무에 결실이 되었다고 하니, 당신은 모름지기 그걸 모두 사 가지고 오세요."

오생이 아내의 말대로 그 고을에 이르러 보니 가을철에 크게 흉년이 들어 들판에는 낫을 대어 거둘 것이 없고, 굶주려 쓰러지는 사람이 많았다. 오생은 그러한 형편을 보고 가여운 생각이 들어 손에 닿는 대로 돈을 다 나누어주고 돌아왔다. 그의 아내는,

"적선이야 참으로 훌륭한 일입니다마는, 다만 우리 돈이 다 떨어져 가니 앞으로 어떻게 살아가겠어요?"

하고는 또 일만 냥의 돈꿰미를 주며 말하였다.

"팔도에 면화 농사가 다 흉년인데, 오직 황해도에 있는 몇몇 고을에만 잘 되었다고 하니, 모름지기 그곳으로 가서 면화를 사 가지고 오세요."

오생이 황해도에 이르러 보니 충청도에 갔을 때처럼 흉년이 들었는

---

5) 무경칠서(武經七書) : 중국 송나라 때 선정한 병법서 7종. 《삼략(三略)》·《육도(六韜)》·《손자(孫子)》·《오자(吳子)》·《사마법(司馬法)》·《위료자(尉繚子)》·《이위공문대(李衛公問對)》.

6) 홍패(紅牌) : 조선시대 문무과(文武科) 급제자에게 주던 합격증.

지라, 가져간 돈을 다 흩어주고 빈손으로 돌아왔다.

"우리 돈이 이제 만 냥 남짓한데 이제 몽땅 드릴 테니 모름지기 이 돈을 다 들여 못 입게 된 옷가지 등속을 사 가지고 함경도에 들어가 베나 인삼, 가죽 등의 물건으로 바꾸어 오세요. 다시는 전처럼 허투루 쓰지 마세요."

오생은 시장으로 가서 헌옷을 사들여 수십 바리의 짐을 싣고 함경도로 들어갔다. 함경도는 본디 면화를 재배할 수 없는 땅인지라 면화가 금처럼 귀하였으므로, 사람들이 옷을 지어 입을 수 없어서 겨울에 따뜻해도 오히려 춥다고 할 지경이었다.

오생은 일찍이 돈을 물 쓰듯 하여 수단이 매우 컸다. 안변에서부터 육진에 이르도록 옷 없는 사람들에게 다 나누어주고, 남은 것은 다만 치마와 바지 한 벌씩뿐이었다. 이에 탄식하기를,

"내가 비록 좋은 일을 했다고는 하나 십만 냥의 재산을 다 쓰고 빈손으로 돌아간다면 무슨 면목으로 집사람을 다시 보겠는가? 차라리 호랑이 밥이 되는 것이 나으리라."

하고는 한밤중에 홀로 산 속으로 들어가 낭떠러지를 기어오르다가 돌이 깔린 비탈길을 타고 깊숙한 곳으로 굴러 떨어지고 말았다. 문득 한 곳을 바라보니 온갖 나무가 빽빽이 들어선 가운데 등불 빛이 반짝이고 있었다.

그 집을 찾아가 대문을 두드리며 하룻밤 자게 해달라고 청하였다. 그러자 어떤 한 노파가 대문을 열고 나와 말하였다.

"이렇게 늦은 밤에 이렇듯 깊은 골짜기로 손님이 어떻게 오셨소?"

드디어 맞아들여서 밥상을 차려주며 접대가 은근하였다. 이에 오생이 지니고 있던 치마와 바지를 주니, 노파가 아주 기뻐하며 그 자리에서 펼쳐 입고는 수없이 고맙다고 하였다.

오생이 차려온 나물반찬을 보니 인삼이므로 노파에게 물었다.
"이 나물을 어디서 캤습니까?"
"이 근방에 도라지 밭이 있어서 매번 캐다가 나물을 무치지요."
"또 캐어 두신 게 있습니까?"

그러자 노파는 수십 단을 꺼내 보여주는 것이었다. 모두가 인삼으로 작은 것은 손가락 굵기 만하고 큰 것은 정강이 굵기 만하였다.

잠시 후, 방문 밖에 짐을 벗어 놓는 소리가 나니 노파가 말하였다.
"우리 아이가 왔나 보오. 저 아이가 처음 태어났을 때 양쪽 겨드랑이 밑에 작은 날개가 있어서 이따금 날아 벽 위에 붙곤 했다오. 저의 아버지가 쇠를 달구어 날개를 지졌으나, 날개는 다시 돋아났지요. 자라서는 용력이 빼어나게 되었으니, 태평시절에 화가 미치기 쉬울 것 같아서 깊은 골짜기로 데리고 들어와 사냥을 해서 살아가게 되었다오. 저의 아버지는 이미 돌아가셨고, 나만 홀로 남아 있지요."
하고는 아들에게 말하였다.
"마침 귀한 손님이 오셨으니 너는 들어와 인사를 드리거라. 이 손님이 내게 치마와 바지를 주셔서 몸을 가릴 수 있게 되었으니, 참으로 은인이시다."

그러자 노파의 아들은 즉시 들어와 인사를 하였다.

이튿날 아침에 오생이 노파에게 말하였다.
"도라지 밭을 한번 구경할 수 있겠습니까?"

노파는 오생과 함께 집을 나서서 고개 하나를 넘어 한 곳에 이르더니 손가락으로 가리키는데, 온 산에 인삼뿐이었다.

마침내 하루 종일 인삼을 캐니 크기는 비록 달랐으나 그 가운데 또 한 동자삼이 많아 모두 대여섯 바리는 되었다. 오생이 말하였다.
"산중이라 말이 없으니 어떻게 실어간다지요?"

노파의 아들이 대답하였다.
"내가 원산까지는 져다 드릴 것이니, 원산서부터는 댁에서 실어 가십시오."

오생은 그의 말대로 원산에서 말을 세내어 실어왔다. 집에 돌아와 그간 있었던 일을 낱낱이 아내에게 말해주자, 그의 아내는 기뻐하며 말하였다.

"당신이 좋은 일을 많이 해서 하늘에서 이런 보물을 주셨고, 오늘 집에 돌아오신 것 또한 우연이 아니군요. 내일은 바로 대감마님의 회갑 생신이랍니다. 조정의 수많은 고관들이 다 모일 것이니, 만약 당신이 그 자리에 참석하여 그 분들께 인사를 올리게 된다면, 그 연줄로 벼슬을 하는 것이 뭐가 어렵겠어요?"

이튿날 아침, 가져온 인삼 가운데 약간 큰 것으로 다섯 뿌리를 가려 대감에게 들어가 바치며 말하였다.

"쇤네의 지아비가 장사하러 나갔다가 마침 이 물건을 얻어 왔기에 대감마님께 바칩니다."

재상이 매우 기뻐하며 오생을 불러들였다. 그녀는 이미 명주실로 짠 갓과 철릭을 갖추어 두고 오생으로 하여금 입고 들어오게 하였다. 재상이 물었다.

"이게 웬 옷인고?"

"소인이 연전에 무과에 급제하였으나 장사를 해서 생계를 꾸리느라 홍패를 감추어 두고 대감께 미처 아뢰지를 못하였습니다."

"신수7)도 헌거롭구만!"

이윽고 여러 고관들이 차례로 이르러 인삼을 보고는 모두들 말하였다.
"이렇듯 희귀한 것을 대감이 홀로 맛보지는 못할 것인데, 어째서 내

---

7) 신수(身手) : 용모와 풍채.

게는 한 뿌리 나누어주시지 않습니까?"

"얻은 게 이것뿐인데 어떻게 나누어 쪼개 드리겠소?"

오생이 마침 재상 곁에 있다가 말하였다.

"소인이 가지고 온 자루에 또 남은 삼이 있으니 마땅히 나누어 드려 작은 정성이나마 표하겠습니다."

하고는 자기 집에 가서 인삼을 가져다가 각기 세 뿌리씩을 바치니, 여러 고관들 또한 매우 기뻐하며 재상에게 물었다.

"저 사람은 누굽니까?"

"그 사람은 내가 아끼는 비녀의 지아비인데 지체는 향족이지요. 또 무과에도 급제했지요."

"대감 댁 비부에 이런 무변이 있는데도 아직 벼슬 한 자리 얻어 하지 못했다니, 이 어찌 대감의 책임이 아니겠습니까?"

"그 사람이 무과에 급제한 걸 나도 이제야 처음 알았소이다."

날이 저물어 오자 여러 고관들이 모두 취해서 흩어져 돌아갔다.

오생은 남아 있는 인삼을 내다 팔아서 수십만 냥을 벌었다.

여러 고관들이 서로 오생을 추천하여 오래지 않아 무관으로서 선전관[8]을 겸하였고, 차차 벼슬을 옮겨 변방의 영장[9]을 거쳐 벼슬이 수군절도사[10]에 이르렀다.

오생은 아내를 속량[11]시켜 백년해로하다가 죽었다고 한다.

---

8) 선전관(宣傳官) : 조선시대 선전관청에 소속된 9품부터 3품까지의 문무관.
9) 영장(營將) : 조선조 인조 때 각 도의 지방군대를 관할하기 위해 설치한 진영(鎭營)의 장관으로 정3품 벼슬임. 진장(鎭將). 진영장(鎭營將).
10) 수군절도사(水軍節度使) : 조선시대 각 도 수군을 총지휘하기 위해 두었던 정3품 외관직 무관. 수사(水使).
11) 속량(贖良) : 돈이나 곡식을 내고 노비 신분에서 벗어나거나, 국가 또는 주인에게 공을 세워 노비 신분에서 벗어나 양인(良人)이 되는 제도.

제10화 사랑하는 여인과 결별한 조반

　부흥군 조반에게는 원나라 승상 탈탈의 부인이 된 고모가 있었다. 그래서 그는 어릴 때 고모를 따라 탈탈씨에게서 양육되었다.
　탈탈이 패하자, 조반은 사랑하던 미인과 하급 관리 하나를 데리고 화를 피하여 본국으로 돌아왔다. 오는 도중에 하급 관리가 조반에게 의논을 하였다.
　"우리 세 사람이 화를 피해 여기까지 왔습니다. 만약 의심을 품고 묻는 사람이 있다면, 우리는 도마 위에 오른 고기와 마찬가지입니다. 또한 미인과 동행을 하고 있으니 남들이 보고 해괴하게 여길 것입니다. 아깝지만 떼 놓고 살길을 도모하는 것이 좋을 듯합니다."
　두 사람이 의논을 하고 있는데, 미인도 또한 영특한 사람이라 이렇게 말하였다.
　"물고기와 곰 발바닥을 한꺼번에 얻을 수는 없습니다. 저 때문에 다 같이 죽을 수는 없지요."
　그녀는 눈물을 줄줄 흘리면서 조촐하게 이별주를 나누어 마신 뒤 길거리에서 헤어졌다.
　두 사람은 말에 채찍질을 하며 속도를 배로 하여 백 6, 7리쯤 갔다. 조반은 미인을 떼 놓고 온 것을 슬퍼하여 마지않았다. 한 걸음도 더 나아갈 수가 없었다. 그의 생각에 미인을 도로 데려오고 싶었던 것이다. 그래서 다시 자기 생각을 말하자, 하급 관리가 대답하였다.

"공께서 가실 필요는 없습니다. 마땅히 제가 가서 공의 뜻을 전하고 돌아오겠습니다."

"그러게."

하급 관리가 가보니, 미인은 누각에서 뛰어 내려 죽어 있었다. 그녀가 끼고 있던 반지를 빼 가지고 돌아와 말하였다.

"아녀자란 이렇게 믿을 것이 못됩니다. 가보니 관원 두 사람과 술자리를 벌이고 노래를 부르고 있었는데 조금도 부끄러운 기색이 없었습니다. 참으로 더럽더군요."

조반도 또한 침을 뱉고는 길을 떠났다.

압록강에 이르러서야 하급 관리는 그녀가 누각에서 투신한 사실을 모두 말하고, 그녀가 끼고 있던 반지를 꺼내서 조반에게 주었다. 조반은 거의 숨이 넘어갈 듯이 통곡을 하였다.

조반은 본국에 이르러 아내를 얻어서 아들 다섯을 낳았다. 다섯 아들들은 모두 높은 지위의 재상에 이르렀다.

그런데도 조반은 죽을 때까지 슬퍼하였다. 그녀의 기일이 돌아올 때마다 조반은 눈물을 흘리며 제사를 지냈다.

【원주】

조 부흥 반(趙復興胖, 1341~1401) : 본관은 배천(白川)으로, 고려조에 밀직(密直)을 지냈다. 조선조에 개국공신이 되어 부흥군에 봉해졌으나 벼슬은 지문하부사(知門下府事)에 그쳤다.

아들인 서로(瑞老, 1382~?)는 생원으로 문과에 급제하였으나 벼슬이 도승지에 그쳤다.

서강(瑞康, ?~1444)의 호는 경은당(耕隱堂)으로, 태종 갑오년(1414) 생원시 장원으로 문과에 급제하여 벼슬이 이조참판에 이르렀다.
서안(瑞安)은 세종 기해년(1419)에 생원으로 문과에 급제하여 벼슬이 참찬에 이르렀으니, 삼형제가 다 과거에 급제하였다.

제11화 한주를 끝내 잊지 못한 장안 명기 관홍장

관홍장은 서울의 이름난 기생이었다. 사인으로 있던 한주가 그녀를 들여 첩으로 삼아서 딸 하나를 낳았다. 한주는 을사사화 때 견책을 입어 남해로 멀리 유배를 가게 되었다.

관홍장은 한주와의 신의를 지키며 혼자 살아가고 있었다. 부자들과 조정의 벼슬아치들이 다투어 그녀를 얻고자 하였으나, 그녀는 모두 응하지 않았다.

많은 세월이 지났으나 조정에서 한주를 공박하는 것은 오래 될수록 더욱 심해졌다.

관홍장은 어머니를 모시고 있었는데 가난하여 끼니를 봉양하지 못하니, 그 고통을 견딜 수가 없었다. 그럴 즈음에 이천군이 매파를 통하여 첩으로 들이겠다고 하자, 관홍장이 말하였다.

"내 비록 기생 출신이나 이미 한 사인에게 몸을 허락하였으니, 의리상 다른 데로 시집을 갈 수가 없습니다. 다만 늙으신 어머님을 따스하고 배부르시게 봉양할 수가 없어서 우선 공자님을 따를 생각입니다. 다만, 한 사인께서 돌아오시면 비록 공자님 댁에서 아들 아홉을 낳았더라도 돌아보지 않겠습니다. 그것을 약속해 주신다면 따르지요."

그녀의 말을 전해 듣고 이천군이 말하였다.

"약속대로 하겠네."

그리하여 그녀는 이천군 집에 살면서 20여 년 동안 많은 자녀를 낳았다.

그러다가 비로소 한주가 풀려나자, 관홍장은 이천군과 더불어 결별을 하고 이천군과의 사이에서 낳은 자식들을 버리고 갔다.

그녀는 한주와의 사이에서 낳은 딸을 먼저 보내 길에서 아버지를 맞이하게 하고, 그녀 자신은 한주에게 입힐 옷과 버선을 만들었다.

이천군을 버리고 한주를 따르려고 왔다는 뜻을 그녀의 딸이 전하자, 한주가 말하였다.

"네 어미가 늙어서 망령이 든 게냐? 내가 어찌 감히 공자님 댁 안사람을 취하겠느냐? 다시는 그런 말을 하지 마라."

딸이 돌아가서 한주의 말을 어머니에게 들려주자, 관홍장은 목을 놓아 울음을 터뜨렸다. 이천군은 그녀를 꾸짖을 수가 없었다.

한주의 딸은 참판 홍인경의 부실이 되었다. 그녀가 혼인할 때에 이천군 집안에서 그 혼수와 비용을 모두 대주었는데, 자기 친딸과 다름없이 해 주었다.

이천군의 아들들은 모두 벼슬을 하여 지방 수령이 되었다. 그 자손들도 모두 현달하였다.

【원주】

한 사인 주(韓舍人澍) : 자는 시중(時仲), 본관은 당진(唐津)으로, 대사헌 숙(淑)의 아우다. 중종 신묘년(1531)에 생원이 되었고, 계사년(1533)에 과거에 급제하였다.

이천군(伊川君) : 이름은 수례(守禮)로, 성종의 서자인 운천군(雲川君)의 양자로 들어갔다. 생부는 완원군(完原君)이다.

제12화 사랑하는 사람을 따르다 자결한 곡산 기생 매화

매화는 황해도 곡산의 기생이었는데 인물과 자색이 있었다.

어느 한 늙은 재상이 황해도 관찰사가 되어 각 고을을 순시하다가 곡산에 이르러 그녀를 보고 사랑하게 되었다. 해주감영에 데려다 두고 비길 데 없이 아끼고 사랑하였다.

당시 어느 명사 한 사람이 곡산 수령이 되었다. 관찰사에게 부임 인사를 드리러 갔다가 매화의 아름다움을 잠깐 보고 내심 욕심이 생겼다.

관아에 돌아온 뒤에 매화의 어미를 불러 재물을 후하게 주어서 보냈다. 그 뒤로는 그녀로 하여금 마음대로 관아에 출입하도록 하고, 쌀과 고기, 돈과 비단 등을 올 때마다 주었다.

몇 달을 그렇게 하자, 매화의 어미는 마음속으로 이상히 여기게 되었다.

어느 날, 그녀가 물었다.

"쇤네처럼 미천한 것을 이처럼 아끼고 보살펴 주시니 황송하여 몸 둘 데를 모르겠습니다. 사또께옵서 무슨 생각으로 이러시는지를 모르겠습니다."

사또가 말하였다.

"자네가 비록 나이는 들었으나 본래 이름난 기생이라, 그래서 자네와 더불어 적적함이나 달래려다 보니 절로 친숙해져서 그런 것이라네. 달리 일이 있어서가 아닐세."
어느 날 늙은 기생이 다시 물었다.
"사또께서는 틀림없이 쇤네를 쓰실 데가 있어서 이처럼 잘 대해주시는 것입니다. 어째서 분명하게 말씀을 해주시지 않으십니까? 쇤네가 망극한 은혜를 입었는데 비록 끓는 물이나 불 속에 뛰어들라 하신들 제가 어찌 마다하겠습니까?"
본관이 그제야 말하였다.
"내가 해주 감영에 갔을 때 자네 딸을 보고 사랑스럽고 그리운 마음을 잊을 수가 없어 거의 병이 날 지경이라네. 자네가 만약 딸을 데려와 다시 한 번만 만나게 해준다면 죽어도 한이 없겠네."
늙은 기생이 웃으며 말하였다.
"그거야 아주 쉬운 일이지요. 진작 말씀을 하지 않으시구요. 쇤네가 틀림없이 데려오겠습니다."
집으로 돌아온 그녀는 딸에게 다음과 같은 편지를 썼다.
'내가 이름 모를 병이 들어 지금 위태로운 지경에 있다. 너를 보지 못하면 죽어도 눈을 감지 못하겠구나. 빨리 말미를 얻어 내려와 마지막으로 한번 보자꾸나.'
사람을 시켜 급히 그 편지를 전하게 하였다.
매화가 그 편지를 읽고 울면서 관찰사에게 아뢰고 어머니를 보러 가도록 휴가를 달라고 청하였다. 감사는 매화가 집에 가는 것을 허락하고 노자를 아주 후하게 주어 보냈다.
매화가 집에 와서 어머니를 만나니, 어머니는 부른 까닭을 말해주고는 딸을 데리고 함께 관아에 들어갔다.
당시 곡산의 본관사또는 나이 겨우 30여 세로 풍채와 거동이 아름다웠고, 관찰사는 생김새와 거동이 늙고 추하여, 거의 신선과 속인처럼 차이가 났다.

매화도 본관을 한 번 보고는 사모하는 마음이 생겼다. 그 날로 잠자리를 모시니, 두 사람의 정이 기쁘고 흡족하였다.

한 달이 지나자 말미를 얻은 기한이 다 차버렸다. 매화가 감영으로 돌아가게 되자, 본관은 그리움을 차마 떨치지 못하고 말하였다.

"이제 한번 헤어지면 다시 만날 기약을 하기 어려우니, 이를 장차 어찌할꼬?"

매화가 눈물을 흘리며 말하였다.

"저는 이미 사또께 몸을 허락하였습니다. 이번 길에 몸을 빼 돌아올 계책이 있습니다. 머지않아 틀림없이 돌아와 모시겠습니다."

하고는 길을 떠나 해주에 이르러 관찰사를 찾아뵈니, 관찰사가 어미의 병이 어떠냐고 물었다.

"병세가 위독하다가 다행히 좋은 의원을 만나 이제는 나아지고 있습니다."

매화는 전처럼 관찰사의 잠자리를 모시게 되었다.

10여 일이 지난 뒤에 매화는 갑자기 병이 생겼다면서, 잠도 자지 못하고 음식도 먹지 못한 채 끙끙 앓으며 세월만 보내고 있었다.

관찰사가 여러 가지로 약을 써보았으나 효험이 없었다. 그렇게 10일 가까이 쓰러져 누워 있다가 갑자기 벌떡 일어나 헝클어진 머리와 때가 낀 얼굴로 발을 구르고 손뼉을 치며 미친 듯이 소리를 지르고 마구 소란을 피웠다. 울기도 하고 웃기도 하였다. 징청헌 위에서 펄쩍펄쩍 뛰며 함부로 관찰사의 이름을 부르기도 하였다.

간혹 말리려는 사람이 있으면 걷어차기도 하고 물어뜯기도 하여 가까이 가지 못하게 하니, 바로 일종의 미친 병이 든 것이었다.

관찰사가 놀라 그녀를 밖으로 내보냈다가 이튿날 결박하여 가마에 태운 뒤 그녀의 집으로 돌려보냈다.

매화는 본시 거짓으로 미친 체하였던 것이니, 어찌 그 병이 낫지 않을 수 있겠는가. 집으로 돌아오는 날 즉시 곡산 관아에 들어가 본관을 만나고 돌아오게 된 형편을 말하였다.

옆방에 머물러 있으면서 두 사람 사이에 정이 더욱 도타워졌다.

이럴 즈음에 소문이 퍼져 나갔다. 관찰사라고 어찌 그 소문을 알지 못하였으랴.

그 뒤에 곡산 원이 감영에 가니, 관찰사가 물었다.

"감영의 관기 가운데 수청을 들던 아이가 병이 생겨 집으로 돌아갔소. 요즘 그 병세가 어떤지요, 그리고 더러 불러 보시는지요?"

"병은 조금 나았다고 하더군요. 하오나 사또의 수청을 들던 기생을 하관이 어떻게 불러볼 수 있겠습니까?"

관찰사가 코웃음을 치며 말하였다.

"내 대신 잘 지켜 주기를 바라오."

곡산 원은 자신과 매화에 관한 소문이 났다는 것을 알고 말미를 청하여 서울에 올라가서는, 간관 한 사람에게 관찰사를 논박하라고 부추겨 파면을 시켰다. 그리고는 매화를 첩으로 거느렸다. 임기가 끝나 돌아갈 때 그녀와 함께 서울 집으로 갔다.

병신년1)에 옥사가 일어나 전임 곡산 원이 연루되어 옥에 갇히자, 그의 부인이 울면서 매화에게 말하였다.

"주인 나리께서 이제 이 지경에 이르셨으니, 나는 이미 결심한 바가 있네만, 자네야 나이 어린 기생인데 하필 여기 있으리오. 자네 집으로

---

1) 병신년(丙申年) : 정조의 즉위를 반대하던 벽파(僻派)가 정조의 즉위로 실각한 해인 1776년을 가리키는 듯함.

돌아감이 좋겠네."

매화도 울면서 말하였다.

"천한 제가 영감의 은애를 입은 지 이미 오래입니다. 집안이 번창하고 좋을 때에는 함께 안락함을 누리다가, 이제 이런 때를 당해서 어찌 차마 배신을 하고 집으로 돌아가겠습니까? 죽음이 있을 따름입니다."

며칠 뒤 죄인인 전임 곡산 원이 곤장을 맞다가 죽자, 그의 부인은 목을 매어 죽었다.

매화는 손수 부인의 시신을 염습하여 입관하고, 죄인의 시신이 나오자 또 다시 장례를 치러 부부의 관을 선영 아래에 합장하였다. 그리고는 그녀도 묘소 옆에서 자결을 하여 지아비를 따라 죽었으니, 그 절개가 세차고도 아름다웠다.

처음에 관찰사에게는 꾀를 써서 모면을 하였고, 나중에 곡산 원에게는 절개를 세워 의롭게 죽었으니, 그 또한 여자 가운데 예양[2]과 같은 사람이었다.

---

2) 예양(豫讓) : 중국 춘추시대 진(晉)의 자객. 자신이 섬기던 지백(智伯)을 죽인 원수 조양자(趙襄子)를 살해하기 위하여 몇 차례 시도를 하였으나 모두 실패하고 자결하였다고 함.

제13화 우하형을 출세시킨 수급비

　병마절도사 우하형은 평산 사람으로 집안이 가난하였다.
　그가 처음에 무과에 급제하여 평안도 강변 고을로 수자리를 살러 갔다. 수급비[1]로 있다가 신역[2]을 마친 한 여자를 그곳에서 만났는데, 용모가 제법 추물은 면하였다. 하형이 그녀를 사랑하여 함께 살게 되었다.
　어느 날 그녀가 하형에게 말하였다.
　"선다님께서는 이미 저를 첩으로 삼으셨는데, 장차 무엇으로 입고 먹을 것을 마련하시겠습니까?"
　"나는 본래 집안이 가난하다네. 하물며 이곳은 천 리 객지인데 수중에 가진 것이 있겠는가? 내 이미 자네와 더불어 같이 살게 되었으니, 때묻은 옷이나 빨아주고 떨어진 버선이나 기워 주었으면 하고 바랄 뿐이라네. 무엇인들 자네에게 해줄 수 있겠는가?"
　"저도 또한 그 점을 잘 알고 있습니다. 제가 이미 몸을 허락하여 첩이 되었으니, 선다님의 의복 마련이야 마땅히 제가 맡아야지요. 걱정하지 마십시오."
　"그건 내가 바라는 게 아니라네."

---

1) 수급비(水汲婢) : 물긷는 일을 하는 계집종.
2) 신역(身役) : 몸으로 치르는 노역(勞役).

그녀는 그 뒤로 부지런히 바느질과 길쌈을 하여 의복과 음식을 빠뜨리는 일이 없었다.

수자리의 기한이 차 하형이 장차 돌아가려 하자, 그녀가 물었다.

"선다님께서는 이제 돌아가신 뒤로 서울에 계시면서 벼슬자리를 찾으실 건가요?"

"내 맨주먹으로 서울에 아는 사람도 없는데, 뭐 먹을 게 있다고 서울에 머물겠는가? 그런 일은 바랄 수가 없다네. 지금부터 고향에 돌아가 늙어 죽게 되면 선산 아래 묻힐 계획뿐이라네."

"제가 뵐 때 선다님은 용모와 기상이 예사롭지 않은 분이십니다. 앞으로 더욱 승진하셔서 병마절도사가 되실 만한 분이십니다. 남아 대장부가 출세할 수 있는 기회가 이미 갖추어져 있는데, 재산이 없다고 가만히 앉아 초야에 묻혀서야 되겠습니까? 심히 애석하고 개탄할 일입니다. 제게 몇 년 동안 모아 둔 은자가 6백 냥 가량이 있습니다. 이걸 떠나시는 길에 드리겠습니다. 그 돈이면 타고 가실 말을 마련하고 노자로 쓰실 수 있을 겁니다. 행여 고향으로 돌아가지 마시고 곧장 서울로 가셔서 벼슬자리를 찾아보십시오. 10년을 기한으로 잡으면 벼슬을 구하실 수 있을 겁니다. 저는 천한 것이라, 선다님을 위해 수절이야 할 수 있겠습니까? 마땅히 아무 데에 몸을 의지해 있다가, 선다님께서 여기 평안도의 원님이 되시고 나면 그 날로 찾아가 뵙겠습니다. 이걸로 기약을 삼겠습니다. 바라옵건대 선다님께서는 보중하시고 또 보중하시옵소서."

하형이 뜻밖에 재물을 얻고 보니 마음속으로 매우 감격스럽고 다행스러운 생각이 들었다. 드디어 그녀와 더불어 눈물을 흘리며 작별을 하고 떠났다.

그녀는 하형을 보낸 뒤에 읍내에서 홀아비로 살고 있는 한 장교의 집으로 옮겨 살게 되었다. 그 장교는 그녀의 영리하게 생긴 인물을 보고 배우자로 삼게 되었는데, 그 장교의 집안은 꽤 부유한 편이었다.

그녀가 그 장교에게 말하였다.

"전의 부인이 쓰다 남은 재물이 얼마쯤 됩니까? 모든 일은 명백히 하지 않을 수가 없군요. 곡식이 얼마쯤 되고, 돈과 비단과 포목이 얼마쯤이며, 그릇과 그 밖의 잡다한 물건들이 얼마쯤 되는지요? 모든 재물의 이름과 수효를 차례대로 써서 긴 문서를 만들어 놓아야겠습니다."

그러자 장교가 말하였다.

"부부 사이에 있는 것은 쓰고 없는 것은 마련하면 되는 것이지, 무엇이 거리끼고 의심스러워 이런 것을 만들어야 한단 말이오?"

"그렇지 않습니다."

하며 그녀는 간청하기를 마지않았다.

그러자 장교는 그녀가 말하는 대로 써서 그녀에게 주었다. 그녀는 그 문서를 받아 옷을 넣어두는 상자 속에 간직하였다.

그녀가 재산 관리를 부지런히 하자, 날로 점점 재산이 늘어나게 되었다.

그녀가 장교에게 말하였다.

"제가 한자를 약간 안답니다. 그래서 서울에서 나오는 조보[3] 보는 것을 좋아합니다. 조보가 나올 때마다 저를 위해 관아에서 빌려다 보여주시기 바랍니다."

장교는 그녀의 말대로 관아에서 조보를 빌려다 그녀에게 보여주었다. 몇 년 사이의 인사이동에 선전관으로 있던 우하형이 경력[4]을 거쳐

---

3) 조보(朝報) : 조선시대 승정원에서 그날그날 생긴 일을 적어 돌리던 일종의 관보(官報)로, 기별(奇別, 寄別) 또는 조지(朝紙)라고도 하였음.

4) 경력(經歷) : 조선시대 충훈부(忠勳府)·의금부(義禁府)·도총부(都摠府) 등에서

부정5)으로 승진하였다가 곧 평안도에 있는 풍족한 고을의 수령으로 임**명된** 사실이 나와 있었다. 그 뒤로 그녀는 오직 조보만 들여다보고 있었는데, 어느 날 아무 고을 수령으로 나가는 우하형이 임금님께 하직 인사를 올렸다는 기록이 보였다. 그녀가 그 기록을 보고 나서 장교에게 말하였다.

"제가 이 집에 온 것은 본디 오래 머물 생각에서가 아니었답니다. 이제 영영 작별을 하고자 합니다."

그 장교가 깜짝 놀라서 그 까닭을 물으니, 그녀가 말하였다.

"자초지종을 물으실 필요는 없습니다. 제게 갈 데가 생겨서 그런 것이니, 기다리거나 생각하지 마십시오."

하면서 지난날 재물의 종류와 수효를 적어 두었던 문서를 꺼내 보여주며 말하였다.

"제가 지난 6, 7년 동안 남의 아내가 되어 집안 살림을 꾸려왔는데, 만일 전보다 하나라도 줄었다면 떠나가는 사람의 마음이 어찌 편할 수 있겠습니까? 지금의 재산을 전의 재산과 견주어 보니 다행히 준 것이 없고, 더러는 한두 배에서 서너 곱절까지 늘어난 것이 있으니 마음이 가볍습니다."

하고는 드디어 장교와 작별을 하였다.

그녀는 머슴 한 사람에게 짐을 지게하고, 자신은 남자 모습으로 꾸민 뒤 패랭이를 쓰고 걸어서 하형이 부임한다는 고을로 갔다. 이때는 태수가 된 하형이 그 고을에 부임한 지 겨우 하루가 되는 날이었다.

그녀는 관아에 진정할 일이 있는 백성이라고 핑계를 대고 뜰에 들어

실무를 맡아보던 종4품 벼슬.

5) 부정(副正) : 조선시대 종친부(宗親府)·돈령부(敦寧府)·사복시(司僕寺)·군기시(軍器寺) 등에 두었던 종3품 벼슬.

가서 말하였다.

"아뢸 일이 있으니 바라건대 섬돌에 올라 사뢰도록 해주소서."

태수가 괴이하게 여겨 처음에는 허락하지 않다가 마침내 허락하였다. 그러자 또 창 앞에 가까이 가기를 청하매, 태수가 더욱 괴이하게 여기다가 그리하라고 하였다.

그녀가 말하였다.

"사또 나리께서는 혹 소인을 알고 계시는지요?"

태수가 말하였다.

"내가 새로 도임한 지 얼마 안 되었는데, 이 고을 백성을 어찌 알겠느냐?"

"그러시면 아무 해 아무 곳에서 수자리 사실 때에 함께 지내던 사람이 생각나지 않으시는지요?"

태수가 자세히 보다가 급히 일어나더니 그녀의 손을 잡고 방으로 들어가 물었다.

"자네가 어떻게 이런 모양을 하고 왔는가? 내가 부임한 다음날 자네가 다시 여기에 오다니 참으로 기이한 만남일세."

두 사람이 서로 다시 만난 기쁨을 이기지 못하여 그 사이에 쌓였던 회포를 함께 풀었다.

당시 하형은 아내를 잃은 처지라, 그녀를 관아 안채에 있는 정실의 방에 들여 거처하게 하고 집안 일을 모두 맡아 하게 하였다.

그녀는 하형의 본처가 낳은 아들을 보살펴 양육하며 남녀 종들을 부리는 데 하나같이 법도가 있게 하였고, 은혜를 베풀 일에는 은혜를 베풀고 위엄을 갖출 곳에는 위엄을 갖추니, 관아의 모든 사람들이 흡족해 하며 그녀를 칭송하였다.

그녀는 매번 비국의 아전에게 돈 몇 냥을 주고 부탁을 하여 매달 나오는 조보를 얻어 볼 수 있게 해달라고 하형에게 권하였다. 그리하여 그녀는 그 조보를 보고 세상 돌아가는 것을 헤아렸다.

그녀는 당시 재상 가운데 아직 병조판서가 되지 못한 사람으로 머지 않아 그 자리에 앉을 사람을 반드시 후하게 대접하게 하였다. 이렇게 한 까닭에 그 재상이 그 자리에 앉게 되면 성의를 다하여 하형의 장점을 부풀려 칭찬하며 천거하였다. 그리하여 하형이 네 군데 풍족한 고을에서 수령을 하게 되고, 그에 따라 살림살이가 점차 부유해지자 재상들에 대한 대접을 더욱 후하게 하니, 하형은 차차 승진을 하여 벼슬이 병마절도사에 이르고 나이가 80세에 가깝도록 수를 누리다가 고향집에서 생애를 마쳤다.

그녀는 예법에 따라 장례를 치르고 성복을 한 뒤 본처의 아들인 상주에게 말하였다.

"영감께서는 시골의 무변으로 벼슬이 종2품에 이르셨으니 이미 최고의 벼슬을 하신 거라네. 연세도 고희를 넘기셨으니 장수를 하신 셈일세. 그러니 무슨 유감이 남아 있겠는가? 그리고 나로 말할 것 같으면, 지어미가 되어 지아비를 섬기는 것은 당연한 도리가 아니겠는가? 뭐 스스로 자랑할 일이겠는가 마는 몇 년 동안 온갖 정성을 다해 벼슬을 하시도록 거들어 드려서 오늘에 이르게 되었으니 내 책임은 이미 다한 것일세. 먼 시골의 천한 출신인 내가 무인으로 재상이 되신 영감의 소실이 되어 여러 고을에서 후한 대접을 받았으니, 나의 영화도 또한 극에 달한 것이었다네. 뭐 원통한 마음이 있겠는가? 영감께서 살아 계실 때 나더러 집안 일을 주관하게 하셨으나, 이는 어쩔 수 없이 그랬던 거라네. 이제 상주가 이처럼 장성하였으니 집안 일을 주관할 수 있을 걸세. 맏며느리가 응당 집안 일을 주관해야지. 오늘부터 집안 일은 며느리가 주관하도록 돌려주겠네."

그러자 아들과 며느리가 울면서 사양하였다.
"우리 집안이 지금처럼 될 수 있었던 것은 모두가 서모님의 공덕입니다. 저희들은 단지 서모님을 의지하여 우러러 볼 뿐이었는데, 이제 와서 어찌하여 갑자기 이런 말씀을 하십니까?"
"어쩔 수 없어 이렇듯 내가 집안 일을 주관해온 것은 집안의 형편 때문이었네."
하고는 크고 작은 물건들과 그릇, 돈과 곡식 등속을 문서로 작성하여 한꺼번에 맏며느리에게 넘겨주었다. 맏며느리를 안방에 거처하게 하고, 자신의 거처는 건너편에 있는 단칸방으로 옮긴 뒤 말하였다.
"이제 한번 들어가면 나올 수 없을 걸세."
그녀는 방에 들어가서 문을 닫고 곡기를 끊은 지 며칠만에 숨을 거두었다.
아들과 며느리 등이 모두 애통해 하며 말하였다.
"우리 서모님은 예사 사람이 아닐세. 어찌 관례에 따라 서모로 대접하리오."
초상을 치르고 졸곡을 한 뒤에 석 달을 기다려 장사를 지내기로 하고 따로 사당을 세워 제사를 지냈다.
우 병사의 장례 날짜가 되매, 운구를 하여 발인을 하려고 하는데, 상여를 멜 사람들이 상여를 들 수가 없었다. 수십 수백 명이 달려들어도 상여가 꼼짝하지 않자, 여러 사람들이 모두 말하였다.
"혹시 소실이 마음이 걸려 그런 게 아닐까?"
하고는 소실의 상여를 마련하여 함께 발인을 하려고 하니 그제야 우 병사의 상여가 가볍게 들려서 가는지라, 사람들이 모두 기이하게 여겼다.
평산 땅 큰길가에 두 사람을 장사지냈다. 서쪽을 향하여 장사를 지낸 것은 우 병사의 묘이고, 그 오른 쪽으로 10여 걸음 되는 곳에 동쪽을 향하여 장사 지낸 것은 그 소실의 무덤이라고 한다.

【 원주 】
우 병사 하형(禹兵使夏亨) : 자는 회숙(會叔), 본관은 단양(丹陽)이다.

제14화 두 번 수절한 강계 기생 무운

　무운은 강계의 기생이었다. 자색과 재주로 한때 이름을 떨쳤다.
　서울에 사는 성 진사라는 사람이 우연히 강계에 내려왔을 때, 무운이 그와 잠자리를 같이하고는 깊은 정이 들었다. 성 진사가 서울로 돌아갈 때가 되자, 서로 그리움에 차마 버릴 수가 없었다.
　무운은 스스로 성생을 보낸 뒤에 다른 사람에게는 몸을 허락하지 않기로 맹세하고 양쪽 허벅지 살에 쑥뜸을 하여 흉터를 만들고는 나쁜 병이 있다고 핑계를 댔다. 그리하여 전·후임 사또의 잠자리를 일찍이 한 번도 모신 일이 없었다.
　대장 이경무가 새로 부임하여 왔을 때 그녀를 불러 보고 가까이 하고자 하였다. 무운은 허벅지에 난 상처를 보여주며 말하였다.
　"쉰네에게는 나쁜 병이 있습니다. 그런데 어찌 감히 가까이 모시겠습니까?"
　이경무가 말하였다.
　"그렇다면 가까이 있으면서 심부름이나 해라."
　그 뒤로 매일 동헌을 지키고 있다가 밤이 되면 반드시 집으로 돌아갔다. 이와 같이 4, 5개월이 지난 어느 날 밤, 문득 무운이 사또에게 가까이 다가와 말하였다.

"오늘밤은 쇤네가 잠자리를 모시려 합니다."

"네게는 나쁜 병이 있다면서 어떻게 잠자리를 하려는고?"

"쇤네가 성 진사를 위해 수절을 할 생각으로 쑥뜸을 하였습니다. 그걸로 남들이 침범하는 것을 피하였답니다. 몇 달 동안 사또 나리를 모시며 모든 것을 자세히 살펴보니 참으로 대장부십니다. 쇤네는 기왕에 기생의 몸인데 사또 나리 같으신 대장부를 어찌 무심하게 가까이 모시지 않겠습니까?"

이경무가 웃으며 말하였다.

"그렇다면 잠자리에 들어라."

하고는 그녀와 동침을 하였다.

이경무의 임기가 차서 돌아갈 때가 되었다. 무운이 따라가겠다고 하자, 이경무가 말하였다.

"내게 첩이 둘이나 있느니라. 네가 또 따라가는 것은 그다지 긴한 일이 아니다."

"그러시면 쇤네는 마땅히 수절을 하겠습니다."

이경무가 웃으며 말하였다.

"수절이라고 하는 것은 성 진사를 위한 수절이겠지?"

무운은 발칵 성을 내어 얼굴빛이 변하더니 차고 있던 칼로 왼손 무명지를 찍는 것이었다. 이경무가 크게 놀라 데려가겠다고 하였으나 듣지 않았다. 그리고는 작별을 하였다.

10년이 지난 뒤에, 이경무는 훈련대장으로 성진에 부임하게 되었다. 조정에서 성진에 새로 관아를 설치하고, 노련하고 명망이 있는 장수로 하여금 지키도록 한 까닭에 이경무가 혼자 말을 타고 부임하게 된 것이었다. 성진과 강계는 경계를 접하고 있었는데, 3백여 리 정도 떨어져 있었다.

　어느 날 무운이 찾아오자, 이경무는 흔연히 맞아 그 간 쌓였던 회포를 풀었다. 그녀와 같이 있다가 밤이 되어 가까이하려고 하니, 그녀는 한사코 완강히 거절하는 것이었다. 이경무가 물었다.

　"이게 무슨 까닭인고?"

　"사또를 위해 수절하는 것입니다."

　"나를 위해 수절을 한다면서 어째서 나를 거부하는고?"

　"이미 남자를 가까이하지 않겠다고 마음속에 다짐을 했으니 비록 사또라도 가까이할 수가 없습니다. 한번 가까이하면 곧 절개를 잃게 되지요."

하고는 굳이 거절하였다. 1년 남짓 함께 지내면서 끝내 가까이하지 못하였다.

　이경무가 임기를 마치고 돌아갈 때가 되자, 그녀는 또 하직을 고하고 그녀의 집으로 돌아갔다.

　그 뒤, 이경무가 아내를 잃자, 무운이 달려가서 서울에 머물다가 장례를 치른 뒤에는 도로 내려가 버렸다. 이경무의 초상이 났을 때에도 또한 그렇게 하였다.

　그 뒤로 무운은 스스로를 운 대사라고 일컫다가 늙어서 죽었다.

【원주】

이 대장 경무(李大將敬懋, 1728~1799) : 자는 사직(士直), 본관은 전주(全州)로, 충목공(忠穆公) 상집(尙香集)의 증손이자, 무림군(茂林君) 선생(善生)의 14세손이다. 무과에 급제하여 남쪽에서는 삼도수군통제사를 지냈고, 북쪽에서는 황해병마절도사를 지냈으며, 네 번이나 어영대장을 역임하였고, 여섯 번이나 금위대장을 역임하였으며, 세 번이나 훈련대장을 역임하고, 벼슬이 형조판서에 이르렀다.

제15화 집안을 엄하게 다스린 권 진사

안동의 권 진사 아무개는 집안이 부유하였는데, 성품이 엄하여 집안을 다스리는 데 법도가 있었다.

외아들을 두어 며느리를 얻었는데, 그 며느리는 성품이 사납고 투기가 있어 다루기가 어려웠다. 그러나 시아버지가 엄하여 감히 성미를 부리지 못하였다.

권 진사는 화가 나면 반드시 대청마루에 자리를 깔게 하고 거기 앉아서는 더러 비복들을 때려죽이기도 하였다. 목숨을 해치는 데까지 이르지 않을 경우에도 반드시 피를 보고야 그쳤다. 이 때문에 대청에 자리를 깔기만 하면 집안사람들이 조바심을 치면서, 권 진사가 반드시 죽일 사람이 있는 것으로 알았다.

그 아들의 처가는 이웃 고을에 있었다. 그의 아들이 장인과 장모를 뵈러 갔다가 돌아오는 길에 비를 만나 주막으로 피하여 들어갔다.

먼저 들어온 젊은이 하나가 마루에 앉아 있는 것이 보였고, 마구간에는 대여섯 필의 준마가 있었다. 비복들도 많은 것이 안식구를 거느리고 온 듯하였다.

그 젊은이는 권생과 문안 인사를 하고, 술과 찬합에 든 안주를 권하는 것이었다. 술은 매우 맑으면서 시원하였고, 안주 또한 풍성하고 맛이 좋았다.
 서로 성씨와 사는 곳을 물었다. 권생은 사실대로 대답하였으나, 먼저 온 젊은이는 다만 성씨를 말하였을 뿐 사는 곳은 밝히지 않으며 말하였다.
 "우연히 이곳을 지나다가 비를 피해 이 주막에 들어왔소. 다행히 나이가 비슷한 좋은 벗을 만났으니 어찌 즐겁지 않겠소?"
 서로 술잔을 주고받으며 취할 때까지 마시기로 하였는데, 권생이 술기운을 이기지 못하고 먼저 취하여 쓰러졌다.
 권생은 밤이 깊어진 뒤에 비로소 깨어나 눈을 뜨고 살펴보니, 함께 술을 마시던 젊은이는 이미 자취가 없고 자신은 안방에 누워 있는 것이었다. 곁에는 나이가 18, 9세쯤 되어 보이는 아름다운 여인이 소복을 입고 있었다. 용모와 거동이 단정하고 고운 것으로 보아 상민이나 천민은 아닌 듯하였고, 틀림없이 서울에 있는 재상가의 부녀자인 듯하였다.
 권생이 깜짝 놀라 의아해 하며 물었다.
 "내가 어째서 여기 누워 있으며, 댁은 뉘 댁의 어떤 부녀자신데 이곳에 계시오?"
 그녀는 부끄러워하며 대답을 하지 않았다. 두 번 세 번 거듭 물었으나 끝내 입을 열지 않았다. 한참이 지난 뒤에야 비로소 나지막한 소리로 말하는 것이었다.
 "저는 서울에서 가문이 번성하고 벼슬하는 집안의 부녀자로, 열네 살에 시집을 가서 열다섯에 남편을 잃고, 아버님 또한 일찍이 세상을 버리셨습니다. 그래서 오라버님이 집안 일을 주관하시는데, 오라버님의 성품이 고집스러워 풍속에 따라 예를 지켜 나이 어린 누이를 과부로 지내게 하지 않으려고 했답니다. 개가시킬 곳을 찾으려고 하니, 집안 친척들의 시비가 크게 일어났습니다. 모두들 문호를 더럽히는 일이라며 준엄한 말로 단호히 반대를 하자, 오라버님은 부득이 의논을 그만둔 채 가마에 저를 태우고 집을 나선 후 정한 곳 없이 다니다가 여기까지 이른 것입니다. 오라버님 생각에는 만약 뜻에 맞는 남자를 만나면 저를 맡기려는 것이지요. 그런 뒤에 오라버님 자신은 피해서 여러 집안 친척들의 이목을 가리려는 것이랍니다. 어제 밤에 댁이 취한 틈을 타, 종들을 시켜 댁을 안으로 업어 들여 눕히고, 오라버님은 틀림없이 멀리 달아나셨을 겁니다."

그리고는 옆에 있는 상자 하나를 가리키며 말하였다.

"이 속에 5, 6백 냥 가량의 은자가 들어 있습니다. 첩이 되어 그걸로 먹고 입을 밑천을 삼으라고 하더군요."

권생이 이상하게 여겨져 밖에 나가 보니, 그 젊은이와 허다한 인마들이 모조리 어디로 갔는지 알 수가 없었다. 다만 어수룩한 계집종 둘이 옆에 있을 뿐이었다. 권생은 도로 안으로 들어가 그녀와 동침을 하며 생각을 해보았다.

'엄한 아버님을 모시고 있는 처지에 내 멋대로 첩을 얻는다면 틀림없이 큰일이 벌어질 게야. 또한 사납고 질투가 심한 아내의 성품으로 보아 필시 서로 용납이 안 될 텐데, 장차 이를 어찌할까?'

천 번 만 번을 생각하고 또 생각해 보아도 뾰족한 수가 없었다. 기이한 인연으로 만난 미인 때문에 도리어 머리가 아프게 되었다.

아침이 되기를 기다려, 권생은 계집종에게 방문을 잘 지키게 하고 그녀에게 말하였다.

"집에 아버님이 계시니 돌아가 말씀을 드리고 데려 가겠소. 조금만 기다려 주시오."

주막집 주인에게도 잘 일러두고 주막을 나서 곧장 친구들 가운데 지혜와 계책이 있는 사람의 집으로 가서 사실대로 말하고 대책을 마련해

달라고 하였다. 그 친구가 한동안 생각해 보다가 말하였다.

"아주 어려운 일이군. 정말 어려워. 실로 좋은 계책은 없네만, 다만 한 가지 방법은 있네. 자네가 집에 돌아간 뒤 며칠 있다가 내가 술자리를 마련하고 자네를 청함세. 자네는 그 이튿날 다시 술자리를 마련해서 나를 청하게. 그러면 내 나름으로 한 가지 방편이 있을 것이네."

권생은 그 친구의 말대로 하기로 하였다. 그가 귀가한 며칠 뒤에 그 친구가 하인을 보내 다음과 같이 간청을 하였다.

'마침 술과 안주가 있다네. 여러 친구들이 다 이 자리에 모이는데, 자네가 없으면 안 될 것 같네. 꼭 왕림하여 자리를 빛내 주게.'

권생은 그의 아버지에게 말씀을 드리고 친구 집 술자리에 갔다. 이튿날 권생이 그의 아버지에게 아뢰었다.

"제 친구인 아무개가 어제 술자리를 마련해서 저를 불러 주었는데, 답례를 하지 않을 수가 없습니다. 오늘 조촐히 술과 안주를 갖춰 여러 친구들을 초청하면 좋을 듯합니다."

그의 아버지가 그리하라고 하였다. 권생은 술자리를 마련하고 그 친구를 초청하였다. 또 같은 마을에 사는 여러 젊은이들을 청하니, 모두들 왔다. 먼저 권생의 아버지를 찾아 뵙고 인사를 올리니, 권생의 아버지가 말하였다.

"젊은이들이 서로 교대로 술자리를 마련하면서 한 번도 늙은 나를 청하지 않다니, 이게 무슨 도리인가?"

그러자 그 친구가 말하였다.

"존장께서 술자리를 주재하시게 되면, 젊은 저희들이 앉거나 눕거나 하는 행동을 마음대로 할 수가 없습니다. 또한 존장께서는 성품과 도량이 준엄하신지라 저희들이 잠시 뵈올 때도 혹 실수를 할까 싶어 십분 조심을 하는데, 어찌 종일 술자리에서 모시고 앉아 있겠습니까? 존장께서 만약 저희들의 술자리에 오신다면 삭막하여 흥취가 없을 듯합니다."

권 노인이 웃으며 말하였다.

"술자리에 무슨 늙은이와 젊은이의 순서가 있겠는가? 오늘 술자리는 내가 주관함세. 구속이나 예절을 벗어 던지고 온종일 오래도록 즐겨보세. 자네들이 비록 내 앞에서 백 번을 실수하더라도, 내 자네들을 책하지 않을 테니 마음껏 즐기면서 이 늙은이의 외롭고 쓸쓸한 회포를 하루쯤 달래주고 마치세."

그 말을 듣고, 여러 젊은이들이 일시에 대답을 하였다.

"좋습니다!"

노인과 젊은이들이 뒤섞여 앉아 술잔을 들었다. 술이 반쯤 취하였을 때, 지혜와 계책이 많다던 젊은이가 권 노인 앞으로 다가가서 말하였다.

"제가 기이한 옛날이야기 한 가지를 알고 있으니, 한 마디 하여 다같이 웃게 해주십시오."

권 노인이 말하였다.

"옛날이야기라고? 거 아주 좋지! 자네가 나를 위해 한번 이야기해 보게."

그러자 그 젊은이는 권생이 주막에서 기이하게 그녀를 만난 일을 옛날이야기처럼 꾸며 말하였다. 권 노인은 대목마다 기이하다고 감탄을 하였다.

"기이하다, 참으로 기이해! 예전에는 더러 그런 기이한 인연이 있었는데, 요새는 들어보지 못했다네."

그 젊은이가 그 말을 받았다.

"만약 존장께서 그런 일을 당하셨다면 어떻게 처리를 하시겠습니까? 한밤중 아무도 없을 때 곁에 절대가인이 있다면 가까이 하시겠습니까, 안 하시겠습니까? 이미 가까이 하셨다면 첩으로 거느리시겠는지요, 아니면 버리시겠는지요?"

"고자가 아니라면 저물녘에 미인을 만나 어찌 헛되이 보낼 리가 있겠는가? 잠자리를 같이했다면 어쩔 수 없이 첩을 삼아야지, 어찌 탐탁하지 않다고 버려서 죄악을 쌓겠는가?"

"존장께서는 성품이 본디 반듯하시고 엄해서 비록 이런 경우를 당하셔도 틀림없이 절개를 잃지 않으셨을 것입니다."

권 노인이 머리를 가로 저으며 말하였다.

"그렇지 않네, 그렇지 않아. 나도 그런 일을 당하면 절개를 지키지 못했을 걸세. 그 사람이 안방에 들어간 것은 고의로 한 것이 아니었네. 남에게 속아서 그렇게 된 것이라면, 이는 내가 고의로 범한 것이 아니지. 젊은 사람이 미인을 보고 마음이 동하는 건 예사로운 일일세. 그녀도 양반으로서 그런 일을 하게 되었으니, 그 정상이 딱하고 그 처지가 궁색했을 걸세. 혹시라도 한 번 보고 버렸다면, 그녀는 필시 부끄러움과 원통함을 가슴에 품고 죽었을 걸세. 그것이 어찌 죄악을 쌓는 게 아니겠는가? 사대부의 처사가 그처럼 악착스러워서는 안 되는 게야."

그 젊은이가 또 물었다.

"인정과 사리로 보아 과연 그렇겠지요?"

"어찌 달리 생각할 게 있겠는가? 단연코 남에게 야박한 짓을 하지 않는 게 당연하고 옳겠지."

그러자 그 젊은이가 웃으며 말하였다.

"이는 옛날이야기가 아니라, 바로 권생이 일전에 겪었던 일입니다. 존장께서 이미 사리로 보아 당연하다고 하셨고 재삼 단언을 하셨으니, 권생은 거의 죄책을 면했나 봅니다."

권 노인이 그 말을 듣고 한동안 말이 없다가 이내 정색을 하고는 성난 목소리로 말하였다.

"자네들 모두 술자리를 파하고 가게. 내 처리할 일이 있네."

여러 사람들이 모두 놀라 겁을 먹고 흩어졌다.

그러자 권 노인이 고함을 질렀다.

"빨리 대청에 자리를 깔아라!"

그 소리를 듣고 집안사람들이 모두 두려워 떨었으나, 누구의 죄를 다스릴지는 알지 못하였다.

권 노인이 자리에 앉아 다시 고함을 질렀다.

"빨리 작두를 가져오너라!"

종들이 황망히 명을 받들어 작두와 나무판을 뜰 아래에 설치하자, 권 노인이 또 고함을 쳤다.

"서방님을 잡아다가 작두판에 엎드리게 해라!"

종들이 권생을 잡아다가 그의 목을 작두판에 놓았다. 그러자 권 노인이 큰 소리로 꾸짖었다.

"못된 네 놈은 젖비린내도 가시지 않은 것이 부모에게 고하지도 않고 네 멋대로 첩을 두었다니, 이는 집안을 망하게 할 짓이니라. 내가 살아있는 데도 이 따위 짓을 하는데, 하물며 내가 죽은 뒤에야 말해 뭐하랴? 이런 못된 놈은 살려두어 봐야 이로울 게 없느니라. 내가 살아있는 동안 목을 잘라 나중의 폐단을 막는 게 옳으리라."

말을 마치고 종들에게 호령을 하여 권생의 발꿈치를 들어 자르게 하였다. 그러자 집안사람들이 모두 두려워 떨며 사색이 되었다. 권 노인의 아내와 며느리가 함께 뜰에 내려와 애걸을 하였다.

"저 아이의 죄가 비록 죽어야 옳다고 하나 어찌 차마 눈앞에서 하나밖에 없는 아들의 머리를 자른단 말이십니까?"

하고 울며 간하기를 그치지 않았다. 그러자 권 노인은 고함을 쳐 꾸짖으며 물러가게 하라고 하였다. 그의 아내는 놀라 겁을 먹고 피하였다. 그의 며느리는 땅에 머리를 찧어 흐르는 피로 얼굴을 덮은 채 아뢰었다.

"나이 어린 사람이 설혹 방자하여 제멋대로 죄를 지었으나, 아버님의 피붙이라곤 오직 이 사람뿐입니다. 아버님께서는 어찌 차마 잔혹한 일을 하셔서, 여러 대에 걸쳐서 모시던 제사를 하루아침에 끊으려 하십니까? 바라옵건대, 며느리인 저를 대신 죽게 해주소서."

권 노인이 말하였다.

"집안에 못된 놈이 있어서 집안이 망할 때에는, 그 욕됨이 조상님께 미치게 되느니라. 내 차라리 눈앞에서 저 놈을 죽이고, 다시 양자를 찾는 것이 옳으리라. 어차피 망하기는 일반이니라. 차라리 저 놈을 죽여서 뒤끝을 깨끗이 하고 망하는 게 나을 게다."

하고는 권생의 발목을 자르라고 호령을 하였다. 종들이 입으로는 비록 예, 예 하였으나 차마 권생의 발을 올려놓지 못하였다. 며느리가 울면서 더욱 고충을 다하여 간하니, 권 노인이 말하였다.

"이 놈이 집안을 망하게 한 일이 한 가지가 아니다. 부모 슬하에 있으면서 제멋대로 첩을 얻은 것이 첫 번째 망조요, 네 투기가 사나워 필시 서로 용납하지 못할 테고 그래서 집안이 날로 어지러울 것이다. 그것이 두 번째 망조니라. 이런 망조는 일찍이 제거해 버리는 게 좋을 게다."

"저도 사람의 얼굴과 사람의 마음을 갖추고 있습니다. 눈으로 이런 광경을 보면서 어찌 투기하는 데 마음이 미치겠습니까? 만약 아버님께서 한 번만 용서를 해주신다면, 제가 삼가 마땅히 소실과 더불어 지내면서 조금도 화목을 잃지 않겠습니다. 바라옵건대 아버님께서 이 점은 염려하지 마시고 특별히 하해와 같으신 은혜를 베풀어주소서."

"네가 비록 오늘 절박하게 닥친 일 때문에 그런 말을 한다만, 필시 겉으로는 그리하겠다고 하면서 마음속으로는 그렇지 않을 게다."

"어찌 그럴 리가 있겠습니까? 만약 혹시라도 지금 말씀하신 것에 근

사한 일이 있다면, 하늘이 필시 저를 가만두지 않을 것이고, 귀신도 틀림없이 저를 죽이려 할 것입니다."

"네가 내 생전에는 혹 그리하지 않을 수도 있으나, 내가 죽은 뒤에는 틀림없이 다시 그 악독한 성미를 함부로 부릴 게다. 그때는 내가 이미 없을 게고 저 못된 놈은 너를 감히 다스리지 못할 것이니, 이게 집안 망하는 일이 아니겠느냐? 목을 잘라 화근을 끊어 버리는 것만 못하리라."

"어찌 감히 그리하겠습니까? 아버님께서 돌아가신 뒤에 혹시 한 푼어치의 그릇된 마음이라도 가진다면, 개돼지만도 못할 것입니다. 맹세를 할 터이니 제 다짐을 받아 주십시오."

"그렇다면 네 언약을 종이에 써 다오."

며느리는 '약속을 지키지 않으면 금수와 다를 바 없다'는 내용의 맹세를 쓰고 나서 말하였다.

"한 번이라도 언약을 위배하는 일이 있다면, 이 며느리는 부모님의 살점을 날로 씹을 수 있는 사람일 것입니다. 이렇게까지 맹세를 하는데도 아버님께서 끝내 믿고 들어주지 않으신다면, 제가 죽는 길밖에 없습니다."

그제야 권 노인은 아들을 용서하여 내보내고, 나이 많은 종을 불러 분부하였다.

"너는 가마와 인부들을 데리고 아무 주막에 가서 서방님 소실을 맞아 오너라."

그 종이 명을 받들어 소실을 데려오자, 소실은 시부모에게 인사를 올리고, 또한 정실부인에게도 인사를 올린 뒤 함께 거처할 수 있게 되었다.

권 노인의 며느리는 감히 한 마디 말도 꺼내지 못한 채 늙을 때까지 화목하게 지냈다. 아무도 처첩 사이를 이간하는 말을 하는 사람이 없었다고 한다.

제16화 봉산의 무변

인조 때 황해도 봉산 땅에 이씨 성을 가진 한 무변이 있었다. 재산이 넉넉하고 성품이 활달하여 남에게 베풀어주기를 좋아하고 남을 믿어 의심하지 않았다. 다급함을 고하는 사람이 있으면 모아둔 재산을 기울여 아낌없이 주곤 하니, 가계가 점점 기울어져 지탱할 수 없는 지경에 이르렀다.

그러나 풍채가 거룩하고 아름다워, 보는 사람마다 틀림없이 출세할 것이라고 기대하였다. 처음 벼슬길에 나아가 선전관이 되었는데, 어떤 일에 연좌되어 실직하고 몇 년 동안 시골에 살고 있었으나 인사를 담당하는 부서에서 오래도록 추천을 받지 못하였다.

어느 날, 그가 아내에게 말하였다.

"무인이 집에 있으면 벼슬이 절로 오지 않을 것이오. 집안이 이처럼 가난하여 실로 하루아침에 구렁에 떨어질까 두려우니 가히 탄식할 일이 아니겠소. 남아 있는 농토를 팔면 사백여 냥은 받을 것이니, 이걸로 서울에 올라가 벼슬을 구해보다가 구하면 살 것이요, 못 구하면 죽기밖에 더하겠소. 나는 이미 결심했소."

그의 아내도 그리하라고 하였다. 드디어 농토를 모두 팔아 4백 냥을 받았다. 그 가운데 백 냥을 아내에게 남겨 생계를 꾸리도록 하고, 나머지 삼백 냥을 가지고 서울로 올라갔다. 그가 거느린 건장한 하인과 준마가 사람들의 눈길을 끌었다.

　벽제의 주막에 이르러 자게 되었다. 하인이 말을 먹이고 있는데, 홀연 전립을 쓰고 산뜻하게 의복을 차려 입은 한 사내가 처음에는 몰래 엿보더니 이윽고 들어와서는 하인과 말을 주고받는 것이었다. 사내의 뜻이 자못 간절하고 정성스러운지라 하인이 마음에 들었던지 어디서 온 누구냐고 물었다.

　"병조판서 댁에서 심부름하는 종이오."

　무변이 그가 하는 말을 언뜻 듣고 급히 불러 물어보니 같은 대답을 하는 것이었다. 그가 기뻐하며 말하였다.

　"내가 바야흐로 벼슬을 얻고자 서울에 올라왔으니 바라는 곳이 병판 댁이라. 네가 과연 병판 댁에서 신임하는 종이라면 나를 위해 주선을 할 수 있겠느냐? 그리고 네가 여기에 온 것은 무슨 일 때문이냐?"

　"소인은 병판 댁 수노랍니다. 상전댁 종들이 평안도에 많이 살고 있으므로 방금 명을 받아 세금을 걷으러 오늘 길을 나선 참입니다."

　무변이 탄식하며 말하였다.

　"너를 만나기가 쉽지 않을 텐데 이처럼 서로 어긋나게 되었으니, 어떻게 주선할 묘책이 있겠느냐?"

　"그건 어렵지 않습니다. 저와 함께 도성 안으로 들어가시지요. 소인이 명을 받들어 하직하고 나온 날이 벌써 며칠이 되었는데 길일을 가려서 떠나려 한 까닭에 오늘에야 나오게 되었으니 상전께서도 틀림없이 아직 모르고 계실 것입니다. 이제 되돌아가 나리를 주선한 뒤에 떠나도 늦지 않습니다. 다만, 나리께서 가지고 계신 것이 얼마나 되시는지요?"

　"3백 냥이다."

"간신히 쓸 수 있겠군요."

마침내 도성 안으로 돌아가서는 병판이 사는 집 근방의 주막에 숙소를 정하여 주고는 주인에게 잘 대접을 하라고 부탁을 하는 것이었다.

무변은 주막집 주인이 평소에 그 사내를 알고 있다고 생각하여 더욱 믿게 되었다.

그 사내가 집으로 돌아간 지 며칠이 지나도 오지 않으므로, 무변은 속았다는 생각이 들어 몹시 의심하며 걱정하고 있었다. 그러고 있는 차에 그 사내가 찾아왔다. 무변은 한왕이 달아났던 소하를 만난 것처럼[1] 매우 기뻐하며 물었다.

"어째서 며칠 동안이나 오지 않았느냐?"

"나리를 위해 벼슬자리를 알아보는데 어찌 창졸간에 되겠습니까? 참으로 요긴한 지름길이 하나 있긴 한데, 백 냥은 있어야 될 듯합니다."

"그게 어떤 길인가?"

"병판 대감의 누이 한 분이 아무 고을에 과부로 살고 계신데, 대감께서 끔찍이 생각하셔서 무슨 말을 하든지 다 들어주시지요. 소인이 나리의 일로 그 댁에 가서 고하니 안주인이,

'백 냥만 가져오면 좋은 벼슬을 하도록 해주마.'

하더군요. 나리께서 아낌없이 백 냥을 내주실 수 있는지요?"

"이 돈이야 이런 데 쓰려는 것인데, 다시 뭘 묻는가?"

하고는 즉시 전대에서 백 냥을 꺼내 그 사내에게 주었다. 종들이 의심스러워하며 말하였다.

"나리께서 친히 가시지 않고 이 사람에게 그냥 내주십니까? 그가 속이는 것인지도 모르지 않습니까?"

---

1) 한 고조(漢高祖)가 한신(韓信)을 데리러 간 소하(蕭何)를 도망간 것으로 오해하고 있다가 한신을 데리고 돌아오자 매우 기뻐하였다는 고사를 뜻함.

"그가 병판 댁 종이라는 게 분명한데, 어찌 이렇듯 남을 믿지 않을 수 있겠느냐?"

이튿날, 그 사내가 와서 말하였다.

"안주인이 돈을 받고 매우 기뻐하며 즉시 대감께 전갈을 보내,

'임시직이라도 자리가 나면 반드시 우선 추천자로 넣어 낭패 보지 않게 해주십시오.'

하고 간청을 한 즉, 대감이 그리하겠다고 하셨답니다. 그러나 또한 힘 있는 사람이 옆에서 한 마디 거들어 주면 일이 더욱 견고해질 것입니다. 아무 고을 사는 아무 양반이 평소 대감과 절친하여 한 마디만 거들면 틀림없이 들을 것입니다. 오십 냥만 주시면 필시 기뻐하며 큰 힘이 될 것입니다."

무변은 참으로 그렇겠다고 여겨 일을 추진해보라고 하였다.

그 사내가 싱글벙글하며 와서 말하였다.

"좋은 소식이 들릴 겁니다."

무변은 또 50냥을 그 사내에게 건네주었다.

며칠 뒤 그 사내가 다시 와서 말하였다.

"대감께 소실이 하나 있는데, 천하절색이라 대감이 총애하여 아들을 낳았는데 아주 기특합니다. 머지않아 첫돌이지요. 돌상을 거창하게 차리고 싶은 모양인데 사사로이 모아 둔 게 없어서 매우 걱정을 하더군요. 만약 또 50냥만 주신다면 일이 거의 완벽하게 될 겁니다."

무변이 또 50냥을 주었다. 그 사내가 가져가자마자 즉시 되돌아와 말하였다.

"그 소실이 과연 매우 기뻐하며,

'마땅히 극력 주선하리라.'

하였으니, 나리께서 좋은 벼슬을 하시는 건 이제 시간문젭니다. 가만히

앉아 기다리시지요. 한데, 무관께서 벼슬길에 나아가시는데 관복을 준비하지 않을 수가 없지요. 또 50냥으로 관복을 장만하시는 게 좋을 듯합니다."

"그야 단연코 마련해야지."

즉시 그 사내에게 돈을 주어 마련해 달라고 하였더니, 오래지 않아 털벙거지와 철릭, 폭이 넓은 띠와 검은 가죽신, 황금 허리띠 장식 등을 낱낱이 준비하여 왔는데, 극히 빛나고 고운 것이었다.

무변은 매우 기뻐하며 스스로 제갈공명을 얻었다고 여겼고, 처음에 의심하던 종들도 모두들 그 사내를 단단히 믿으면서 기쁜 마음으로 우러러보게 되었다.

무변은 벌써 복장을 갖추고 즉시 명함을 가슴에 품고는 병판의 집에 나아가 인사를 올린 뒤에 지내온 내력과 형편을 아뢰고 애걸하였다.

병판은 턱을 끄덕일 뿐 사정을 봐주지 않는 것은 아니었으나 끝내 불쌍하다거나 가엾다는 말 한 마디가 없었다. 무변은,

'이런 것이야 병판으로서는 예사로운 일에 지나지 않을 테지.'

라고 여기고, 그 뒤에 다시 찾아갔으나 이번에도 여러 무변들과 함께 줄을 지어 인사를 올렸을 뿐이었다. 병판은 별달리 면회를 허락하거나 정성스레 대접하는 기색이 없었다.

인사 발령이 났다 하면 반드시 어렵게 찾아보아도 그의 이름과 비슷한 이름자도 없었다. 내심 초조하였으나 다리를 놓아준 그 사내의 마음을 기쁘게 하는 데 힘써서, 그가 오기만 하면 돈을 꺼내 살찐 고기와 좋은 술을 받아다가 그 사내가 배부르고 취하도록 먹였다. 이러다 보니 남아 있던 50냥도 거의 다 사라져 버렸다.

무변은 적지 않게 고민이 되어 그 사내에게 물었다.

"네 말의 효험이 오래도록 없으니 어찌된 것인가?"

"대감께서 나리를 잊을 날이 있겠습니까마는, 혹 나리보다도 더 긴박한 사람이 있으면 나리께서 어찌 먼저 참예하실 수 있겠습니까? 하오나 긴박한 사람들이 벼슬을 얻은 지가 이미 오래 되었지요. 후일 임시직을 정할 때는 대감께서 나리를 아무 벼슬에 천거하겠다고 말씀하시는 걸 들었습니다. 그 자리는 아주 좋은 벼슬이랍니다. 한번 기다려보시지요."

그러나 인사발령이 났는데도 또 그의 이름은 없었다. 그 사내가 와서는,

"아무 벼슬하는 양반과 안주인이 대감께 힘써 청하여 필시 추천을 받을 수 있었는데, 홀연 어떤 대신이 아무개를 청탁하셔서 어쩔 수 없이 그대로 시행하는 바람에 빼앗긴 것이니 어찌하겠습니까? 허나 유월의 인사이동이 머지 않았답니다. 아무 벼슬자리가 재물이 매우 많이 생긴다고 해서 소인이 이미 안주인과 아무개 양반, 그리고 소실에게 말씀드렸지요. 세 사람이 합력해서 대감께 청하여 이미 흔쾌한 허락을 받아놓았으니 이번에는 결단코 놓치지 않을 겁니다. 또 기다려 보십시오."

무변이 반신반의하면서도 어쩔 수 없어 다시 기다려는 보았으나 재물은 이미 바닥이 나고 없었다.

인사이동 발표가 나는 날이 되자 무변은 아침 일찍 일어나 종들과 함께 소식을 기다리느라 바라보는 눈이 뚫어질 듯하였다. 해가 높이 떠 한낮이 되고, 한낮이 지나 해가 저물어갔다. 이조와 병조의 인사 발표가 다 끝났는데도 무변의 이름 석 자는 어디에서도 찾아볼 수가 없었다. 그 사내도 그림자조차 비치지 않았.

무변은 크게 낙심하여 멍하니 앉아 있었다. 종들이 헐뜯으며 공론하는 소리와 분해서 내뱉는 탄식 소리가 귀에 시끄러웠으나, 무변은 아무 말도 할 수가 없었다. 그저 그 사내가 다시 오기만을 기다리고 있었다.

그러나 전에는 날마다 찾아오던 사람이 이제는 사흘이 지나도 오지 않는 것이었다.

무변은 그제야 덜컥 의심이 들어 주인을 불러서 물었다.

"병판 댁 수노가 요즘은 어째서 오지 않는가? 자네가 썩 친한 듯하던데 즉시 좀 불러오게나."

"제가 본디 알지 못하던 사람입니다. 그가 병판 댁 수노라는 건 나리께서 분명히 알고 계셨잖아요? 저는 다만 그가 스스로 병판 댁 종이라고 하고, 또 나리께서도 병판 댁 종이라고 하시기에 소인도 병판 댁 종이라고 믿었지, 실은 모르는 사람입니다."

"자네가 그와 친숙하니 그의 집은 알겠지?"

"그것도 모릅니다. 나리께선 그와 친숙하게 지내셨으면서 어찌 그의 집도 모르셨습니까?"

"거기까진 생각이 미치지 않았었네."

그 뒤로 그 사내는 종적을 끊고 오지 않았다. 무변은 스스로 생각하기를,

'가산을 탕진하여 한 도적놈에게 다 날라다주어 여러 대에 걸쳐 받들어 오던 제사와 허다한 가족들을 모조리 구렁에 떨어지게 하였으니, 친척과 이웃들, 처자와 어린 종들의 원망과 분노와 나무람을 장차 무슨 말로 풀어줄 수 있으리오?'

하다가 또 생각하기를,

'평생 거침없이 살아오던 성격이었는데 어찌 가난한 거지가 되어 구차하게 살아가겠는가?'

온갖 생각을 다 해보았으나 오직 한번 죽는 것이 마음에 들었다.

드디어 목숨을 버리기로 결심하고, 이튿날 일찍 일어나 곧장 한강으로 달려가 의관을 벗어놓은 뒤 크게 몇 마디 소리를 지르고는 물 속으

로 뛰어들었다.

　물이 배와 등을 적시자 벌써 두려운 생각을 이길 수가 없어서 자신도 모르게 몸을 웅크리고 뒷걸음쳐 우두커니 서서는 가만히 생각해 보았다.

　'스스로 죽기도 실로 어렵구나. 남에게 맞아 죽는 게 차라리 낫겠어.'

　이튿날 아침부터 술을 취하도록 마시고 비단옷에 검은 가죽신을 신고 황금 장식이 달린 띠를 띠었다. 팔척장신이 머리를 쳐든 채 성큼성큼 걸어서 곧장 종로 거리에 이르니, 사람마다 깜짝 놀라 신인이 내려온 듯이 바라보았다.

　무변이 여러 사람들 가운데 체격이 크고 생김새가 흉악한 데다가 기운이 있어 보이는 사람을 가려서 곧장 달려들어 손으로 치고 발길을 날려 힘껏 찼다. 그러자 그 사람은 외마디 비명을 지르며 한 차례 엎어졌다가 급히 일어나 달아나 버렸다. 무변이 쫓아갔으나 잡지 못하였다.

　무변은 크게 개탄을 하다가 또 사람들을 둘러보았다. 자신보다 나을 것 같은 사람을 발견하고 다가가려고 우두커니 서서 눈을 부릅떠 바라보니, 그 모습이 마치 미친 사람 같았다. 눈길이 닿기만 하면 모두들 어지럽게 흩어져 달아나 버려 길거리에 사람의 그림자가 사라졌다.

　무변이 비록 남의 손에 맞아죽고자 하였으나 남들이 그에게 맞아죽는 것을 두려워하니, 뜻대로 죽을 수도 없었다. 날이 이미 저물었으므로 몹시 한스러워하며 돌아갔다.

　밤에 자리에 누웠으나 잠은 오지 않고, 죽으려는 생각 이외에는 다른 생각이 들지 않았다. 또 생각하기를,

　'만약 남의 집 안방에 들어가 남의 처나 첩을 마구 희롱하면 틀림없이 맞아죽게 될 것이다.'

하고는 이튿날 아침, 또 술을 마시고 옷을 입은 뒤 큰길거리를 돌아다

니다가 보니 새로 멋들어지게 지은 집 한 채가 눈에 띄었다. 곧장 중문으로 들어가는데도 막는 사람이 없었다. 마침내 안방 대청으로 달려들어가니 20여 세쯤 되어 보이는 젊은 부인 한 사람만 있었다. 꽃과 같은 용모와 달덩이 같은 자태로 구름 같은 머리를 빗다가 그를 보고는 조금도 놀란 기색이 없이 물었다.

"어떤 사람이기에 남의 안방에 뛰어들었소? 미친 사람이 아니오?"

무변은 곧바로 마루에 올라가 여인의 손을 잡고 머리를 끌어안으며 입을 맞추었다. 그러나 그녀는 그다지 딱 잘라 거절하지도 않았을 뿐만 아니라 옆에서 꾸짖는 사람도 아무도 없었다. 무변이 몹시 괴이하게 여기며 물었다.

"네 남편은 어디 있느냐?"

"남편은 물어 무엇하려오? 세상에 어찌 이런 일이 있단 말이오? 술에 취하고 미친 것을 비록 비교할 수는 없다하나 절로 법사[2]가 있으니 빨리 나가시오."

"그저 네 남편이 어디 있는가만 말하라. 나는 정말로 취한 것이 아니다. 내게 사정이 있어서 어쩔 수 없이 이런 짓을 하는 것이다."

"그 사정이란 게 뭐지요?"

"나는 본디 지난날 선전관을 지냈는데 도적놈에게 속아서 가산을 다 잃고 죽을 결심을 하였으나 스스로 죽을 수가 없어 남에게 맞아죽으려고 여러 차례 이런 일을 저질렀으나 끝내 나를 죽여주는 사람이 없었다. 이제 네 남편이 또 집에 없으니 죽기도 어렵게 되었다. 이를 장차 어쩌면 좋을꼬?"

무변이 탄식해 마지않자, 그녀가 큰 소리로 웃으며 말하였다.

---

2) 법사(法司) : 조선조 때 형조(刑曹)와 한성부(漢城府)를 일컫던 말.

"참으로 미쳤구먼! 세상에 어찌 이렇듯이 죽기를 구하는 사람이 있겠어요? 공이 과연 무관으로 청환직[3]을 지냈다면 이런 풍채와 기골로 어찌 헛되이 죽겠소? 저도 또한 부득이한 사정이 있어 다른 사람에게 시집을 가려하고 있었는데 문득 공과 만났으니, 어찌 천명이 아니겠소?"

"그 사정이란 게 무엇인가?"

"제 남편은 본디 역관이었지요. 본처가 있는데도 저의 인물이 곱다는 말을 듣고 저를 둘째 부인으로 맞은 지가 벌써 4년이 되었어요. 처음에는 한 집안에 데려다 놓더니 본처의 투기가 심한 데다 남편은 이미 노쇠하여 본처가 덤벼드는 것을 감당하지 못해서 이 집을 사 가지고 저를 옮겨 살게 하였어요. 남편은 두 집을 오가며 숙식을 하면서 보살피려는 생각이 없지는 않았으나 본처의 투기가 두려워 두어 달 뒤에는 발자취가 눈에 띄게 드물어졌고, 다만 계집종 몇 명으로 지키게 하여 과부나 다름이 없게 되었답니다. 작년에 남편이 역관의 우두머리로 사신을 수행하여 북경에 들어갔는데 마침 일이 생겨 그곳에 머문 것이 벌써 1년이 되었으나 아직 돌아오지 않았어요. 소식이 묘연하여 남편이 돌아올 시기도 알 수가 없고, 홀로 빈방을 지키며 그림자와 서로 안부를 묻고 지내왔답니다. 비록 먹고 입는 것이야 거르지 않지만 세상 사는 재미가 삭막하고, 봄바람 가을달에 절로 슬퍼지더군요. 이제는 계집종들도 감독하고 살피는 사람이 없어서 잇달아 떠나버렸고 다만 늙은 여종과 짝이 되어 지내는데 그녀도 항상 집에 있는 것이 아니어서 사는 형편이 이처럼 힘들고 고되답니다. 인생이 얼마나 된다고, 이처럼 노쇠해져서 구해주지도 못하는 사람을 지키면서 사나운 본처의 질투를 혹독하게 받아가며 여름 낮과 겨울밤에 빈 규방 속에서 홀로 우는 이

---

3) 청환직(淸宦職) : 학식과 문벌이 높은 사람이 하던 규장각·홍문관·선전관청 등의 벼슬자리. 지위와 봉록은 낮으나 뒷날에 높이 될 자리임.

런 사정이 도적에게 속아 재물을 빼앗기고 죽으려 해도 죽지 못하는 사정과 무엇이 다르겠어요? 스스로 생각해보니 이 천한 몸뚱이가 양반들과는 달라 헛되이 말라죽을 수는 없어서 바야흐로 다른 길을 도모하고자 하고 있었는데 홀연 이렇듯 기이하게 만났으니, 분명 하늘의 뜻이 우리 두 사람을 불쌍히 여기시나 봅니다. 저는 실로 따라가기를 바라는데, 공은 또 무엇을 걱정하십니까?"

무변은 그녀의 말을 듣고 처음에는 측은한 생각이 들었다가 곧 이어 흐뭇해져서 천천히 말하였다.

"자네 말도 좋은 말이네만, 아무리 둘러보아도 돌아갈 데가 없으니 오로지 한번 죽음이 있을 뿐일세."

"대장부답지 못하십니다. 이렇게 만나는 것은 결코 우연한 일이 아니니, 어찌 순탄한 길이 없겠습니까? 바라건대, 자신을 아끼셔서 평생을 그르치는 일이 없도록 하세요."

하고는 일어나 방으로 들어가더니 주안상을 받쳐들고 와서는 손수 술을 따라 권하는 것이었다.

무변은 그녀의 인물이 이미 마음에 들었던 데다가 그녀의 말에 또한 감동을 받았는지라, 그녀가 권하는 대로 마셨다. 술에 취해 기분이 무르익자 그녀의 손을 잡고 방으로 들어갔다.

방에는 그림을 그린 병풍이 둘려져 있고 비단 이부자리가 깔려 있었다. 꽃방석과 수놓은 베개에서 꽃을 탐내고 그리워하는 벌 나비처럼 못내 잊혀지지 않을 정을 다 나누었다. 그러자 시들어 가는 풀에 비가 내린 듯하고 다 꺼져가던 재에서 불이 다시 살아나는 듯하였으니, 서로 간의 기쁨을 가히 알 만하였다.

그 뒤로 무변은 항시 그녀의 집에 머물러 살면서 자신의 생사를 하늘에 맡기고 있었다. 그녀 또한 남편 집과 인연을 끊으려고 다시는 두려워하지도 꺼려하지도 않았다. 오직 좋은 옷과 음식을 마련하여 무변을 봉양하니, 무변의 수척하던 얼굴에 날이 다르게 살이 올라 훤해졌다.

무변은 밤이 되면 그녀의 집에 와서 자고 낮에는 나가 노닐면서 어느새 한 달이 지나자 죽으려던 마음이 점차 사라지고 도리어 세상사는 재미가 새록새록 깊어져 갔다. 그러나 그녀와 무변에 대한 풍문은 막기가 어려웠다.

그러던 중 역관이 돌아오게 되었는데, 그 소식을 전하는 편지가 먼저 이르렀다. 그녀는 무변에게 피하여 가라고 하였으나, 무변은 피한다는 것이 수치스러워 감히 돌아갈 수가 없었다. 머뭇거리며 시간을 지체하고 있는 사이에 역관은 벌써 고양에 있는 주막에 이르렀다. 역관의 가족들이 모두 나가 맞이하니, 그가 아내에게 물었다.

"둘째 집은 어째서 안 나왔소?"

"둘째는 저대로 다른 사람이 생겼는데, 당신에게 무슨 관심이 있겠어요?"

역관이 깜짝 놀라 그 까닭을 물으니, 그의 아내는 들은 대로 상세히 전해 주었다. 역관은 노기가 산처럼 치솟아 술잔을 내던지고는 급히 준마에 올라탔다. 날카로운 칼을 팔에 차고 말을 빨리 몰아 들어가서는 한 칼에 두 사람의 목을 자를 작정이었다.

그는 대문을 발로 걷어차서 열어제치고 곧장 달려들며 큰소리로 외쳤다.

"어떤 도적놈이 내 집에 들어와 내 마누라를 훔쳤느냐? 썩 나와서 이 칼을 받아라!"

그러자 문득 한 사람이 창문을 밀치고 문 앞에 나서는데, 의관이 화려하게 빛나고 생긴 모습이 마치 신선 같았다. 그는 옷깃을 펼쳐 가슴을 드러내 보여주며 즐겁고 기쁜 표정으로 웃으며 입을 열었다.

"오늘에야 참으로 죽을 데를 만났군. 내 가슴을 찔러라!"

평안하고 태연하게 말하는데 조금도 얼굴빛이 달라지지 않았다. 역관이 고개를 쳐들고 바라보려다가 자신도 모르게 부르르 떨며 몸서리를 쳤다. 기운이 움츠러들어 입을 떡 벌린 채 멈추어 서서는 바보처럼 한 마디 말도 하지 못하고 다만 한숨을 내쉴 뿐이었다. 그러다가 갑자기 칼을 내던지고는 무변에게,

"집과 마누라와 재산을 임자 마음대로 하시오."

하고는 멍한 표정으로 나가더니 다시는 돌아다보지도 않았다.

이때, 그녀는 벽장 안에 숨어 그 상황을 보고 있다가 나와서 무변에게 말하였다.

"저렇듯 용렬한 사람이 어찌 하겠습니까마는 빨리 떠나는 게 좋겠어요."

하고는 다락에 올라가 궤짝 하나를 들고 나왔다. 거기에는 은자 3백 냥이 들어 있었다.

"저의 아버님도 부자셨지요. 제가 시집올 때에 아버님께서 주신 거랍니다. 남들이 모르게 깊이 감추어 두어서 남편도 일찍이 알지 못했어요. 아버님이 돌아가신 지 오래지 않아 더불어 생계를 도모할 만한 사람이 없었는데 이제 다행히 당신을 만났으니 이걸로 밑천을 삼을 수 있겠네요."

하고는 다시 장롱 하나를 끌어내서 열어 보여주었다. 그 안에는 금과 옥, 구슬과 패물, 비녀 등속과 여러 가지 노리개, 그리고 비단에 수를 놓은 옷가지들이 들어있었다.

"이 또한 수백 냥은 될 것이니, 참으로 계획을 세워 잘만 운용한다면 부자가 되지 말란 법이 있겠어요."

하면서 종들에게 명하여 말에 싣자고 서둘렀다.

이튿날 새벽, 무변은 드디어 두 사람의 종에게 두 마리의 말에 가득 짐

을 싣게 하고는 그녀를 그 위에 태웠다. 그리고는 짐 실은 말의 뒤를 따라 봉산으로 돌아갔다.

역관은 감히 그 뒤를 따르지 못하였고, 그의 아내도 그녀가 떠나간 것을 다행으로 여겼다. 고소장을 올려볼까 생각하기도 하였으나 그렇게 되면 혹시라도 그녀가 붙잡혀 다시 돌아오지나 않을까 하여 생각을 억누르고 그만두었다.

무변은 그 밑천으로 팔아 치웠던 땅을 모두 다시 사들였다. 또한 자금을 잘 운용하여 재산을 축적하여 갔고, 몇 년 뒤에는 곧 부자가 되었다.

그는 다시 서울로 올라가 벼슬자리를 찾았는데, 지난날의 일을 깊이 경계로 삼아 두루 꼼꼼히 살피는 데 힘썼다. 그 결과 견차[4]로 6품직을 맡았는데, 차차 승진하여 여러 진영의 진영장을 역임하고, 벼슬이 절도사에 이르렀다. 그녀와 함께 살면서 평안을 누렸으며, 복록이 매우 성하였다고 한다.

---

[4] 견차(甄差) : 조선시대 나이가 많아 벼슬을 그만둔 사람을 다시 불러 관직을 맡기던 일.

제17화 과부 딸을 몰래 재가시킨 재상

어떤 재상의 딸 하나가 시집간 지 1년도 되지 않아 남편을 잃고 친정부모 곁에서 과부로 살고 있었다.

어느 날, 재상이 사랑채에서 안채로 들어오다가 그 딸이 아랫방에 있는 것을 보았다. 그녀는 곱게 화장을 하여 한껏 꾸미고 거울에 제 모습을 비쳐보다가는 거울을 내던지고 얼굴을 가린 채 큰소리로 흐느껴 우는 것이었다.

재상은 그 모습을 보고 마음속으로 몹시 측은히 여기며 사랑채로 나와 한동안 말없이 앉아 있었다.

때마침 문하에 드나드는 자로 잘 아는 무변 한 사람이 오고 있었다. 그는 나이가 젊고 건장한 사람으로, 장가도 들지 않았고 거처할 집도 없는 처지였다. 그가 문안을 여쭙자, 재상은 주변 사람들을 물리친 뒤 그에게 말하였다.

"자네 신세가 이처럼 몹시 곤궁하니, 내 사위가 되는 것이 어떻겠는가?"

그가 황송하여 몸을 움츠리며 대답하였다.

"이 무슨 말씀이십니까? 소인은 말씀하시는 뜻이 어떤지를 몰라 감히 명을 받들지 못하겠습니다."

재상은,

"내가 농담하자는 게 아닐세."
하고는 궤 안에서 은자 한 봉지를 꺼내 그에게 주며 말하였다.
"이걸 가지고 가서 튼튼한 말과 가마를 세내어 가지고 기다리다가 오늘밤 파루를 친 뒤에 우리 집 뒷문 밖에 와서 기다리게. 결코 시간을 어겨서는 아니 되네."
그는 반신반의하면서 은자를 받아 가지고는 재상이 시킨 대로 가마와 말을 준비하여 뒷문에서 기다리고 있었다.
어둠 속에서 재상이 한 여자를 데려다가 가마에 타게 하고는 그에게 다짐을 두었다.
"곧장 함경도로 가서 살게나."
그는 무슨 곡절로 인한 것인지도 알지 못한 채 가마를 따라 도성을 나서서 갔다.

그들을 보내고 난 재상은 안방으로 들어가 울며 말하였다.
"우리 딸이 자결하고 말았네."
온 집안사람들이 놀라 당황하다가 모두들 통곡을 하였다.
한 차례 통곡을 한 뒤 재상이 말하였다.
"우리 딸이 평생에 남의 얼굴을 보려고 하지 않았으니 내가 손수 염습을 할 것이니라. 비록 제 오라비라도 들어와 볼 필요가 없느니라."
하고는 혼자서 베개를 이불로 싸서 시신 모양을 만들어 이불을 덮어놓고, 그제야 딸의 시집에 통지하였다. 시신을 관에 넣은 뒤에 시집으로 보내 시댁의 선산 아래 장례를 치르게 하였다.

그로부터 몇 년이 지난 뒤에 재상의 아들 아무개가 암행어사가 되어 함경도 지방을 정탐하게 되었다. 가는 도중에 어느 마을에 이르러 한 집에 들어가게 되었다.

주인이 일어나 맞이하는데, 그 옆에서 두 아이가 글을 읽고 있었다. 아이들의 생긴 모습이 맑고 빼어난 것이, 자기 집안사람들의 얼굴 모습과 자못 비슷하였다. 괴이한 생각이 들었으나 날이 이미 저물었고, 또 피곤하여 그대로 머물러 자게 되었다.

밤이 깊어졌을 때 안채에서 홀연 한 여자가 나오더니 그의 손을 잡고 우는 것이었다. 한편 놀라고 한편 괴이하게 여기면서 그녀를 자세히 보니, 그녀는 바로 이미 죽은 것으로 알고 있던 그의 누이였다. 의아함을 이길 수가 없어서 자초지종을 물었다.

"아버님의 명으로 이곳에 와 살면서 아들 둘을 낳았는데, 이 아이들이지요."

어사는 입을 다문 채 한동안 말이 없다가 그간 막혔던 회포를 대략 말하다가 새벽이 되자 작별을 하고 떠났다.

그 뒤 임금에게 보고를 마치고 집에 돌아와 밤에 부친인 재상을 모시고 앉아 있다가 때마침 조용하므로 목소리를 낮추어,

"이번 길에 괴이하고 의아한 일이 있었습니다."

하고 말문을 떼자, 재상이 눈을 부릅뜨고 말없이 뚫어지게 바라보는 것이었다.

아들은 마침내 말을 꺼내지 못하고 물러갔다.

이 재상의 이름은 빠뜨리고 기록하지 않는다.

인명색인 (숫자는 해당 권수 및 이야기 순서임.)

‖ ㄱ ‖

강태수(姜台壽) : 1-6
고경명(高敬命) : 1-22
관홍장(冠紅粧) : 5-11
권경유(權景裕) : 1-19
권극지(權克智) : 2-1
권 근(權 近) : 1-1
권 람(權 擥) : 1-3
권상유(權尙游) : 2-8
권 칙(權 伕) : 1-12
길정녀(吉貞女) : 2-13
김귀영(金貴英) : 2-2
김극효(金克孝) : 1-8
김 려(金 麗) : 1-5
김만기(金萬基) : 4-9
김 번(金 璠) : 1-8
김상용(金尙容) : 1-8
김상헌(金尙憲) : 1-8
김석주(金錫胄) : 4-9
김수항(金壽恒) : 1-9
김시진(金始振) : 1-15

김안국(金安國) : 1-6, 2-12
김우항(金宇杭) : 3-5, 3-9
김좌명(金佐明) : 1-10
김창집(金昌集) : 1-9
김창협(金昌協) : 1-9
김창흡(金昌翕) : 1-9
김효성(金孝誠) : 5-7

‖ ㄴ ‖

나양좌(羅良佐) : 1-9
남용익(南龍翼) : 3-4
남 이(南 怡) : 1-3
노수신(盧守愼) : 4-3
노 진(盧 禛) : 2-10

‖ ㅁ ‖

매 화(梅 花) : 5-12
무 운(巫 雲) : 5-14
민 암(閔 黯) : 1-15
민진원(閔鎭遠) : 1-9
민진후(閔鎭厚) : 1-9

‖ ㅂ ‖

박문수(朴文秀) : 3-7
박 서(朴遾) : 1-14
박 영(朴英) : 1-20
박원형(朴元亨) : 1-4
박 은(朴誾) : 1-5
박팽년(朴彭年) : 4-1
박효공(朴孝恭) : 5-2
백인걸(白仁傑) : 2-4

‖ ㅅ ‖

서거정(徐居正) : 5-2
서경덕(徐敬德) : 3-3
서원군(瑞原君) : 1-2
세 종(世宗) : 1-2
소현세자(昭顯世子) : 2-7
손순효(孫舜孝) : 4-2
송 질(宋軼) : 1-17
신 면(申冕) : 1-10
신용개(申用漑) : 1-5
신익성(申翊聖) : 1-10
신 임(申銋) : 1-11
신후재(申厚載) : 4-9
신 흠(申欽) : 1-13
심희수(沈喜壽) : 2-11

‖ ㅇ ‖

양사기(楊士奇) : 3-4
양사언(楊士彦) : 3-4
양사준(楊士俊) : 3-4
양희수(楊希洙) : 3-4
언 립(彦立) : 1-16
여동식(呂東植) : 3-8
여이징(呂爾徵) : 5-4
염희도(廉喜道) : 4-9
옥소선(玉簫仙) : 3-10
우하형(禹夏亨) : 5-13
유순정(柳順汀) : 1-19
유언겸(兪彦謙) : 5-6
유 창(劉敞) : 1-1
유척기(兪拓基) : 1-11
유효통(兪孝通) : 5-3
윤효손(尹孝孫) : 1-4
이경무(李敬懋) : 5-14
이공린(李公麟) : 4-1
이광정(李光庭) : 3-6
이 구(李龜) : 4-1
이기축(李起築) : 2-5
이덕형(李德馨) : 1-7
이명한(李明漢) : 2-1
이 벽(李鼊) : 4-1
이 별(李鼈) : 4-1
이산해(李山海) : 1-7
이 색(李穡) : 1-1
이소한(李昭漢) : 2-1
이시백(李時白) : 1-16
이안눌(李安訥) : 4-4
이여송(李如松) : 3-11

이연경(李延慶) : 4-3
이 오(李 鰲) : 4-1
이 완(李 浣) : 1-24
이 원(李 黿) : 4-1
이유연(李幼淵) : 5-4
이윤인(李尹仁) : 4-1
이의남(李義男) : 4-8
이장곤(李長坤) : 3-2
이정구(李廷龜) : 2-1
이제현(李齊賢) : 4-1
이지함(李之菡) : 1-7
이 집(李 集) : 1-1
이 타(李 鼉) : 4-1
이항복(李恒福) : 1-12
이현달(李顯達) : 5-5
이후원(李厚源) : 2-8
일타홍(一朶紅) : 2-11
임 식(林 植) : 1-18
임형수(林亨秀) : 1-21

‖ ㅈ ‖

장취성(張就星) : 4-7
정광필(鄭光弼) : 1-8
정백창(鄭百昌) : 5-4
정언황(丁彦璜) : 2-6
정유길(鄭惟吉) : 1-8
정충신(鄭忠信) : 1-23
정효준(鄭孝俊) : 4-5
조문명(趙文命) : 1-9

조 반(趙 胖) : 5-10
조태억(趙泰億) : 5-8
조현명(趙顯命) : 4-9

‖ ㅊ ‖

최명길(崔鳴吉) : 1-13

‖ ㅎ ‖

한 주(韓 澍) : 5-11
한준겸(韓浚謙) : 5-4
허 적(許 積) : 4-9
현석규(玄錫圭) : 1-2
홍명하(洪命夏) : 1-10
홍윤성(洪允成) : 2-3
홍익빈(洪益彬) : 1-11
황보인(皇甫仁) : 5-3
효령대군(孝寧大君) : 1-2

역자 약력

성균관대학교 국어국문학과 졸업
한국정신문화연구원 한국학대학원 문학석사
성균관대학교 대학원 문학박사
현재 상명대학교 한국어문학과 교수

저서: 《高麗後期士大夫文學의 硏究》, 《註釋 韓國漢文講讀》, 《高麗士大夫作家論》
역서: 《天倪錄》(共譯), 《國譯 東稗洛誦》, 《國譯 記聞叢話》1~5, 《國譯 水村謾錄》,
《옛 문인들의 붓 끝에 오르내린 고려시》1, 《國譯 靑野談藪》1~3 외 논문 다수

국역 동상기찬 東廂記纂

2004년 10월 11일 인쇄
2004년 10월 15일 발행

역　자·김동욱
발행인·김흥국
발행처·도서출판 **보고사**
등　록·1990년 12월(제6-0429)
주　소·서울시 성북구 보문동 7가 11번지
전　화·922-5120~1(편집), 922-2246(영업)
팩　스·922-6990
메　일·kanapub3@chol.com
www.bogosabooks.co.kr

ISBN 89-8433-265-8(93810)
ⓒ 김동욱, 2004

파본은 본사나 구입처에서 교환하여 드립니다.

정가 18,000원